国际视野下少年儿童组织的教育服务实践与经验

河北大学少年儿童组织与教育研究中心研究成果

河北省少年儿童组织与教育研究中心研究成果

河北省高等学校人文社科重点研究基地——河北大学文化传承创新研究中心研究成果

薛国凤
单耀军
田瑞兰 等
◎ 著

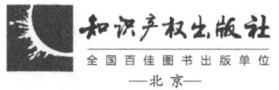

知识产权出版社
全国百佳图书出版单位
—北京—

图书在版编目（CIP）数据

国际视野下少年儿童组织的教育服务：实践与经验/薛国凤等著. --北京：知识产权出版社，2025.8. -- ISBN 978-7-5245-0004-9

Ⅰ.D431

中国国家版本馆CIP数据核字第2025EG5879号

内容提要

本书从"教育是一种服务"理念出发，探求世界多国少年儿童组织的教育服务实践，系统研究了全球14个国家少年儿童组织的创建与发展历程、教育服务理念、教育服务者构成、教育服务内容、教育服务途径与方式方法、教育服务效果与教育服务经验，同时进行基于国别的共性经验挖掘，透视少年儿童组织在服务儿童过程中促进儿童"个体我"与"社会我"协调发展的作用，在放眼世界中深度思考少年儿童组织的社会化育人规律。

本书适合对少年儿童发展、少年儿童组织教育、青少年德育、校外教育等感兴趣的学者及高校相关专业的本科生和研究生阅读，也可作为中小学校、校外教育机构管理者和国内从事少年儿童组织管理与实践工作的各级团委和辅导员群体的参考读物。

责任编辑：刘晓庆　　　　　　　　责任印制：孙婷婷

国际视野下少年儿童组织的教育服务——实践与经验
GUOJI SHIYE XIA SHAONIAN ERTONG ZUZHI DE JIAOYU FUWU——SHIJIAN YU JINGYAN

薛国凤　单耀军　田瑞兰　等　著

出版发行：知识产权出版社 有限责任公司	网　址：http://www.ipph.cn
电　话：010-82004826	http://www.laichushu.com
社　址：北京市海淀区气象路50号院	邮　编：100081
责编电话：010-82000860转8597	责编邮箱：laichushu@cnipr.com
发行电话：010-82000860转8101	发行传真：010-82000893
印　刷：北京中献拓方科技发展有限公司	经　销：新华书店、各大网上书店及相关专业书店
开　本：720mm×1000mm 1/16	印　张：26
版　次：2025年8月第1版	印　次：2025年8月第1次印刷
字　数：420千字	定　价：88.00元

ISBN 978-7-5245-0004-9

出版权专有　侵权必究

如有印装质量问题，本社负责调换。

序 一

薛国凤、单耀军、田瑞兰等同仁的著作《国际视野下少年儿童组织的教育服务——实践与经验》付梓，实在是一件可喜可贺的大事。

这是一本重要的教育学学术专著，更是"少年儿童组织与思想意识教育"学科建设的一大重要进展。从2012年共青团中央、全国少年先锋队全国工作委员会正式向国务院学位办提交报告申请——在教育学一级学科下增补与少先队工作相关的"少年儿童组织与思想意识教育"二级学科并获得学位办的批准以来，已经过去十二年了。虽然时光荏苒，但这个具有中国特色的初创学科仍然处在筚路蓝缕的创业阶段。由于初始阶段的困难重重，这个领域鲜有有分量的学术成果面世。从这个意义上说，《国际视野下少年儿童组织的教育服务——实践与经验》的出版，不仅在学术上有开拓之功，而且对于全国研究同行也有最重要的激励意义。

河北大学薛国凤教授团队长期耕耘于少年儿童组织与教育的国际比较工作领域，在这一领域已经有大量卓有成效的积累，并取得了十分突出成就。著作《国际视野下少年儿童组织的教育服务——实践与经验》，就是这一成就的集中体现。稍加浏览，就不难体会到本书的鲜明特点：第一，抓住"组织"和"服务"两个关键词，对各国少年儿童组织开展有关教育工作的具体做法与宝贵经验做了认真、深入的梳理、研究与呈现。本书主题突出、材料丰富，值得我国少先队等少年儿童组织开展类似时工作借鉴。第二，既有美日欧等发达国家和地区的经验，也呈现了许多发展中国家的探索。这对于本领域国际视野的整体性建构大有裨益。

少年儿童组织与教育是一个十分重要的研究领域。据中国少年先锋队全国工作委员会统计，截至 2023 年 12 月 31 日，全国共有少先队员 11 480.7 万名。对一亿多少先队员的组织教育，实际上也是中国特色社会主义教育体系最基础也最重要的组成部分之一。《国际视野下少年儿童组织的教育服务——实践与经验》是一本理论联系实际的好书，由衷希望本书的出版能对全国少年儿童的健康成长发挥重要作用。

北京师范大学教授、全国德育学术委员会荣誉理事长、
中国少先队工作学会副会长　檀传宝
2024 年 10 月 9 日于北京京师园三乐居

序 二

2015年我出版了《国际视野下童军组织比较研究》一书之后，一直有一个心愿，期盼着再有少儿组织国际比较书籍问世。如今，非常欣喜地看到了薛国凤教授领衔编写的《国际视野下少年儿童组织的教育服务——实践与经验》这本书。这是一个内容丰富、"价值连城"的"聚宝盆"，因为它凝聚着河北大学少年儿童组织与教育研究中心研究团队六年多来辛勤的汗水和共同的创造。一个个国别的介绍，一篇篇文献的搜寻，一次次难忘的访谈，都在这本书中定格、放大，成为永恒。这是少先队学科建设的宝贵财富，也是少儿组织国际比较研究的宝贵资料。

习近平总书记在2023年"六一"国际儿童节前一日视察北京育英学校时指出：要坚定文化自信，把自己好的东西坚持好，把国外好的东西借鉴好，与时俱进、开放发展，让孩子们有更广阔的眼界、更开阔的思路、更开放的观念，努力培养堪当民族复兴重任、勇于创造世界奇迹的国之栋梁。中国进入了开放的新时代，开放的世界环境对儿童组织的成长和发展有着重要的影响。少先队工作者要遵循习近平总书记的重要指示，以敏锐的目光、开放的视角和强烈的责任感，去研究海外、国外少儿组织的有益经验，从比较、借鉴中分享幸福，从而丰富壮大自己，在培养面向世界、面向未来、面向现代化的一代新人的伟大事业中发挥积极作用。

纵观本书，从"教育是一种服务"理念出发开展少年儿童组织的国际比较研究，具有以下几个鲜明的特点。

首先，它体现了少儿教育服务研究的辩证法。比较的视角，可以增进对不同国家之间、不同文化背景下少年儿童组织教育服务理念、方法的差异和相似的了解，促进国际理解和尊重，这有助于促进不同民族和文化的相互尊重与合作，通过比较不同国家的教育服务实践，可以吸取各国少儿组织的成功案例和经验，可以改进本国的少年儿童组织教育服务。

其次，它推动了学术和专业发展。不同国家的少年儿童组织有着不同的教育服务侧重点，在发展过程中可能面临类似的问题和挑战，国际比较研究可以提供不同的视角和方法，从而汲取各国优秀的教育服务理念，有助于推动相关领域的学术研究和专业发展，并探索有效的解决策略，促进教育服务新的理论、观点和方法的产生，为学者和实践者提供更广阔的视野。

最后，它适应了教育全球化的挑战。比较研究能了解不同国家的少年儿童组织如何应对教育全球化带来的挑战和机遇，让各国相互学习，完善自身对少年儿童的教育服务理念、教育服务方式的见解，有助于促进国际交流与合作，为推动全球范围内少年儿童教育服务的发展，提升少儿教育服务质量，解决共同问题提供参考和启示，从中塑造国际视野和世界眼光。

由此可见，少年儿童组织国际比较研究不仅是学术上的需要，也是实践中的要求。少先队教育的现代化不能不研究国际儿童组织，儿童组织国际比较研究，就是打开了一扇了解世界的窗口，通过这扇幸福的小窗，少先队工作者能够"身在中国，放眼世界"。真诚期盼随着新时代少先队事业的蓬勃发展，有更多少儿组织国际比较著作的诞生，构建起少儿组织国际比较学科群，贡献给少先队，贡献给我们这个伟大的新时代。

中国少先队工作学会副会长、上海市少工委主任、
上海市少先队总辅导员　赵国强
2024 年 10 月 16 日于共青团上海市委

前 言

  在世界上任何一个国家，少年儿童都是国家存续与发展的人力基础。在世界各国，除了学校这一培养少年儿童的主要教育机构，还有各种少年儿童组织以自己的方式服务于本国少年儿童的教育与成长，并发挥着重要的教育作用。基于少年儿童组织的儿童性，本书从"教育是一种服务"理念出发，探求世界多国少年儿童组织的教育服务实践，透视这些少年儿童组织在服务儿童的过程中彰显出来的促进儿童"个体我"与"社会我"协调发展的教育理念、内容、途径与方法等，并尝试总结相关经验，在立足本土放眼世界过程中思考少年儿童组织的社会化育人规律。

  本书主要包括以下内容：一是从理论上探求教育服务基本概念理解及少年儿童组织与教育服务提供之间的基本关系。二是选择世界范围内具有典型性和代表性的多国少年儿童组织进行教育服务的国别实践研究，并对各国的经验进行总结。本书从国别与分布地域上看，包括十四个国家；从少年儿童组织类型看，既有国际化的组织，也有本土生发的组织；从少年儿童组织所在国家发展程度看，既有发达国家的组织，也有发展中国家的组织；从研究的具体内容看，包括各国少年儿童组织的创建与发展历程、教育服务理念、教育服务者构成、教育服务内容、教育服务途径与方式方法、教育服务效果及教育服务国别经验。三是结合少年儿童组织的教育服务国别经验，进行共性经验挖掘，提升少年儿童组织的教育服务整体认知与育人规律认识。

  少年儿童成长本质上是人的社会化过程，社会化的人的培养需要以社会化的方式来进行。少年儿童组织通过有别于家庭教育和学校教育的方式为少年儿童成长提供了不一样的环境与选择的空间。不过，在这一过程中，还需要家庭、学校和社会的通力合作，而各国少年儿童组织在提供教育服务过程中明显表现出这一特征。目前，国内关于少年儿童组织及其教育的国际比较研究散见于报纸和期刊，缺乏体系化研究。此外，从教育服务全貌角度进行的研究也尚未发现，本书在这方面具有一定程度的创新性。

  研究的过程是一个快乐做事并伴随着痛苦思索的过程。尽管研究团队在这几年里做出了巨大努力，但由于自身研究能力的局限与研究资源的限制，还存有不少疏漏之处，一些研究观点也有待于进一步推敲，恳请各位读者批评指正。我和团队成员也将继续关注这一主题，特别是基于国际视角的思考进一步深化少年儿童组织社会化育人规律研究，以期能为我国少年儿童组织高质量育人服务实践的探索贡献微薄的学术之力。

薛国凤

2024 年 10 月 18 日

目 录

绪　论　服务中的教育：少年儿童组织的使命 ·················· 001

　第一节　何为教育服务 ·· 003

　第二节　少年儿童组织的服务与儿童教育 ······················ 006

第一章　英国童子军的教育服务 ·································· 011

　第一节　"先驱奠基"：英国童子军组织概述 ···················· 012

　第二节　与时偕行：英国童子军的教育服务状况 ················ 026

　第三节　英国童子军教育服务的经验 ·························· 044

第二章　美国女童子军的教育服务 ································ 049

　第一节　"女子人才摇篮"：美国女童子军组织概述 ············· 050

　第二节　从享受乐趣到培养领导力：美国女童子军的教育服务状况 ··· 061

　第三节　美国女童子军教育服务的经验 ························ 079

第三章　加拿大童子军的教育服务 ································ 082

　第一节　"人才锻造营"：加拿大童子军组织概述 ··············· 083

　第二节　从享受幸福到培养领导力：加拿大童子军的教育服务状况 ··· 090

　第三节　加拿大童子军教育服务的经验 ························ 103

第四章　芬兰童子军的教育服务 ·································· 107

　第一节　"中央组织垂直领导的童子军"：芬兰童子军组织概述 ··· 108

　第二节　"社会教育的重要参与主体"：芬兰童子军的教育服务状况 ··· 114

　第三节　芬兰童子军教育服务的经验 ·························· 123

第五章　俄罗斯童子军的教育服务 ……………………………… 125

第一节　"青少年成长的摇篮"：俄罗斯童子军组织概述 ……………… 126
第二节　"塑造未来"：俄罗斯童子军的教育服务状况 ………………… 134
第三节　俄罗斯童子军教育服务的经验 ………………………………… 141

第六章　澳大利亚童子军的教育服务 …………………………… 144

第一节　"合格公民的阵地"：澳大利亚童子军组织概述 ……………… 145
第二节　为新的冒险做好准备：澳大利亚童子军的教育服务状况 …… 152
第三节　以儿童价值为中心：澳大利亚童子军教育服务的经验 ……… 161

第七章　新西兰童子军的教育服务 ……………………………… 164

第一节　新西兰童子军组织概述 ………………………………………… 165
第二节　新西兰童子军的教育服务状况 ………………………………… 172
第三节　专业与协同：新西兰童子军教育服务的经验 ………………… 181

第八章　泰国童子军的教育服务 ………………………………… 185

第一节　"老虎之子"：泰国童子军组织概述 …………………………… 186
第二节　促进全面体验与发展：泰国童子军的教育服务状况 ………… 195
第三节　泰国童子军教育服务的经验 …………………………………… 208

第九章　南非童子军的教育服务 ………………………………… 212

第一节　南非童子军组织概述 …………………………………………… 213
第二节　促进男孩、女孩与青年发展：南非童子军的教育服务状况 … 219
第三节　南非童子军教育服务的经验 …………………………………… 234

第十章　日本绿色少年团的教育服务 …………………………… 238

第一节　"在森林中培养孩子"：日本绿色少年团组织概述 …………… 239
第二节　从森林教育到公共绿色生活：日本绿色少年团的教育服务状况
　　　　　……………………………………………………………………… 247
第三节　日本绿色少年团教育服务的经验 ……………………………… 262

第十一章　捷克社会主义青年联盟先锋组织的教育服务 ················ 265

第一节　曲折中的发展：捷克社会主义青年联盟先锋组织概述 ······ 266
第二节　捷克社会主义青年联盟先锋组织的教育服务状况 ·········· 273
第三节　捷克社会主义青年联盟先锋组织教育服务的经验 ·········· 289

第十二章　古巴何塞·马蒂先锋组织的教育服务 ····················· 293

第一节　"一所伟大的儿童学校"：古巴何塞·马蒂先锋组织概述
··· 294
第三节　在"战争"中学会生存：古巴何塞·马蒂先锋组织的教育
服务状况 ··· 302
第三节　培养全面发展的未来探险家：古巴何塞·马蒂先锋组织教
育服务的经验 ··· 314

第十三章　越南胡志明少先队的教育服务 ····························· 318

第一节　"儿童运动的核心力量"：越南胡志明少先队组织概述 ··· 319
第二节　从爱国精神塑造到实践能力培育：越南胡志明少先队的教
育服务状况 ··· 329
第三节　越南胡志明少先队教育服务的经验 ······················ 348

第十四章　老挝十二月少年团的教育服务 ····························· 353

第一节　"少年集结号"：老挝十二月少年团组织概述 ············ 354
第二节　老挝十二月少年团的教育服务状况 ······················ 364
第三节　老挝十二月少年团教育服务的经验 ······················ 377

第十五章　国际视野下少年儿童组织教育服务的共性经验 ············ 380

参考文献 ·· 389

后　　记 ·· 401

绪　论

服务中的教育：
少年儿童组织的使命

在一个国家的发展中，少年儿童是基础的人力资源。在中国有"少年强则国强"的希冀，在西方国家有"没有儿童对他们的帮助，成年人将颓废"的洞察。因此，在重视少年儿童健康成长的国家，不仅成年人会有更加积极的生活状态，也会筑牢面向未来的民族延续根基。不过，少年儿童的成长主要依托教育来完成，德国大哲学家雅斯贝尔斯1977年在《什么是教育》中强调"教育决定一个时代、一个人和一个民族的精神面貌"❶。从世界范围及人类教育发展史来看，对少年儿童进行积极教育的不仅有家庭的教育、正规系统的学校教育，还有各种各样的其他社会儿童组织，如少年先锋组织、童子军组织等。这些有别于家庭和学校的少年儿童组织，在促进各国少年儿童发展中起到了不可忽视的作用，每个国家的少年儿童组织都以自己的教育方式服务于少年儿童的成长。在今天，尽管各国随着政治形势、未来挑战及教育理念等的变化而有不同的变化，有的国家的少年儿童组织教育活动或许在某一时期处于低谷，但总体来看，这些少年儿童组织的

---

❶ 雅斯贝尔斯.什么是教育[M].邹进,译.北京：生活·读书·新知三联书店,1991：64.

作用并没有被完全忽视或削弱，反而在社会变迁与国家发展需要中显得更为迫切。

对于构建什么样的少年儿童组织和对少年儿童施以什么样的教育，古往今来的不同国家和不同学者在不同的历史时期给出了无数的答案。其中，有的成功持续，有的昙花一现，有的积极变革……不过，少年儿童组织教育终究是以促进儿童的发展为中心和宗旨的活动，因此无论是在社会科学还是在自然科学视野下，少年儿童组织的教育都离不开对"人"的发展探究与高度关怀。儿童受教育的环境，应当是一个以"人的爱"为指导精神的环境。在当今时代，能体现这种"人的爱"，使儿童在其中受"爱"之精神指引并以之触碰社会的教育理念，当属"教育服务"这一概念。服务，本质上就是一种以"人之爱"去爱"人"的精神体现。教育服务，区别于教育是灌输与管控的被动教化认识与行为，遵循教育是一种服务的基本理念，创造与营造的是一种使少年儿童能在爱"人"与服务"人"的过程中，促进"个体我"与"社会我"协调发展的教育方法与教育环境。

因此，立足我国少年儿童组织教育服务作用发挥的现实需要，放眼世界，采用国际视野探求国外少年儿童组织历史发展、教育服务状况及其经验，可在借他山之石中为我国少年儿童组织教育服务水平的进一步提升提供助益。

绪论　服务中的教育：少年儿童组织的使命

第一节　何为教育服务

一、对于"服务"的多样化理解

"服务"是一个日常用语，即人们可以通过各自的日常生活经验对它进行体验、实践和理解，同样学术界对于"服务"的理解也是多样化并充满争议的。在《现代汉语词典》里，"服务"被释义为"为集体（或别人）利益或为某种事业而工作"❶。在西文辞源中，服务的释义更为多样，大约1200年出现了"帮助行为"的理解，1300年出现了"处于为某人或某人指示承担任务的状态"的理解，到1926年增加了"执行工作"❷的含义。日本学者前田勇的研究观点认为，与日本传统中更偏重商业语气的"服务"一词不完全相同，欧美文化下"服务"的中心意思是"为他人做有益的事"，由此引申可以把服务理解为"一般是指为他人工作，也意味着一种职业"❸。不过前田勇也提出，对于"服务"可以划分为"存在型"和"评价型"两种类型，即"把提供某些方便的活动本身称为服务"和"不把提供方便的活动本身，而只把提供的做法叫作服务"，这两种服务有时可以只存在于某一类，有时两者并存。❹在美国学者斯

---

❶ 中国社会科学院语言研究所词典编辑室.现代汉语词典（修订版）[M].北京：商务印书馆，1996：386.

❷ etymonline(Online Etymology Dictionary).Origin and history of service[EB/OL].[2024-01-10].https://www.etymonline.com/word/service.

❸ 前田勇.服务学[M].杨守廉，译.北京：工人出版社，1986：6.

❹ 同③：7-8.

— 003 —

坦通（Timothy K. Stanton）的研究中，他认为服务"可以被看成慈善，即用来满足眼前的迫切需要"，也可以"用来聚焦解决根深蒂固的社会问题，带来社会和经济方面的结构性变化"❶。马克思也曾对"服务"有过论述，他说"服务这个名词，一般来说，不过是指这种劳动所提供的特殊使用价值，就像其他一切商品也提供自己的特殊使用价值一样"❷。在马克思这里，服务是劳动产品，具有特殊使用价值并可进入市场进行交换。这里对"服务"的定义只是列举一二，可以看到对于"服务"的理解可以因政治、经济、社会等的性质、目的和任务的不同而产生差异，但"服务有它自己的生命和价值，值得我们尊重。它是一个特定的价值体现，是对这个世界生活方式及定位的一种见证"❸。

二、对于"教育服务"的多样化理解

基于对"服务"本身理解的多样化，当把视角投到教育领域，又该如何理解"教育服务"呢？事实上，学术界对于教育服务的定义目前没有明确而统一的论述，学者们基于经济学、政治学、教育学等不同的研究领域给予了不同的理解。有的学者认为教育是一种具有服务性质的实践活动，教育服务就是教育活动的产品，或者说是一种服务形态的产品。教育产品是教育服务，而且教育服务除了具有一般服务的基本特点，还具有基础产业性、交换性、市场性及生产和消费的同时性和共发性等自身特点。❹有的学者认为由于教育具有投资性，所以教育服务"兼具生产性和生活性的混合特征"，既体现"国家发展对教育的战略需求"，也体现"学生成长发展对教育的个性需求"，为此教育服务要不断推陈出新。❺在笔者看来，无论是把教育服务界定为一种实践活动产品，

---

❶ TIMOTHY K S, DWIGHT E G, Jr., NADINNE L C.服务学习：先驱们对起源、实践与未来的反思[M].童小军等，译.北京：知识产权出版社，2013：18.

❷ 马克思恩格斯全集（第26卷Ⅰ）.[M].北京：人民出版社，1979：435.

❸ 同❶：185.

❹ 靳希斌.论教育服务及其价值[J].教育研究，2003，(1)：44-47.

❺ 周海涛，李虔，张默涵.论激发教育服务的消费潜力[J].教育研究，2016，37(5)：42-43.

还是一种发生在服务提供者和接受者之间的具有特殊性质的无形活动，基于教育本身培养人的特质，教育服务是基于所从事的教育工作或教育性社会活动的目的，而对教育对象所做出的有益的任务承担或帮助行为。其功能主要体现在促进年轻一代的成长，既包括知识的传递、应用和创造，也包括对道德品格的引导、塑造与建立，是对"个体我"和"社会我"整体发展的促进与完善。

可以看到，服务和教育服务的定义都是可以表达的，但一如日本学者前田勇所探讨的，"完全表达"一个词的词义是不可能的。因为一个词的"意义"是"个人对有关现象的知识与经验的总和"，而"每个人又是千差万别的"[1]。从这个意义上讲，实践中人们对教育服务的理解是多元化的，不过这并不影响人们就教育服务"事实"进行探讨。或许这正像美国学者斯坦通所言："服务的美妙之处在于它光彩照人；评定服务的价值，取决于旁观者。"[2]

---

[1] 前田勇.服务学[M].杨守廉，译.北京：工人出版社，1986：1.
[2] TIMOTHY K S, DWIGHT E G, Jr., NADINNE L C.服务学习：先驱们对起源、实践与未来的反思[M].童小军等，译.北京：知识产权出版社，2013：13.

第二节　少年儿童组织的服务与儿童教育

从世界范围内各国的实际情况来看，少年儿童组织是成年人组织和管理下的教育组织，是"一种特定的教育载体、教育手段和教育形式"❶，但它又是少年儿童自己的组织，因此也决定了少年儿童组织开展教育活动时须贯穿并贯彻服务精神和理念。

一、少年儿童组织的性质决定了它是少年儿童的服务组织

少年儿童组织是"为实现一定的目标而结合在一起的、具有正式关系、相互合作的少年儿童团体"❷。从组织成员的角度来看，儿童是少年儿童组织的主体成员，儿童性是少年儿童组织的自然属性和本体属性之一。尽管在不同国家，少年儿童组织的性质有所差异，但少年儿童都是少年儿童组织工作的出发点，而儿童是成长着的、发展着的公民个体，因此少年儿童组织必须根据少年儿童个体成长和国家、民族的发展需要，关注少年儿童身心发展阶段特征，尊重其成长规律并维护其合法公民权益，以提供教育服务而非教育管控的方式助力少年儿童的发展与成长。

---

❶ 檀传宝.少年儿童组织与思想意识教育基本理论[M].北京：教育科学出版社，2014：119.
❷ 同❶.

二、少年儿童组织需要为少年儿童提供多样化的成长服务

在世界各国，少年儿童组织中的儿童都有年龄段上的跨度，因此身心发展特征具有差异性。此外，不同的儿童在习惯、态度、成长倾向、兴趣、性格、爱好、多元智能特征等方面也各有差异，在自主性、创造性方面也具有不同特点。为了促进每一位少年儿童的自我实现，在关注群体共同发展特征和共同需求的同时，也需要关照不同儿童的个性化发展需求。这就需要少年儿童组织在提供教育服务时要做到多元化，所提供的教育服务形态、形式、内容、方法多种多样，既能体现综合的教育功能，也能体现具体的、特殊的教育功能。

三、各国少年儿童组织为少年儿童提供不同的教育服务

基于少年儿童在国家与民族中的重要地位和成长规律，在世界各国的少年儿童组织发展及其教育中，各国依托不同历史传统或发展需要，教育服务的精神理念和服务方式会表现出差异性，但整体来看提供教育服务都是不可或缺的。

首先，在我国之外的其他一些社会主义国家，如朝鲜、越南、古巴和老挝，尽管在少年儿童组织名称上各有不同，但也都有各自影响力最为突出的少年儿童组织，如朝鲜少年团通过思想政治教育活动、假期令营活动以及体育和游戏活动等培养社会主义祖国好儿女和少年革命家；越南胡志明少先队以"学习并做好胡伯伯教过的五件事"为具体目标帮助儿童形成正确价值观和社会主义新公民所需的良好品质；古巴何塞·马蒂先锋组织遵循集体生活的原则，通过组织儿童参加学校和社区的农业、建筑、清洁以及全国性的创意先锋活动等促进"新人的形成"；老挝十二月少年团通过开展"六爱三恨"少年领袖教导活动与"三好四知道"青少年比赛活动培养国家的有生力量和优秀接班人。在捷克共和国，曾经的少先队组织名称由于社会性质的转变，已更名为"捷克社会主义青年联盟先锋组织"，社会影响力也较之从前有所减弱，但仍通过户外营地、周末活动、项目推动、国际活动等服务对本国部分少年儿童的价值观塑造、品格教育、生活知识与技能传授、国家历史教育和自然探索等方面的发展发挥着重要作用。

其次，发达国家的少年儿童组织也有很多，如世界范围内广泛存在的童子军组织，还有具有鲜明国别特点的日本绿色少年团组织等。从整体来看，影响最大的是非政府的童子军组织。据研究表明，截止童子军创立 100 周年的 2007 年，童子军组织已经覆盖 216 个国家和地区，男童和女童成员超过 3 800 万名。❶ 另据世界童子军运动组织（World Organization of the Scout Movement，WOSM）官网数据显示，到目前"已有超过 5 亿年轻人和成年人加入并体验了童子军非正规教育的力量"❷。童子军思想源于 1906 年英国贝登堡将军的"童子军计划"，但作为运动则最早源于 1907 年在英格兰举行的一次露营实验活动，活动组织者贝登堡把自己童年的户外活动经验和在军队时训练士兵的一套经验方法用于训练十几岁的男孩，深得受训者的喜爱。这次活动产生了巨大的影响，青少年开始纷纷效仿并自发组织起来进行类似的活动，由此逐渐受到包括亚非拉等世界范围内许多国家的关注并发展形成了今天世界上规模最大的并使众多男孩和女孩受益的青少年运动。今天的童子军教育通过边做边学的方法致力于使年轻人能够自我实现、受到启发、积极行动并有目标的生活，赋予青少年成为全球公民的能力，确保每一代年轻人都有机会充分发挥作为社区与世界领导者的潜力；也通过趣味活动、户外实践和有意义的经历使青少年获得独特的教育体验并在结构化系统中获得自信、勇气和享受他们的成长之旅。❸

在我国，中华人民共和国成立后的影响力最大的少年儿童组织当属中国少年先锋队（以下简称少先队），缔造者和领导者是中国共产党，并受中国共产主义青年团的直接领导。作为中国共产党领导下的群团组织，少先队是充分体现我国少年儿童发展先进性的儿童组织，"从小学先锋，长大做先锋"并成长为坚定的共产主义事业接班人是少先队工作和组织教育的根本遵循。自 1924 年

---

❶ 赵国强，林频. 国际视野下童军组织比较研究 [M]. 上海：上海人民出版社，2015：13.

❷ World Scouting.Scout Movement[EB/OL]. [2025-08-14]. https: //www.scout.org/scout-movement.

❸ WORLD SCOUTING.Scouting Education[EB/OL]. [2025-08-14]. https://www.scout.org/who-we-are/scout-movement/scouting-educatio.

5月安源劳动童子团的建立作为中国共产党领导下的少年儿童运动起源至今❶，少先队组织的名称几经变换，但百年来中国共产党的儿童观在"变"中保持着"不变"，即"变"的是随着时代发展和社会变迁而更加关注儿童的民生个体性、注重儿童的全面发展和核心素养、强调儿童在红色基因传承下的中国人自信以及注重儿童培养的全社会协同等，"不变"的则是一直保持着培养社会主义事业建设者和接班人的基本核心理念。❷正是在这种"变"与"不变"的历史发展中，少先队组织以辅导员为主要的少年儿童思想政治工作者，尊重少先队员是少先队的主人身份，落实少年儿童和少先队员主体性，以政治思想道德教育为核心，践行"组织教育、自主教育、实践教育相统一"❸的历史经验，通过政治思想启蒙、参与社会建设、科学教育、艺术教育、社会教育以及关爱特殊儿童发展等形式多样的教育服务及其活动，实现"少先队教育与党的方向与社会主义教育的方向保持一致""与学校教育在育人目标上保持一致"以及"补教育发展之短""固教育发展之本""强教育发展之魂"和"创教育发展之优"❹，对我国少年儿童思想政治意识以及德智体美劳等方面的发展起到了重要推动和强化作用。

我国少先队作为国内最有影响力的少年儿童组织，与世界其他国家的少年儿童组织一样，首要的是依循自身的核心理念积极服务本国儿童健康、全面和均衡的成长。不过，面对浩瀚无垠的宇宙和威力无穷的大自然，人类命运是紧密相连的。在这一意义上，成长于不同国家、不同社会发展历史与不同习俗文化背景下的少年儿童也不再只属于每个国家，他们还属于整个人类。在未来，作为人类发展力量与命运掌控者的各国少年儿童，可能更需要正确理解自身以

---

❶ 张良驯.党史视域下的少年儿童运动史若干问题研究［J］.中国青年社会科学，2024，(2):21-31.
❷ 薛国凤."变"与"不变"：中国共产党的百年儿童观［J］.少年儿童研究，2021,(7): 5-17.
❸ 张先翱．弘扬百年少年儿童运动的历史经验［J］.少先队活动，2022,(4):1.
❹ 杨茂庆，秦爽．改革开放以来少先队教育的发展脉络、特征及经验［J］.教育学术月刊，2019，(1):84-90.

及自身与社会、与他者以及与自然之间的关系，更需要具备超越分歧、超越竞争和促进合作的共同行动能力，并在确保人类可持续发展的全球理念中奉献智慧并承担相应的责任。这不仅对各国国民教育体系完善与发展提出了现实性拷问，也对作为校外教育的各国少年儿童组织教育服务提出了创新性要求。

他山之石，可以攻玉。鉴于目前我国国内对国外少年儿童组织及其教育服务的研究相对比较薄弱，特别是缺乏体系化的研究，因此本书重点关注基于国别的国外少年儿童组织教育服务研究。此外，在世界范围内，除了国别层面的少年儿童组织，还有众多国际儿童组织为少年儿童提供各种各样的服务，如联合国儿童基金会的教育服务、国际儿童读物联盟等国际组织。这些组织在自己的宗旨和目标下，以不同的方式为世界范围内的少年儿童提供专业服务和发展帮助，但由于研究样本选择主要是国别，这些服务于少年儿童成长的国际组织暂未纳入本书的研究范畴。

第一章

英国童子军的教育服务

19世纪末，新兴的现代工业引发了欧美国家的高度竞争，老牌资本主义国家英国逐渐对自己的工业、军事实力感到不安，"大不列颠帝国需要人们保持不松懈的警戒心，并坚持身体锻炼，这样个人才能服从帝国不断扩张和发展的军事要求"❶。然而，发达的工业文明使许多儿童成长于现代都市生活中，他们的身心健康尤其是品德状况令人担忧。如何使青少年儿童成长为适应社会发展和国家需要的公民，成为亟待解决的问题。1907年，罗伯特·贝登堡（Robert Baden-Powell）开始了他的探索，他希望能够为当时现有的青年组织如少年军（Boys Brigade）、基督教青年会（Young Men's Christian Association）提供训练男孩的方法。但出乎他意料的是，年轻人利用他的方法自发地组织起活动来，并给他带来了注定要成为今天仍然是世界领先的青年组织。❷

---

❶ Jon S.Teenage: The Prehistory of Youth Culture, 1875—1945[M]. New York: Penguin (Non-Classics), 2007: 108.

❷ The Scout Association. How Scouting grew[EB/OL]. [2024-07-26]. https://www.scouts.org.uk/about-us/our-history/how-scouting-grew/.

第一节 "先驱奠基"：英国童子军组织概述

英国童子军协会（The Scout Association），是一个致力于促进4~25岁青少年发展的非营利性、非政府组织，其总部位于伦敦清福德吉尔威尔公园，至今已有110多年的历史，是世界童子军组织的创始成员之一。目前，英国童子军协会每周通过开展常规活动、冒险活动、仪式活动，培养了近50万青少年儿童的生活技能（如实用技能、户外技能、社区参与、精神塑造等），促使他们为建设更美好的未来做好准备。

一、贝登堡：英国童子军的创始人

罗伯特·贝登堡，1857年2月22日出生于英国伦敦帕丁顿。他的父亲是牛津大学萨维尔几何学教授、英格兰教会牧师贝登·鲍威尔（Baden Powell）。贝登·鲍威尔在经历了两段婚姻后，于1846年3月10日在切尔西圣路加堂迎娶海军将官的长女亨莉艾塔·葛瑞丝·史密斯（Henrietta Grace Smyth）。在罗伯特三岁时，父亲贝登过世。母亲亨莉艾塔为了纪念她的丈夫，并且能区别自己的小孩与他同父异母的兄弟姊妹、表亲等人，她将自己孩子的姓氏改为"贝登堡"（Baden-Powell）。

贝登堡在学生时期展现出了多方面的兴趣、创造力和探险精神。他不仅在学业上表现出色，获得了奖学金并进入有名的查特豪斯公学学习，还在课外活动中展现了多样化的才能和爱好。当时，查特豪斯公学有严格的外出规定，但贝登堡经常在附近的树丛中躲避老师进行追踪和烹饪的游戏，他的童子军技能也在这时期培养起来。他会弹奏钢琴、拉小提琴，也是可以使用两手作画的艺

第一章　英国童子军的教育服务

术家,更喜欢演戏剧。假日时,他和他的兄弟们通过乘坐游艇和独木舟的探险旅行消磨时间。❶

1876年,罗伯特·贝登堡以少尉的军衔,加入了位于印度的第13轻骑兵团。在被派驻印度长达八年的时间里,他研究侦察、情报、制图等工作,并经常到郊外狩猎、观察野兽、强健体魄,锻炼出了冒险的精神。19世纪80年代初期,他的部队驻扎在南非的纳塔尔省,他在与祖鲁族人的斗争中精进了他的侦查技巧,并且受到表扬。在从军过程中,贝登堡的能力给长官留下了深刻的印象,因此他被升任为少校,担任马耳他总督的副官、总司令亨利·奥古斯都·史密斯(Henry Augustus Smyth)(贝登堡的叔叔)的军事秘书。❷在马耳他驻防的三年时间里,他被任命为地中海地区军事情报处处长手下的情报官,有时他伪装成一位蝴蝶捕捉人员,将军事基地的平面图画在伪装的蝴蝶翅膀上。

1896年,贝登堡重返非洲。在此期间,他参与了解救被围困在布拉瓦约的英国南非公司人员的远征行动。这次行动对贝登堡而言不仅是一次成长的磨砺,更成为他童子军理念萌芽的宝贵源泉。在马托博的敌方领地上,贝登堡指挥了侦察行动。在这场战役中,贝登堡还结识了美国的侦察兵弗雷德里克·罗素·伯纳姆(Frederick Russell Burnham)。伯纳姆向他介绍了美国旧西部的故事及森林知识,包括侦察技能等。受到伯纳姆的影响,贝登堡首次接触到带有蒙大拿州特色的西式牛仔帽,这种帽子也被称为战地帽。同时,他也了解到了领巾的多种实用功能,这些装扮成了童子军制服的灵感来源之一。❸1897年,贝登堡在40岁时被临时授予上校军衔(英国陆军中最年轻的上校),并被派往印度指挥第五龙骑兵卫队。几年后,他编写了一本小手册,题为《警探术》(Aids to Scouting)。这本手册针对军事侦察主题,总结了他之

---

❶ Wikipedia.Robert Baden-Powell, 1st Baron Baden-Powell[EB/OL].[2024-07-26]. https://en.wikipedia.org/wiki/Robert Baden-Powel.

❷ 同❶.

❸ 同❶.

前一些就军事侦察主题所做讲座的内容,其中大部分内容是贝登堡从伯纳姆的经验当中诠释而来。贝登堡利用这本手册与其他方式,训练士兵独立思考并在荒野中求生的能力。

贝登堡返回南非后,他在马弗京建立了一个要塞。随后,马弗京被一支有时超过 8 000 人的布尔军队包围,这场马弗京之围持续了 217 天,并抵抗了布尔人。❶在这场围攻中,贝登堡亲自完成了大量的侦察工作。在围城期间,未达到战斗年龄的白人少年组成了马弗京少年军团(Mafeking Cadet Corps),这些少年负责站岗、传递重要消息并为医务人员提供必要的协助,从而使更多的成年人能够参与前线作战。尽管这支少年军团不是由贝登堡组建的,也没有证据表明他在围攻期间对他们给予了关注,但在《童子军手册》(Scouting for Boys)的第一章中,贝登堡对马弗京少年军团青年的勇气和完成任务时的镇定自如印象深刻,将他们称为年轻人的榜样。❷

1900 年 5 月 16 日,马弗京围城困境解除,贝登堡因此被晋升为少将,也成为国家英雄。1903 年,贝登堡从非洲返回英国时,发现他的军事训练手册《警探术》已成为畅销书,并被教师和青年组织使用,以教导儿童基本观察、分析、研究等能力,这促使贝登堡开始思考警探术中的训练吸引儿童的意义。如果剔除其中的军事成分,或许可以成为锻炼儿童的一种方法。❸贝登堡担任少年军的副队长并负责侦察部门后,在朋友威廉·亚历山大·史密斯(William Alexander Smith)的鼓励下,决定再编写一本《侦察辅助手册》以适应年轻读者。1907 年 8 月,贝登堡前往布朗西岛举办了一个夏令营,以试验他的想法。此次活动大获成功后,贝登堡于 1908 年出版了至今被视为童子军"圣经"的《童子

---

❶ Wikipedia.Robert Baden-Powell, 1st Baron Baden-Powell[EB/OL].[2024-07-26].https://en.wikipedia.org /wiki/ Robert Baden-Powel.

❷ 同❶.

❸ 同❶.

军手册》一书。自此，童子军组织开始为人们所熟知，逐渐走向世界。[1] 1910年，男童子军协会（The Boy Scout Association）正式成立。此后，创始人贝登堡的余生都在进行世界巡回宣讲。直到 1938 年，他因身体不适在肯尼亚退休，并于 1941 年 1 月 8 日去世，其一生都服务于童子军。

二、奠基与演变：英国童子军的基本发展历程

当前，英国本土有超过 50 万名童子军成员，这一数字令人瞩目。回溯到童子军的起源——1907 年 8 月，仅有 20 名男孩子参加了当时的试验性活动。在这百年的发展历程中，英国童子军的发展大致可分为以下四个时期。

（一）开创与产生时期：一次试验

这一时期是指 1907—1908 年。在第二次布尔战争中，贝登堡亲眼看见了"马弗京少年军团"中的少年士兵在战争中承担起非战斗性角色，如担架员和信使等。回国后，贝登堡在朋友们的劝说下，决定撰写一本以青少年为中心的书。在创作过程中，他将书中的重点内容由军事转变为冒险、探索和生存技能，并决定招募一些男孩子，通过实践检验自己的想法。

1907 年 8 月 1 日，贝登堡聚集了拥有不同社会背景的 20 名男孩，在多塞特普尔的布朗西岛举办了一次夏令营，以检验他的想法。这 20 名男孩中，包括 12 名来自公立学校的学生及 8 名来自伯恩茅斯和普尔当地少年军（Local Boy's Brigade）的男孩，他们的年龄在 10~16 岁。这 20 名男孩被分成四个巡逻队，分别是狼队、公牛队、杓鹬队和乌鸦队，其中 4 个年龄较大的男孩被授予巡逻队长的头衔。除此之外，还有一名 9 岁的男孩参与了本次活动，他是贝登堡的侄子——唐纳德·贝登堡（Donald Baden-Powell）。由于他年纪尚小，无法正式加入，因此他成为贝登堡的助手和勤务兵。为了帮助贝登堡管理营地，

---

[1] 吴小玮. 童子军运动探析及启示 [J]. 外国教育研究，2015, 42(6): 14-26.

少年军团长乔治·沃尔特·格林（George Walter Green）及贝登堡的好友，曾和他一起在军队服役的克拉伦（Kenneth McLaren）也参与了本次活动。皮尔逊出版社的珀西·埃弗雷特（Percy Everett）也参加了一天的活动。❶

在为期一周的夏令营中，贝登堡让这些男孩子在肩上佩戴彩色缎带，以此区分他们各自的小队，三角形旗则展示了他们所在小队的动物形象。这些标识在童子军组织不断完善的过程中逐渐成为童子军制服和装备的标配。小队队长则被授予白色的卢尔-德利斯（Leur-de-Lis）帽子，以显示他们的军衔。在这一周的时间里，每个小队都开展了活动，包括生火、导航、观察与跟踪、烹饪、救生和船舶管理等。

夏令营结束后，贝登堡从中汲取经验，利用几个月的时间完成了20世纪的经典著作——《童子军手册》。1908年1月，《童子军手册》一书以分成6期的方式出版。❷出版后，人们对这本书的反应非常热烈，贝登堡确信有必要成立一个独立的专门组织，负责为青少年提供活动计划。❸在这本书出版后的一段时间里，英国自发地形成了许多童子军巡逻队和童子军中队，这为组建一个能够支持越来越多童子军巡逻队和童子军中队的全国性团体奠定了基础。

（二）完善发展时期：不断扩大服务范围

这一时期是指1909—1963年。1910年，在英国国会的特许同意下，英国男童子军协会（The Boy Scouts Association）成立。❹最初英国童子军是为11~18岁的男孩开展教育服务的，不过有许多女孩和小男孩也想加入童子军协会。

---

❶ The Scout Association.The early days of Scouts[EB/OL].[2024-07-26]. https://www.scouts.org.uk/about-us/our-history/.

❷ Wikipedia.Robert Baden-Powell, 1st Baron Baden-Powell[EB/OL].[2024-07-26]. https://en.wikipedia.org/wiki/ Robert Baden-Powel.

❸ 同❶.

❹ Wikipedia.The Scout Association[EB/OL].[2024-07-26]. https://en.wikipedia.org/wiki/The_Scout_Association.

1909年，一组"女童子军"参加了水晶宫拉力赛。因爱德华时代（Edwardian Era）的传统观念主张年轻女孩需遵循文雅的行为规范，当时社会普遍认为，年轻女孩不能参加童子军"粗野"和"狂野"的活动，贝登堡和他的妹妹艾格尼（Agnes）斯创立了"女向导"（Girl Guides），以便提供更合适的活动方案。解决小男孩加入问题的办法是创建"小狼队"（Wolf Cubs），这一群体的活动从1914年开始试验，并于1916年公开推出。随后，许多从童子军协会中成长起来的人，仍然希望成为童子军协会的一部分。这就促成了童子军的另一部分——漫游者童子军（Rovers）的诞生，其于1918年为18岁以上的人设立。

童子军运动不断发展并开始向整个英国和世界各地传播。1910年，男童子军协会批准了海军童子军（Sea Scouts）的特别制服，并在1912年正式采用了"海军童子军"这个名字。1912年1月4日，男童子军协会通过皇家宪章在大英帝国各地成立，目的是"教导所有阶层的男孩遵守纪律、忠诚和养成良好公民身份的原则"❶。1920年，男童子军协会在伦敦奥林匹亚组织了第一次世界童子军大会，同时举办了国际童子军领导人会议，通过此次会议建立世界童子军运动组织（World Organization of the Scout Movement），英国男童子军协会是该组织的创始成员之一。在第一次世界大战期间，超过50 000名童子军以不同形式参与了本土战线的战争工作。例如，童子军号手在空袭或空中打击后吹响"解除警报"；一些童子军在医院帮忙，打包救援物资；海军童子军协助海岸警卫队监视脆弱的东海岸情况。❷

1929年，男童子军协会在柴郡的阿罗公园主办了第三次世界童子军大会。来自35个国家的约56 000名童子军参加了这次活动，这是迄今为止世界上最大的童子军活动。第二次世界大战爆发后，超过50 000名童子军在国家战争服务体系下接受训练，承担警察信使和担架兵的任务。1941年1月，男童子军协会

---

❶ Scoutdocs.Royal Charter of The Boy Scouts Association[EB/OL]. [2024-07-26]. https://scoutdocs.ca/Scouts_Canada_Act/Royal_Charter.php.

❷ Wikipedia.Robert Baden-Powell, 1st Baron Baden-Powell [EB/OL]. [2024-07-26]. https://en.wikipedia.org/wiki/Robert Baden-Powel.

推出了空军童子军（Air Scout）分支，允许他们专门从事与飞机和飞行相关的活动。从1944年开始，童子军国际救援服务（Scout International Relief Service, SIRS）派遣了多组"流浪者"和童子军到欧洲大陆提供人道主义援助。1946年，高级童子军（Senior Scout）正式成立，允许15~18岁的童子军组成单独的巡逻队或部队，并佩戴与年龄相适应的活动和徽章。1949年4月举行了第一次"鲍勃打工周"（Bob a Job Week），童子军成员为公众完成小任务，以换取一枚"鲍勃"（一种俚语称呼，指的是先令硬币，即5新便士），换取的便士为童子军协会及西里尔·亚瑟·培生爵士的盲人基金筹集资金。❶

在童子军发展的历史上，一些童子军因自己或其父母的宗教或政治信仰，而受到加入组织合理性的质疑。20世纪50年代初，一些童子军因为参与青年共产主义联盟或相关共产主义活动，致使他们在童子军小组中被开除或边缘化。最引人注目的案例是1954年来自布里斯托尔的保罗·加兰案例，其导致了媒体报道和上议院的辩论。❷此后，童子军组织花了60年的时间，改变歧视性政策并接受无神论者。

1957年，为了纪念童子军50周年和罗伯特·贝登堡100周年诞辰，男童子军协会于伯明翰的萨顿公园举办了第九届世界童子军大会。

（三）变革时期：在困境中寻求机会

这一时期是指1964—2001年。男童子军协会的方案在20世纪60年代进行重大审查之前基本没有变化。1964年，童子军先遣队（The Chief Scouts' Advance Party）成立，并被派去调查童子军协会会员人数下降的原因，于1966年发布《先遣队报告》（The Advance Party Report），并在1966—1967年实施了

---

❶ MILLS S.Youth on Streets and Bob-a-Job Week: Urban geographies of masculinity, risk and constructions of home in post-war Britain[J]. Environment and Planning A., 2014, 46 (1): 112-128.

❷ MILLS S. Be Prepared: Communism and the Politics of Scouting in 1950s Britain[J]. Contemporary British History, 2011, 25 (3): 429-450.

变革。基于调查研究，1967年"男童子军协会"正式更名为"童子军协会"（The Scout Association），对年龄部分及其各自的项目进行了重大更改。当时，年龄最小的童子军部分被命名为"幼童子军"（Cub Scouts），年龄在16~20岁的"高级童子军"（Senior Scouts）和"漫游者童子军"（Rovers Sections）被替换为"冒险家童子军"（Venture Scouts）。制服也发生了变化，包括可选的长裤而不是强制穿短裤；戴贝雷帽而不是作战帽。先遣队颁布的报告并没有得到所有人的认同，童子军行动小组（The Scout Action Group）编写了一份对立的报告，名为《童子军黑皮书》（*A Boy Scout Black Paper*）。童子军行动小组的提议被否决后，直接导致贝登堡童子军协会（Baden-Powell Scouts' Association）成立。❶

在接下来的几年时间里，童子军协会进行了一些变革，包括1991年起开始允许女孩加入初级部分（1976年前女孩只限于加入冒险家童子军部分）。这一改变从西约克郡的布拉德福德开始，逐渐推广到整个英国。在北爱尔兰，一些家长开始为年龄太小无法参加幼童子军的孩子组织活动。1986年，海狸（Beavers）童子军正式成立。20世纪90年代末，穆斯林童子军联谊会（Muslim Scout Fellowship）成立。截至2007年年底，它已协助童子军协会在英格兰和威尔士建立了13个穆斯林童子军小组。

尽管发生了许多变化，童子军协会的注册人数在20世纪90年代还是出现了下降，这促使童子军协会在1999年对下降原因进行了一次重大审查。❷

（四）新发展时期：在新时代焕发新生机

这一时期是指2002年之后。童子军协会发现自己在与许多课外活动和学校争夺年轻人的时间，因为开展的活动类型相似。除此之外，成年领导者还对

---

❶ Wikipedia.The Scout Association [EB/OL]. [2024-07-26]. https://en.wikipedia.org/wiki/The_Scout_Associatio n.

❷ Wikipedia.The Scout Association [EB/OL]. [2024-07-26]. https://en.wikipedia.org/wiki/The_Scout_Association.

不断增长的英国诉讼文化（Litigation Culture in the UK）和被视为过时的负面刻板印象感到担忧。❶为了紧跟潮流并吸引新一代童子军会员，梅格·安德鲁（Meg Andrew）于2001年推出了一款新制服。设计采用了多种鲜艳的颜色，改变了此前森林绿衫、颈饰和卡其色帽子的传统制服。

2002年，童子军协会推出了面向2012年的新愿景，这预示着另一个变革时期的到来。冒险家童子军被取消，引入了两个新部分：面向18~25岁人群的童子军网络（Scout Network），以及面向14~18岁人群的探索者童子军（Explorer Scouts）。为实现2012年新愿景，童子军协会配备了一系列新的徽章和奖励，涵盖了更广泛的主题，如公共关系和信息技术，发展实用技能和就业技能。❷2003年，童子军协会对成人志愿者培训进行了进一步的变革，对个人角色进行更加集中和有针对性地培训，而不是像以前开展通用培训。同时，童子军协会也开始改变其服务内容的重点，重新强调户外探险。

2010年，童子军协会会员人数普查数据显示了其在英国的强劲增长趋势，宣称自1972年以来达到了最高增长率，总参与人数近50万人。❸2014年，童子军协会宣布，自2004年起的十年间，青年会员人数显著增加了100 000人。2016年，童子军协会自豪地宣称人数连续十一年实现增长，并且女童子军人数显著增加，已有25%的参与者是女童子军。童子军协会认为自身最大的挑战之一是鼓励更多的已经成年的童子军做志愿者。截至2014年，成年志愿者人数增加了14 596人，总数超过104 000人。❹

---

❶ Wikipedia.The Scout Association[EB/OL].[2024-07-26].https://en.wikipedia.org/wiki/The_Scout_Association.

❷ The Scout Association."A decade of adventure"[EB/OL].[2024-07-26].https://magazine.scouts.org.uk/features/a-decade-ofadventure/.

❸ The Scout Association.From strength to strength[EB/OL].[2024-07-26].https://scouts.org.uk/news/2014/05/from-strength-to-strength/.

❹ 同❶.

2014年，童子军协会发起了一项名为"全民童子军"的新战略计划，制定了《面向所有人的童子军活动：我们的2014—2018年战略》（*Scouting For All: Our 2014—2018 Strategy*）概括了童子军协会在2014—2018年的工作重点。这项战略计划提出了四个关键活动领域：成员增长、包容性、塑造青年和社区影响。❶

2018年5月，为了提升参与者的生活技能，童子军协会宣布新的战略指南《生活技能计划：打造更美好的未来（2018—2023年）》（*Skills for Life: Our Plan to Prepare Better Futures 2018—2023*）（以下简称《生活技能计划》），以概述2018—2023年童子军协会的工作重点。这一战略中的目标较之前的目标相比具有相似点，如在成员增长、包容性、塑造青年和社区影响力这些方面的目标相同，但是提供了更多的框架来发展和实现这些目标。❷除了新的战略推出，童子军协会还推出了一个新的品牌来支持这一战略，并改变了当时已有15年历史的徽标。主要的变化包括组织文件和新字体、新颜色，更新徽标。2019年起，童子军协会启动对幼儿项目板块的探索。起初，该项目的试运营针对4~6岁儿童开展，命名为"刺猬"（Hedgehogs），并由教育部（Department for Education）资助。探索本项目旨在为低龄儿童提供幼儿服务的路径，并判断童子军协会是否应沿此方向推进。童子军协会在数年时间内分阶段推出这一板块，直到2021年9月，童子军协会正式推出幼儿项目——"松鼠童子军"（Squirrels）。

三、英国童子军协会的主要组织特征

英国童子军协会是该国历史悠久且深具影响力的青少年组织，在百年的发展过程中，英国童子军协会也在不断发展完善，一方面形成较为全面的《童子军协会政策、组织和规则》（*The Policy, Organisation and Rules of The Scout*

---

❶ The Scout Association.Vision 2018[EB/OL]. [2024-07-26]. https://scouts.org.uk/about-us/organisational-information/vision-2018./

❷ The Scout Association. Skills for Life [EB/OL]. [2024-08-10]. https://www.scouts.org.uk/.

Association），以确保组织的良性、高效运转；另一方面，不断地改善组织形象，以吸引更多的青少年加入童子军协会，焕发新的活力。

（一）组织运行方式遵循关键政策

英国童子军协会有一套适用于整个童子军运动的综合政策，政策是指导童子军工作的权威性原则声明，并由高级志愿者、高级管理层和全英员工定期审查。童子军协会致力于为年轻人和成年志愿者提供最佳的童子军体验，特别强调一些关键政策，包括平等机会政策、隐私和数据保护政策、宗教政策、保护政策、安全政策、审查政策、青年成员反欺凌政策。这些政策不仅能够确保童子军会员数量以一种公平、包容、安全的方式不断增长，也体现出协会对于建立一个包容、多元、无歧视的社会环境的承诺，树立了组织在社会中的积极形象。[1]

童子军协会的政策会针对不同对象制定差异化的条款，且条款内容全面。以平等机会政策为例，这一政策分别对青少年、残疾群体、志愿者都有要求。针对青少年，童子军协会致力于为青少年提供平等的机会，并提出任何年轻人都不应该因为以下原因而受到不利待遇、骚扰或歧视：阶级或社会经济地位；种族或民族起源，国籍或无国籍或种族；性别（包括重置的性别）；婚姻或民事伴侣关系情况；性取向；残疾；政治信仰；怀孕和生育；宗教、信仰或信念（包括无宗教、信仰或信念）；年龄。童子军协会的所有成员努力践行平等，特别是在促进所有年轻人平等参与童子军运动方面。童子军协会反对所有形式的偏见和歧视。所有童子军团、区域和县作为独立的慈善机构，有责任遵守相关的平等法律。所有志愿者应在可能的情况下作出合理调整，以支持所有残疾的年轻人参与童子军活动。针对残疾群体，童子军协会制定了合理的调整政策，与父母或照顾者合作，以确定需求和支持策略，使残疾青年尽可能合理地获得童子军和童子军活动的机会，达到与非残疾青年相同的水平。针对志愿者，政策

---

[1] The Scout Association. Key Policies [EB/OL]. [2024-08-10]. https://www.scouts.org.uk/por/.

第一章　英国童子军的教育服务

要求无论何时童子军协会任命志愿者时，最重要的考虑因素必须是参与者的安全与保障，以及根据童子军协会的宗旨和价值观促进参与者的持续发展。因此，志愿者必须是被任命职位的合适人选，包括满足赞助机构的要求等。童子军协会表示，鼓励所有性别、种族、信仰和背景的人来担任志愿者，并且任何志愿者都不能因阶级或社会经济地位等条件而受到不公的待遇或歧视。❶

（二）组织形象顺应时代发展

英国童子军协会形象顺应时代发展，主要体现在首席童子军的选择、制服的改善、标识的改变三个方面。在时代变化中，童子军协会形象的不断丰富有利于吸引青少年加入、扩大童子军对社会的影响力，同时也表明协会是一个不断革故鼎新具有生命力的青少年组织。

首席童子军（Chief Scout）是童子军运动中鼓舞人心的领导者，作为童子军的公众形象，要尽可能为大众所熟知。2009年，英国童子军协会选任贝尔·格里尔斯（Bear Grylls）为首席童子军。贝尔作为一名前特种部队士兵，不仅是风靡全球的生存类电视连续剧的主持人，而且还是一位鼓舞人心的演说家、畅销书作家、亲身体验冒险的年轻人的热情支持者，他的加入无疑为英国童子军组织增添了吸引力。❷

制服是童子军外部形象的重要体现，自1966年以来，先遣队报告提出"布尔战争时期我们制服的外观"受到了许多批评，"运动成员穿短裤是我们目前公众形象中最具破坏性的方面之一"，建议对童子军制服进行重新设计和现代化。❸1967年，童子军和风险童子军的制服变为颜色不同的长袖衬衫和被称

---

❶ The Scout Association. Key Policies, Chapter 2: Key Policies|Policy, Organisation and Rules|Scouts [EB/OL]. [2024-08-10]. https://www.scouts.org.uk/por/2-key-policies/.

❷ The Scout Association. Chief Scout Bear Grylls [EB/OL]. [2024-08-10]. https://www.scouts.org.uk/about-us/our-people/chief-scout/.

❸ The Scout Association.The Chief Scout's Advance Party Report [EB/OL]. [2024-08-10]. https://www.thedump.scoutscan.com/advance66.pdf.

为"蘑菇"的长裤。2001年，英国童子军协会经过内部协商，在2月22日创始人日推出了梅格·安德鲁斯（Meg Andrew）设计的新系列制服。不断更新的制服，既符合时代审美，彰显童子军外部形象，又符合儿童活动对舒适性的需要。

2018年5月，《生活技能计划》提出，将童子军开放给少数民族背景的人，为更多群体提供参予活动的机会，破除"相当老派和白人"的刻板印象，并表明童子军提供的不仅是露营。作为重塑新品牌的一部分，更新标识以反映更加相关的童子军运动形象，同时保留了鸢尾花的标志性传统图形。简化后的扁平线条符号鸢尾花图更加有利于识别、印刷和运用于数字媒体进行宣传。❶这对于提升英国童子军协会的品牌知名度、强化品牌形象起到积极作用，使童子军协会在信息爆炸时代，能以鲜明的视觉符号脱颖而出，吸引公众目光。

（三）组织结构完善

英国童子军的管理架构分为全国性管理机构——受托人董事会（Board of Trustees）和地方性管理机构两部分。前者负责全国政策的制定和规划，后者负责地方具体活动的组织和执行。英国童子军协会主要由非全职的志愿者团队进行组织和管理，伦敦总部雇用少量全职员工进行日常管理。

第一，全国性管理机构。童子军协会由管理该组织的受托人董事会组成，董事会是国家级的决策机构，其成员是童子军协会的受托人。董事会按照童子军协会的条例管理相应的事务，并决定协会的政策和规则。受托人董事会下设五大委员会，负责专门领域内的事务。这五大委员会分别是金融委员会（Finance Committee）、运营委员会（Operations Committee）、提名和治理委员会（Nominations and Governance Committee）、风险委员会（Risk Committee）、人事与工资和薪酬部门（Staffing, Salary and Remuneration）。受托人董事会有权决定五大委员会的成员资格和职权范围，同时各个委员会的主席每年由受托人董事会选举产生。

---

❶ 中国童军教育研究院. 英国童军总会启用全新LOGO标志及推出新的战略计划和品牌[EB/OL]. [2024-08-10]. https://www.sohu.com/a/245441149_359782.

联合王国各地的童子军由志愿者小组领导和管理，该小组由专员（高级志愿者）组成，在方案、成人支助和安全等领域提供专门支助，2016—2021年由英国首席专员蒂姆·基德（Tim Kidd）领导。此外，青年志愿者也是决策的核心，英国青年专员和两名副手直接与英国首席专员、首席执行官和主席合作，以确保童子军协会的决定和规划由年轻人决定。❶

第二，地方性管理机构。地方管理机构分为三个层级：童子军组（Scout Group）、童子军区（Scout District）、童子军县（Scout County）。组织的基本单位是童子军组，以社区为基础，通常是由海狸童子军（Beaver Scouts）、幼童子军（Cub Scouts）和童子军组成（Scouts）。童子军小组的大小取决于其地理位置，某一地区的童子军小组组成童子军分区，多个童子军分区组成一个童子军郡。所有的童子军单位（小组、分区、郡）都受《童子军协会政策、组织和规则》的约束。❷

全国范围的领导决策主体和地方各级管理机构各司其职，在具体层面有更加细致的志愿者管理机制，共同构成了英国童子军活动的组织管理体系。❸

---

❶ The Scout Association. National-structure[EB/OL]. [2024-01-12]. https://scouts.org.uk/about-us/organisational-information/national-structure/.

❷ The Scout Association. Local-structure[EB/OL]. [2024-01-12]. https://scouts.org.uk/about-us/organisational-information/local-structure/.

❸ 龚国钦.世界教育信息[J].世界教育信息，2017，(24)：59-62.

第二节　与时偕行：英国童子军的教育服务状况

英国社会正在不断发生变化，在分散的社区中，年轻人面临的压力和期望不断增加。未来是不确定的，英国童子军从未像现在这样重要，能够帮助年轻人为未来做好准备，发展他们在变化世界中成功所需的技能。在英国，每周近 50 万名年轻人通过童子军组织的活动享受乐趣、友谊和户外探险。在活动中，童子军协会培养了年轻人的乐观精神和价值观，以及领导力与团队合作精神。❶

一、教育服务的理念：让年轻人掌握生活技能

英国童子军协会的宗旨是积极促进青少年的个人发展，使青年能为社会作出积极的贡献。英国童子军协会的服务目标："促进青少年在体格、智识、公众表现和精神上的潜能得到完整的发展"，并且培养出"负责任的公民"。❷ 英国童子军协会引导童子军树立如下价值观："关心，我们帮助别人，关爱我们生存的世界；自尊，我们自尊并尊重他人；正直，我们的行为是正直的，我们拥有诚实、值得信赖和忠诚的品质；合作，我们作出了积极的改变，与他人合作并结交朋友；信仰，我们探索自己的信仰和态度。"加入童子军协会的童子军、

---

❶ The Scout Association. Skills for Life: Our plan to prepare better futures 2018-2023[EB/OL]. [2024-07-12]. https://scouts.org.uk/ourplan.

❷ The Scout Association. Skills for Life: Our plan to prepare better futures [EB/OL]. [2024-07-12]. https://www.scouts.org.uk/about-us/strategy/.

探索者童子军、童子军网络及成年人都需作出如下宣誓："我庄严宣誓，我承诺我将尽我所能恪守对上帝和国王的职责，帮助他人，并遵守童子军法规。"童子军法规也要求青少年遵循以下要求：童子军是值得信赖的；童子军是忠诚的；童子军是友好且体贴的；童子军属于世界各地的童子军大家庭；童子军有面向一切困难的勇气；童子军善于利用时间，谨慎使用财物和财产；童子军自尊且尊重他人。

除此之外，童子军协会还会根据以往的战略报告、公众调查和未来需要制订下一阶段的发展计划。2018年5月，《生活技能计划》正式启动。其愿景是到2025年，童子军协会将为更多年轻人培养生活技能，并得到出色的志愿者的支持。童子军协会将会更加壮大，更具包容性，由年轻人塑造，并在社区中产生更大的影响力。❶当前，童子军协会在《生活技能计划》刊登了英国童子军的教育服务理论，童子军为儿童提供了两种教育路径：志愿者领导人培养路径和普通青少年培养路径。无论参与哪种路径的青少年，都要认同童子军誓言和法规的价值。

二、教育服务者的构成：非全职志愿者团队

英国童子军协会的教育服务者主要由非全职志愿者团队构成，少量全职员工主要在伦敦总部进行日常管理。童子军志愿者的年龄要求是年满18岁，在某些方面有技能或特长，如擅长数学的人、DIY高手等均可成为志愿者。童子军志愿服务是一项有趣且灵活的工作，对志愿者没有时间上的要求，无论是每两周、每个月、每个学期，还是仅在特殊活动或场地提供一次帮助，不论通过何种方式提供志愿服务，童子军协会都会给予适当的支持。童子军志愿者的主要工作是宣传童子军组织、招募童子军新成员和组织策划童子军活动。

---

❶ The Scout Association. Skills for Life: Our plan to prepare better futures[EB/OL]. [2024-07-12]. https://www.scouts.org.uk/about-us/strategy/

当前，英国童子军志愿者按级别分为组（Group）、区（Districts）、县（Counties/Areas）、部门（Section）、青年专员（Youth Commissioners）五种类别。其中，组、区、县级别志愿者包含以下职务（表1-1）。

表1-1 童子军组、区、县级别职务表[1]

级别	级别
组（Group）	组长（Group Scout Leader） 小组主席（Group Chairman） 小组秘书（Group Secretary） 财务主任（Group Treasurer） 海狸童子军队长（Beaver Scout Leader） 海狸童子军队长助理（Assistant Beaver Scout Leader） 群体助理（Colony Assistant） 幼童子军队长（Cub Scout Leader） 幼童子军队长助理（Assistant Cub Scout Leader） 包装助理（Pack Assistant） 童子军队长（Scout Leader） 童子军队长助理（Assistant Scout Leader） 组助理（Group Assistant）
区（Districts）	区主席（District Chairman） 地区秘书（District Secretary） 区财务主任（District Treasurer） 海狸童子军专员助理（ADC (Beavers)） 幼童子军专员助理（ADC (Cubs)） 童子军专员助理（ADC (Scouts)） 童子军奖学金专员助理（ADC (Scout Fellowship)） 探索童子军专员（District Explorer Scout Commissioner） 探索童子军管理员（District Explorer Scout Administrator） 探索童子军队长（Explorer Scout Leader） 探索童子军队长助理（Assistant Explorer Scout Leader） 单元助理（Unit Assistant） 探索童子军青年队长（Explorer Scout Leader (Young Leader)） 地区媒体发展经理（District Media Development Manager）

---

[1] The Scout Association. Join the adventure [EB/OL]. [2024-01-14]. https://scouts.org.uk/get-involved/.

（续表）

级别	级别
县（County/Area）	县主席（County Chairman） 县秘书（County Secretary） 县财务主任（County Treasurer） 县媒体发展经理（County Media Development Manager） 童子军网络管理者（Scout Network Administrator） 童子军网络队长（Scout Network Leader） 童子军网络专员（Commissioner） 童子军网络协调员（Scout Network Co-ordinator） 培训顾问（Training Adviser） 县培训经理（County Training Manger） 县培训管理员（County Training Administrator） 地方培训经理（Local Training Manager） 地方培训管理员（Local Training Administrator） 海狸童子军、幼童子军、童子军、探索童子军、童子军网络、特殊需求、童子军国际、活动、童子军奖学金的委任咨询委员会（Appointments Advisory Committee for Beaver Scouts, Cub Scouts, Scouts, Explorer Scouts, Scout Network, Special Needs, Scout International, Activities, and Scout Scholarships）
其他	大区培训经理（Regional Training Manager） 夜行顾问（Nights Away Adviser）

（一）"六步法"与成人志愿者遴选

英国童子军的志愿者主要由青少年父母或成年童子军构成。童子军志愿者最主要的特色是，选拔成年童子军作为组织的志愿者。童子军组织相信成年童子军可以在生活的其他方面做得更多，因此童子军组织善于在成年童子军中发现成人志愿者。志愿者在服务的过程中，除获得外部认可、与青少年度过美好时光外，还将发展一些能力，如合作能力、领导能力等。一项研究表明，超过90%的志愿者认为，他们通过童子军志愿服务获得了与个人生活或工作相关的技能和经验。童子军组织将童子军教育服务者与童子军教育内容相结合，由成年童子军成员担任志愿者，并颁发"伍德徽章"（Wood Badge）。它一方面可以锻炼成年童子军在组织中获得的能力，另一方面可以促使成年童子军在组织中待得更久。

英国童子军协会将成年童子军选拔为志愿者主要通过"六步法"（Six Step

Approach）进行。作为著名招聘模型的"六步法"，其核心在于巧妙运用组织技术，将复杂庞大的招聘任务精细拆解为一系列清晰可操作的小步骤。其精髓在于严格遵守既定的流程，只有确保每一步都彻底完成并达到预期效果后，才推进至下一环节，以此确保整个招聘过程的连贯性、高效性与准确性。❶童子军组织将自身的特点与该模型相结合，以选拔出合适的成年童子军为本组织的志愿者。第一步，定义需要完成的任务，从任务、时间、团队和新志愿者期待帮助的角度来审视组织所需要的志愿者。第二步，确定志愿者需要具备的技能和品质，要考虑理想人选有哪些技能和素质，组织要找什么样的人来完成任务。第三步，将能够做这件事的人列一个单子，确定哪些人可以完成相应的任务，并具备相应的技能和品质。第四步，确定最佳人选，创建一个短名单，决定谁最适合这个角色。第五步，寻求别人的帮助，找一个了解志愿者的人，并进行咨询。第六步，帮助并欢迎志愿者加入童子军，通过培训和帮助，让志愿者感受到自己是童子军组织的重要组成部分。❷

英国童子军组织通过"六步法"选拔出合适的成年童子军作为志愿者，这使选拔更具体系化，有章可循，且充分尊重候选者的主体性。首先，童子军协会确定了所需的志愿者职务，针对职务提出志愿者应具备的能力和素质；其次，组织根据童子军的个人发展，充分考虑到每一个童子军自身的特点，寻找、确定适合该职务的候选人；再次，请求候选人亲密朋友的帮助，为候选人提供一个安全的心理环境，以便与其交谈，从而充分了解候选人的想法；最后，对志愿者进行培训，为他们提供及时有效的帮助，使其能够快速地进入新角色。

（二）志愿者培养计划

英国童子军协会重视志愿者工作，为志愿者提供专门的"志愿者培养计划"

---

❶ The Scout Association. Recruitment of adult[EB/OL]. [2024-01-14]. https://members.scouts.org.uk/supportresources/search/?cat=23,223.

❷ The Scout Association. Recruitment of adult[EB/OL]. [2024-01-14]. https://members.scouts.org.uk/supportresources/search/?cat=23,223.

（The Scout Association's Adult Training Scheme）。通过培训，能够加深志愿者对童子军组织的理解，为志愿者提供工作中必要的技能，从而更好地开展童子军项目活动，提高童子军组织质量，使其更具吸引力。

具体来说，这一计划包括四个方面内容。首先，接受任命或任务的志愿者都将受到与其工作相适应的培训。其次，培训方法要因材施教，考虑到每个志愿者有不同的认知背景、学习风格和动机，并结合具体工作内容提供有针对性的培训。志愿者在培训的过程中会被指派一名培训顾问，给自己制订个人学习计划，通过该计划提供支持。志愿者完成个人学习计划后，会为其颁发"委任证书"（Appointment Certificate）。再次，重视培训结果并对志愿者进行培训检验。检验由培训顾问（Training Adviser）检查志愿者学到了什么，如向培训顾问演示志愿者可将某些模块（Module Matrix）❶志愿者通过培训检验后，将会得到"伍德徽章"。最后，童子军协会重视对志愿者培训的持续性。在得到"伍德徽章"后，志愿者每年必须完成至少五个小时的"持续学习"（Ongoing Learning），同时会有成年直属经理（Adult's Line Manager）对其进行监督。❷

三、教育服务的内容：螺旋式上升的全面发展

英国童子军协会基于服务宗旨确立了五项教育服务内容，以满足青少年的个人发展需求，即强健体魄、发展智力、情感认同、社会融入和建立信仰，这五部分内容是开展所有童子军活动的基础。

当前，童子军协会所提供的服务内容包括1413项常规活动、98项冒险活动和31项仪式活动。按照参与活动的人数大致可以分为个体活动（Individuals），适合单独进行的挑战或技能学习；结对活动（Pairs），需要两人配合完成的

---

❶ 模块矩阵指的是：提供了构成志愿者培训计划的所有学习的计划，共有五个部分。

❷ The Scout Association. Adult Training Scheme[EB/OL]. [2019-01-14]. https：//members.scouts.org.uk/supportresources/search/?cat=23,223.

互动游戏或任务；团队活动（Teams），需要小组合作，增强团队协作能力的项目；全区活动（Whole Section），可能针对整个童子军分区的大型集体活动；多区活动（Multiple Sections），需要多个分区共同参与的跨区活动。活动开展的时间不等，包括短时间活动（约 10 分钟），适合快速完成的简短游戏或任务；中等时间活动（约 30 分钟），需要一些活动准备或持续较长时间的小型项目；长时间活动（约 60 分钟），能够持续一个小时左右的更详细或复杂的活动；整天及以上活动（几天），包括露营、长途徒步、多日探险等需要更多时间投入的活动。❶

童子军协会旨在通过组织多样化的教育和体验活动，促进青少年的全面发展，包括个人技能、团队合作、领导力及对社会的贡献。这些活动不仅有助于青少年的技能提升，也有助于他们塑造积极、健康的品格。但针对不同的年龄阶段，童子军协会更有针对性地组织开展教育活动，以实现不同年龄阶段的教育目标。

（一）强健体魄

强健体魄主要包括使青少年身体健康、体形匀称，以及知晓饮食、疾病和运动带来的影响这三方面内容。❷童子军协会针对不同年龄服务内容的侧重点有所不同，但都主要通过户外运动和探险活动来强健青少年的体魄，如开展"青少年足球联赛"或"围巾和梯子"等活动；通过"体能训练营"或"气球平衡战"等活动训练，提高青少年身体素质和协调性；在"攀岩挑战"或"高空绳索"课程中，鼓励青少年挑战自我，增加勇气和培养毅力。❸

---

❶ The Scout Association. Activitie[EB/OL]. [2024-01-14]. https://www.scouts.org.uk/activities/?category=Activity.

❷ The Scout Association. The Scout Association's Programme Objectives[EB/OL]. [2024-01-14]. https://members.scouts.org.uk/documents/6to25/Programme%20Objectives%20-%20FINAL%20(rebrand).pdf.

❸ The Scout Association. Activities[EB/OL]. [2024-08-14]. https://scouts.org.uk/activities.

对于 4~6 岁的松鼠童子军和 6~8 岁的海狸童子军来说，提高身体素质是这个年龄段最主要的目标。不过，这一阶段所开展的活动相对简单，只需让他们喜欢参加游戏和体育活动，或在参加活动过程中知道什么是健康和不健康，并意识到在生病或紧急情况下的时候该怎样寻求帮助即可。8~10.5 岁的幼童子军（Cubs）需要了解健康和不健康行为的影响；在生病或紧急情况下寻求帮助并采取简单行动；培养参加体育活动的意识，并理解其中的好处。10.5~14 岁的童子军要在活动中了解选择不同生活方式对健康有不同的影响；在紧急情况下，可采取行动保护生命并防止疾病的发生；知道参加体育活动带来的好处；探索身体发展的潜力。14~18 岁的探索童子军要在活动中学会作出适当的选择，向他人推广健康的生活方式；能在紧急情况下采取行动，预防疾病；重视并参加体育活动，保持健康；探索身体发展的潜力。18~25 岁的童子军网络应当在参加完活动后能够采用健康的生活方式，采取行动保护、促进自己和他人的健康；重视并享受经常参加体育活动，以提高健康水平。❶

（二）发展能力

发展智力主要是指发展青少年知识、技能、才能和创造性的表达，在开展活动的过程中，童子军协会关注青少年的学习技巧、创造性和识别能力。❷青少年在常规活动中发展实用的生活技能，通过参加"烤耶路撒冷芝麻面包"等类似活动，学习烹饪技巧和健康饮食；参加"练习拨打 999 进行急救"等活动，了解如何预防事故和处理紧急情况；参加类似"做一个木叉"的工艺、工程和艺术创作活动，培养创造力和动手能力。在冒险活动（如"野外生存挑战"或"光荣的食物"等）中，学会如何搭建帐篷、生火、野餐烹饪等技能；

---

❶ The Scout Association. The Scout Association's Programme Objectives[EB/OL]. [2024-01-14]. https://members.scouts.org.uk/documents/6to25/Programme%20objectives%20-%20FINAL%20(rebrand).pdf.

❷ 同❶.

参加"徒步探险"或"从远处导航"等活动，培养读懂地图、方向感和长途步行能力。❶

对于 8 岁以下的童子军来说，需要做到喜欢尝试新技能，并发现新事物；通过简单的创作方法表达自己的想法；识别简单的挑战和问题，并尝试解决它们；独立作出简单的选择。幼童子军需要做到对学习新事物感兴趣，并对想学的东西发表自己的见解；可以谈谈自己擅长什么技能；通过一些创造性的方法来表达自己的想法和感受；识别挑战和问题，作出选择并对其进行合理解释。童子军需要做到独立尝试新事物；发展已有的认知，努力提高现有的技能；用一系列创造性的方法来表达自己的想法和感受，为自己想要表达的东西选择一种呈现方式；能够评估挑战和问题，并在支持下创建解决这些挑战和问题的流程；使用适当的信息作出合理的选择。探索童子军需要做到描述和展示自己的技能和才能；找出可以改进的部分，并加以利用；调查、评估挑战和问题，并制定解决方案；作出明智、理性和负责任的选择。童子军网络要致力于使用和发展自己的技能和才能，并负责开发新的知识和技能；分析挑战和问题，并作出明智、合理和负责任的选择，以有效地解决问题；要用恰当的创意和方法来表达自己的想法和感受。❷

（三）情感认同

情感认同主要包括对自我身份和情感的认识，以及情感的表达。童子军协会会组织类似"我的价值金库"这样的活动。它鼓励孩子们表达自己的价值观，倾听他人的意见，并理解对方想要告诉自己什么。❸ 在讨论"童子军价值观承诺"的活动过程中，无论这个人的身份背景是怎样的，都要让青少年

---

❶ The Scout Association. Activities[EB/OL]. [2024-08-14]. https://scouts.org.uk/activities.

❷ The Scout Association. The Scout Association's Programme Objectives[EB/OL]. [2024-01-14]. https://members.scouts.org.uk/documents/6to25/Programme%20bjectives%20-%20FINAL%20(rebrand).pdf.

❸ 同❷.

学会重视并信任他人。通过活动"写下自己所认同的价值观",对自己的信仰、信念和态度有信心并尊重自己。❶

对于 8 岁以下的童子军来说,需要做到能够意识到自己的身份和个性;自己与他人的相似之处及不同之处;向信任的人表达自己的情感;可以识别出自己不同的情绪,并知道自身的行为会对他人产生影响。幼童子军需要做到了解并发展对个人身份和个性的理解;表达并考虑自己的情绪。开始了解情绪对他人的影响并相应地调整行为。童子军需要做到探索自己的身份和个性;能够以适当的方式表达情绪,并能认识自己情绪带来的影响;对他人表达的情绪作出恰当的反应。探索童子军要对自己身份和个性的某些方面有信心,并继续发展其他方面能力;能够恰当地处理自己的情绪,并考虑自身情绪对他人产生的影响;对他人情绪表现出适当反应。童子军网络要对自己的个人身份和个性有信心;能够成熟地处理自己的情绪,并考虑自己情绪对他人的影响;对他人的情绪作出适当的反应。

(四)社会融入

社会融入是指青少年能够认识自己的社会关系,能够与他人一起生活、协同工作,并融入自己的社区之中。❷例如,针对探索童子军和童子军网络的活动"头脑风暴",令青少年围绕一个项目(如露营计划、外出活动、慈善活动或社交媒体宣传活动等)进行线上头脑风暴。在这一过程中,首先,青少年先讨论需要规划的项目,并协商自愿承担的不同任务;其次,每个小组开展头脑风暴,记录想法并将其上传到网上或记录在纸上;最后,在收集项目所需的信息和资源的基础上,利用活动时间进行在线或离线研讨。这一活

---

❶ The Scout Association. My Value Vaults [EB/OL]. [2024-01-14]. https://scouts.org.uk/activities/my-value-vault/.

❷ The Scout Association. The Scout Association's Programme Objectivess [EB/OL]. [2024-01-14]. https://members.scouts.org.uk/documents/6to25/Programme%20Objectivess%20-%20FINAL%20(rebrand).pdf.

动能够充分发挥青少年的主观能动性，在交流的过程中使青少年学会表达自己的观点，倾听他人意见，并理解他们想要传达的内容。同时，这一活动也有效地提高了青少年的团结协作能力，在活动中让青少年更好地学习与他人合作，实现共同目标，并将团队利益放在首位。❶

对于 8 岁以下的童子军来说，需要做到能识别与自己有社会关系的人，并能解释什么是好朋友；积极互动，与他人合作；参加帮助他人的活动；可以识别当地社区的特点，并了解其他社区的一些特点。幼童子军需要做到知道与朋友和家人保持良好关系的重要性，并接受有不同关系的其他人；理解并展示团队合作的重要性；寻找帮助他人的机会，并积极参与到社区活动中；知道社会为自己做了什么，以及这对自身的生活有什么影响。童子军需要形成不同类型的社会关系，并尊重他人的社会关系；表现出良好的团队合作精神，在一个固定的团队中始终如一地工作；当被要求时，能担当领导角色；重视团队中其他人的贡献；寻找其对社区作出积极贡献的机会；欣赏社会的特点和多样性。探索童子军要重视、努力建立和保持与他人良好的社会关系，并尊重与他人所形成的关系；在不同的情况下，积极主动地在团队中扮演不同的角色；重视和利用其他团队中角色的贡献；显示自身对社区作出的积极贡献；赞赏社会多样性及其对社会的积极影响。童子军网络需要形成、重视和培养有意义的、适当的社会关系，并尊重与他人所形成的社会关系；在团队中承担适当而有效的角色；重视和利用其他团队中角色的贡献；对自身的社区作出积极的贡献；赞赏文化和社会多样性的价值。❷

---

❶ The Scout Association. Activity: Joined up thinking[EB/OL]. [2024-08-14]. https://scouts.org.uk/activities/joined-up-thinking/.

❷ The Scout Association. The Scout Association's Programme Objectives[EB/OL]. [2024-01-14]. https://members.scouts.org.uk/documents/6to25/Programme%20Objectives%20-%20FINAL%20(rebrand).pdf.

（五）建立信仰

建立信仰是一个过程，青少年在活动中了解信仰或信念，建立自己的信仰，并尊重他人的信仰。

对于 8 岁以下的童子军来说，需要认识并能描述信念、信仰和态度；理解对不同的人来说他们是有不同信仰的。幼童子军需要调查信念、信仰和态度；可以找出对自己和其他人有意义的传统和做法。童子军要对信念、信仰和态度进行反思；可以谈论对自己和其他人来说什么是有意义的，并知道这些内容如何成为社会的一部分。探索童子军需要探索信念、信仰和态度；尊重他人，向他人学习，可以解释人们的信仰是如何影响社会的。童子军网络要致力于探索和发展信念、信仰和态度；尊重他人并向他人学习，能阐明信念、信仰和态度对个人和更广泛社会所产生的影响。

四、教育服务途径与方式方法

英国童子军协会基于多种类型的活动，设置与活动相匹配的徽章或奖章，以这样的服务途径激励青少年在童子军活动中展现出的优秀品质、技能和贡献。同时，在实践活动中，英国童子军协会以青少年为主体，采用多样的教育服务方式，让青少年在愉快而充实的现实生活中自动地学习，促进其各项素质均衡发展。

（一）服务途径：多样化徽章与奖章

英国童子军教育服务目标的实现离不开童子军徽章（Badges）和奖章（Awards）。徽章和奖章的使用有利于激发和维持儿童对活动的兴趣，促进儿童在活动中全面发展。童子军徽章主要是青少年通过参与系列童子军活动获得，童子军奖章是根据青少年的个人行为表现颁发。这两种徽章都是由童子军协会为青少年颁发，而有一些活动徽章则是由一些外部公司颁发，称为"活动包"（Activity Packs）。青少年通过公司提供的资源完成相应的活动从而获得奖章。

颁发童子军徽章表现出童子军协会对青少年参与活动程度的认可，主要分为活动徽章、阶段徽章和核心徽章。活动徽章是最常用的徽章，能够让青少年展示他们现有的成就，同时激励他们尝试新的活动、形成新的兴趣。阶段徽章是按松鼠童子军、海狸童子军、幼童子军、童子军、探索童子军五个训练阶段划分的徽章。随着训练阶段的提高，徽章的获得难度也随之增大，阶段奖章促进青少年参与每一阶段主题活动并获得相关技能。核心徽章是指在加入或离开阵地时获得的。例如，海狸童子军"领导条纹"（Beaver Scout Leadership Stripes），是儿童尝试成为海狸童子军的旅行车领队或初级领队，按照领队时间（通常是半个任期），完成任务后在制服上佩戴海狸领导的条纹，直到进入幼童子军为止。❶

童子军奖章体现了童子军协会对青少年在组织中取得成就的认可，主要包括挑战奖章、优秀服务奖章、杰出行为奖章、康威尔童子军奖章。挑战奖章面向阵地、社区和系列主题中具有挑战性的活动，通过获得挑战奖章鼓励青少年增加对每个挑战领域的理解和并提升相应的技能，勇于挑战、超越自我。优秀服务奖章是针对成年童子军发放，按照服务年长又分为六个不同奖项，鼓励成年童子军继续在组织中保持活跃、奉献。杰出行为奖章主要颁发给在面临生命危险时付诸勇敢行为、面对艰难困苦时充满勇气和具有无私奉献精神的青少年儿童，有利于促进青少年儿童个人品质及精神的发展。康威尔童子军奖章，需要青少年具备卓越的品质、尽职尽责的精神、巨大的勇气和耐力。因约翰·特拉弗斯·康威尔（John Travers Cornwel）是一位接受过童子军训练的民族英雄，为纪念康维尔的英勇而设立了"康威尔童子军奖"，这个奖项有利于激发青少年儿童的勇气和奉献精神。❷

---

❶ The Scout Association. Badges[EB/OL]. [2024-08-15]. https://scouts.org.uk/badges/.

❷ The Scout Association. Policy, Organisation and Rules[EB/OL]. [2024-08-15]. https://scouts.org.uk /por/ 11-awards-and-recognition-of-service/#11.2.

（二）四种教育方法

英国童子军协会对青少年提出的各项教育服务目标，主要通过童子军方法（The Scout Method）实现。这些方法旨在为童子军活动提供一个基本框架，以确保青少年在活动的过程中有积极和全面的发展。基于童子军组织的价值观，当青少年与成人共同参与组织活动时，具体服务方法表现为以下四点：享受快乐、参加活动、做中学和反思总结。

第一，享受快乐。主要是指青少年在童子军协会提供的教育服务过程中乐于参与组织的活动，同时在活动过程中青少年能够主动结交新朋友，乐于与同伴玩耍，发展个人的人际关系。

第二，参加活动。童子军活动是童子军协会最具特色的教育服务方法。童子军协会共有100多种主题活动，主要分为室内活动和室外活动两类。童子军协会提倡教育服务者不断开创新的活动，也倡导青少年参与有挑战性的活动，多花费时间在户外活动上。活动主要采取游戏的方式，以促进青少年体力和冒险精神的发展。同时，童子军协会通过营地、夜间野营、国际旅行等活动，锻炼青少年独立自主的能力，培养国际精神。

第三，做中学。童子军协会"做中学"的教育服务方法与美国著名教育家杜威的教育理念不谋而合。杜威认为，最好的教育机会是从生活中学习、从经验中学习，使知识的获得与生活经验联系起来。童子军协会将青少年在活动中分成不同的小组，以促进青少年的发展。一方面，童子军协会让青少年在小组中开展"工作"，使青少年不断尝试新事物、学习新技能，从而促进智力的发展；另一方面，青少年对小组的运营采用自主管理的方式，这一方式能够提升青少年团队建设能力及领导能力，培养青少年儿童承担责任、提出想法建议、做选择决断的能力。

第四，总结反思。这种教育服务方法主要是指精神方面的反思，与我国论语中"吾日三省吾身"具有相似的地方，即反思自己是否做到了自身的承诺。

青少年在教育服务过程中进行反思总结，能够及时了解自己，促使其养成信守承诺的品质。❶

五、融会贯通的教育服务效果

在参与度高且多样化的童子军活动中，青少年一起学习、分享技能、提升能力，最终成为与社区联系紧密的活跃公民。《2019年童子军协会年度报告》（*Scouts Annual Report 2019*）显示，与非童子军相比，童子军在冒险、生活技能、幸福感、领导力、公民意识、社会联系六个方面的 21 项衡量指标上得分更高。❷❸

（一）显著提升童子军生存技能

童子军协会的教育服务关注培养有能力在生活中取得成功的年轻人，而不是他们的学术能力。对青少年来说，无论是要准备升学还是找工作，实践能力、个人品质、技能与考试成绩一样重要。青少年通过参与童子军协会组织的教育服务活动，可以提升其自身的技能，如团队合作能力、领导力和解决问题的能力。《2019年童子军协会年度报告》显示，童子军在领导力上的得分比非童子军高出 12.0%，令人印象深刻；童子军是问题解决者，在这一领域，他们的得分比非童子军高出 8%；童子军的沟通更有效，他们的得分比非童子军高出 7.8%；独立性上高 18.6%。❹《2017年童子军协会年度报告》针对童子军的调查中显示，78% 的青年认为通过童子军活动得到了更多发展自身生存技能的机会；74% 的青年认为通过童子军活动更有能力在未来找到一份工

---

❶ The Scout Association. Policy, Organisation and Rules. The Scout Method[EB/OL]. [2024-08-15]. https://scouts.org.uk/por/1-our-fundamentals/#1.3.

❷ 2020 年 3 月后该组织的线下活动暂停，因此选取 2020 年前的报告进行分析。

❸ The Scout Association. Scouts Annual Report 2019[EB/OL]. [2024-08-10]. https://www.scouts.org.uk/about-us/our-impacts-and-reports/.

❹ 同❸.

作；91%的青年认为在未来有更多机会发展对他们有用的技能，因为他们参与了童子军活动。❶

（二）有效促进童子军身心健康发展

童子军协会认为仅凭借生存技能并不能帮助年轻人茁壮成长。童子军协会通过教育服务来培养年轻人健康体魄、积极的精神及对世界的好奇心；同时，关注青少年的体力活动、冒险活动、户外活动和与环境的联系。《2019年童子军协会年度报告》显示，首先，在重视户外运动方面，童子军比非童子军的得分高16.6%；童子军比非童子军每周多进行1.1天的体育活动。其次，科技发展速度意味着年轻人需要不断学习新事物，并树立终身学习的观念。好奇心对青少年来说是关键，童子军比非童子军尝试新事物的可能性高10.4%。最后，面对考试、就业的压力，童子军勇于承担风险和应对挑战活动的可能性比非童子军高17.9%；与非童子军相比，童子军在坚韧不拔和毅力上的得分高出5.8%；童子军在幸福感上的得分也比非童子军高6.3%。针对童子军的调查显示，童子军在开展教育服务的过程中，对青少年身心健康、社会融合是有显著成效的。❷《2017年童子军协会年度报告》数据显示，87%的青年认为是童子军帮助他们培养了幸福、有信仰、乐观的态度；80%的青年认为通过童子军组织对自己有了新的认识；89%的青年认为，在参与童子军活动中，他们为自己所取得的成就而感到自豪。❸

（三）推动童子军归属感的形成及与社区、社会的融合

童子军协会不仅关注年轻人的生存技能和身心健康，更希望通过服务年轻

---

❶ The Scout Association. Scouts Annual Report 2017[EB/OL]. [2024-08-10]. https://www.scouts.org.uk/about-us/our-impacts-and-reports/.

❷ 同❶.

❸ 同❶.

人，使其能更加积极地融入社会。童子军致力于培养积极的公民，培养青年认真对待自己的承诺，参与公民生活，感受到自己是社区的一部分并在社区中发挥作用。《2019年童子军协会年度报告》显示，首先，童子军比非童子军更易于感到自己对社区的归属感，在对社会责任及自身信誉的认可度上，童子军比非童子军高 4.4%。其次，在社区融合、治理方面，童子军乐于助人的得分比非童子军高 5.7%；童子军每月志愿帮助他人的时间比非童子军多 5 个小时以上；童子军在下一届大选中投票的可能性比非童子军高 6.5% 以上。最后，在尊重、欣赏社会多样性方面，在与不同种族、文化和宗教的人和睦相处方面，童子军比非童子军的得分高 9.5%。❶《2017年童子军协会年度报告》针对童子军的调查显示，童子军帮助青少年形成了社会归属感、积极的公民身份，促进青少年与社会的融合。该报告数据同样显示，75% 的青年更易于接受来自不同社会背景的人；63% 的青年认为，通过童子军他们感受到了自身承担着对社区的责任；78% 的青年通过童子军活动，更乐于为当地社区做一些服务工作。❷

（四）青少年对童子军教育服务的满意度达到较高水平

乐趣、挑战和冒险是童子军活动的核心。童子军协会希望年轻人在学习技能、参加活动的过程中感受到愉悦。《2017年童子军协会年度报告》就青少年对童子军的满意度也做了相关调查，主要涉及青少年对童子军活动的满意度、是否会向朋友推荐、是否想要成为一名童子军志愿者三个方面。当问及青少年对童子军协会的喜爱程度时，87% 的人的得分在 8~10 分，仅有不到 1% 的人得分低于 5 分（10 分是非常满意，0 分是一点儿都不满意）。由此看来，大部分参加童子军协会的青少年都对其很满意。当问及青少年向朋友推荐童子军的可

---

❶ The Scout Association. Scouts Annual Report 2019[EB/OL]. [2024-08-10]. https://www.scouts.org.uk/about-us/our-impacts-and-reports/.

❷ 同❶.

能性有多大时，80% 的人极有可能将推荐其他人参与童子军协会。从中可以看出，英国青少年喜欢童子军协会所做的服务活动，并会介绍身边朋友加入童子军协会，这在无形之中也为童子军组织做了宣传。根据行业标准净推荐值（Net Promoter Score），童子军达到了 52% 的得分，任何行业超过 50% 的得分都被认为是"优秀"的，因此可以判定童子军协会的发展是令人满意的。成年童子军志愿者是童子军协会的特色，在被问及成年后是否想加入志愿者队伍时，49% 的人说"当然"，他们希望以后能继续以一名志愿者的身份参加童子军活动。44% 的人说"也许"，而只有 8% 的青年说"不想"。总体看来，90% 以上的青少年希望成年后继续留在童子军组织并为其服务，由此可以看出英国童子军协会组织对青少年来说是有帮助的，也是有魅力的。❶

---

❶ The Scout Association. Scouts Annual Report 2017[EB/OL]. [2024-08-10]. https://www.scouts.org.uk/about-us/our-impacts-and-reports/.

第三节　英国童子军教育服务的经验

英国童子军协会坚信，通过户外探险、团队合作、社会服务和个人技能发展等多元化活动，能够激发孩子们的潜能，培养他们的责任感、自信心、同理心和解决问题的能力。在 100 多年的童子军运动中，英国童子军协会在教育服务方面收获了丰富的经验，体现在其尊重教育服务对象、教育服务计划制订过程、教育服务实践活动中。

一、尊重教育服务对象

英国童子军协会教育服务尊重服务对象，主要体现在对服务对象的包容性和平等性中。童子军协会对教育服务对象的包容性是全面的，每一个成员不能因年龄、性别、阶级或社会经济地位、国籍或种族、政治信仰、宗教信仰、残疾、性取向、婚姻情况、妊娠十个方面原因而受到不公正的待遇或处于不利地位。童子军协会反对一切形式的偏见和歧视，包括种族主义、性别歧视和仇视同性恋；不仅如此，童子军协会还出台了《机会平等政策》（*Equality, Diversity and Inclusion Policy*），通过强有力的政策保障每一个群体在童子军协会中的发展，要求组织内所有的教育服务成员都有义务遵守该项政策。同时，童子军协会强调只有尊重、认同这些价值观念的儿童和青年，才可以申请加入童子军组织。

童子军协会对教育对象的包容性不仅体现在政策上，还有教育服务的方方面面，最直观的就是对不同信仰成员的尊重和包容。每一个儿童和青年在加入童子军组织时，都需要对童子军协会作出承诺，但不同宗教信仰的誓言誓词是不同的，青少年儿童针对自己的宗教信仰选择不同的宣誓词进行宣誓。虽然誓词的变化不大，但这也充分体现了童子军协会的包容性、对成员的尊重；此外，通过不同的宣誓誓词，可以使他们在宣誓的过程中体会到个体与个体的差异。❶

童子军协会努力实现不同教育服务对象之间的平等，特别是在促进所有成员都能够获得童子军教育服务方面。童子军协会关注残疾人，强调所有服务者在条件允许的情况下作出合理调整，以支持所有想加入童子军的残疾人接受童子军的教育服务。合理的调整意味着为残疾儿童和青年消除障碍，让他们加入童子军协会中，并尽可能获得与正常人水平相同的童子军教育服务活动。合理的调整针对个人需要，主要从物理环境（如会议地点）、行动方式（如年龄灵活性和活动方式）、物质支持（如设备）三个方面来改变对残疾儿童和青年的障碍。同时，童子军协会也关注有额外需要的成员，为那些本无法参加、享受童子军活动的人设立了专门的童子军网络（Network of Specialist Scout Groups）。这些童子军团体会在医院和收容所开展活动，为身体有限制的儿童和青年提供童子军教育服务。

二、教育服务计划制订过程严谨

当前英国童子军协会教育服务战略是《生活技能计划》。它是在童子军协会《全民童子军：我们的 2014—2018 年战略》（*Scouting for All, our 2014—2018 strategy*，以下简称《全民童子军》）基础上发展而来的。《生活技能计划》主要包括增长（Growth）、包容性（Inclusivity）、塑造青年（Youth Shaped）、社区影响（Community Impact）四个方面教育服务目标：增长即参加童子军青少年人数的增长；包容性更多关注的是童子军成员的男女比例，以及贫困地区童子军教育服务的开展；塑造青年是指确保青年在童子军中发挥领导作用

---

❶ The Scout Association. Policy, Organisation and Rules [EB/OL]. [2024-08-15]. https://scouts.org.uk/por.

的势头越来越大；社区影响是指让更多的青少年参与社区行动中，加大对社区的影响。❶

英国童子军协会教育战略《生活技能计划》的制定是多方共同协作的结果。自2016年9月起，童子军协会与志愿者、青年群体、公众和决策者进行了为期18个月的意见收集工作，共同协商制订《生活技能计划》。战略协商进程主要分为两部分：第一部分为研究与咨询时期（2016年9月至2017年5月），第二部分为草案审查时期（2017年8月至2018年5月）。研究与咨询是《生活技能计划》草案出台的基础，草案的审查主要是由童子军委员会进行，进一步保障了《生活技能计划》的科学性、有效性。❷

童子军协会在总结上一阶段教育服务成果的基础上，通过询问多方建议，共同探索下一阶段教育服务发展目标，充分体现了目标制定的民主性、科学性。具体流程如下：2016年9月，童子军协会共邀请5 000多名志愿者审查《全民童子军》的教育目标是否实现并确定今后五年的优先发展事项。在此调查中，志愿者给予了明确的指导，即应继续保持《全民童子军》的四项目标。2016年10月，童子军董事会审查了志愿者调查结果，同意童子军的下阶段战略应与童子军协会成员、公众一同协商研究。2016年11月，英格兰郡、县级专员同联合国总部进行小组讨论，并提出相关建议。童子军协会不只关注成年人对童子军教育服务的看法，还关注青少年对童子军教育服务的感受。2017年2月，童子军协会通过询问调查6 000名青少年，从而了解教育服务对象喜欢什么、童子军教育服务哪部分还可以做得更好等内容。同时，童子军协会调查了2 900名青少年（14~17岁），对比了童子军成员（2 500名）与非童子军成员（400名）之间的发展，充分证明了童子军教育服务的有效性。

童子军协会同样注重外部人员对童子军协会的了解程度，协会调查了市

---

❶ The Scout Association. Skills for Life plan (all audiences)[EB/OL]. [2024-01-22]. https://scouts.org.uk/about-us/strategy/vision-for-2023.

❷ The Scout Association. Skills for Life:Developing the plan [EB/OL]. [2024-08-15]. https://scouts.org.uk/about-us/strategy/developing-the-plan/.

民对童子军的看法，如询问市民童子军应开展什么教育服务活动才能更好地与公众保持联系等。2017年5月，童子军协会向政客和资助者了解其对童子军教育服务的看法，包括如何看待当前童子军协会存在的威胁和机会。2017年8月，协会拟定了《2018—2023年生活技能计划草案》。同年10月，地方童子军协会组织青年和志愿者对该草案进行讨论，并征集建议和反馈。2018年1月，童子军协会董事会批准了《生活技能计划》最终版本，并在同年5月正式启动这一计划。❶教育服务战略是开展各项教育服务的基础，在教育服务中起着关键作用。童子军教育服务战略经过由内到外、层层递进、多维度的调查研究制定而成，这体现了童子军协会对教育服务战略的重视。

三、教育服务实践活动前期准备要求严格

童子军教育服务内容实现的主要途径是童子军活动，其中户外冒险活动是童子军活动的核心部分。童子军组织通过户外冒险活动让儿童和青年走出舒适圈，尝试更多新鲜事物并学习新的技能，从而让儿童和青年获得更大的幸福感和韧性。

当前，童子军组织的户外冒险活动丰富，共有108种，并在持续增加。童子军组织将108种户外冒险活动按活动名称首字母A~Z的顺序分类，以便活动的组织者选择能够开展的活动。与此同时，童子军组织将每一个活动的方案做成一个文档，包括活动内容、组织者如何运行活动、组织者如何依靠外部成员运行活动、活动的具体细节、与活动相关的指南及规则等。

童子军组织十分重视户外冒险活动，对活动组织人员和活动准备要求严格。部分户外冒险活动要求组织者具有"冒险许可证"（Permit），这就需要童子军协会对活动的组织者进行评估，即组织者是否具备所选活动所需的技能和知识储备，并根据评估结果为组织者发放冒险许可证。同时，童子军协

---

❶ The Scout Association. Skills for Life: Developing the plan[EB/OL]. [2024-08-15]. https://scouts.org.uk/about-us/strategy/developing-the-plan/.

会为活动的组织者提供强有力的支持：一方面，大部分活动都有专业的技术顾问，为活动的组织者提供技术支持和帮助，从外部促进活动的顺利开展；另一方面，童子军组织为活动的组织者举办了多种类型的活动讲习班，提供活动许可证评估课程、活动培训课程等，从内部促进组织者自身的发展。

为保证活动的顺利开展，组织者需要对所开展的活动做好充足准备。首先，活动的组织者需在 108 种活动中进行选择，组织者需充分考虑自己是否具有冒险许可证、领导小组是否同意开展这项活动、成年童子军志愿者能否驾驭这项活动、活动是否有特定规则等问题；其次，对活动进行风险评估，充分考虑活动的潜在危险，并思考如何将风险降到最低，进行风险评估是组织开展活动的关键；再次，充分利用 In Touch 系统（一个集多种功能于一体的软件平台），这是用于管理所有童子军活动和事件的通信系统，便于活动的领导者、参与者及非参与者（如家长）之间及时沟通；最后，地区专员在查看风险评估、In Touch 系统副本后，对活动进行审批。❶

---

❶ The Scout Association. Activities[EB/OL]. [2024-07-22]. https://members.scouts.org.uk/supportresources/ search/?cat=26.

第二章

美国女童子军的教育服务

　　童子军运动自英国发起后，迅速向其他国家和地区传播开来，在美国也得到发展。1909年芝加哥出版商威廉·D. 博伊斯（William D. Boyce）出访伦敦时得到一位"做好事不图回报"的英国童子军帮助，增加了对童子军的了解并将其介绍到美国。1910年2月，在博伊斯的努力下美国童子军（The Boy Scouts of America）成立，1916年获得国会特许状，此后在世界童子军运动组织领导下逐渐发展壮大并成为美国最大的青少年团体。不过，当提及"美国童子军"时主要是指男童子军，这一组织在经受2020年破产风波后，2024年5月宣布更名为"美国童子军"（Scouting America）。除此之外，1912年3月成立的美国女童子军（Girl Scouts of the USA）是具有美国本土特色的女童组织，也是目前世界上最大的女童组织，在培养女孩品德、树立女孩信心、促进女童掌握学习生活和工作技能及发展女童领导力方面起到了重要作用。鉴于美国女童子军的历史地位和所产生的积极影响，本章将主要围绕美国女童子军及其教育服务展开。

第一节 "女子人才摇篮":美国女童子军组织概述

美国女童子军,是一个为5~17岁美国女童设立的具有非营利与非政府性质的校外教育机构,接受政府拨款,至今已有110多年的历史。美国女童子军通过开展野营、社区服务、学习急救和获得技能徽章等活动来培养女童的能力,增强她们获取友谊和快乐的能力,以及教育同情心、勇气、自信、领导能力、进取精神和公民意识等。美国女童子军还通过设立各种各样的奖项来激励女童加入这一组织并获得更好的发展。

一、朱丽叶·洛:美国女童子军的创始人

1912年,朱丽叶·洛(Juliette Low)在英国童子军创始人贝登堡思想的鼓舞下,并基于自己在英国苏格兰和伦敦组织女童子军小队的经验,在美国建立了第一个女童子军团,这标志着美国女童子军组织的正式创建。

朱丽叶·洛1860年出生于美国南部乔治亚州萨凡纳市的一个条件优渥的家庭,从小被按照社会上层淑女的路径进行培养。但在她的童年时代,美国女性社会地位还十分低下,甚至备受歧视,绝大部分女子把幸福和希望寄托在婚姻上,日常生活主要是照顾家庭或做一些零工,在政治方面也没有选举权。不过,19世纪40年代到20世纪20年代是美国第一次女性主义浪潮时期,工业革命的发展使家庭成员关系有一定程度的松散,加上一些受过良好教育的中产阶级女性参与禁酒运动、废奴运动等社会运动,许多女性开始投身到争取女性权益的斗争中。特别是南北战争爆发后,随着大量男子走上战场,许多女性在不得不担起生活重任的同时获得了更多的工作机会。这使更多女性意识到自身的力

量，并开始要求更多的教育权、就业权和参与政治活动的权利等。朱丽叶·洛生活在这样一个女性主义开始觉醒的时代。

朱丽叶·洛生性活泼，虽然接受着传统教育，但她的兴趣并不在于传统女孩所要做的女工和家务上，而是喜爱野外探险、篮球、骑马、打猎等男孩子喜欢的活动，表现出好动和果敢的品质，为此她被家人昵称为"疯狂的黛西"（Crazy Daisy）。相比传统的课程学习，朱丽叶·洛对艺术、戏剧创作和表演更热爱，充满了创造力，被朋友称为"最有才华的小演员"。朱丽叶·洛心地善良，不仅收养过很多流浪小动物，还创办过穷人俱乐部来帮助有需要的人。同时，她还在父母和外祖父等长辈的教诲与影响下，承袭了美国南部"责任、忍耐、忠诚和尊重"❶的价值观，在心中播下了博爱的种子。相比于同时代的大多数女性，朱丽叶·洛表现出更多自由的天性并形成了独立的思想。1880年，她结束了寄宿制学校的学习，赴纽约学习绘画，此后又游历欧洲。这些经历都为她日后创办美国女童子军奠定了基础。

1886年，朱丽叶嫁给英国棉花富商之子威廉·洛（William Low），但婚姻并未给她带来传统教育所允诺的安稳。尽管在后来的离婚过程中遭遇种种闹剧，但朱丽叶·洛表现出了抗争的意识，最终在一些姐妹和律师的帮助下维护了自己的权利。更重要的是，她的个人意识发生了直接改变，她开始重新理解女性在社会中所处的地位，"她们需要成为大众所期待的贤妻良母，在婚姻中更多处于弱势，其婚姻权和财产权得不到应有的保护"❷。这种觉醒为她以后在英国与贝登堡的童子军理念"相遇"后，欣然而坚定地创办致力于服务女孩成长的美国女童子军组织提供了认知动机。

1911年，朱丽叶·洛在游历欧洲过程中在英格兰结识了英国童子军创始人贝登堡和他的妹妹艾格尼丝（Agnes）。在亲耳聆听了贝登堡的整套童子军教育

---

❶ CORDERY S A, Juliette Gordon Low: The Remarkable Founder of the Girl Scouts[M]. USA: Penguin Publishing Group, 2012: 52-54.

❷ REBEKAN E R.American Girlhood in the Early Twentieth Century: The Ideology of Girl Scout Literature, 1913-1930[J]. USA: The Library Quarterly(The University of Chicago Press), 1998, 68(3): 261-275.

思想后，朱丽叶·洛深受鼓舞，同时加入了艾格尼丝创办的英国女童子军的事业——"女向导"（Girl Guides）。同年夏天，她负责在苏格兰组织了一个女童子军小队，冬天又在伦敦组建了两个小队，鼓励女孩们学习英国历史并教他们看地图、急救、烹饪、饲养家禽和羊毛纺织等技能，还和女孩们一起把鸡蛋卖给当地社区，把纺好的羊毛卖给织布店，在提高女孩们生活质量的同时培养她们独立自主的品质。组建英国女童子军小队的经历和成功的经验，使她萌生了创建美国女童子军的念头。她认为，美国女孩也应该得到像英国女童子军这样组织的引导并掌握技能、发展能力，以适应时代带来的变化，并掌控自己的生活命运。正是在后继创办美国女童子军的过程中，朱丽叶·洛个人实现了从传统女性向新女性的转变。

二、美国女童子军的创办与发展历程

目前，美国女童子军是美国最大的全国性女童校外教育组织，面向所有美国女孩开放。自朱丽叶·洛创建美国女童子军之日起至今有一百多年的历史，按照组织地位的稳固程度及服务女童的范围广度与深度等，可以划分为以下四个时期。

（一）创办时期：在质疑中寻求发展

这一时期主要是指20世纪10年代至20世纪20年代。1912年3月12日，朱丽叶·洛在贝登堡与艾格尼丝的鼓励下，同时借助在英国积累的个人经验，在家乡萨凡纳建立了美国第一支女童子军团，但由于当时美国男童子军领导者的反对，在组织名称上沿用了英国时的"女向导"叫法。最初注册的成员有18位女孩，来自由朱丽叶·洛的表姐尼娜·波普（Nina Pope）担任校长的一所当地女子学校，主要是五六年级的学生。在召集这些女孩成为会员之前，朱丽叶·洛曾向表姐表示："我为萨凡纳的女孩们，还有全国甚至全世界的女孩们带来了一份礼物……"❶

---

❶ Juliette Gordon Low Birthplace Museum. Juliette "Daisy" Low: A Biography[EB/OL]. [2024-06-07]. https://www.juliettegordonlowbirthplace.org/content/dam/juliettegordonlowbirthplace-redesign/documents/Pre-Visit%20Packet%20Bio.pdf.

第二章　美国女童子军的教育服务

日后发展的事实证明，这的确是"一场扭转乾坤的全球运动"❶。萨凡纳"女向导"小队的建立标志着美国女童子军组织的正式成立，组织的第一个总部就设在朱丽叶·洛家的旧马车房和佣人房里。

在组织成立之初，朱丽叶·洛将指导女孩们的任务交给来自表姐所负责的女子学校毕业的领队，自己的大部分精力主要用在宣传、成员招募和资金筹集上。尽管借助早期积累的人脉争取到了一些支持者和赞助者，但组织的整体发展仍比较缓慢，大部分组织活动经费也都是由朱丽叶·洛自己来承担的。随着朱丽叶·洛在全国各地奔波以及在大大小小城市的演讲，"女向导"运动逐渐从萨凡纳推向了全国。但当朱丽叶·洛与同时期创办起来的美国女性青少年组织"营火女孩"（Camp Fire Girls）接触并提出将两个组织合并成以"女童子军"命名的组织时，却遭到其创办者克拉拉（Clara Lisetor-Lane）的阻碍。这不仅是因为营火女孩的女性观更注重男女有别和女性"家庭角色"养成，还因为克拉拉认为朱丽叶·洛模仿了她的组织，甚至威胁说要将她上告到法庭。除此之外，"女向导"组织对各种族和阶级女孩的开放态度也遭到社会上的强烈不满。

但是，这些障碍或挫折都没有改变朱丽叶·洛继续推进的勇气。1913年，朱丽叶·洛编写和发布了第一本美国女向导指导手册《女孩如何服务于国家》（*How Girls Can Help Their Country*），手册中对于女性在多领域的成功进行了介绍，也打破了当时对女孩发展有诸多限制的传统，对女向导运动开展的目标、意义和进程等作了明确阐述与指导。到1913年7月，萨凡纳地区发展有12支女向导队伍，成员有150多名。❷此外，在1913年春天的时候，女向导组织里的许多女孩都自称为"女童子军"。到1914年，"美国女童子军"这一新组织名称已经广为知晓。特别是在第一次世界大战期间，女童子军们通过在红十字会缝纫室里、在火车站食堂里、在医院护士站等的帮忙，不仅让女孩们学到了很有价值的东西，也极大提升了组织的社会声誉。1915年，朱丽叶·洛出版了

---

❶ Girl Scouts of the USA. Girl Scout History[EB/OL]. [2024-06-07]. https://www.girlscouts.org/en/discover/about-us/history.html.

❷ 曹雅洁. 美国女童军运动的兴起[J]. 教育史研究，2020, 2(3): 110-123.

领队手册,在保留军事训练技巧的同时,更改了一些规章制度,如修改了"家庭主妇测试",增加了急救工作指导及扩大了露营和户外活动范围。但这种变化遭到美国男童子军创办者兼行政长官詹姆斯·韦斯特(James E. West)的反对,他认为女孩项目必须恰当地强化当地传统的女性角色。朱丽叶·洛和女童子军理事会成员卡洛琳斯莱德(Caroline Slade)就此声明了女童子军的立场,强调了女童子军的包容、快乐、真诚、忠诚、善良、友好、助人和服从等理念。同年,分散在各地的女童子军组织合并成一个全国性的组织并在华盛顿设立全国总部和召开第一届全国会议。正是在此次会议上,"女向导"正式更名为"女童子军"(Girl Scouts),成立执行委员会,对领导者的培训、服装等做了统一规定。1916年,总部迁到纽约并建立了作为全国性组织的实施办法和准则。自第一届全国大会后,美国女童子军成员不仅包括上层阶级的白人女孩,移民女孩、非裔女孩、残疾女孩等也相继加入,并开展了大量社会服务工作。[1]比如,她们参与第一次世界大战的医院救助工作中,帮助红十字会制作外科绷带、编织士兵衣物、打扫卫生等,还响应当时美国食品管理局的节约粮食计划而自己种菜和制作罐头等。1917年,小饼干售卖活动也已经开始,不过主要由女孩在家里烤制,妈妈们自愿当技术顾问。到1920年,美国女童子军的发展逐渐独立,但朱丽叶·洛在这一年卸任了美国童子军主席一职,以腾出更多时间推动女童子军运动的国际化发展。但非常令人遗憾的是,1927年1月年仅62岁的朱丽叶·洛因病情恶化而逝世。

(二)拓展时期:开发经典活动和逐步稳固组织的社会地位

这一时期主要是指20世纪30年代至20世纪50年代。20世纪30年代经济危机席卷美国,女童子军通过为有需要的人收集衣物、食物和玩具等来参与救援和救济活动。此外,为帮助国家应对移民浪潮,女童子军开始印刷使用意第绪语、

---

[1] 徐宇清.美国女童子军述评:价值观,领导能力和多样性[J].外国中小学教育,2001,(6):35-38.

意大利语和波兰语等多种语言的《女童子军是谁?》(Who Are the Girl Scouts?)宣传小册子,社会影响力持续扩大。1936年,女童子军基于第一次世界大战期间自制和出售饼干的经验,正式把义卖小饼干作为女童子军的经典活动,收入归组织所有并逐渐成为组织的重要收入来源之一。第二次世界大战爆发后,女童子军经营自行车快递服务、农场助手项目,还收集废金属或教授女性在空袭中安慰儿童的技巧等。女童子军们也开展了前线服务,对飞行感兴趣的女童子军参加了"机翼童子军计划"(The Wing Scout Program),这是一项始于20世纪40年代结束于20世纪70年代的旨在服务国家高级女童子军飞行计划。1950年3月,美国女童子军组织被国会批准,荣获国会宪章。自此,在经过近40年发展后,美国女童子军组织正式获得了美国官方承认。1956年10月,朱丽叶·洛出生时的房子"作为家庭博物馆和全国女孩活动中心"对外开放。❶

(三)深化时期:全面支持女童发展和社会进步

这一时期主要是指20世纪60年代至20世纪90年代。20世纪60年代,美国社会动荡不安,争取平等的社会民主化思潮涌起,美国女童子军顺势而为,在全国各地举行"公共演讲"(Speak Out)集会,为争取种族平等发声。1969年,女童子军发起"行动70"(Action 70)项目,以帮助人们克服偏见,为建立更好的社会关系而积极开展种族融合运动。20世纪70年代,美国女童子军推选出了第一位非裔主席格洛丽亚·斯科特(Gloria D. Scott);女童子军们积极参加环境保护运动,发起"生态行动"(Eco-Action)计划支持环境问题,也对难民儿童伸出援助之手,帮助他们适应在美国的生活;女童子军军校学员还参与地球日活动等。❷ 20世纪80年代以后,社会对女童子军更加关注,其服

---

❶ 徐宇清. 美国女童子军述评:价值观,领导能力和多样性[J]. 外国中小学教育,2001,(6):35-38.

❷ Girl Scouts of the USA. Girl Scout History[EB/OL]. [2024-06-09]. https://www.girlscouts.org/en/discover/about-us/history.html.

务对象范围也不断扩大，1984 年建立了面向学前阶段 5 岁女孩的幼女童子军（Daisy Level）。同时，美国女童子军活动内容也在不断更新，发行"当代问题"系列出版物以帮助解决吸毒、儿童虐待和少女怀孕等问题。20 世纪 90 年代，女童子军重新强调身体健康，1994 年制订了以"健康和舒适"为主题的全国服务计划；1996 年制订了"童子军体育运动计划"（Scout Sports）。❶此外，女童子军还通过"实现阅读的权利"（Right to Read）服务项目解决文盲问题，有近 400 万名女童子军和领队参与了这一项目。另外，这一时期随着个人电脑使用的增长，女童子军组织为少女童子军（Girl Scout Juniors）引入技术徽章（Technology Badge），美国女童子军网站也于 1996 年 2 月首次亮相，一开始运营便获得了大量关注。整体来看，这一时期的美国女童子军更重视对女性成功所必备的多种能力的培养，如社交能力、业务能力和领导力等。

（四）创新时期：更强调包容性以及科学技术支持下的发展

这一时期主要是指 2000 年之后。21 世纪是一个充满想象力和生命力的新世纪。在进入新千年的第一个十年里，美国女童子军更加关注女孩的健康发展。2000 年成立了"美国女童子军研究所"（Girl Scouts Research Institute），开展女童子军教育和美国女孩发展相关研究，其目的在于衡量女童子军的影响并对女孩的领导力、健康发展和福祉进行原创性研究，形成数据驱动下的美国女童子军运动影响报告，以为女童子军的规划、公共政策和宣传提供信息。❷据来自官网的不完全信息统计，目前至少已发布基于数据的报告 49 份。同时，美国女童子军更加强调包容性，不仅在 2002 年举办了全国拉丁裔女童子军会议，还在 2005 年选举了第一位西班牙裔女性为女童子军国家委员会主席。随着信

---

❶ 徐宇清. 美国女童子军述评：价值观，领导能力和多样性[J]. 外国中小学教育，2001，(6)：35-38.

❷ Girl Scouts of the USA. Research and Data[EB/OL]. [2024-06-09]. https://www.girlscouts.org/en/discover/about-us/research-and-data.html.

息科学技术在全球范围内的影响和日常生活中的作用越来越大，美国女童子军在 2014 年推出了"数字饼干"（Digital Cookie）服务，实现历史上首次在网上销售女童子军饼干，也成功实现了饼干线上与线下两种模式的完美结合，在保留传统的基础上进行了时代性创新。女童子军编程也扩展到包括更多的 STEM（科学、技术、工程、数学）科目，其中涉及机器人和空间科学徽章。此外，女童子军还与谷歌合作推出"代码制作"，鼓励女孩尽早学习计算机科学项目。在这一时期，尽管科技在日常生活中扮演越来越重要的角色，但是美国女童子军没有忽视女孩与自然和户外活动之间的联系，通过推出新的徽章来推广户外活动。美国女童子军在教育上也越来越重视女孩领导力的发展，针对不同级别的女童子军开设专门的领导力项目，2011 年还增加"特使"级别的女童子军并完善奖励机制，从而"形成了从内容、方式到效果评估的连贯体系"❶。

目前，据官网数据显示，美国女童子军作为美国最大也最有影响力的女童组织，成员人数已超过 5 000 万，每三位美国女性之中就有超过一位在她生命成长的某个时刻是童子军；在美国本土成立了 300 多个女童子军委员会，在全球 90 多个国家建立了海外基地且人数已经超过 18 000 人。如今，这一组织仍积极地努力引领和支持女孩们一起向着更美好的人生探索，成就自己并服务国家与社会。

三、规范而开放：美国女童子军的主要组织特征

美国女童子军组建之初由效仿英国童子军而来，但又致力于女孩权利、社会地位、人生福祉和领导力的发展，因此形成了既有童子军共性又有鲜明个性的组织特征。

（一）组织目标明确：成为"伟大的女童子军"，共同建立更好的世界

自 1912 年以来，美国女童子军就一直忠于和致力于"重新定义女孩的可

---

❶ 戴元智.美国女童军领导力培养研究[D].上海：华东师范大学教育学部，2017：22.

能性",号召女孩联合并行动起来,"将梦想带入生活并共同努力建立一个更美好的世界"❶。朱丽叶·洛创办美国女童子军组织时的重要主张之一就是,女性有能力影响和改变社会,组织的目标就是着眼于女孩的未来,期望通过组织女孩们能学到各种技能,拥有自信,使自己的生活变得更美好。一百多年来,美国女童子军一直坚守这一目标,也一直坚信社会上的任何一个女孩都可以做自己,能够发现自己的优势并有能力迎接各种新的挑战。在女童子军组织里,女孩们可以结交新朋友,有更多机会与来自社区、学校甚至当地的领导人进行交往和交流;女孩们可以在自己的空间里开心地玩,这里有团队的支持和尝试新事物的机会,让女孩挑战自己的极限;女孩们可以和朋友与团队一起做一些平时很少能够做的"冒险"活动;女孩们可以通过努力回馈社会,对自己的社区产生影响,让社会变得更美好;此外,女孩们还可以有无限的机会获得领导技能,发展自己的领导力,也可以学习新技能并获得徽章和奖项。美国女童子军致力于培养女孩的自信心、责任感和领导力,帮助她们成为未来的社区领袖,支持与引领5~18岁的女孩成为"伟大的女童子军",紧跟时代与社会发展,在让自己整个人生熠熠发光的同时改变社区并推动社会进步。

(二)组织制度完善:会员注册、行动开展与激励保障

作为世界范围内最大的女童组织,美国女童子军建立起了规范而系统的组织制度,包括如会员注册制度、分级制度、活动制度和激励制度等。比如,会员注册制度规定,任何一个达到女童子军所要求的最低年龄的女孩,都可以登录网站注册,缴纳35美元后即可成为会员。会员资格每年更新一次,会员年为10月1日到次年的9月30日。❷在分级制度方面,美国女童子军在1912年

---

❶ Girl Scouts of the USA. About Us[EB/OL]. [2024-06-11]. https://www.girlscouts.org/en/discover/about-us.html.

❷ Girl Scouts of the USA. Become a Girl Scout[EB/OL]. [2024-06-06]. https://www.girlscouts.org/en/get-involved/become-a-girl-scout.html.

成立之初仅笼统地有 10~18 岁的年龄阶段限制，当前女童子军组织向 K-12 阶段的所有女孩开放，年龄范围扩大到 5~18 岁。按照学段，美国女童子军成员被分成五个级别：学前班和一年级为幼女童子军（Daisies），二至三年级是小女童子军（Brownies），四至五年级是少女童子军（Juniors），六至八年级为中级女童子军（Cadettes），九至十年级为资深女童子军（Seniors），十一至十二年级为特使女童子军（Ambassadors）。❶ 18 岁以上的成年人可以通过志愿者身份参与到女童子军活动中来。此外，针对不同级别与年龄的女童所开展的活动也给予了明确规定，其中有各级女童都要进行的 STEM 教育活动、财商教育活动和社区活动等，也有针对不同级别的独特性活动，如幼女童子军会进行"学习堆肥"等生活技能活动，小女童子军会开展"与有露营经验的人交谈"活动，少女童子军会进行"户外主题印象的艺术制作"活动，中级女童子军会进行"策划一个电影之夜"的活动，资深女童子军会开展"创建自己的法律清单"活动，特使女童子军会开展"成为环保倡导者"活动等。在激励制度方面，设置有完备的徽章和奖项制度，特别是在少女童子军之上的四个级别里设置的铜奖、银奖和金奖，是激励女童发展自己并获得成就的最高荣誉象征。

（三）组织文化鲜明：身体文化与符号文化共同引领

与世界范围内的童子军组织文化主要特征保持一致，美国女童子军注重对女孩身体形象管理和精神引领，其中表现较突出的有宣誓文化、制服文化和徽标文化等。从宣誓文化看，女童子军加入组织前必须举行宣誓仪式。宣誓可以用英语、西班牙语或美国手语来表示，誓言为"以我的名誉，我将努力做到：为服务上帝和国家，随时帮助人们，遵守女童子军守则"❷。美国女童子军组

---

❶ Girl Scouts of the USA. Grade Levels[EB/OL]. [2024-06-03]. https://www.girlscouts.org/en/discover/about-us/what-girl-scouts-do/grade-levels.html.
❷ Girl Scouts of the USA. Promise and Law[EB/OL]. [2024-06-14]. https://www.girlscouts.org/en/discover/about-us/what-girl-scouts-do/promise-and-law.html.

织声明自己无特定的宗教与哲学信仰，宣誓是建立在民主原则基础上的非教派活动。❶从制服文化看，女童子军们要穿着统一制服。制服对于女童子军们来说不只是一件衣服，更是组织身份的代表。用整洁、简单、实用的制服作为一种"穿在身上"的开放式符号，在视觉上代表了女童子军们在社会群体中的身份和地位，会产生其他方式难以替代的归属感。自组织成立到现在，女童子军们的制服颜色和样式在不断发展变化，各级女童子军的制服也有所不同。每个级别的女童子军都有一件正式的制服物品（一条腰带、背心或束腰外衣）来展示徽章、别针、奖项和其他证章，制服颜色根据等级水平的不同可以是蓝色、棕色、绿色或卡其色。女童子军们参加仪式或代表组织出席活动时须穿着自己所在级别的制服并呈现正式的别针和奖项等元素。从徽标文化看，美国女童子军的官方徽标为"三叶草"，最初由朱丽叶·洛设计，作为美国女童子军的唯一标志一直沿用到 1978 年。在 1978 年美国女童子军全国大会上，委员们投票通过了可以使用多个标志的方案。目前美国女童子军徽章是由著名图形设计师索尔·巴斯（Saul Bass）于 1978 年设计，在朱丽叶·洛原有设计上进行了改良，三叶草的三瓣叶子分别代表了女童子军的三个传统，即野营、饼干销售和手工工艺。

---

❶ ScoutWiki Network. Girl Scouts of the United States of America[EB/OL]. (2023-08-30)[2024-06-14]. https://en.wikipedia.org/wiki/Girl_Scouts_of_the_USA#Girl_Guides_of_America.

第二节　从享受乐趣到培养领导力：
美国女童子军的教育服务状况

美国女童子军经过百年发展，在组织理念、培养目标、课程内容等方面逐渐形成了完整成熟的管理与教育的体系。[1]作为美国最大的专门服务女孩发展的校外教育组织，美国女童子军通过向女孩提供适合的、丰富的且有意思的项目、活动和课程等，来培养女孩们的自信心，增强女孩们的生存技能，提高女孩们的领导能力等。总体来说，美国女童子军提供的教育服务相对完善和系统，服务范围广，内容丰富，形式多样。

一、教育服务的理念：让女孩在享受乐趣中有信心做自己

今天的美国女童子军仍然坚守着创立者朱丽叶·洛的基本理念，即服务女童，让女童在享受乐趣和勇敢的挑战中成长为有能力影响和改变社会的人。这也是美国女童子军组织的教育目标。美国女童子军组织在吸引女孩成为一名女童子军时的招募词就是"快乐的一年在等着你""为拥有好朋友、生活技能和众多乐趣而做好准备"。加入女童子军的女孩，要遵守相应的守则，内容包括"我将尽我最大努力做到：诚实与公平，友好与助人，体贴与关心，勇敢与强大，对我所说和所做负责，尊重自己和他人，尊重权威，明智使用资源，让世

---

[1] Louise Stevens Bryant. Education Work of the Girl Scouts[M]. Hardpress Publishing, 2009: 17.

界变得更好，成为每一位女童子军的姐妹"❶。为了使每名女童子军都能获得这样的发展，女童子军组织依托级别划分"队"制与徽章制度等，通过成人志愿者团队力量的支撑，寓教于乐，为女孩们提供各种生活技能课程、理财课程、社交课程、手工艺课程，以及野营等多种多样的户外活动和服务项目，引领和帮助女孩带着乐趣在做中学，不断展现和发展自己的天性。美国女童子军意在加强女孩同社会之间的联系，并在真实生活场景的决策作出和挑战应对中成长为有尊严的人，成长为具有社会责任感的人。

二、教育服务者的构成：专业性与社会化相结合

在国际层面上，美国女童子军受世界女童子军协会（World Association of Girl Guides and Girl Scouts，WAGGGS）领导。世界女童子军协会是一个目前拥有153个会员组织的全球性女童子军组织。1910年英国成立女童子军协会，1920年举办了第一次世界大会，1926年第四次世界会议后提出组建世界女童子军协会的想法，1928年来自26个国家的代表在匈牙利举行第五届国际会议并正式成立世界女童子军协会，秘书处设在伦敦。❷世界女童子军协会的核心愿景和使命在于通过非正式教育方式为更多女孩创造更多机会，致力于教育和增强女孩与年轻女性的权能。协会在多学科团队支持下汇集宣传、能力建设、学习和领导力方面的专业知识及气候变化等热门主题，以女孩领导运动开展为中心，让每个女孩都有信心领导并有能力共同创造一个更美好的世界。❸美国女童子军是世界女童子军协会的重要会员国，接受其在行政和全球行动方面的指导。就美国女童日常教育服务的开展而言，主要是美国女童子军组织在国内

---

❶ Girl Scouts of the USA. Promise and Law[EB/OL]. [2024-06-14]. https://www.girlscouts.org/en/discover/about-us/what-girl-scouts-do/promise-and-law.html.

❷ Girl Scouts of the USA. Our History[EB/OL]. [2024-06-14]. https://www.wagggs.org/en/about-us/our-history/.

❸ Girl Scouts of the USA. Opportunities[EB/OL]. [2024-06-14]. https://www.wagggs.org/en/what-we-do/.

的行政管理机构发挥直接作用，因此服务者的整体构成主要包括总部和地方委员会的行政管理机构人员、成人志愿者及数量众多的校友。

（一）行政管理机构人员

行政管理机构人员主要包括美国女童子军总部和地方委员会两级管理人员。

美国女童子军总部位于纽约，由全国委员会和全国理事会构成。全国委员会是美国女童子军的核心领导与管理机构，由一位首席执行官和四十名成员组成，成员均由选举产生，包括地方议会代表、美国女童子军海外代表、全国理事会成员、全国发展委员会理事会成员、美国女童子军前主席及其他由全国委员会选举产生的成员等，负责美国女童子军的全局发展和整体设计。❶美国女童子军全国委员会拥有来自国会和其他相关法律所授予的很大权力，包括选举、政策制定、章程修改和发展目标的制定等。❷全国理事会是全国委员会的执行机构，成员主要包括会长、副会长、秘书长和财务主管及 25 名非固定成员，负责执行总部的命令，也负责总部和其他一些部门的管理，包括业务办理、出版商讨及教育的发展等。

美国女童子军地方委员会由各个团体利益代表组成，包括学校、父母、商业团体、生产商、女性俱乐部及其他社会和慈善组织等。地方委员会的主要职能是制定地方政策和标准，筹集资金，吸引有公众影响力的人或挖掘专业人才参与到女童子军工作中，并负责女童子军与各团体之间的沟通与交流。地方委员会不负责管理女童子军团内部的具体事务和教育教学活动，而是由各女童子军团内部自己决定并按各自计划实施，但是"当女童子军团在组织集会、舞会、集市，有游行或需要其他娱乐设备时，可以向委员会求助"❸。

---

❶ Girl Scouts of the USA. 2014 Annual Report[EB/OL]. [2024-06-14]. https://www.girlscouts.org/who_we_are/facts/pdf/2014_annual_report.pdf.

❷ Girl Scouts of the USA. Blue Book of Basic Documents[R]. Girl Scouts of the USA, 2015: 9.

❸ 方蓉. 女性主义视角下的美国女童军教育研究[D]. 上海：华东师范大学教育学部，2016: 31.

（二）成年人志愿者

成人志愿者是支撑美国女童子军开展女孩教育服务的重要力量，主要由 18 岁以上成人组成，包括中队领队（Troop Leaders）和普通志愿者（Troop Volunteers）、饼干活动志愿者、"中队年"规划者（Troop Year Planner）、服务单位志愿者（Service Unit Volunteers）及家长志愿者等，每年支付 35 美元会员费便有资格成为志愿者。中队领队或其他角色志愿者的目标在于帮助女童子军变得比她们想象的更强大、更善良、更勇敢。志愿者要定期与女童子军成员接触，指导女孩们完成获得徽章、户外探索或义卖饼干等活动；服务单位志愿者是整个社区的支撑网络，他们使中队领队和中队志愿者成为女童子军所需要的那种角色榜样，并使他们与资源联系起来，为女孩们创造难忘的中队经历。在招募志愿者时，美国女童子军组织非常注重志愿者与童子军团之间的情感联系：一方面，唤起潜在志愿者的情感纽带，"回想一下你小时候，还记得那些倾听你、激励你并支持你度过整个童年的人吗？现在轮到你成为那些人中的一员了"；另一方面，对潜在志愿者给予足够的信任和鼓励，"当你在女童子军中做志愿服务时，你要为孩子们提供一个发现她们自己的安全空间。你帮助她们尝试新事物，建立起彼此间的关系，通过乐趣、欢笑和联系构建难忘的回忆。通过做你自己，你就可以成为一名女童子军的榜样和导师！你不需要任何特殊的领导力培训来参与其中——只需要有帮助他人的热情"。❶有意愿成为志愿者的人，通过当地的女童子军委员会申请加入志愿者队伍中来。2017 年统计数据显示，已注册的美国女童子军成人志愿者超过 80 万人。❷志愿者们的来源非常广泛，包括教会、学校、企业、政府等各行各业。美国女童子军提供长期志愿

---

❶ Girl Scouts of the USA. Become a volunteer[EB/OL]. [2024-06-14]. https://www.girlscouts.org/en/get-involved/become-a-volunteer.html.

❷ Girl Scouts of the USA. Volunteer Essentials 2017[R]. Girl Scouts Nation's Capital, 2016: 7.

者和短期志愿者服务机会；此外，既可以做面对面志愿服务，也可以做虚拟志愿服务。美国女童子军成年人志愿者是女孩们的成长教育导师，也是她们的亲密的朋友，更是和她们一起快乐、一起挑战并完成任务的伙伴。

（三）校友

当美国女童子军成员从特使女童子军一级毕业后，身份就转换为校友（Alums）。目前，那些工作在各行各业，成为运动员、主播、企业家、演员、商人、慈善家或国家领导人等不同职业的校友，是支持各级女童子军成员发展的另外一支重要服务力量。美国女童子军组织鼓励校友们成为终身会员来支持下一代的变革并为女童子军的使命作出贡献。年满18周岁且一次性支付400美元便可成为终身会员（其中25美元会自动资助支付者所在地区服务水平不足社区中的一名女童子军的一年会员资格）；年龄在30岁以下的校友且拥有10年或更长时间志愿服务的当下注册者，支付费用为200美元。❶截至目前，通过校友终身会员的注册，至少有4万多名女孩获得了会员资格资助。美国女童子军校友成为与女童子军组织终身保持联系并密切支持女孩发展的重要力量。

三、教育服务的内容：传统与现代并行

美国女童子军教育服务的内容十分丰富，既有传统活动，也有随着时代发展开发的新活动；既能体现面向女孩的教育特色，又与女孩各种生活能力提升息息相关。从幼女童子军到特使女童子军的各级别都会提供各种各样的多样化活动，其中既有性质相同的活动内容，如STEM教育、金融素养教育、艺术教育、健康教育、领导力教育等，但会随着级别的不同而有差异，也有针对不同级别女孩特点开发的针对性活动内容。在女童子军组织中，女孩们可以探索的徽章、奖项、服务项目和体验活动有数百种之多，"从建造一个机器人到帮

---

❶ Girl Scouts of the USA. Lifetime membership[EB/OL]. [2024-06-14]. https://www.girlscouts.org/en/support-us/invest/lifetime-membership.html.

助动物，从保持健康到创业……选择几乎是无限的"❶。丰富的活动内容可以使女孩们在更多地学习实践中成长为一名女童子军，并为成为一名优秀的公民打下基础。

（一）常规活动内容

其一，户外探索活动。户外活动是全球所有童子军组织的传统活动项目，也是美国女童子军的传统活动。美国女童子军自1912年成立以来就一直致力于确保每个女孩都有独特的户外体验，使女孩在发现周围世界和享受大自然带来的乐趣并在挑战中发展信心、形成友谊和获得技能。尤其是在今天充斥着智能手机、流媒体娱乐、网络游戏甚至虚拟现实的"永远在线"（always-on）文化中，美国女童子军组织认为女孩们与自然和户外建立紧密的联系是很重要的。美国女童子军的户外探索活动的形式多样，主要包括野营、户外游戏、户外散步、野外旅行、环保志愿者、野炊、户外游泳和远足等。其中，野营是代表性户外活动，根据女孩们的不同年龄特点和需求划分为日间营、周末营、旅行营和驻地营等项目。❷所有级别和年龄的女孩通过这些活动都能学习到最基本的生活和生存技能，如搭帐篷、烧饭、采摘、划船、攀岩、骑马及一些急救训练等。美国女童子军组织通过六种简单有趣的方法把女孩们与自然、户外彼此联系起来，包括"外—出—正当时"（去玩，但是要到外面）、"一起探索与玩耍"（寻找不同种类的花）、"尝试老派的游戏时间"（玩捉迷藏）"说'脏点儿，没事'"（可以在阳光下的饼干盘里"烤"泥派）、"把外面带到里面来"（在客厅里露营）和"采取行动"（从清理操场和捡拾公园垃圾开始）。❸美国女童子军组织认为，

---

❶ Girl Scouts of the USA. Girl Scout Activity Zone[EB/OL]. [2024-06-16]. https://www.girlscouts.org/en/activity-zone.html.

❷ 方蓉.女性主义视角下的美国女童军教育研究[D].上海：华东师范大学教育学部，2016：38.

❸ Girl Scouts of the USA. Six Simple, Fun Ways to Explore Nature and the Outdoors[EB/OL]. [2024-06-23]. https://www.girlscouts.org/en/raising-girls/happy-and-healthy/getting-outdoors/six-simple-fun-ways-to-explore-nature-and-the-outdoors.html.

女孩不断参加有组织的野营或其他户外活动时，领导能力会增强，能结交更多的朋友并能改善情绪，提高注意力和信心。对社会经济地位较低的女孩来说，这种户外自然的积极影响更为明显。

其二，义卖饼干活动。饼干销售是美国女童子军的经典活动，是美国女童子军组织经费筹集的渠道之一，也是为女孩们"教授终身基本技能"的活动。如前所述，在朱丽叶时期，女童子军成员就通过烤卖饼干的方式来筹集资金并于1936年成为女童子军经典活动。每年4月女童子军进入"饼干义卖期"，女孩们亲手制作饼干然后通过走街串巷或到电影院、商场、广场、体育馆、教堂、戏剧院等公共场合售卖，也经常到街区挨门挨户或公寓楼里售卖。目前，饼干售卖活动除了筹集资金功能，已经发展为女童子军的一项训练课程，目标在于通过"边赚边学"发展女孩们的五项基本技能，即"目标设定、资金管理、人际交往、决策和商业道德"❶。美国女童子军组织在网上常态化招募致力于饼干创新的成人志愿者。此外，饼干销售模式也随着技术的发展不断创新，特别是"数字饼干"销售方式的出现，不仅实现了女孩们从设定销售目标到科学管理订单和记录存货等全过程自主管理，还能够使女孩们同步学习网络安全。售卖饼干获得的资金除用于组织的日常开销外，还用于像救助小动物、救助孤儿等社会服务方面。女童子军研究中心2012年调查报告数据显示，80%的女孩培养了目标设定技能，85%的女孩掌握了理财技能，75%的女孩发展了人际交往能力，77%的女孩发展了决策技能，83%的女孩培养了商业道德；超过一半的女孩实现了五项技能提升。❷饼干售卖活动是发生在女孩们日常生活环境中的学习，女孩们不仅在学习和赚钱的同时享受到了乐趣，还掌握了宝贵的生活技能并为未来成为成功的商业领袖奠定了基础。

---

❶ Girl Scouts of the USA. The Girl Scout Cookie Program:Teaching Essential Skills for a Lifetime [EB/OL]. [2024-06-23]. https://www.girlscouts.org/content/dam/girlscouts-gsusa/forms-and-documents/for-adults/educators/cookie_outcomes.pdf.

❷ 同❶.

其三，STEM 教育活动。STEM 教育活动包含科学、技术、工程和数学四个领域的学习和实践，这是美国女童子军组织面向所有级别和年龄的女孩，为了帮助她们顺应时代潮流，拓宽未来职业选择的范围，以及增进女孩们用专业知识改变世界的能力而设立的项目活动，包括帮助女孩提升数字领导力、成为一个"STEM 家"或者喜欢上科学与技术，以及帮助女孩打造一个属于她自己的创客世界等。2001 年，女童子军研究所发表了一份长达 36 页的关于鼓励更多女孩进入技术领域的报告，这极大推动了 STEM 计划的开展。2012 年，女童子军研究所调查报告数据显示，74% 的女孩对 STEM 课程感兴趣，但对 STEM 领域的接触很少。不过在 2016 年的数据统计报告指出，美国女童子军组织优先在政策中考虑增加女孩对 STEM 的参与，致力于确保每个女孩都有机会探索和建立对 STEM 相关领域的兴趣和可能的职业道路，包括让女孩接触不同的榜样和导师、推广让女孩参与 STEM 的行之有效技术（如单一性别的学习环境和基于探究的实践学习，以及将校外 STEM 计划扩大到女孩和少数群体[1]）。美国女童子军组织通过各种活动促进女孩在 STEM 领域的发展，同时还与政府、社会机构与公司等合作推进 STEM 教育，如由摩托罗拉、美国联合技术公司和谷歌推出的"冠军机器人队"方案，以及戴尔公司推出的"技术旅程和技术联系"方案，为女孩们提供资源和导师，帮助她们探索机器人和信息技术领域。此外，还与"技术桥梁"组织（Techbridge）合作开展"规划你的旅程"项目，对女童子军志愿者进行 STEM 培训并在地方女童子军团中进行试点活动。[2]目前，女童子军徽章体系中有 40 个左右徽章属于 STEM 类别，如自然学家、数字艺术、科学技术、创新、金融素养、动物等徽章类别中都含有 STEM 色彩。

---

[1] Girl Scouts of the USA. Girl Scouts 2016 State Legislative Agenda[EB/OL]. [2024-06-23]. https://www.girlscouts.org/content/dam/girlscouts-gsusa/forms-and-documents/about-girl-scouts/advocacy/2016%20State%20Legislative%20Agenda.pdf.

[2] 方蓉.女性主义视角下的美国女童军教育研究[D].上海：华东师范大学教育学部，2016：41-42.

（二）特色活动内容

美国女童子军在考虑活动内容时，会同时关照"好玩"与"有发展性"这两个方面，能与时俱进，寻找合适的题材与方式，引领女孩们在当下感兴趣的一些主题或话题下开展富有特色的教育活动内容。当前，这类特色活动包括以下四个方面内容。第一，与孩子们喜爱的影视公司合作并一起开发好玩且有意义的活动。比如，由梦工厂制作的 3D 动画电影《魔发精灵》（*Trolls Band Together*）于 2023 年 11 月在北美上映，美国女童子军组织立即发表声明："精灵们快乐、乐于助人、有爱心、负责任且勇敢，她们很像女童子军！她们可能不知道，但她们遵守了女童子军守则。"为此女童子军设计了 20 个有趣的活动，让女孩们从中选择，来"了解女童子军守则，以及它如何适合精灵的世界"❶。第二，健康活动，特别是开展心理健康活动，包括"理解情绪、分享故事、身体动起来、践行感恩和给予、体验自然、与动物建立联系、享受爱好、发现意义、连接到社区、采取行动"等多项徽章活动、奖项活动和倡议活动等。❷ 美国女童子军组织认为，这些活动可以提升女孩们的情绪，并在女孩们感到有压力时获得平静。坚持做这些活动，女孩会成为一个"有韧性的、有准备的、强有力的"女童子军。第三，气候倡导者活动。美国女童子军鼓励女孩们关注气候变化，号召女孩们有责任尽所能保护地球。女孩们可以通过参加女童子军气候挑战活动成为气候倡导者，包括到户外学习气候科学、与社区建立联系，以了解气候变化如何影响社区、与当地气候专家交谈、领导可持续发展项目等。美国女童子军还特别开发了适合所有级别和年龄女孩的"树的承诺"（Tree

---

❶ Girl Scouts of the USA. Girl Scouts and DreamWorks TROLLS BAND TOGETHER[EB/OL]. [2024-06-16]. https://www.girlscouts.org/en/activities-for-girls/for-every-girl/trolls-band-together.html#unlock.

❷ Girl Scouts of the USA. Resilient, Ready, Strong: Activity Guide[EB/OL]. [2024-06-16]. https://www.girlscouts.org/content/dam/gsusa/forms-and-documents/activity-zone/all-ages-levels/GSUSA_Resilient-Ready-Strong_Activity-Guide.pdf.

Promise）活动来保护地球免受气候变化的影响。❶第四，社区服务活动。美国女童子军组织鼓励女孩参加一些有特色的、能通过从事出色的服务和善举，来帮助他人并改善社区服务，如给老年人写信、致敬急救人员、参加公民科学项目、促进投票和民主等。其目标在于促使女孩了解如何回馈社区，使社区和世界成为一个更美好的地方。社区服务活动分为"社区服务项目"（Community Service Projects）和"采取行动"（Take Action Projects）项目两类，后者也被称作"服务学习"（Service Learning）。这两类项目都能满足一些重要需求，但层次不同，侧重点有差异。比如，一个社区服务项目可能是要求为食品银行捐款，而采取行动项目则是制订一个计划，让学校、个人或公司定期向食品银行捐款，也可以教他们对于饥饿的理解。❷后一种项目形式可以将社区服务提升到一个新的水平。

（三）全新的女童子军领导力活动内容

美国女童子军组织在对女孩们的早期教育中并没有凸显领导力的培养，但在 2000 年之后基于社会发展的变化及女孩们个人发展与职业技能提升等的需求，确立了培养女孩们的领导力为组织的核心任务，目标在于帮助女孩们有机会和能够成为今天的领导者与未来的领袖。为此，美国女童子军组织采用全新的"女童子军领导力"（Girl Scouts Leadership）项目作为核心活动。一方面，树立新时期美国女童子军引领美国女孩发展的取向；另一方面，统整以往各种零散的活动，通过向女孩们提供更多的实践机会和体验领导角色的机会来使组织的教育目标更聚焦也更有凝聚力。女童子军领导力项目包括"领导力历

---

❶ Girl Scouts of the USA. Girl Scout Tree Promise[EB/OL]. [2024-06-16]. http://www.girlscouts.org/en/activities-for-girls/for-every-girl/tree-promise.html#unlock.

❷ Girl Scouts of the USA. Community Service and Take Action Projects: What's the Difference?[EB/OL]. [2024-06-24]. https://www.girlscouts.org/en/tips-for-troopleaders/programming/community-service-and-take-action-projects.html#programming.

程"（Leadership Journeys）和领导力培养辅助项目两类。❶其中，领导力历程是培养女孩领导力的新项目，也是专项项目，旨在在教育领域和儿童发展领域的专家团队研讨下及成人志愿者指导和支持下，通过领导力历程之旅中的徽章获得、饼干售卖、STEM 项目参与、户外探索等活动过程，帮助各级别女童子军不断增长见识、提升技能并发展综合领导力。在历程之旅中，女童子军进行实践活动，与专家联系，并与社区一起开展行动项目。一旦各级别女孩完成了这种历程，也就意味着她们已准备好通过获得铜奖、银奖或金奖来推动社区的持久变革。"领导力培养辅助项目"主要由已有活动项目组合而成，起到辅助女孩领导力培养的作用。美国女童子军的领导力项目活动强调团队领导力的培养，注重引领女孩在收获友谊中学会与他人合作，并为社区、国家乃至全人类的发展作出贡献。从 2006 年以来，美国女童子军研究所平均每年就发布一份有关女童子军领导力方面的调查报告，这充分彰显了美国女童子军当前对女孩领导力的重视。

四、教育服务的途径与方式方法

美国女童子军开展教育服务的途径多种多样，不局限于室内，更多的是走出去与亲身实践。同时，教育服务方式也不仅限于组织内部，而是与家庭、社区、政府乃至海外开展多种方式下的合作，共同为女孩发展提供助力。

（一）实践活动与主题课程相结合

如前所述，内容广泛、形式多样的会议或室内实践活动是美国女童子军组织开展教育服务的主要载体。这些有关露营、社区活动、环境保护、艺术创作、科学技术或健康教育等方面的活动设计与开展，都充分考虑到女孩们的身心特征与兴趣，考虑到女孩们在现实生活中的需要。在美国女童子军总部指导下，

---

❶ 戴元智.美国女童军领导力培养研究[D].上海：华东师范大学教育学部，2017：27.

各地方委员会提供各种活动机会，各女童子军团在数量众多的志愿者带领下以小组或中队形式开展活动。除此之外，新时期的美国女童子军组织十分注重主题课程的开发，以课程思维推动实践活动的体系化开展。比如，在全新的领导力历程项目中，开发了三大系列18个主题课程，如表2-1所示。❶

表2-1 领导力历程项目系列主题课程

女童子军各级别名称	课程主题系列		
	改变你的世界	关爱你的地球	讲述你的故事
幼女童子军	欢迎来到黛西的花园	大地与天空之间	动物的5朵花、4个故事、3种欢呼
小女童子军	小女童子军的探索	水的奇观	女孩世界
少女童子军	变革家	动起来（能源）	娱乐中思考
中级女童子军	和睦关系的构建	呼吸（空气）	我的媒体
资深女童子军	女孩话题	种植业	姐妹关系
特使女童子军	倡议的力量	环境正义	放飞梦想

以课程思维进行这种体系化的活动课程设计，不仅使零散的实践活动系统化，也使活动目标更加清晰和聚焦，且有效连接了各级别女童子军之间的发展阶梯。在不同级别的实施中，尽管内容不同，但也能保持稳定和一致的实施模式，从而使女孩的领导力能在有秩序的学习与活动中获得渐次提升。

---

❶ 方蓉.女性主义视角下的美国女童军教育研究[D].上海：华东师范大学教育学部，2016：43.表格形式有所调整。

（二）徽章获得与奖励激励相结合

美国女童子军的徽章制度和奖项制度是重要的教育手段与方式，也是一种教育激励机制。无论是徽章与奖项，都与女孩在女童子军组织中的技能发展和能力提升相对应，"一方面，以荣誉的形式对女孩行为进行一种正强化；另一方面，也将各类活动串联起来，让女童子军教育成为一场持续不断的'夺宝之旅'"❶。从徽章制度来看，目前美国女童子军的徽章至少有446种，每一级别的徽章都涉及六个类别，分别为STEM徽章、户外徽章、生活技能徽章、企业家徽章、历程奖励徽章和额外奖励徽章；每一类别下还细分不同子类别。这些子类别有的相同，有的不同。比如，在"企业家徽章"类别下，各级别主要获取的都是"饼干业务"和"金融素养"子类别徽章，但幼女童子军还可获得"玩具业务设计"徽章，小女童子军可获得"布丁企业家"徽章，少女童子军可获得"业务快启"徽章，中级女童子军可获得"业务创造者"徽章，资深女童子军可获得"业务初创企业"徽章，特使女童子军可获得"企业加速器"徽章等。❷此外，除了子类别有差异，每一级别徽章的具体名称也有部分相同，但大部分会因级别而有所不同，且在形状、色彩和数量上也不尽相同。随着时代和社会的发展，徽章设计也不断更新并出台新的徽章名称。从奖项制度来看，主要是针对第三级以上的女孩们设计的独立奖项，分为铜奖、银奖和金奖。每种奖项的申请都需要达到一定的条件，奖项也是每一级别女孩们所能获得的最高荣誉。幼女和小女级别的童子军不能获得奖项，但她们所学会的"成为一个好邻居意味着什么，以及她们如何能帮助别人"等行为是以后获得铜奖所需的基础；少女级别可以申请铜奖，满足的条件是"通过与其他女孩组队合作对自己所居住的城镇有所影响"；中级女童子军可以申请银奖，条件是"研究一个问题并制

---

❶ 方蓉.女性主义视角下的美国女童军教育研究[D].上海：华东师范大学教育学部，2016：45.
❷ Girl Scouts of the USA. Badges, Journeys, and Awards[EB/OL]. [2024-06-24]. https://www.girlscouts.org/en/members/for-girl-scouts/badges-journeys-awards.html.

订一个计划来解决这个问题，然后采取行动来改善社区"；资深和特使级别的女童子军可以申请金奖，条件是"对其社区和其他地区的问题进行开发和实施持久的解决方案"，金奖女童子军是改变世界的人，也是大学、奖学金、竞争性实习项目和一些令人激动的职业的优秀候选人。❶

（三）与学校和社会力量合作

美国女童子军组织作为非正式教育组织，除了依靠组织内部成人管理者队伍保持工作的日常运行，在教育服务开展上所需的人力与其他资源更多来自学校和社会力量的支持与合作。学校和教育工作者通过多种方式将女童子军计划融入K-12教育中，具体包括以下方面内容❷：第一，由志愿者领导下的中队经历，即在一名训练有素的女童子军志愿者指导下，学校为女童子军中队提供安全空间，在整个学年中探索女童子军项目。第二，教师领导的在校经历，即在值得信赖的学校人员指导下，女童子军探索那些统整了在校期间或学校后活动一致性标准的程序设计。女童子军组织为学校工作人员提供相应培训。第三，定制的中队经历。开展由学校可以调整计划以满足学校学生需求的定制性的、以项目为中心的中队经历。活动可以贯穿全年，也可以在上学期间或放学后举行，并由一名训练有素的女童子军指导者或学校人员领导。第四，短期经历，即在学校里开展一次由训练有素的女童子军志愿者领导的活动以使学生受益，这个活动由曾经是女童子军的人赞助。积极寻求社会力量资源支持并与之合作也是美国女童子军开展各项活动的一项传统。如前所述，许多活动开展都是在社会力量支持下完成的。比如，与SOLV能源公司合作开展气候倡导者挑战活动，与富兰克林学院合作开展"国家科学计划"，以促使女孩能与成人一起进行科

---

❶ Girl Scouts of the USA. Highest Awards [EB/OL]. [2024-06-24]. https://www.girlscouts.org/en/members/for-girl-scouts/badges-journeys-awards/highest-awards.html.

❷ Girl Scouts of the USA. Schools [EB/OL]. [2024-06-16]. https://www.girlscouts.org/en/footer/schools.html.

学研究，还与美国教育部、全国图书馆组织和"阅读是基础"组织等合作开展各种活动，许多其他的 STEM 活动都离不开社会力量的支持与赞助。

（四）国内活动与国际活动并行

美国女童子军的多数活动大都是在国内进行的。美国童子军组织还努力促进女孩们发现世界的多样性，与来自不同国家背景的人打交道，以提升世界理解力和未来在国际事务中的领导力。作为世界女童子军协会 153 个成员组织中的重要成员组织之一，美国女童子军组织接受其号召和指导开展国际交流活动。比如，美国童子军组织积极参与"世界思考日"活动，这是自 1926 年以来开展的一个世界性活动，在庆祝女童子军运动的同时，对影响年轻女性的问题大声疾呼，并为世界范围内的女童子军筹款。此外，美国女童子军成员还积极参加世界女童子军协会招募的瑞士"小屋"（Our Chalet）暑期志愿者活动等。

五、教育服务的效果：指向女孩全方位发展

加入美国女童子军的女孩们参加各种各样的实践活动，不仅认识了自己，收获了友谊，对身边的世界更加了解，也变得更有能力与世界相处，提升了改变社区与世界并使其变得更美好的能力。美国女童子军官网信息显示，与非女童子军相比，女童子军显示出更全面的生活方式和更强的成功倾向，在"获得'优秀'的成绩等级""期待从大学毕业""渴望从事 STEM、商业及法律职业""展现出强大的领导力结果""对她们的未来充满希望"等方面都有胜出。❶

（一）形成女性自信心和提升职业能力等多种领导力

朱丽叶·洛创建美国女童子军伊始，就把"给所有女孩一些东西"，让她们知道自己很重要，推动女孩走出修道院似的家庭环境，参与广泛的社会活

---

❶ Girl Scouts of the USA. Schools[EB/OL]. [2024-06-24]. https://www.girlscouts.org/en/footer/schools.html.

动中，体验外面的世界并将培养多方面社会生活能力作为信念。直到今天，美国女童子军仍践行朱丽叶·洛的这一理想，在引导和帮助女孩们建立女性自我意识、自信心、生活满意度、社会参与、理解世界多样性、与不同背景和经历的人自由交往及发展商业和职业等多种领导力方面，起到了积极而广泛的作用。吸引女孩们加入女童子军的宣传语——"快乐的一年正在等着你！准备好享受好朋友、生活技能和大量的乐趣吧！"❶不仅表达了这样一种情怀与信念，也在实践中真正促使很多女孩享受到作为女孩的自信、美好，以及来自他人的友谊和关爱，使女孩在生活技能、职业技能等方面的领导力不断增强。许多曾经是童子军的美国女性认为，女童子军组织提高了她们的合作意识与能力，在组织中的丰富经历、学到的东西和形成的价值观让自己终身受益。童子军研究者罗伊斯·哈瑞斯（Royce Harris）曾评价美国女童子军组织，"为美国女性的生活带来了直接和强有力的影响"❷。在法律、医学、政治、新闻和科学等专业领域的许多女性成功领导者，几乎都有参加女童子军组织的经历。

（二）增进对健康和舒适生活方式的理解

美国女童子军基于不同年龄阶段的女孩身心特征，设置各种各样的组织内活动或组织间活动来培养女孩们健康的生活方式。其中，除了系统开展女童子军分级别的系列活动，美国女童子军组织还特别注重与各种社会组织进行合作，通过项目方式增进女孩们对健康和正确生活方式理解的活动。比如，"女孩的力量"（Girl Power）项目就是与美国健康和人类服务组织合作，旨在帮助9~14岁的女孩们提高抵制不健康影响的能力，以及培养对健康的认知和绿色生活的技巧；"2001童子军体育运动"（Girl Sport 2001）项目的目的在于鼓励女孩们终身参与体育运动，以培养她们形成一个长期保持健康生活的习惯。另

---

❶ Girl Scouts of the USA. Become a Girl Scout[EB/OL]. [2024-06-29]. https://www.girlscouts.org/en/get-involved/become-a-girl-scout.html.

❷ 徐宇清. 美国女童子军述评：价值观，领导能力和多样性[J]. 外国中小学教育, 2001, (6): 38.

外，根据美国女童子军研究所的《女孩状况》（*The State of Girls*）报告，大约30%的女孩经历过来自同龄人某种形式的欺凌或攻击。为了解决这个问题，女童子军为女孩们提供了发展健康关系和彻底防止欺凌行为的技能。❶在参加这些活动的过程中，女孩们在健康认知、健康习惯、健康生活方式、健康社会关系及对他人健康的关注与帮助能力等方面都得到了发展。

（三）拥有更多学习科学、技术与艺术等的机会

STEM教育是美国女童子军为女孩们提供的系统而专业的科学技术教育，而在其他活动中也贯彻科学或技术思想。比如，在售卖饼干中，有的女孩喜欢的事情就是"做数学，计算出我还剩下多少可以卖掉来实现我的目标"，还有的女孩喜欢的是"朝着一个目标努力，对客户的订单进行分类和组织"❷。美国女童子军组织鼓励女孩们通过探究科学奥秘和提高技术能力来发现世界，并努力让世界变得更美好。美国女童子军组织和道格拉斯协会（Douglas Institute）合作的"科学和技术领导机构"，为14~17岁的童子军成员提供学习科学和技术的机会。此外，还建立有劳克何德·马丁职业探索基金（Lockheed Martin Career Exploration Fund），赞助美国女童子军委员会"制定使女孩对科学、数学和技术事业感兴趣和具备独特和创新模式的教材的计划"❸。除此之外，美国女童子军相信任何一名女孩都可以成为艺术家或设计师，为此开展丰富的语言、表演、绘画和纺织等艺术活动，并与国家妇女博物馆、国家人文学科基金、

---

❶ Girl Scouts of the USA. Girl Scouts 2016 State Legislative Agenda[EB/OL]. [2024-06-23]. https://www.girlscouts.org/content/dam/girlscouts-gsusa/forms-and-documents/about-girl-scouts/advocacy/2016%20State%20Legislative%20Agenda.pdf.

❷ Girl Scouts of the USA. The Girl Scout Cookie Program：Teaching Essential Skills for a Lifetime[EB/OL]. [2024-06-23]. https://www.girlscouts.org/content/dam/girlscouts-gsusa/forms-and-documents/cookie/GSUSA_2016-Cookie-Skills-Fact-Sheet.pdf.

❸ 徐宇清.美国女童子军述评：价值观，领导能力和多样性[J].外国中小学教育，2001，(6)：35-38.

公共剧院发展基金及家庭缝纫组织等大量女性教育机构合作，以提高女孩们对信息的判断和辨别能力，鼓励女孩们以不同的方式创作自己的艺术佳作，提高女孩们的艺术素养。

（四）提升环境保护意识和责任感

美国女童子军组织十分重视培养女孩们保护环境、爱护环境的意识，帮助她们正确认识人与自然、人与社会的关系，特别是通过户外探索方式，让女孩们自己去发现世界万事万物之间的联系。2010年，美国女童子军开发了"埃利奥特野生生物价值项目"（Elliott Wildlife Values Project，EWVP），这一方面是为了纪念赫福德·埃利奥特（Herford N. Elliott）和普莉希拉·埃利奥特（Priscilla Elliott）及其家人，长期以来为帮助培养重视和保护野生动物与环境的女孩领袖所做的努力；另一方面是通过这个计划让更多女孩通过户外活动，学会尊重、理解并欣赏自然，将女孩培养成野生动物保护和环境管理工作的领导者，并对她们所在的社区乃至世界产生积极影响。这一项目不仅丰富了女童子军的使命，使女孩变得更加有勇气和自信，还使她们通过自己主导的合作活动发展科学、户外和领导技能，了解自己在照顾野生动物和地球自然资源方面的重要作用，并与环境专家联络，采取行动确定社区和环境需求，以及教育和激励他人成为地球及其野生动物的管家，"数以百万计的女孩从埃利奥特野生生物价值项目的工作中受益"❶。

---

❶ Girl Scouts of the USA. Girl Scouts of the USA Dedicates Elliott Native Plant Garden at Edith Macy[EB/OL]. (2010-05-06)[2024-06-29]. https://blog.girlscouts.org/2010/05/girl-scouts-of-usa-dedicates-elliott.html.

第三节　美国女童子军教育服务的经验

美国女童子军组织根据女孩们身心发展的阶段性、共性及个体差异性，通过各种各样的途径与方式开展内容丰富的教育服务，培养女孩们的自信心、友谊之心、团队意识、领导力和创造力，拓展女孩们的眼界和提升女孩们利用女性力量改变世界的能力，使女孩们真正成为"新世纪的独立女性"。整体来看，美国女童子军为女孩们所提供教育服务的经验主要体现在以下三个方面。

一、教育服务活动项目与国家课程标准之间应建立密切关系

美国女童子军是校外教育组织，但宗旨服务于美国青少年教育目的和公民培养目标。美国女童子军设计和开展的各种教育服务活动和内容与州和国家的课程标准有密切的联系，所设计的很多徽章主题和"历程"（Journeys）活动也充分支持州和国家的课程标准。进一步讲，就是所有女童子军的国家能力徽章和"历程"的内容都按年级水平与国家共同核心标准、21世纪技能标准、金融素养教育标准，与50个州和哥伦比亚特区的健康和体育、语言艺术、数学、科学和社会研究学习目标等课程建立起联系。❶通过这种关联，实现了女童子军成员的校外教育与州和国家教育框架及课程标准的"无缝"衔接，使女童子军教育能够获得来自学校、家庭、社会其他各种机构与组织乃至政府的广泛支

---

❶ Girl Scouts of the USA. Curriculum Standards[EB/OL]. [2024-06-30]. https://www.girlscouts.org/en/footer/schools/curriculum-standards.html.

持。由于女孩们在发展语言艺术、数学、生活技能、职业技能、信息媒体和技术技能，以及在 21 世纪成功发展多维能力所必需的其他关键技能方面聚焦主流，并与家庭、社区、社会和国家的发展利益密切相关，因此能够得到各种社会化力量的积极协同性支持。

二、以女孩发展为本并注重锻炼女孩自身领导力，指导女孩发展与成就自己

美国女童子军自诞生至今，生命力活跃而强大，根本原因在于坚守了"以女孩发展为本"和"为女孩提供所需"的中心理念。在美国女童子军开展的活动中，女孩是活动设计的中心和活动主体，没有照搬照拿，也没有强制和命令，更多的是指导、引领、鼓励和支持。女孩需要在女童子军组织和社会力量所提供的各种各样机会中，通过不同的参与和经历中发现自己、历练自己并发展自己，其中有欢笑、乐趣，也有挫折甚至困境，但成人只是鼓励和协助女孩们去克服和努力解决，而不是代替女孩们行动。这对于女孩理解女性，发现女性力量，为自己作为女性而自信，为女孩拥有改变自身、社区、社会乃至世界的领导力而自豪，这也是保持女童子军组织活力和生命力的重要原因。

三、依托团队学习和社会力量开展教育服务，培养女孩合作意识

美国女童子军在注重每个女孩基本发展权利基础上，还特别注重把女孩作为"社会人"而加以鼓励和支持。在女童子军设计和开展各种项目与活动中，也有意识地创造和争取社会各种力量的支持。除了达到获取相应发展资源的目的，这一举措还能使女孩在接触更多"社会面"过程中建立"社会我"的意识和责任感。在女童子军设计和开展的各种活动中，除了个体任务，更多是需要女孩们相互配合和帮助完成的团体任务。比如，在售卖饼干时，女孩们既可以自己在大街上或走进社区挨家挨户销售，也可以在一些集会或体育赛事活动中组建团队去售卖，女孩们在一起会为实现同一个目标而努力。在这样的过程中，女孩们的合作意识会得到培养并明白合作共赢的道理，即只有团队的胜利才可以称之为胜利。特别是在单一女性性别的团体中，每个女孩都各有所长且情感

细腻，这种情况下更需要发挥团队的力量。不过，单一的性别环境也给成员们带来了较大安全感，能大胆表达自己而不用担心是否会被男孩嘲笑。在这种环境下，女孩们可以放松下来，敢于做自己，从而更加充分地锻炼个人才能和领导力，并朝着"理想的自己"的目标努力。

第三章

加拿大童子军的教育服务

加拿大是世界上少数几个教育体系最完整、教育水准较高的国家之一,其童子军教育特点融合了英国的严谨和美国的开放,旨在培养真正有益于社会的合格公民,帮助学生感受多元文化与国际化。1908年,罗伯特·贝登堡在英国发布了《童子军手册》(Scouting for Boys),标志着童子军运动的正式开始。这本书迅速在全球传播,包括加拿大。在这本书的启发下,加拿大各地的男孩和志愿者开始自发组织类似童子军的小组。1908年,在安大略省的沃尔夫维尔和圣凯瑟琳斯等城市,出现了加拿大最早的童子军团体。这些早期团体主要是由教会和社区领袖组织的,目的是通过户外活动和技能训练来培养年轻人的品格。1910年,加拿大童子军运动正式成立。这一年,加拿大成立了第一个全国性童子军组织——加拿大童子军协会(The Boy Scouts Association of Canada)。这个组织得到了英国童子军协会的支持并获得了加拿大政府的认可。如今,加拿大童子军运动继续致力于环境保护、社区服务和青年领导力的发展,并通过现代化的活动和教育方法吸引新一代的成员。鉴于加拿大童子军的历史地位和产生的积极影响,以下研究主要围绕加拿大童子军及其教育服务展开。

第一节 "人才锻造营":加拿大童子军组织概述

加拿大童子军(Scouts Canada),为国际少年儿童组织中的一支,是世界童子军组织的分支。作为一个非营利性、非政府性的青少年运动组织,加拿大童子军旨在通过广泛的活动工作和游戏计划,以实现提高加拿大青少年健康水平,陶冶青少年性情,培养青少年公民性的目标,成为国家培养大批有用人才和有责任感公民的社会组织。作为世界童子军组织中的一员,加拿大童子军组织的设立与英国童子军组织的联系密不可分❶,在继承英国童子军组织结构科学、内容丰富的基础上发挥特色,结合加拿大的社会文化,打造出独特的加拿大童子军组织,促进加拿大少年儿童社会教育的发展。

一、A.H. 麦克姆森夫人:加拿大童子军的创始人

奥利夫·麦克姆森夫人(A.H.Malcomson)出生时名为奥利夫·圣克莱尔·索姆斯(Olave St Clair Soames),是英国童子军运动创始人罗伯特·贝登堡的妻子,1889年出生于英国的一个富裕且文化氛围浓厚的家庭。她的童年充满了冒险精神,喜欢户外活动,如骑马、划船等。1912年,麦克姆森夫人在旅行中遇到了投身童子军运动的贝登堡,开启了童子军运动的大力宣传工作,其在世界各地的童子军中享有极高的尊敬和爱戴。作为全球童子军领袖,她曾访问过多个国家,包括加拿大。在访问中,她激励加拿大童子军组织,并通过演讲和指导,

---

❶ 冯克诚,邓先明,邓兼旺.学校德育管理制度方法操作规范[M].北京:人民中国出版社,1998:1269.

创建并促进了加拿大童子军和女童子军的成长，强化了加拿大童子军与全球其他童子军组织的联系。这些互动帮助加拿大童子军融入了全球童子军大家庭，分享经验、交换理念，并在更广泛的国际背景下发展和成长。她的访问和演讲也激励了加拿大童子军的成员，并增强了他们对童子军运动的忠诚与热爱。麦克姆森夫人的名字和贡献在加拿大的童子军和女童子军活动中被铭记。她的理念、领导力和对全球童子军运动的贡献，成了加拿大童子军历史和传统的一部分，激励着一代又一代的童子军成员。总之，麦克姆森夫人对加拿大童子军的真正意义在于她的领导力和精神遗产，她帮助将童子军运动的核心价值观传播到加拿大，并在此过程中强化了国际童子军运动的凝聚力和影响力。

二、加拿大童子军的发展历程

加拿大童子军是世界童子军组织的成员，同时也是加拿大全国领先的男女同校青年组织，有近10万名成员。❶自1910年创建之日起至今已有一百多年的历史，按照组织地位的稳固程度、服务童子军的范围和广度可以划分为以下三个时期。

（一）创办时期：在复制中寻求发展

加拿大童子军组织起源于英国童子军组织。英国中将罗伯特·贝登堡为提高英国青少年身体素质建立童子军组织，效果显著，英国青少年的体格得以增强，性格得以磨炼，在短短的一年间，就有11 000名英国青少年加入。❷童子军运动在全球掀起一股潮流，其他国家纷纷效仿。加拿大童子军组织正式建立于1910年，由A.H.麦克姆森夫人在安大略的凯塞林街成立，随后在加拿大的各个省市渐次开设。如今，加拿大童子军组织发展速度迅速，规模庞大，与

---

❶ Scoats Canada. Scouting in Canada[EB/OL]. [2024-08-26]. https://ca.linkedin.com/company/scouts-canada.html.

❷ World Scouting. Scout Movement[EB/OL]. [2024-07-31]. https://www.scout.org/scout-movement.html.

其不断完善的活动内容和不断调整的组织制度有关，更与加拿大青少年团体增强身体素质、生存能力与公民意识有关。

1910—1912 年是加拿大童子军组织的初步创建阶段。从 1907 年英国创建童子军组织以来，童子军已有 100 多年的历史，现在已经遍布全世界 160 个国家，拥有 2 800 万名童子军。❶ 童子军思想于 1908 年传入加拿大，当时的活动内容、制度规划均从世界童子军组织中复制，未形成加拿大童子军组织的特色。1910 年，加拿大出版了《贝登堡的加拿大童子军组织》一书❷，成为加拿大童子军组织创建的理论基础。随后，安大略的凯塞林街的自治领导理事会（Dominion Council）成立，标志着加拿大童子军组织正式成立。同年，加拿大的其他地区相继成立了童子军组织，包括多伦多、萨斯喀彻温省、马尼巴湖和纽芬兰（岛）。同时，加拿大政府还给予了加拿大童子军组织相应的自主权利。❸ 随着加拿大童子军组织规模的扩大，为了指导加拿大童子军按照他所制定的路线发展，贝登堡撰写了《加拿大童子军手册》，明确规定了加拿大总督为首席童子军，领导全加拿大童子军教育，对加拿大童子军的组织管理进行相应规定。❹ 1912 年，加拿大童子军协会获得皇家特许证，加拿大童子军组织在加拿大的地位显著提高。《加拿大童子军政纲、组织和规则》（Baden Powell's Canadian Scout Organization; Canadian Scout Handbook; Canadian Scout manifesto, organization, and rules）进一步规范和明确了加拿大童子军教育管理规章制度。至此，加拿大童子军教育服务框架形成。

（二）拓展时期：在与世界童子军沟通和协商中实现童子军的与时俱进

1914—1989 年是加拿大童子军组织的世界性发展阶段。1914 年 6 月 12 日，童子军协会加拿大常务委员会成立。1946 年 10 月 30 日，常务委员会成为世界童子

---

❶ World Scouting. Scout Movement[EB/OL]. [2024-07-30]. https://www.scout.org/scout-movement.html.
❷ 欧美强，焦明江，于诗琦. 世界童子军教育简论[M]. 成都：四川大学出版社，2016：125.
❸ 李燕，方巍. 童子军：遍及世界各地的青少年组织[N]. 当代青年研究，2000，(1)：45-47.
❹ 同❷.

军大会的独立会员，这标志着加拿大童子军组织在世界童子军组织中占有重要地位，在世界童子军组织中有了话语权。随后，加拿大的议会议案确认加拿大童子军协会总理事会（Canadian General Council of the Boy Scouts Association）正式成立，负责加拿大童子军组织的日常活动与事务。与此同时，加拿大童子军在世界童子军组织的领导下快速发展。1949 年，世界童子军大会在加拿大召开，此次大会仍然以童子军内青少年为主。参与活动的 5 000 名加拿大成人指导者齐聚一堂，共同协商加拿大童子军的现有问题及发展趋势。那时，加拿大童子军组织在世界童子军组织中已有一定的地位。1961 年，加拿大童子军协会总理事会更名为加拿大童子军（Boy Scouts of Canada）。❶ 随着加拿大童子军组织的规模越来越大，在世界童子军组织中的地位越来越高，世界童子军委员会的秘书处世界童子军局（Bay Scouts World bureau）设在了加拿大的渥太华。世界童子军局的主要任务是保证运动的统一、传播信息和帮助下属协会解决具体问题。由此可见，加拿大童子军组织已成为世界童子军组织中的重要组成部分。

（三）深化时期：更强调包容性及多元化活动下的发展

1989 年之后是加拿大童子军组织多元化发展阶段。随着加拿大童子军的发展，华人童子军团在加拿大陆续成立。1989 年，在安大略省多伦多成立了首个华人童子军旅团香港童子军会，由在多伦多的来自中国香港、中国台湾的移民组成，并由中国香港华人童子军领袖会会长郭永亲、秘书郭需霖带领，参加了加拿大国庆大巡游、国殇日大巡行、公益金百日行等诸多活动。二十多年来，目前已形成包括 30 个华人军团、3 000 多名领袖的童子军队伍，成为加拿大童子军中重要的一部分。加拿大华人的童子军团，为加拿大童子军组织的建立作出了巨大贡献。❷ 如今，加拿大童子军组织在加拿大的地位更是举足轻重，加拿大的青少年热衷报名参加，在活动实践中学习知识、完善人格。

---

❶ 刘军. 加拿大[M]. 北京：社会科学文献出版社，2005：150.
❷ Sohu. Scouts, a legion that cultivates love and future leaders. [EB/OL]. [2014-07-30]. https://www.doc88.com/p-9929427107579.html.

三、加拿大童子军的主要组织特征

加拿大童子军组织由效仿英国童子军而来，但又致力于加拿大童子军的权利、社会地位、人生福祉和领导力的发展，因此形成了既有童子军共性又有鲜明个性的组织特征。

（一）组织结构完善：确定清晰的组织活动"三步"流程

加拿大童子军组织秉持为青少年的生活做准备的理念，结合青少年以往的生活经验，尊重每个孩子发展的差异，促进加拿大青少年作为主体参与到童子军活动的设计与开发中。同时，在活动的整个过程中，加拿大童子军的成人领导者们将从青少年的社会、身体、智力、性格、情感及精神六个维度进行评价，通过三步流程——"计划—执行—审查"，贯穿加拿大童子军组织的所有活动，使加拿大童子军发挥自身潜能，培养完善的个性，并在社会发展中发挥建设性的作用。

第一，计划。在加拿大童子军组织中，所有的童子军都参与计划的制订中，就他们感兴趣的项目提出建议和意见。然后，在成人指导下，加拿大童子军选择他们的活动。在整个计划中，允许每个加拿大童子军提出自己的建议与意见。

第二，执行。每个加拿大童子军都参与计划的活动，所有加拿大童子军都以适合他们能力的方式参与挑战。童子军法、承诺和座右铭构成了活动的基本行为准则，童子军在遵循加拿大童子军内部严苛的管理制度基础上进行活动。

第三，审查。将回顾作为侦察活动过程的一部分是很重要的。这将有助于加拿大童子军反思自己的成长，也有助于他们认清未来的做事方式。在活动结束时或在下次童子军会议上，加拿大童子军会花时间谈谈他们的经验，并对出现的问题进行整理与总结，为日后的童子军活动提供借鉴。❶

计划，能提升每个童子军的信息搜集能力与思考能力；执行，能增强童子

---

❶ Scouts Canada. Scouting education[EB/OL]. [2024-07-30]. https://www.scout.org/who-we-are/scout-movement/scouting-education.html.

军合乎规则与法律的执行力；审查，能对童子军的评判能力进行反馈。这三步在每个活动中的依次连接，能够帮助加拿大童子军接受挑战，帮助他们发展批判性思考、计划、创新和以原创方式使用信息的能力。

（二）组织文化明确：注重创造组织有趣和安全的文化

作为加拿大最大的青少年组织，加拿大童子军组织非常重视为每个成员创造一个有趣和安全的环境。加拿大童子军组织通过将安全渗透进童子军所做的每件事中，创造一种安全文化，为所有的侦察活动提供全面的政策、资源和指导方针的支持。

安全文化体现在加拿大童子军组织的方方面面。首先，在对加拿大童子军的短期培训中，将安全理念根植于各个角落，加拿大童子军需要牢记各种安全提示：出去的时候，告诉大人和朋友；不要告诉陌生人住的地方或上学的地方；如果看到不喜欢的东西，或者遇到一些令人伤心的事情，要将其告诉大人。加拿大童子军的成人指导者必须时刻关注每位加拿大童子军的身体及心理情况，并且必须向加拿大童子军总部报告活动过程。这有助于让实施的活动更加安全，并及时确定需要特别关注的领域。其次，对于成人指导者而言，安全培训更是重中之重的事。保证每个加拿大童子军的安全是成人指导者的基本职能，指导者的审核标准是提升指导员素质的方式之一。被任命担任青少年指导者职务的成年人将接受审查程序，包括申请表、面谈、警察记录检查（包括对弱势群体的搜查）、推荐信和体育方面的青年保护培训。指导员在工作过程中严格遵守工作制度，加拿大童子军不得单独与成年指导员在一起。这就是所谓的"两个加拿大童子军规则"，每当一个加拿大童子军和一个成人指导者在一起时，必须有另一个加拿大童子军在场。最后，安全文化也体现在每个加拿大童子军的家庭与社区中。国家服务中心受过专门训练的工作人员与执法部门认为，提升青少年安全意识不限于在赛场或工作场所。安全生活始于家中，发展于社区中。在加拿大这个多元文化的社会，青少年的发展与社区的发展是相互依赖的，教育和发展青少年需要从社区做起。加拿大

童子军将其安全、健康的活动理念和充满活力的家庭生活文化推广到全国各地的社区中。❶

（三）组织制度鲜明：建立清晰的组织奖励机制

加拿大童子军组织内部奖励机制清晰，为提高加拿大童子军的参与热情与活动积极性，通过层次鲜明的奖励设置激发青少年兴趣，提高他们的竞争力。奖励等级会按照由低到高进行排名：奖励等级低，较为容易；奖励等级越高，难度越大。其一，加拿大童子军进级仪式。这是从预备童子军过渡到正式童子军，以及进入更高级别童子军的重要部分，象征着童子军身份的晋级。每年春天，加拿大的社区都会庆祝加拿大童子军的成功，并帮助庆祝加拿大童子军从一个探索地区前进到下一个挑战地区。其二，世界童子军环境奖。世界童子军环境奖是根据世界童子军运动组织提供的框架设立的一个国际奖项。此奖项是个人奖，当加拿大童子军完成野外活动的要求后，就可以获得此奖项，以提高个人成就和户外技能。其三，爱丁堡公爵国际奖。爱丁堡公爵国际奖是一个富有挑战性的项目，是一个为14~25岁的童子军休闲活动颁布的奖项。该奖项在全世界范围内运作和宣传，属于国际奖。其四，个人成就徽章。由加拿大童子军个人实现，如果高质量完成加拿大童子军组织开展的各项活动就可以获得此徽章。其五，户外冒险技能徽章。这一徽章标志着在户外冒险技能（Outdoor Adventure Skills）领域获得特定能力的进展。只有在特定技能领域获得最高级别才能够获得这一徽章，并且需要戴在制服上。其六，最高童子军奖。加拿大童子军可以通过以下方式获得这个奖项：在部队内完成个人发展计划；领导、参与对社区有影响的个人重要项目；得到规定数量的户外冒险技能徽章。其七，加拿大道路连接徽章。这一徽章给予海狸队到漫游队有所经历且表现突出的加拿大童子军。每个童子军在加拿大童子军道路上的个人发展将是一次独特的旅程，无论哪种徽章都将是加拿大童子军旅程的一部分。

---

❶ Scouts Canada. Canadian path[EB/OL]. [2024-07-30]. https://www.scouts.ca/programs/canadian-path/cub-scouts/overview.html.

第二节 从享受幸福到培养领导力：
加拿大童子军的教育服务状况

加拿大童子军组织最初的目的是希望孩子们能够体验到生活的幸福。具体来讲就是帮助青少年增长知识，掌握技能，完善自我、家庭及所在的社区，使之成为有责任感、能自立的公民与未来的领导者。❶

一、教育服务的理念：在实践中掌握生存技能及教育真谛

每个加拿大的童子军都发过这样的誓言："以我的名誉，我愿尽最大努力，为上帝和女王服务，遵守童子军准则，随时准备帮助别人，保持身体健壮、头脑清醒和品德高尚。"誓言能够维持加拿大童子军对童子军活动和日常生活的信念与热情。在日常的加拿大童子军活动中，同样有行为准则对每个童子军进行行为规范。加拿大童子军的行为准则，简单归纳起来就是"诚实、忠诚、助人、友爱、礼貌、仁慈、服从、乐观、节俭、勇敢、清洁和虔诚"。在日常的训练中，加拿大童子军们遵循承诺与准则，在做中学习，服务他人，贡献家庭和社会。加拿大童子军就是要学做一个好公民。❷加拿大童子军组织肩负着"帮助培养全面发展的青年，为在世界上取得成功做好更充分的准备"的使命。

---

❶ Sohu. Unveiling the Canadian Scouts, children with perseverance and courage have a promising future ahead[EB/OL]. [2024-07-30]. https://www.sohu.com/a/300679139_513930.html.

❷ 廖晓英. 中学还能这样上——加拿大教育的精神与细节[M]. 宁波：宁波出版社，2015：301.

加拿大童子军向加拿大青年、父母和社会作出一个简单的承诺：

"童子军在有趣的冒险活动中，能够发现在别处发现不了的新事物和新体验。在他们能力提升的过程中，为成为自信而全面的个人，为在世界上取得成功做好准备。童子军是伟大事业的开始。"❶

事实证明，加拿大童子军组织也确确实实做到了。在组织内部，每个加拿大童子军都机会平等，充分挖掘自身的潜力。曾担任加拿大童子军组织成人指导者的乔治（George）说："在加拿大童子军内部，每个人都有当领导的机会，每个人都存在自我展示的机会，不会轻视每个童子军的发展。"加拿大童子军内部的人文关怀、平等意识在每个童子军身上都有鲜明体现。

二、教育服务者的构成：多种力量相结合

加拿大童子军组织内的主要服务者包括成人指导者（Adult Volunteer Leaders）、家庭成员或者社区人员及加拿大军队等。

（一）成人指导者

成人指导者是加拿大童子军组织合理运行的基础。他们负责加拿大童子军的野外生活和活动的指导工作。加拿大童子军的教育方式是以野外活动为重点，包括野营、行军、水上活动和各种体育活动等，野外活动需要成人指导者的有效指导和保护。在加拿大童子军组织中，成人指导者在政府部门的合理指导下，取得相应的志愿服务资格后，成为加拿大童子军组织内的正式服务者。随着经验增多、活动逐步实施，正式的成人指导者越来越有自治权，成人指导者团体会提升自我价值，通过集体活动强化个人的志向，并激发起成年指导员"出色地工作"的动机。加拿大童子军组织强调，成人指导者需要满足童子军在户外的学习和生活要求，要富有责任心，全心全意为他人服务，并且要求成年指导

---

❶ Sohu. Cadets VS Scouts[EB/OL]. [2024-07-30]. https://mt.sohu.com/20170921/n513266237.html.

者经受过严格的专业训练,并符合年龄、公民和道德的标准。加拿大童子军组织的所有成人指导者需要在童子军誓约或诺言(Scout Oath or Promise)和童子军军规(Scout Law)上签字。这些誓约或诺言、军规是开展整个加拿大童子军运动的基础保证,一旦违反,将会根据具体的军规细节对成人指导者进行惩罚并剥夺成人指导者的合格资格。❶

(二)家庭成员与社区工作人员

加拿大童子军的家庭成员也是该组织教育服务者的一部分,负责加拿大童子军的后勤保障工作。加拿大的童子军有多层组织机构和军队编号,每个基本单位的建立一般以社区为基地。像"加利橡树第十纵队"这支队伍的领队们,是本社区几位加拿大童子军的父亲。作为志愿者,他们积极参与活动,在工作之余为社区服务,负责该支加拿大童子军例会活动的安排与实施,保证例会的秩序。在这支队伍里,每次开会前,加拿大童子军都要穿上童子军服,打上领带,身挎绶带,衣冠整齐如同真正的军人一样。整个着装过程需要家长志愿者的帮助。在每次例会和活动结束后,还要举行童子军军旗的升旗和降旗仪式,场面庄严。加拿大童子军的家长志愿者需要进行仪式的准备工作。❷除此之外,加拿大童子军还会通过在社区进行义卖活动来培养童子军的商业才能。社区中大部分居民都十分支持童子军们的义卖活动,会以行动通过购买来帮助童子军们。这是社区人员对加拿大童子军的认可与帮助。加拿大童子军组织受到各界广泛地帮助与支持,军队、成人指导者、社区住户、家庭成员等,共同为童子军建设出力。

---

❶ 冯克诚,邓先明,邓兼旺.学校德育管理制度方法操作规范[M].北京:人民出版社,1998:1267.

❷ 廖晓英.中学还能这样上——加拿大教育的精神与细节[M].宁波:宁波出版社,2015:304.

（三）加拿大军队

作为服务者的一部分，加拿大的军队也会参与加拿大童子军组织的服务。加拿大童子军常常到空军基地或陆军遗址野营，与军人互动，学习军人坚毅的品格。整个过程中，军人会与加拿大童子军进行互动，为他们演讲，帮助童子军理解军队生活。❶像萨斯喀彻温省的童子军和阿尔伯塔省的童子军，作为加拿大童子军中的一部分，他们的童子军之旅是与加拿大皇家骑警团合作展开的，通过加拿大皇家骑警国家青年咨询委员会（Royal Canadian Mounted Police National Youth Advisory Committee），邀请来自全国各地的一群13~21岁的加拿大童子军在在线论坛上讨论他们各自社区面临的问题（如青少年犯罪和受伤害问题），以此寻找合适的解决办法。除此之外，由于尼亚克经济发展较慢使青少年教育得不到普及，学生素质下降，犯罪、吸毒情况严重，加拿大童子军就开展了尼亚克项目，针对尼亚克的青少年现状进行问题解决，提出资助尼亚克经济发展的活动内容，加拿大军队同样会参与其中。加拿大的军队作为服务者参与教育组织服务过程，可以为加拿大童子军参与社会问题提供机会，并且对加拿大童子军提出的措施进行落实，提升童子军的社会参与能力。

三、教育服务的内容：阶段性与多样化

加拿大童子军教育服务的内容十分丰富，既有传统活动，也有随着时代发展开发的新活动；既能体现面向童子军年龄阶段的教育特色，又与童子军各种生活能力的提升息息相关。从海狸童子军（Beaver Scouts）到漫游者童子军（Wanderer Scouts）的各级别，加拿大童子军都会为其提供各种各样的多样化活动。

---

❶ Sohu. Scouts, a legion that cultivates love and future leaders[EB/OL]. [2024-07-30]. https://www.doc88.com/p-9929427107579.html.

（一）海狸队阶段：重趣味性和协调性

海狸童子军年龄一般为5~7岁，在皮亚杰关于儿童认知发展阶段论中属于前运算阶段。此阶段的儿童处于直觉思维阶段，儿童思维具有不可逆性，并且刻板。通过借助表象进行思维，海狸童子军的服务内容呈现趣味性和直观性强的特点。贝登堡于1920年确定了童子军的服务内容应该展开的四方面内容，分别为品行、手工、健康与服务。他认为童子军教育的四方面内容不仅贯穿幼童子军、童子军，同样适用各国的童子军组织。❶加拿大童子军组织认可并应用这些内容。在品行方面，海狸童子军保持青少年的快乐与童心，通过游戏激发青少年对活动的兴趣和热情。在手工方面，海狸童子军会在成人指导者的引导下学习制作手工艺作品，如在过圣诞节时送给父母的贺卡，用泥巴捏泥人等，通过成人指导者的鼓励和帮助，使每个小海狸军树立自信，打开发现世界的大门。在健康方面，海狸童子军更是以野外锻炼等户外运动为主，内容包括探索露营、远足等冒险活动。户外活动能够鼓励小海狸童子军敢于尝试新的和更具挑战性的项目，体育锻炼更是能够帮助小海狸童子军健康成长。在服务方面，加拿大海狸童子军主要以服务家庭为主，开展一系列家庭活动。海狸童子军会考虑为父母做一件力所能及的事情，如为父母捶背、揉肩，为父母唱歌等。简单的行为与言语能够教会海狸童子军们如何爱。加拿大海狸童子军们会一路结交新朋友，以获得乐趣和友谊为活动目的。

（二）幼童子军阶段：重社会性和挑战性

加拿大青少年参加幼童子军，必须要按其要求开始为获得童子军成员章而努力。幼童子军的年龄一般在8~10岁。按照皮亚杰的儿童认知发展理论，此阶段的儿童处于具体运算阶段，已经有了可逆的、内化了的、守恒的、有逻辑结构的概念，并具备较系统的逻辑思维能力。幼童子军已经可以对活动进行感

---

❶ 欧美强，焦明江，于诗琦.世界童子军教育简论[M].成都：四川大学出版社，2016：23.

知，故幼童子军的服务内容多以挑战性和冒险性为主。在品行方面，为了提升幼童子军的问题解决能力和营地规划能力，幼童子军要开始探索丛林，还要学会使用地图。他们在丛林中徒步远足，并在这一过程中坚守着"尽自己最大努力"的信念。当遇到风吹日晒时，幼童子军要一直坚持活动。在手工方面，由于野外探险与远足难免需要做饭，幼童子军需要搭设简易的灶台。此外，当在野外露宿时，还要会搭建帐篷等。在健康方面，主要是水上活动和徒步远足，双人或多人皮划艇是最常见的水上活动，能够培养儿童的耐力和体力。在服务方面，一方面，加拿大童子军鼓励幼童尝试体验性的活动，幼童子军可以睡在星空下，静静地看星星，还可以用棍子吃黏糊糊的棉花糖，或者看水獭在小溪里玩水，充分感受整个活动的美好。另一方面，加拿大童子军鼓励幼童尝试新的和令人兴奋的活动——STEM项目。STEM项目是指幼童子军一起参与社会性和挑战性的活动，这些活动会涉及科学、技术、工程和数学等多学科知识。比如，在清理海洋上的浮油时，幼童子军先把浮油用浮油栏围住，再用类似海绵之类的东西吸附，从而帮助修复大海的生态环境。童子军一旦选择并注册了一个小组，将与幼童子军伙伴在丛林中不同的项目中进行探索。

（三）童子军阶段：重个人领导力和团队协作力

在这个阶段，童子军冒险的级别提升到一个新的水平。童子军的年龄一般在11~14岁，按照皮亚杰的认知结构发展阶段，此时的儿童认知已经进入形式运算阶段，儿童思维不再从具体事物和过程开始，可以利用语言文字在头脑中想象，通过重建事物和过程来解决问题。在这个阶段里，加拿大的童子军将会学习开拓自己的道路，通过与部队一起计划冒险，并以有意义的方式回馈社区，从而探索更多的领导机会。此阶段的服务内容多以培养个人领导力和团队协作能力为主要目标，活动重点是户外环保、社区服务及国际性探险类活动；在品行方面，以培养每一位童子军的领袖才能和促进个人发展为主要目标。服务内容多以全国性的赛事和狂欢节、国宴等活动为主，在参加国际性赛事中以团队赛为主要方式，在合作中体现每个童子军的价值，通过轮流当小队领导展现每个人的领导才能，从而促进发展。在手工方面，加拿大童子军会做风筝、手工飞机，整个小队一起制作有创新点的手工作品。比如，他们会用树叶和树枝制作绿色蜈蚣形风筝。加拿大的童子军通过手工作品发展童子军的创新思维和团队合作能力。在健康方面，加拿大的童子军组会通过骑山地自行车、攀岩和大量露营等活动，将他们的户外冒险技能提升到一个新的水平。体育冒险活动能够提升加拿大童子军的身体素质，为整个童子军之旅打下基础。在服务方面，加拿大童子军组的户外环保活动、社区服务活动，将提高加拿大的童子军们对社会生活的关注，提高公民意识。在骑山地自行车的整个旅程中，他们会捡拾路上的垃圾，并将其放在提前准备的垃圾袋中。在攀岩过程中，他们还会拔掉长在岩石中的杂草。在整个过程中，童子军注重个人领导力与团队协作能力的发展。

（四）冒险家童子军阶段：重自我与他人的关系和生存的社会性

在这个阶段，加拿大童子军已经可以开始长途徒步旅行、野营及攀爬高山了。这个阶段的加拿大青少年，已经接近成年，有自己的独立意识。冒险家阶段主要是通过社会活动让加拿大的冒险家童子军们学会处理自我与他人的关系，学会生存。在品行方面，冒险家童子军们要学会善良、学会奉献、学会诚实。爆米花活动是这个阶段独具特色的活动，冒险家童子军们可以制作爆米花并通过出售爆米花以筹集资金用于支持加拿大童子军内部活动。爆米花出售较多者可以获得专项奖金。此外，他们还会将出售爆米花的所得款项捐赠给慈善机构，用于特殊儿童的救治与教育。在整个售卖过程中，冒险家童子军们要诚信售卖，以合理的价格售出爆米花，为社会做些力所能及的事情。在手工方面，制作爆米花的过程是复杂的，需要掌握爆米花的火候，并按照不同的配方制作不同口味的爆米花，有原味的、奶香味的等。这些都需要冒险家童子军们自己不断地尝试，直到做出令顾客满意的爆米花。在健康方面，户外运动必不可少。徒步、野营、爬山，通过这些户外活动提升身体素质是加拿大童子军的根本目的。在每个阶段，体育锻炼都是不可或缺的。在服务方面，为慈善基金会捐助是最主要的活动。社区售卖爆米花、饼干、苹果的钱会拿出一部分来捐给慈善基金会。像加拿大的白枫林基金会，每年基金收入的

1/3 是来自加拿大近 30 000 人的冒险家童子军们通过售卖获得的。❶整个过程，童子军注重培养自我与他人的关系和生存的社会性。

（五）漫游者童子军阶段：重独立与自由

漫游者童子军阶段的服务内容设置主要是让青少年学会独立，懂得自由。青年必须宣读誓词并取得漫游者小队成员资格才可以加入漫游者小队。他们通过宣读誓词，获取漫游者童子军成员章而成为漫游者新成员。该小队要求与漫游者支队一起参加大量活动，以表明对漫游者小队童子军成员应负的责任及其含义有明确认识；表明理解并支持童子军运动的目标和国际事务；表明知道如何管理这支队伍，以及作为漫游者童子军成员所期望的目的；明了、理解并接受童子军誓词的规范。❷漫游者童子军阶段的童子军年龄一般为 18~26 岁，这个阶段的童子军已经成人，需要培养独立生存的能力，有主见，可以自己为自己规划要参加的活动内容。通常情况下，这个阶段的活动有登山、激流乘筏或帆伞运动，以及社区服务等。在品行方面，漫游者童子军会设置便携式探险、背包旅行等一系列冒险活动，以培养漫游者童子军的生存能力，并帮助他们在整个艰难的旅程中学会独立。在整个旅程中，漫游者童子军有机会在尊重他人需求的同时承担责任，与具有共同价值观的同龄人一起进行独特的探险活动，并在导师的支持下，挑战自己，争取成功。在手工方面，漫游者童子军会制作帆船桨或者独木舟，在丛林中伐木造船桨，从而满足他们的漂流需求，提高在野外的生存能力。在健康方面，漫游者可以参加一系列的健康比赛，如游泳比赛。只要漫游者童子军考取合格的证书便可以参加。在服务方面，国际服务项目是重要内容，如对于巴西尼亚克地区的国际援助，帮助尼亚克地区缓解经济危机，提高青少年教育质量等。

---

❶ Scouts Canada. Group Support Centre Overview[EB/OL]. [2024-08-13]. https://www.scouts.ca/about/overview.html.
❷ 赵国强，林频. 国际视野下童军组织比较研究[M]. 上海：上海人民出版社，2015：324.

四、教育服务的途径与方式方法

加拿大童子军开展教育服务的途径多种多样，不局限于室内，更多的是走出去和童子军们的亲身实践。同时，教育服务方式也不局限于组织内部，而是与家庭、社区、政府乃至海外开展多种方式下的合作，共同为童子军发展提供助力。

（一）预备教育

加拿大童子军常常在野营和行山，这使每名童子军在开展正式活动前需要学很多关于野营和行山的知识。比如，他们要学习怎样对付意外情况，了解野外所需的必备物品，学习怎样使用紧急救护品、如何对付蚊虫及野生动物、怎样运用地图和辨认方向等，还要学习野炊、点营火及野外的各种安全知识。在准备过程中，加拿大童子军要学会很多本领，从烹饪到手工、从准备野营行装到野外迷失时的生存和求援，样样都要学。

预备教育中野炊是基础。民以食为天，烧火做饭是加拿大童子军要学会的头等大事，炒青菜、拌沙拉、煎牛排，童子军训练时都要亲自尝试。野地里没有厨房，如何把锅放在没有灶台的柴火堆上，如何把火引着，如何在有限的条件下把饭煮熟，又如何在森林里烧火时保证不引发火灾，都是加拿大童子军需要提前训练的内容。[1]

外出野营准备行装也是一大学问。加拿大童子军在预备教育实施过程中会拿到一个长长的单子，上面分四类罗列着数十种物品。生活用品，除了换洗衣服、梳洗牙具、刀叉饭碗，还包括晚上睡觉的睡袋、垫在地上当床垫的薄膜塑料垫子、冬日里抵御风寒的软帽子等。为了应对各种不同的天气，加拿大童子军要有多手准备，既要戴防太阳的帽子、防晒霜，又要带雨衣和轻便、能

---

[1] 廖晓英.中学还能这样上——加拿大教育的精神与细节[M].宁波：宁波出版社，2015：295.

行军走路的雨鞋。晚上野外没有灯,手电筒也必不可少,这些都是需要提前准备的。每周训练时,加拿大童子军们都要把一个里面装有所有野外应急的物品的背包带去便于学习操作。预备教育中,会有提前的野营实践活动。这种活动的持续时间并不长,通常是一到两天,活动内容较为简单,主要是让加拿大童子军在进入真正的野营活动前做好准备。❶

(二)体育技能训练

加拿大童子军年年都要去自己的营地划木舟。加拿大的社区与童子军联系密切,在每个有加拿大童子军的社区,都会有一块营地,专门为童子军训练所用。营地内,有郁葱的树林,可以用于爬树训练,还有湖泊,是加拿大童子军学习划木舟的好地方。加拿大童子军划的木舟,是平日赛龙舟的那种单桨木舟,是两人以上合作的一个集体运动项目。加拿大童子军学习的目的不是运动比赛取得好成绩,而是提高技能、意志、体魄和团队配合能力。除了学习划船,他们还学习与之相关的技能,比如专门训练怎样系紧驳船的缆绳。

加拿大童子军每年的野营活动不下10次,全部在周末。有时他们还会利用假日开展野营活动,短则一两天,长则四五天。❷每次野营活动,加拿大童子军经常去的户外旅行地为环境优美无人的岛屿,岛上没有居民,没有旅馆,只有野外宿营地。童话般的世外桃源无疑是童子军们探索自然的天堂。白日里营地活动的主要内容是行军,他们常常自己背着水和干粮,在森林里一走就是一天,渴了喝点儿自带的水,饿了就啃几片面包。一路上,领队们会和加拿大的童子军们不断温习在课堂上学到的各种野外常识并将其用于实践。❸

---

❶ 瞿葆奎,吴慧珠,蒋晓.课外校外活动[M].北京:人民教育出版社,1991:525.
❷ 廖晓英.中学还能这样上——加拿大教育的精神与细节[M].宁波:宁波出版社,2015:294.
❸ 廖晓英.中学还能这样上——加拿大教育的精神与细节[M].宁波:宁波出版社,2015:287.

（三）社区教育

作为一名加拿大童子军，要清楚社区警察局、医院、购物中心和体育设施的具体位置；必须知道处理紧急情况时，如何拨打报警电话；懂得描述加拿大的国旗、所在省的省旗、省花、省鸟，在参与活动时知道爱护国旗，这是加拿大童子军所要进行的爱国教育。此外，加拿大童子军要学做少年领袖。要提前讨论什么是少年领袖，以及领袖与公司老板有什么区别。在讨论会上，加拿大童子军要选择一个社区领袖人物作例子，评价他的价值和作用，这是加拿大童子军们要学习的领导精神。同时，他们要积极参与社区举办各种社区活动，如癌症基金会的泰利·福克斯长跑活动，为穷人的食品储蓄所募捐食品，通过红十字会给世界上的受灾地区捐款，举办战争纪念日的仪式等。社区教育的一大特色是社区的募捐活动，能够增强加拿大童子军志愿服务社会的意识。参加募捐活动是每个加拿大童子军义不容辞的责任，每年的募捐活动都以"爆米花"开始，那一天加拿大童子军们要上街卖爆米花，每个人开始售卖前会对自己的目标进行规划，设置相应的目标筹款金额来捐助慈善基金会或者用于加拿大童子军组织的部分活动经费。当筹款达到规划目标时，加拿大童子军的成人指导者会适当以奖金的形式奖励他们。

（四）环保教育

加拿大童子军的活动以环保为主题展开，全程贯穿环保理念。首先，加拿大童子军会有关于气候变化的主题讨论会，讨论本社区公园内的生态修复；有教他们如何使用花园里的工具的活动，让童子军们亲自尝试种植的美好；有让加拿大童子军骑自行车的活动，使他们懂得使用环保交通工具的好处；还有组织加拿大童子军们到海边清理垃圾的活动，如到海边捡拾塑料袋、塑料杯、塑料吸管等有可能污染海洋的垃圾。有时，加拿大童子军们也在公园里清理垃圾，以保持公园环境整洁。❶ 2020年，加拿大童子军组织提出"种子战役"，让参与活动的加拿大童子军进行种子的种植，将花朵、小草的种子种在土壤中，用来美化环境和吸收空气中的二氧化碳。通过种植活动，加拿大童子军们知道了环保的重要性，能够身体力行保护环境。❷

五、教育服务的效果：为生活做准备

效果是目标的达成程度。加拿大童子军组织的教育服务效果分为加拿大童子军培养目标实现程度的效果，以及加拿大童子军组织在加拿大的影响力效果两部分。

（一）训练增强了加拿大童子军的综合素质

据经济合作与发展组织（Organisation for Economic Coperation and Development, OECD）在全球教育纵览中发表的调查数据显示，加拿大青少年是世界上受过最好教育的青少年。此外，在"全球教育质量国家排名"中，加拿大同样被评为全球教育质量最高的国家之一，❸在优质教育质量成果的背后，有加拿大童子军组织的一部分功劳。加拿大童子军组织的教育活动、采用的评价方式，极大地满足了童子军的渴望探求及挑战和冒险的需求。与此同时，加拿大童子军在自然环境中的锻炼重视培养队员热爱大自然的情感。童子军进行大自然探索和露营等活动，提高了队员对自然界的了解，加强了与社区合作，在活动中学习专业方面的知识，增强了加拿大童子军的综合素质。

---

❶ 李燕.世界两大青少年组织特点与启示[J].山东省青年管理干部学院学报，2001，(6)：35-36.

❷ Scouts Canada. News Scouts Canada[EB/OL]. [2024-08-24]. https://greatertoronto.scouts.ca/ca/news.html.

❸ Sohu.Unveiling the Canadian Scouts, children with perseverance and courage have a promising future ahead [EB/OL]. [2024-08-23]. https://youxue.xdf.cn/youxuexinwen_1990.html.

（二）活动体验培养了加拿大童子军的责任心

独立思考、责任意识、权力边界、规则教育，这是加拿大教育注重培养的学生品格，也是加拿大童子军培养学生品格的标准。加拿大童子军组织注重培养童子军由内而外的精英素质，从低年龄阶段开始就建立起完备的培养体系，通过塑造童子军们的科技思维、文化视野和领袖精神，助力童子军们在学业上再创新高。

（三）协同环境下锻炼了加拿大童子军的社会互动能力

加拿大是世界上少数几个教育体系较完整、教育水平较高的国家之一，其童子军教育特点融合了英国的严谨和美国的开放，旨在培养真正有益于社会的合格公民，帮助学生感受多元文化与国际化，学习包容，变得勇敢，培养领导力和团结能力。这足以展现加拿大童子军组织对加拿大青少年的有力帮助。

加拿大童子军内部有一句名言，"一日为童子军，一生为童子军"。加拿大国防部前部长艾格顿（Art Eggleton）曾说："很多人以为童子军计划是为准备一支职业生涯中的军队，但它实际上是为生活做准备；有关开发技能、素质和信心，让这些年轻人蓬勃发展，并更好地投身于未来的加拿大社会。"❶这为加拿大童子军的教育服务效果做了解释。

---

❶ Sohu. Cadets VS Scouts[EB/OL]. [2024-08-22]. https://mt.sohu.com/20170921/n513266237.html.

第三节　加拿大童子军教育服务的经验

加拿大童子军组织为促进每个童子军的全面发展，并将其培养成为对加拿大社会有贡献的人，在活动设置与实践的过程中，不仅关注活动对个人的影响，还考虑受到影响的人对促进整个加拿大社会发展的作用。从整体上看，加拿大童子军教育服务的经验如下。

一、灌输表现性活动理念强化童子军生存意识

加拿大童子军组织将活动设置的理念贯穿在一个个活动中，在加拿大童子军完成活动的过程中实现理念目标，无形中对加拿大童子军的发展起着规范与调节作用，同时对加拿大童子军的发展起着导向作用，使其成为独立自主、有生存能力和自信的人。首先，在个人层面，加拿大童子军组织的活动遵循"计划—执行—审查"三步流程，在实施过程中体现出的平等性及活动评价标准的多元性，共同促进了加拿大童子军成员的身心和谐发展。在活动设置前，积极与童子军沟通交流，体现其主体地位，尊重童子军们不同的想法，"计划—执行—审查"是加拿大童子军地位的证明。活动实施中，童子军们轮流当领导。没有完美的加拿大童子军，也没有绝对差的加拿大童子军，每个个体都拥有平等的机会；在野外活动中，鼓励加拿大童子军要有强大的信心。活动结束后的评价用于激励加拿大童子军更加努力，更深刻地认识自己。在活动中不仅看童子军们解决问题的水平、人际交往的水平、领导力的水平，还

注重多元评价。在每个年龄阶段的发展重点不同,关注的评价点也不同。❶其次,在社会层面,培养加拿大童子军的公民性,以社会性问题为主要活动内容。环境问题、青少年犯罪心理研究,都是加拿大童子军组织内的热议话题。社会发展性问题的参与将提高加拿大童子军对社会的关注程度,能够培养其爱国精神。用实践性活动践行爱国主义教育,与单纯地将爱国主义教育根植在书本中所呈现的结果不同,它能让加拿大童子军有参与感,有解决问题的自豪感,与最初设立加拿大童子军组织机构的愿景不谋而合。

二、设计连贯性活动内容提高童子军综合能力

加拿大童子军组织设置的活动按照儿童的心理和身体发展规律及特点进行合理性分段,将整个过程划分为五个阶段:海狸童子军阶段、幼童子军阶段、童子军阶段、冒险家童子军阶段和漫游者童子军阶段。每个阶段进行的活动难易程度不同,活动的难易程度与加拿大童子军的身体与心理发展规律相契合。在设置活动中,会考虑到加拿大童子军的最近发展情况,选取加拿大童子军能够达到并且需要努力到达的活动任务。在整个活动过程中,会本着连贯一致的原则,使整个系统和谐发展,同一项活动在每个阶段的难易程度不同。加拿大童子军内部结构存在对某些问题的预备教育,如对于疾病的控制与了解,每个阶段的训练中都有涉及。然而,不同阶段的讲解方式是不同的。例如,对于细菌的预防与控制模拟中,海狸童子军会以细菌游戏的方式进行,即某个学生感染细菌病毒生病了,当接触其他人时便会逐一传染,直到传染到最后一个患病者游戏结束;对于幼童子军则会以黑光下的细菌粉传播过程进行讲解,便于幼童子军的接受。❷在童子军阶段,其讲解的过程将会更加深奥,包括细菌的发展模型、繁衍规律等。这是一个加拿大童子军内部的活动案例,加拿大童子军

---

❶ COHE S. The Scouts [M]. London: Bloomsbury Publishing, 2012: 32.

❷ TREPANIER J D. Building Boys, Building Canada: The Boy Scout Movement in Canada, 1908-1970 [D]. Toronto Ontario: York University, 2015: 123-164.

组织机构遵循知识的联系性和系统性原则，将知识以合理性和规范性的方式传递给加拿大童子军，为现代课堂提供一个强有力的借鉴方式。

三、多元主体共同为童子军提供教育服务

社会性主要是就社会发展的考量，在加拿大童子军组织设置的系列活动中，不乏社会性问题。加拿大童子军不仅是个体，同样还是社会人。作为社会中的一分子，考虑社会的发展、培养爱国情怀，同样是活动设置的目的之一。加拿大童子军组织活动的社会性特征主要体现在两个维度上，即社会群体的参与程度与对社会性问题的关注程度。首先，社会群体的积极参与是活动可以高效完成的条件之一，政府、社区及家长的大力支持是加拿大童子军组织成立的前提。政府需帮助加拿大童子军组织进行宣传，高度关注加拿大童子军内部的安全问题。在前期宣传中，印发宣传册与安全册能提高家长对加拿大童子军活动的关注度与信任度。在活动进行过程中，对成人指导者的审核、资金的帮助也需要政府的大力支持。以社区为单位进行的加拿大童子军活动更是主力，每两个星期开展的例会，对幼童子军进行预备教育与辅导，消除幼童子军心理恐惧与胆怯，有力促进了加拿大童子军组织工作的顺利开展。家长对加拿大童子军活动的支持体现在细微之处，如在加拿大童子军活动中担当志愿者，童子军进行义卖时的大力支持，慷慨相助，更重要的是在精神上对加拿大童子军的鼓励与信任。其次，童子军活动中对社会性问题的关注。比如，加拿大童子军对尼亚克经济发展问题进行讨论，给予加拿大童子军相当大的权力，并将可操作性对策付诸实践。加拿大童子军组织活动方式的社会性需要多方的协调合作，不再将问题讨论局限于书本知识，从实际出发，解决社会难题。

四、严密的组织架构保障教育服务的顺利进行

加拿大童子军组织制度的严密性保证加拿大童子军的安全，维护其合法权益。首先，在加拿大童子军组织的外部，有最高的领导机构指挥组织活动的开展。世界童子军委员会是世界童子军运动组织的行政职能部门，它主要负责执行世界童子军大会作出的决议，以及两次大会之间的日常事务等。委员会由14

个成员构成,加拿大童子军作为世界童子军组织的一员,与世界各地的童子军保持紧密联系。在委员会内部,有一个负责联系的部门为世界童子军处,其主要职能为促进组织间的联系。为了履行其职能,世界童子军处常派出特派人员或工作小组赴世界各地进行指导和联系,并提出建议和给予技术性的帮助。❶加拿大童子军组织尽管有自己的特色,但仍然需要遵循世界童子军运动组织的指导。其次,加拿大童子军组织内部有严格的规章制度,包括成人指导者的审核和惩罚制度、童子军的安全制度、家长的规范制度等。制度是保证机构运行的基础,是规范组织各个部分的条令,是组织的根本。加拿大童子军组织制度的严密性包括组织内部机构运行与外部环境约束两部分,通过内外制度的规范来保证加拿大童子军的合法利益,充分发挥"做中学"的优势,以提高加拿大童子军的合作能力、生存能力和人际交往能力等。

---

❶ 赵国强,林频.国际视野下童军组织比较研究[M].上海:上海人民出版社,2015:323.

第四章

芬兰童子军的教育服务

芬兰童子军（The Guides and Scouts of Finland, GSF），总部设在芬兰首都赫尔辛基。从国家层面而言，芬兰童子军组织相对于其他大多数国家的情况来说显得有些特殊，仅有一个中央组织——芬兰童子军协会（Suomen Partiolaiset，英文全称：Finland Scout and Guide National Organization），这种情况只存在于少数几个国家。芬兰童子军是一种在学校、家庭之外，面向大众的儿童教育和社会教育，能够有效利用儿童的闲暇时间强健体魄、学习生活技能、获得在其他地方无法学到的知识，培育基本的价值观、人生观，它的服务育人能力较强。同时，芬兰童子军善于利用本国地理位置条件、气候优势和自然资源等，凸显本国特色的童子军活动，其自然教育、户外教育受到世界各国的赞扬。

第一节 "中央组织垂直领导的童子军"：
芬兰童子军组织概述

芬兰童子军的建立与发展不仅与世界童子军运动组织（World Organization of the Scout Movement）和世界女童子军组织（World Association of Girl Guides and Girl Scouts）有关，更与芬兰自身的历史发展进程和现实条件状况密切相关。为进一步厘清芬兰童子军的发展脉络，本节主要从芬兰童子军的成立背景及发展历程两方面梳理。

一、芬兰童子军的成立及其背景：始于大公国时期

芬兰第一个女童子军指导协会（Girl Guide Company）成立于1910年，当时芬兰作为俄罗斯帝国的附属国，被称为芬兰大公国。这一童子军协会登记注册在中央组织的沙皇俄国童子军运动（Russian Boy Scouts），早期被看作共产主义青年先锋组织的替代组织。这一组织在这个波罗的海国家活跃了一段时间，但随后几年出现了巨大的政治动荡。当时统治芬兰的俄罗斯担心芬兰大公国要求独立，因此禁止女童子军指导协会活动。该协会于1917年正式恢复后就一直在稳步扩张，并获得了越来越大的支持力量。

二、走向多元：芬兰童子军的基本发展历程[1]

自20世纪初建立至今，芬兰童子军已有百年历史。在这个过程中，有三

---

[1] Partio Wiki. Suomen partiohistoria[EB/OL]. (2021-12-29)[2024-09-02]. http://fi.scoutwiki.org/Luokka:Historia.

第四章 芬兰童子军的教育服务

个芬兰童子军发展历程的重要节点——芬兰女童子军联合会成立、芬兰童子军协会与芬兰女童子军联合会合并成立在线童子军。伴随"更多的团体：更多的成员"（The More Groups: More Members）这一项目的开展，芬兰童子军面临新的挑战，其文化开始走向多元。

（一）芬兰女童子军联合会的成立

1943年成立芬兰女童子军联合会（the Union of Finnish Girl Guides），距1910年芬兰第一个女童子军指导协会的成立相隔了三十多年。在这段时间里，芬兰童子军开展了一系列活动：成立海上童子军（Marine Patrol）；设置并颁发曼纳海姆纽扣（Mannerheim-Solki）徽章；组建第一个幼童子军（Brownie）；开设吉尔威尔课程（Gilwell Course）；第一个漫游者（Ranger）开始活动；对有特殊需要的女孩实行指导；以芬兰语出版《童子军手册》；出版《童子军》杂志（Partio-Lethi），这是该组织最重要的大众媒体。1939—1944年的战争时期也是该组织发展最为困难的时期。在战争期间，童子军参与并承担民防、空中监视、信使、护工和其他类似任务。童子军（包含男女）只要在侦查过程中立功，就会获得一柄狩猎刀作为奖励，即荣誉的象征。❶

（二）芬兰童子军的成立

1941年芬兰童子军协会（the Scout Union of Finland）成立。之后组织了一系列活动，比如，1955年在萨塔汉卡（Satahanka，芬兰地名）组织国家级大型露营集会Rainbow Wire，主要内容为搭建帐篷、生火等野外生存训练以及开展结绳、急救等技能竞赛等；再比如：举办代号为"熊牙行动"的活动（芬兰语：Karhunhammas 直译为"熊的牙齿"）。这是一个对漫游者（Vaeltaja）和童子军领袖（Partiojohtaja）非常具有挑战性的荒野徒步旅行。20世纪60年代，主

---

❶ 搜狐．疯狂的石头．雪国猎刀！昔日勇战俄罗斯，如今沦为木工匠[EB/OL]．(2017-12-18)[2024-09-02]. http://www.sohu.com/a/211269925_99912523.

要是 1964 年第一个诺瑟姆营地（Nothamn-Leiri）的举办。诺瑟姆营地是 1964 年芬兰童子军协会在奥兰群岛（Åland Islands）的诺瑟姆地区举办的标志性活动，这也是该地点首次被选作国家级童子军露营地。1972 年，成立于 1941 年的芬兰童子军协会和成立于 1943 年的芬兰女童子军联合会合并，成立了芬兰童子军（The Finnish Scout and Guide Association），结束了芬兰童子军中男孩和女孩一直分开工作的局面。1979 年在卡累利阿创办了第一个主要营地——芬贾姆博雷（Finnjamboree）。在 1985 年 7 月 23 日至 8 月 1 日举办的活动中，大约有 10 000 名参与者。

（三）在线童子军的成立

1998 年成立在线童子军（Net Scouts），旨在促进芬兰童子军成员在互联网上的交流与侦察。这实际上是通过运行与维护服务器（域名：partio.net）和支持芬兰组织的"互联网线上狂欢"活动来实现的。2007 年，坦佩雷举行大型庆祝活动，约有 20 000 人参与。在这一时期，徽标得到更新，定义了教育目标，重新确定童子军计划、侦察方法、宪章和侦察承诺等。其中，在 2005 年，芬兰童子军协会和芬兰女童子军协会两个童子军协会被禁止。2000 年以来，芬兰的内部迁移使在年轻人人数众多的地区建立新的地方群体成为一种现实的必要。"更多的团体：更多的成员"这一项目开始于 2002 年，芬兰童子军面临的挑战之一是欢迎有移民背景的年轻人加入该运动，并确保他们的需求得到满足，这一时期突出强调多元文化。

三、中立与包容：芬兰童子军的主要组织特征

芬兰童子军组织的基本特征：它是一个非政治性、非宗派主义、非营利性和多语言的青少年教育组织。该组织本身的名称就证明了这一点，它同时使用芬兰语和瑞典语两种语言。它的宗教中立体现在芬兰童子军的承诺中，该承诺的开头是"我保证爱我的上帝、我的国家和世界"。尽管成员存在文化及宗教信仰等不同方面的差异，但成员之间都是平等与被尊重的，允许个人保留信奉自己宗教的空间。芬兰童子军既具备一般教育服务组织的共同特征，又在建设

第四章 芬兰童子军的教育服务

与发展过程中蕴含着自身特征,主要表现在以下几个方面。

(一)组织目标:兼顾个人与社会发展两方面需求

《芬兰童子军协会章程》(Constitution of the Finnish Scout Association)❶中明确指出:芬兰童子军是一种育人组织,旨在支持儿童和青年的成长,同时考虑到他们的个人特点,即个性及兴趣。其目的是为地方、国家和国际社会培养平衡、负责任和积极独立的成员,并使成员能够适应与理解不同国家及文化的差异。在组织发展过程中,芬兰童子军立足组织目标,通过其各种童子军活动与服务来体现。如芬兰童子军编写与整理100种童子军活动方法❷,力求为每个人的兴趣爱好提供发展的空间。每个孩子与年轻人也都能按照自己的节奏成长,而不会过早地或过快地成长,从而获得个人的成长进步,更好地参与和服务社会。

(二)组织建制:遵循开放性与平等性原则

芬兰童子军组织在成员建制方面最突出的特点是开放性与平等性。这主要体现在为服务对象提供开放性的环境和面向所有人开放两个方面。第一,芬兰童子军组织提供多样性的活动和项目,目的是兼顾不同童子军的兴趣与爱好。童子军活动大都以芬兰语或瑞典语进行,但也在一些活动中设置英语。第二,面向所有人开放,包括儿童、年轻人、成年人和有特殊需要的人等。每个人都享有平等的机会参与童子军的活动。对于成年人来说,只要有意愿参加,任何时候参加童子军活动都不晚。同时,有特殊需要的儿童和青少年、移民青年及贫困家庭的儿童,也可以参与童子军活动。例如,有身

---

❶ Partio Scout. Suomen Partiolaiset-Finlands Scouter ry:n peruskirja[EB/OL]. [2024-09-02]. https://www.partio.fi/wp-content/uploads/2018/11/Suomen-Partiolaisten-peruskirja.pdf.

❷ Partio Scout. Moninaisuus partiossa|Suomen Partiolaiset [EB/OL]. [2024-09-02]. https://www.partio.fi/lippukunnille/lippukunnan-johtaminen/moninaisuus/.

体残疾所导致的运动限制,或在以通过听、看和其他方式感知环境的能力有障碍,以及理解书面或口头指令方面有困难等,通常这些都不是参与童子军活动的障碍。芬兰童子军组织尽一切努力为每个人都参与到童子军活动中提供机会和条件。❶

(三)组织外联:推动多方协作,扩大组织的社会影响力

芬兰童子军组织在发展过程中并非走单一而独立的发展道路,而是注重与外部组织的联系,善于利用组织的外部潜在资源,形成组织发展过程的合力,以提供更加优质的教育服务,灵活应对外界环境的变化,具备良好的生存竞争力。第一,芬兰童子军组织与其他国家的童子军组织有密切的国际联系,尤其是北欧国家。芬兰童子军既组织童子军参与国外童子军项目,探索其他国家的文化及习俗等,也组织其他国家的童子军到芬兰参加活动,扩大对外交流与合作。第二,芬兰童子军组织注重与社会其他部门及组织的协同合作。比如,与芬兰福音派路德教会和芬兰东正教教堂等各方签订了多年合作协议,并获得芬兰教育与文化部、外交部、格尼里夫基金会和芬兰狮子会联合会等各方支持。❷第三,芬兰童子军不仅注重在发展过程中获得丰富的社会资源支持,而且积极关注社会热点问题,响应社会政策与时代发展的号召。例如,芬兰童子军基于社会政策指南发表关于社会热点事件的官方声明和意见,芬兰童子军社会关系委员会负责与专家协商起草意见等。

(四)组织创新:通过有效沟通促进达成共识

芬兰童子军自建立以来,一直处于不断探索、改革与发展的历程中。为了

---

❶ Partio Scout. Sisupartio|Partio erityistä tukea tarvitseville|Suomen Partiolaiset[EB/OL]. [2024-09-02]. https://www.partio.fi/tule-mukaan/partio-erityista-tukea-tarvitseville/.

❷ Partio Scout. Tukijat ja yhteistyökumppanit|Suomen Partiolaiset[EB/OL]. [2024-09-02]. https://www.partio.fi/suomen-partiolaiset/tue-tyotamme/tukijat-ja-yhteistyokumppanit/.

更好地适应社会的转型，2017—2018 年芬兰童子军还专门举行"童子军价值辩论"的重大项目。辩论的目的是澄清对童子军价值观的解释，并在童子军中形成有价值的文化讨论。根据价值调查的结果，组织拟订了行动建议，其中之一是更新《童子军宪章》。❶芬兰童子军组织中非常重视沟通，沟通在引导志愿者参与活动和宣扬童子军精神等方面发挥着重要作用。通过沟通，每一个童子军都意识到自己是组织内的成员、自身的职责及各事务之间的联系，这也使新老领导者和成员更容易快速熟悉童子军组织，激励他们继续积极参与活动。此外，在系统沟通的帮助下，整个管理层很容易就组织未来发展的共同方向和目标达成共识，并获得成功。

---

❶ Partio Scout. Partion arvokeskustelu 2017-2018 | Suomen Partiolaiset[EB/OL]. [2024-09-02]. https://www.partio.fi/lippukunnille/projektit-ja-hankkeet/arvokeskustelu/.

第二节 "社会教育的重要参与主体"：芬兰童子军的教育服务状况

芬兰童子军组织是社会广泛意义上的教育服务的重要参与主体，在满足儿童和青少年校外教育需求、承担其公共性教育服务等方面发挥着至关重要作用。

一、教育服务的理念

芬兰童子军组织是一个具有针对性和国际性的青少年教育组织，面向所有人进行开放，并为成年人提供志愿服务。其在发展过程中秉承着自身服务理念，主要体现在以下几点。

（一）教育理念：学童皆享

平等的受教育权是芬兰教育最核心、最基本的理念。每一个芬兰人都享有国家提供的无差别的基础教育。学生在十五六岁之前没有所谓的淘汰或选择系统，所有学童皆享有同等的教育机会，接受同样的教育。强调教育平等的结果是，芬兰是全球教育落差最小的国家。芬兰童子军希望所有儿童和青少年都有机会参加可以带来快乐和成就感的童子军活动。无论是陆地上还是海上的童子军活动，所有年龄段的男孩和女孩只要有意愿，都可以参与各种各样具有挑战性的童子军活动中。与此同时，芬兰童子军组织专门向有特殊需要的儿童提供童子军活动。其中，在芬兰童子军中，因受伤、长期疾病或其他特征而需要特殊支持与帮助的人称为西苏童子军（Content Patrol）。西苏童子军团体相比于其他团体有更多的导师及志愿者，为需要特殊辅助工具、沟通支持或其他不同

第四章　芬兰童子军的教育服务

安排的人提供相同的高质量童子军活动。除了每周的活动，芬兰童子军还组织各种出游、夏令营和比赛等活动，西苏童子军也可以参加。❶芬兰童子军组织将"不让一个孩子掉队"的育人理念渗透到发展与服务的全过程。

（二）活动理念：尊重自然与在自然中学习

森林、海洋和湖泊等是芬兰重要的自然资源，给孩子们提供最天然的乐园。芬兰童子军中的大部分活动都是在大自然中开展的。大自然中丰富的色彩、气味和韵律等，给予孩子对世界直观的感受和知识。大自然的神奇能激发孩子们的好奇心和观察探究的兴趣，使孩子们受益良多，如野营、侦察与探险等童子军活动。在野营过程中，童子军能够学习选择露营地点、搭建帐篷和识别可食用的植物，学会如何保护环境；在侦察与探险中学习生存与救生的知识和技能等。

（三）文化理念：相信"信任的力量"

信任渗透于童子军组织所提供服务的方方面面。在芬兰童子军组织中，成人志愿者作为童子军活动的主要服务者，童子军组织信任他们。尽管有些志愿者可能并不具备专业性知识，但都为他们找到适合自己的位置，发展自己爱好，实现社会价值。同时，成人志愿者也充分尊重与信任儿童，挖掘其特长与潜能。童子军活动作为童子军服务的灵魂，在活动的设计与实施过程中都相信儿童具有发展与成长的潜力，更多地放权于儿童，还为年龄较大的童子军提供相对自由的环境与气氛。此外，即使是野外探险、海上划艇等比较危险的童子军活动，家长也信任童子军组织，放心孩子参与童子军活动中。芬兰童子军服务中的"信任"是建立在童子军组织相对完善的发展体系的前提之下。芬兰童子军组织独立发展性强，服务专业性受到社会的广泛认可，服务领域不断拓展，服务能力逐渐提升并能够持久发展。

---

❶ Partio Scout. Sisupartio | Suomen Partiolaiset[EB/OL]. [2024-09-02]. https://www.partio.fi/lippukunnille/partio-ohjelma/sisupartio.

（四）价值理念：权力与义务对等

芬兰童子军组织关注儿童权益，主要体现在对儿童权利和义务的共同关注。一方面，芬兰童子军组织希望儿童和青少年拥有影响与生活有关的解决方案的同等权利。另一方面，芬兰童子军组织还强调个人的义务与责任，这主要体现在其基本价值观方面。芬兰童子军的价值观是以世界童子军组织和世界女童子军组织确定的价值基础为指导的，基于人类的责任而定义，包括个人对上帝、自己、其他人、社会和环境的义务与责任。这也意味着所参加的社会活动要秉持对自己国家的忠诚；对环境负有责任意味着为子孙后代着想要关心环境的生存，尊重自然。❶

二、教育服务者的构成

芬兰童子军的服务者包括童子军组织的工作人员、童子军志愿者及利益相关者（Stakeholders）。

（一）童子军组织的工作人员

芬兰童子军组织的工作人员包括芬兰童子军董事会、理事会，以及分区委员会、当地小组、巡逻区和中央组织等。

（二）童子军志愿者

童子军志愿者指所有的漫游者和参与童子军活动的成年人，他们从个人意愿与动机出发，以时间、知识、技术和金钱等不同形式服务于童子军，并在活动中承担不同的角色。童子军志愿者可以担任团体领袖、活动组织者或营地中的厨师等角色，一个人可以同时拥有许多角色，但必须了解角色之间的差异和角色之间的关系。其中，需要特别说明的是，西苏童子军中的服务者，有些志

---

❶ Partio Scout. Suomen-Partiolaisten-peruskirja.pdf[EB/OL]. [2024-09-02]. https://www.partio.fi/wp-content/uploads/2018/11/Suomen-Partiolaisten-peruskirja.pdf.

愿者并不具备针对特殊需要人群的专业性知识，需要为该团体志愿者及服务推广人员提供专门的培训和指导，有不同的支持材料来支持该团体的运营，也需要小组领导人具备不同程度的知识、能力和经验，进而帮助支持不同群体、解决突发情况等。❶

（三）利益相关者

谈及芬兰童子军服务者的构成，也必然要涉及童子军组织的利益相关者。尽管这些利益相关者并不直接构成芬兰童子军服务者，但从服务者广泛意义上的理解也间接成为童子军组织的服务者。"利益相关者"概念产生于 20 世纪，弗里曼对组织中的利益相关者的界定最具影响力，认为组织中的利益相关者是指"任何能够影响公司目标的实现或受公司目标的实现影响的团体或个人"。❷芬兰童子军组织非常重视与其利益相关者的协作与合作，如社区、学校、芬兰福音派路德教会和芬兰东正教会等，专门出台《童子军和利益相关者指南》（*Scout Troops and Stakeholders*）❸。

三、教育服务的内容

芬兰童子军服务内容涉及德、智、体、美、劳等方面，尤其是"德"贯穿于童子军教育的全过程，这里主要就芬兰童子军组织比较有代表性，以及突出性的服务内容来着重论述。

（一）生存与生活技能的培养

芬兰童子军的生活技能通过组织提供的户外急救、烹饪、冬令营、滑雪、

---

❶ Partio Scout. Sisupartio-partiopiireissa | Partio erityistä tukea tarvitseville | Suomen Partiolaiset[EB/OL]. [2024-09-02]. https://www.partio.fi/tule-mukaan/partio-erityista-tukea-tarvitseville/.

❷ R.爱德华·弗里曼.战略管理的利益相关者方法[M].上海：上海译文出版社，2006：55.

❸ Partio Scout. Sidosryhmät ja vaikuttaminen | Suomen Partiolaiset[EB/OL]. [2024-09-02]. https://www.partio.fi/lippukunnille/lippukunnan-johtaminen/sidosryhmat-ja-vaikuttaminen/.

皮划艇和野外生存与探险等活动得到培养。这些活动对童子军的知识和技能有很大的考验，需要他们掌握有关森林的基本知识、如何识别方向、户外急救技能和气象等知识，以及户外生火、掌握户外工具使用技能等。同时，由于芬兰湖泊、海洋众多，童子军在海上的生存与生活能力也非常重要。

（二）领导力的培养

领导力是儿童和青少年从侦察、巡逻的过程中获得的能力，帮助儿童和青少年成为地方、国家和国际社会的积极成员，以完成芬兰童子军的组织目标。芬兰童子军组织专门构建了领导力模型，领导力模型描述了团队多年来如何被领导。领导力模型的目的是成为通过巡逻来评估和发展领导技能的工具。

（三）体能的训练

童子军组织也重视儿童的体育能力的开发与训练，更多的是在提高体能的同时，训练与培养儿童和青少年的其他品格。通过行走与运动的方式能够在自然中探索与学习，开阔视野、磨炼毅力，养成坚毅的品格，这对于儿童来说意义重大。越野滑雪不仅是芬兰军队的必修项目，而且已经成为芬兰的全民运动。同时，与他人合作徒步旅行，不仅可以锻炼体能，也可以学会与他人合作，提高合作能力。

（四）艺术与创新思维能力的培养

芬兰童子军组织不仅关注童子军能否独立生活，而且还希望他们能够生活得好。在大自然中开展活动，能培养童子军欣赏和感悟自然的能力。通过制作工艺品和磨炼木工技能进行艺术熏陶，能够提高童子军的动手能力和审美能力。一是调动学生自己制作手工艺品的热情并获得基本的生活技能；二是学生在自己设计产品的基础上，增加对技术和艺术品的美学追求，并在消费过程中懂得商品的实用价值和审美价值，提升生活品位；三是提升学生对材料和

资源的珍惜意识，一块布、一块木头、一瓶水彩都可以激发学生的创造力和想象力，从而变废为宝。❶

四、教育服务途径与方式方法

芬兰童子军组织服务的方法是基于世界童子军组织和世界女童子军组织的活动方法，它由七种方法学组成，共同构成芬兰童子军方法体系。❷每一种方法都同等重要，应用并渗透到童子军活动中。当然，这种应用并不局限于某个时刻，而是贯穿于童子军活动的全过程，共同促进每个童子军的平衡发展、个性化发展，以实现童子军目标。❸

（一）符号教育

童子军的符号教育包括在童子军运动中具有共同理解意义的物体和活动。这些符号将儿童和年轻人与他们自己的团体、当地团体和世界童子军运动联系起来。在芬兰，童子军通过学习了解五个年龄段［幼童子军（Cub Scouts）：7~10岁、冒险家（Adventurers）：10~12岁、追踪者（Trackers）：12~15岁、探险者（Explorers）：15~17岁、漫游者（Rovers）：18~22岁］的各自代表性标志及故事等获得不同意义的教育。其中，芬兰童子军活动的一个重要组成部分是熟练徽章。这些徽章和各个年龄段的人有关，尽管熟练徽章很多都不是强制性的，但种类多样的徽章本身具有教育意义，共同理解徽章的意义具有凝聚力和向心力及教育价值。

（二）个人进步

在芬兰童子军活动中，每个人都被委以一定难度的任务。这些活动项目适

---

❶ 钱文丹．芬兰：生活教育也是必修课［J］．人民教育，2018(17)：76-79.

❷ Partio Scout. Suomen-Partiolaisten-peruskirja.pdf [EB/OL]. [2024-09-02]. https://www.partio.fi/wp-content/uploads/2018/11/Suomen-Partiolaisten-peruskirja.pdf.

❸ Partio Scout. Partiomenetelmä [EB/OL]. [2024-09-02]. https://partio-ohjelma.fi/partiokasvatus/partiomenetelma/.

合每个年龄段，促进儿童和年轻人的成长和发展。具体说来，芬兰童子军组织为不同年龄段的童子军提供和准备不同类型及程度的服务内容与活动。同时，尽管在不同的年龄段重复做同样的事情，但是其任务要求的难度及复杂度都在随着其年龄经验的增长而提高，童子军活动对于儿童来说是一个连续成长的过程。

（三）巡逻小队制度

童子军活动是在相同年龄的人组成的小组中进行的，一般由 5~6 人组成，既有利于发挥与发展每个成员的个性，也在一定程度上方便调动其活动的积极性和竞争性。在这个小组中，责任是共同承担的，决定是共同作出的。通过在这些小群体中行动，儿童和年轻人学会如何作为一个群体的成员及承担责任。以小队的形式参与各种活动与比赛，每个人可以发挥自身的价值与作用，在协作方面努力表现，在一起解决任务时共同发现解决问题的技巧，共同进步，培养其团队精神和合作精神。

（四）做中学

芬兰童子军组织鼓励边做边学。所有童子军活动主要包括决策、预先计划和事后评估。评估不仅包括对其工作方式的反思，还包括对从中学到的内容的反思。通过思考自身的经历，童子军将更深入地了解所学到的东西。这里的学习还涉及从错误中学习，特别是对成年人来说，将错误转化为学习经历尤为重要。❶在做和应用的过程中，可以更好地学习。

（五）成年人的支持

童子军活动将儿童、年轻人和成年人聚集在一起。成年人支持和参与儿童和年轻人的成长，并提供影响的可能性。儿童与年轻人的不成熟性、缺乏经验

---

❶ Partio Scout. PARTIOKASVATUS[EB/OL]. [2024-09-02]. https://www.partio.fi/lippukunnille/partio-ohjelma/partiokasvatus/.

性及专业性知识的相对欠缺，都决定其在活动过程中需要成人经验与知识指导和技术、金钱等方面的支持。同时，在不同的活动中，需要不同程度及类型的成人支持。

（六）日行一善

日行一善的活动旨在通过造福他人的行动创造一种团结氛围来服务社区与社会，来帮助童子军养成无私之心、侠义之心、仁爱之心，来培养孩子和年轻人学会为自己和他人承担责任。

（七）在大自然中活动

在芬兰童子军活动中，孩子和年轻人大自然中花大量的时间。大自然为工作和学习提供了一个强大的环境。在自然界中展开童子军活动的目的是，鼓励与引导童子军通过自身的亲身体验和经验来欣赏自然的多样性，并理解大自然是其存在的基础。

五、教育服务的效果

芬兰童子军是一种在学校、家庭之外的、面向大众的儿童教育和社会教育组织，能有效利用儿童的闲暇时间，帮助他们强健体魄、学习生活技能，并使他们形成正确的价值观、人生观，获得在其他地方无法学到的知识，提升服务育人能力。童子军个人通过亲身参与童子军活动中，拥有不同方面的体验、收获、成长与发展。

（一）结交新朋友

每年约有 65 000 名来自芬兰各地的成员参加童子军活动。最年轻的童子军大约 7 岁，并没有年龄上限。定期聚会及各种活动和项目是结识朋友和结交新朋友，提高儿童及青少年的社交能力，为参与童子军活动的不同年龄阶段的童子军创造代际互动的机会。几乎在芬兰的每个城市都有童子军，较大的城市甚至有几个不同类型的童子军小组，许多较小的村庄也有童子军小组。因此，在芬兰大多数地方，距离并不是参与童子军活动的障碍，每个人都可以按照自己的意愿找到最近的童子军组织。

（二）童子军兼容多才多艺的爱好

童子军活动兼容不同类型的爱好并兼具多种教育功能，童子军根据自己的兴趣和爱好学习（如徒步、旅行、烹饪、攀爬和钓鱼等）新知识和技能，并可按自己的节奏成长和发展。通常在活动中，童子军需要提出疯狂的想法并一起开始实施。

（三）学习新的东西和技能

芬兰童子军重视儿童独立意识的培养。面对问题，童子军要学会独立解决问题，适应不同的环境。芬兰童子军还非常注重自然教育和户外教育，很多活动都是在户外完成的，可以在当地进行各种周末旅行和徒步旅行，有时还会稍微远一点。

（四）获取国际经验

童子军是一个全球性组织，拥有来自200多个国家和地区的4 000多万名成员。每年在不同国家举办一些童子军活动，芬兰童子军也承办过。并非只有芬兰的童子军可以参与到本国的活动中，外国童子军也被邀请参加芬兰童子军的许多重大赛事。通过共同参与活动，他们能够获得国际交流的经验，认识与理解其他国家的文化，也可以参与国外的童子军活动，欣赏和理解跨文化差异。

（五）超越与提升自己

芬兰童子军中有这样一句充满力量的口号："我们可以踏入太大的靴子（We can step into boots that are too big）。"它的意思是不要自我设限，相信自己在尝试和努力中成长，最终会让那双"太大的靴子"合脚。芬兰童子军组织鼓励儿童走出自己的舒适区，超越自己。童子军是一个安全尝试的地方，在活动中童子军会超越和提升自己，获得收获。

第三节 芬兰童子军教育服务的经验

芬兰童子军组织在发展过程中积累了丰富的经验,从而使其组织的童子军活动既彰显本国特色,又广受本国人民喜爱。具体讲,其经验主要体现在以下几个方面。

一、重视外联搭建社会服务大系统以推动活动的开展

儿童组织资源包括政策资源、专业技术资源、专业人才资源、媒体资源,以及实物、资金、活动场所等物质资源。[1]在这方面,芬兰童子军善于利用本国地理位置条件、气候优势和自然资源等,组织凸显本国特色的童子军活动。其自然教育、户外教育受到世界各国的赞扬。[2]此外,芬兰童子军积极探索利用儿童组织以外的可利用资源,充分调动各方资源和各界媒体、互联网资源,获得社会各界为组织服务投入与提供资金、人才、专业资源和技术等方面的支持,如芬兰海上童子军活动中所需要的船只等是在芬兰海洋工业联合会的配合下完成的,活动中相关住宿及具体野营活动的安排得到了芬兰野营场所协会和芬兰旅馆协会的支持。

---

[1] 林频.儿童组织国际比较学研究概述[J].上海:少先队研究,2013(12):42-46.

[2] 孙丽芳,丁晓纲,陈利娜等.国外森林认证体系发展——以英国、芬兰和德国为例[J].林业与环境科学,2018(1):149-151.

二、注重国际交流与合作以推动活动的改革与创新

芬兰童子军的发展历程中非常关注活动传统的延续，并在发展过程中不断融入新鲜血液和创意，注重国际化交流。如从 20 世纪 40 年代开始，将降临节❶销售作为童子军活动资金的传统一直延续到现在，但是在这个过程中有关降临节日历的设计与销售等借助了科技力量，在延续传统特色的同时进行了重大的改革与创新。此外，芬兰童子军注意加强与其他国际少年儿童组织之间的互相沟通、互相借鉴和互相协助。比如，芬兰童子军的徽章教育就是在与其他国家的交流互鉴中不断改革，在把自身的传统与国外的优秀经验相融合的过程中不断改进的。

三、充分释放信任的力量以增进儿童与自然的亲近与互动

芬兰社会充满信任的文化影响到了芬兰童子军组织发展与服务的全过程。在已有的关于芬兰教育成为"教育奇迹"的原因探索中，曾经有学者将"信任"归结为重要原因。通过对已有的研究进行分析，信任贯穿在芬兰教育体系中，而芬兰童子军能够受到芬兰人民的广泛认可，其中也离不开信任。其次，自然界是最好的老师。芬兰童子军的大部分活动都在自然中开展，强调儿童在自然中感受与体验，相信自然的教育力量。

---

❶ 降临节指一年中对光阴、希望和社区精神的期待与庆祝时期。它结合了基督教传统和深厚的北欧民俗元素，并通过童子军特有的方式表现出来。降临节最重要的象征是降临日历。

第五章

俄罗斯童子军的教育服务

俄罗斯童子军（The Boy Scouts of Russian），是俄罗斯的一个非政府组织，它遵循世界童子军运动的原则和方法。这个组织致力于通过一系列的户外活动、教育项目和社会服务来培养青少年的领导能力、团队合作精神及社会责任感。

第一节 "青少年成长的摇篮"：
俄罗斯童子军组织概述

在俄罗斯，童子军运动的历史可以追溯到 20 世纪初。尽管早期的侦察队运动受到了一些限制，但这一运动仍然在民间获得了广泛的支持。这一组织不仅继承了传统童子军的价值观，还融入了一些独特的本土元素，成为俄罗斯青少年成长与发展的重要组成部分。

一、从侦察队运动到童子军：俄罗斯童子军的成立背景

俄罗斯童子军运动，也可称为俄罗斯侦察运动，可以追溯到 1908 年 1 月 8 日，沙皇尼古拉二世在阅读了罗伯特·贝登堡的《童子军手册》一书的英文版后，立即下令翻译和出版该书。1908 年，俄文版《青年童子军》首次印刷了 25 000 册。❶

这本书启发了年轻的俄罗斯军官奥列格·伊万诺维奇·潘秋霍夫上校，1910 年潘秋霍夫在圣彼得堡会见了罗伯特·贝登堡，两人成为好朋友，潘秋霍夫又被邀请访问英国、荷兰、瑞典和丹麦的童子军组织。回国后，他于 1912 年完成了两本俄罗斯童子军书籍《青年童子军手册》（*Handbook for the Young Scout*）

---

❶ Paul Gilbert. Nicholas II and the Boy Scout Movement in Russia. [EB/OL]. (2019-03-18) [2024-07-15]. https://tsarnicholas.org/2019/03/18/nicholas-ii-and-the-boy-scout-movement-in-russia/.

和《访问童子军》（Visiting the Boy Scouts），其中的《青年童子军手册》是俄罗斯童子军的首本著作。1914年，潘秋霍夫成立了一个名为俄罗斯童子军的社团。第一场俄罗斯童子军篝火在巴甫洛夫斯克公园的树林中被点燃。❶俄罗斯童子军的歌曲是为了纪念这一事件而诞生的。这一时期，童子军活动强调户外技能、个人发展和公民责任，与世界其他地区的童子军运动相似。

二、"在动荡中发展"：俄罗斯童子军的基本发展历程

俄罗斯童子军的历史演进是一个充满变迁与挑战的故事。从其诞生到发展成为一个全国性组织，再到经历政治变革的洗礼，俄罗斯童子军经历了一段风雨兼程的发展道路。

（一）战争洗礼：第一次世界大战期间的童子军

第一次世界大战的爆发带动了俄罗斯童子军运动的发展，儿童童子军侦察协会此时在彼得格勒成立。根据童子军运动的章程，大部分的童子军侦察兵都在彼得格勒工作，因此彼得格勒成了全俄童子军运动的中心。1915年，俄罗斯童子军第一部杂志《俄罗斯侦察兵》（Russian Scout）的出版也推动了童子军运动的普及。1915年12月至1916年1月，俄罗斯童子军组织的第一届俄罗斯侦察大会召开，通过了国内童子军的章程、结构和标志，并且出版了其会议纪要，这也提高了童子军运动的大众普及度和关注度。❷

此外，自1915年以来，难民大规模逃亡俄罗斯，催生了俄罗斯难民侦察兵的出现。1916年，一位名叫皮特宇格拉教师在立陶宛小学创建了一个立陶宛侦

---

❶ Paul Gilbert. Nicholas II and the Boy Scout Movement in Russia. [EB/OL]. (2019-03-18) [2024-07-15]. https://tsarnicholas.org/2019/03/18/nicholas-ii-and-the-boy-scout-movement-in-russia/.

❷ Scouting and Guiding in Russia.History of Scouting in Russia [EB/OL]. (2015-11-07) [2024-07-12]. https://en.scoutwiki.org/Scouting_and_Guiding_in_Russia.

查小组。1917 年，一支犹太侦察小队在敖德萨创立。俄罗斯领导人在第二次童子军大会上为童子军运动制定了十条法律，开始为其正规化。1917 年，俄罗斯在 143 个城市发展了 5 万名侦察兵。但受战争影响，总体来说在第一次世界大战期间的童子军运动是在飘摇中缓慢发展的。[1]

（二）俄国内战考验：俄国内战中的童子军

爆发于 20 世纪初的俄国内战，又称苏联国内战争。在这段时间，童子军的某些功能仍以修改后的形式保留。童子军的座右铭"做好准备"被修改为先锋座右铭"时刻准备"。1919 年 3 月 20 日，高尔察克通过西伯利亚童子军领袖了解到童子军运动，成立了全俄童子军组织，同时批准了"关于青少年智力的童子军组织"。这一组织按照童子军运动已有组织原则，接受男童与女童的申请。同年，娜乌卡萨克在俄罗斯南部举办了一次童子军大会，招募了更多的青少年加入，并且在现有的组织里选出了俄罗斯的高级侦察兵。这一时期俄罗斯童子军在海外继续参与国际童子军运动，保持童子军的价值观和传统。

（三）抗战烽火：流亡中的童子军

苏联卫国战争，即第二次世界大战中的苏德战争，是世界反法西斯战争的重要组成部分。俄罗斯童子军在战争的影响下在法国、塞尔维亚、保加利亚、阿根廷、智利和巴拉圭建立了团体。数以千计的俄罗斯童子军通过符拉迪沃斯托克向外发展。

俄罗斯首席童子军潘秋霍夫上校最初居住在法国，然后移居美国，在旧金山、伯林格姆、加利福尼亚、洛杉矶等城市建立了大量的俄罗斯童子军。他回到法国尼斯，在那里去世。1928—1945 年，俄罗斯童子军运动被公认为世界童子军运动组织的成员。俄罗斯童子军后来发展为两个组织，分别是现代的俄罗

---

[1] Jim Riordan. The Russian Boy Scouts[EB/OL]. [2024-08-17]. https://www.historytoday.com/archive/russian-boy-scouts.

斯童子军国家组织和俄罗斯青年探路者组织。由于这两个组织都不是凭空创建的，因此它们都可以被视为正规的俄罗斯童子军组织。

1945年5月，苏德战争结束，侦察组织运动才慢慢恢复。1945年11月由马提诺为代表的组织领导人以"奥鲁雷"为组织名称恢复了俄罗斯侦察组织的活动，并且在此名义下，俄罗斯童子军组织被国际童子军局注册为俄罗斯青年童子军组织（又名俄罗斯童子军协会）。❶在战后年代，俄罗斯的侦察工作是在巴西和委内瑞拉恢复的，在1948年发展到澳大利亚和阿根廷，在1950—1951年到加拿大，1952年到摩洛哥，侦察组织在世界范围内的开展，为组织力量的壮大提供了不竭的生命力与战斗力。

（四）复兴之路：1990年后的俄罗斯童子军组织

在20世纪90年代，俄罗斯经历了重大的社会和政治变革，这些变化对包括童子军在内的社会组织产生了深远的影响。1990年，随着政治环境的宽松和社会组织活动的自由化，俄罗斯开始出现了恢复童子军运动的尝试。当时政府限制的放松允许青年组织成立，以填补先驱者留下的空白。世界童子军运动组织要求英国童子军协会协助莫斯科和圣彼得堡地区的童子军组织。与许多欧洲国家一样，一些童子军协会积极支持童子军运动在俄罗斯的发展，并在信仰、地理等方面为童子军服务。

在20世纪90年代末，几个协会成立了全俄国家童子军组织，由世界童子军运动组织指导。1999年，14名俄罗斯童子军应邀参加了第19届世界童子军大会。2000年，全俄国家童子军组织成为世界童子军运动组织的成员。2003年，俄罗斯童子军代表参加了在泰国举行的第20届世界童子军大会。2007年，来自俄罗斯航海家/童子军协会的504名童子军参加了第21届世界童子军大

---

❶ Скаутинг как воспитательная система: история, теория, практика [EB/OL]. [2024-07-12]. http://diplomba.ru/work/104845.

会。❶2014年2月15日，一个新的国家童子军组织"全俄罗斯童子军协会"成立，包括俄罗斯童子军/航海家协会、全俄国家童子军组织、俄罗斯国家童子军运动组织、东正教童子军兄弟会和俄罗斯童子军联合会。❷

三、尊重传统与追求卓越：俄罗斯童子军的主要组织特征

俄罗斯童子军组织成立的意义在于恢复青少年组织的优良传统，培养青少年的爱国主义精神、友谊理想和国际主义。一些项目旨在让新一代俄罗斯人了解和尊重本国的历史和传统，以便更好地理解自己的身份和国家的发展。童子军活动通常还包括道德教育和个人价值观的培养，如诚实、勇敢、尊重他人和社会责任等。当然，俄罗斯童子军也会教授实用技能，如生存技巧、急救知识及其他有助于青少年成长的技能。这些特质综合体现在了他们的军事素养、身体与心理素质、团队协作和创新能力上的卓越表现，为他们将来无论是进入军队还是其他领域都打下了坚实的基础。

（一）规范化的组织准入程序

加入俄罗斯童子军有相对严格的准入规则，以确保成员能够适应组织的文化和要求。以俄罗斯青年探路者组织（Organization of Russian Young Pathfinders，ORYUR）为例，这是俄罗斯童子军组织之一，其加入流程包括多个步骤：第一步，在线申请。首先，申请人需要访问官方网站并填写一份详细的申请表。这份表格通常会要求提供个人信息、兴趣爱好和为何想要加入该组织的理由等。第二步，选择小队。申请人需要选择离自己居住地最近的小队。这有助于确保成员能够方便地参与定期的活动和会议。第三步，家长参与。为了确保家长了

---

❶ Scout Wiki. National Organization of Russian Scouts[EB/OL]. [2024-07-01]. https://en.scoutwiki.org/National_Organization_of_Russian_Scouts.

❷ World Scouting. New National Scout Organization – "All Russian Scout Association"[EB/OL]. [2024-08-17]. https://www.scout.org/node/2337.

解组织的目标和活动内容，并同意孩子加入，申请人需要安排一次与父母和小队领导的会面。这是为了让家长和孩子都能清楚地了解组织的宗旨和期望。第四步，初步评估。在完成上述步骤后，申请人需要通过一个小测试。这项测试旨在评估申请人的基本知识、技能及对童子军价值观的理解。第五步，正式加入。一旦成功通过测试，申请人将获得一份童子军侦察员领带。这份领带不仅是成为组织成员的标志，也象征着对童子军价值观的承诺。从这一刻起，新成员将被视为正式的童子军成员，并可以开始参与组织的各种活动。❶整个加入流程旨在确保每位新成员都能够充分了解组织的文化、价值观和期望，并准备好承担作为童子军成员的责任。这一过程不仅有助于筛选出真正感兴趣和符合条件的候选人，也为组织创造了一个坚实的基础，以确保成员们能够在共同的目标下团结一致。

（二）军事化的组织文化

全球其他童子军的组织目标一般是通过一系列的教育活动来促进青少年的全面发展。例如，通过团队活动和领导角色的分配，培养青少年团队合作能力和领导才能。然而，俄罗斯的童子军组织还特别强调爱国主义和军事准备。俄罗斯童子军组织旨在激发学生的爱国精神，并通过各种活动增强他们的民族自豪感。

在训练内容上，通过频繁的体能训练、野外生存技能学习和体育活动，童子军成员们锻炼出强健的体魄和耐力，这对军事活动至关重要。他们还可以接触到各类实战枪支和各种不同的实战武器，熟悉各种装备的型号、特点、杀伤力程度等。俄罗斯童子军不仅学习基础军事技能，还涉及更多专业领域知识，如无人机操作、跳伞训练、战术演练等。这种跨领域能力体现了他们在军事技能上的广泛性和深度性。一些年龄大点的孩子经过训练后可以参加射击训练、

---

❶ ОРЮР Организация Российских Юных Разведчик ов. Присоединяйт еськ ОРЮР [EB/OL]. [2024-08-17]. https://orur.ru/join/.

野外训练、空中跳伞训练等多项军事性训练。通过模拟指挥、团队竞赛和集体项目，童子军能够学会如何在团队中担任领导角色，同时培养出良好的团队协作精神，这是军事行动成功的关键。随着时代发展，俄罗斯童子军也开始接触和学习现代军事科技，如信息战、网络安全、高科技装备操作等，显示了他们对军事现代化趋势的适应能力。

总的来说，俄罗斯童子军的教学模式融合了军事训练、爱国主义教育、生存技能培养和团队协作等多方面的内容，旨在通过一系列实践性、结构化的活动，来提升青少年的身心素质和国家责任感。由此可见，俄罗斯童子军在组织目标和文化上都体现了较浓的军事化色彩。

（三）理想崇高的组织目标

俄罗斯童子军有非常高的理想和目标，并要求童子军成员尽一切努力实现这些目标。童子军组织这样教育童子军说："为了实现有意义的事情，你需要朝着这个方向努力。即使目标很多，不会完全实现，但这个方向上的许多相关任务还是需要完成；而为实现目标付出的努力越多，就会有越多的'中间结果'；在任何情况下，你都不应该放松，更不能说'无论如何，目标是无法实现的'；相反，只有当你每天坚持不懈地努力朝着目标前进时，成就才会到来。"

每个年轻的童子军成员（11岁以上，称侦察员）在加入童子军组织时都要作出的庄严承诺："以我的荣誉，我承诺，我将履行对上帝和祖国的责任，帮助我的邻居，并按照侦察员的规则生活。"❶在这个承诺中有三个要点：一是以荣誉承诺，不可违背；二是对上帝的责任，要遵循所信奉的宗教；三是，按照侦察员的规则生活，需要按照侦察员日常生活的12条规则行事。

---

❶ Скаутское обещание и закон[EB/OL]. [2024-08-17]. https://orur.ru/base/skautskoe-obeshchanie-i-zakon/.

第五章 俄罗斯童子军的教育服务

侦察员成员规则

侦察员忠于上帝，忠于祖国，献身于父母和上级。

侦察员是诚实和真实的。

侦察员帮助附近的人。

侦察员是每个人的朋友，也是其他侦察员的兄弟。

侦察员执行父母和上级的命令。

侦察员彬彬有礼，乐于助人。

侦察员是动物和所有自然界的朋友。

侦察员节俭，尊重他人的财产。

侦察员在思想、言行、身体和灵魂上都是纯洁的。

侦察员勤奋而执着。

侦察员很开朗，从不灰心。

侦察员很谦虚。

  7~10岁的童子军（称为"狼崽"）有不同的承诺和规则文本，特别是强调承诺爱俄罗斯，服从长辈，按照狼崽（Wolf Cub）的律法生活。具体的狼崽法则是"狼崽爱上帝和俄罗斯 / 狼崽什么都擅长 / 狼崽让每个人都很开心 / 狼崽越来越好了"。❶由于俄罗斯童子军组织众多，童子军的具体形式和目标也会因不同的组织和项目而有所差异，但是大多数组织都有这样相关的准入资格和需要严格恪守的规则或法律。

---

❶ ОРЮР Организация РоссийскихЮных. Скаутскоеобещание и закон [EB/OL]. [2024-08-17] https://orur.ru/base/skautskoe-obeshchanie-i-zakon/.

第二节 "塑造未来"：
俄罗斯童子军的教育服务状况

俄罗斯童子军的教育目标通常包括培养青少年的爱国主义精神、军事技能、身体素质、团队协作能力等，同时也强调培养道德品质和社会责任感。

一、教育服务的理念：培养优秀公民和国家忠诚者

俄罗斯童子军除了引入国际童子军运动中的教育服务，如户外生存技能、环保教育、社区服务等，近年来，还强调军事训练课程。这些课程包括但不限于军事知识、军事技能、体能训练等。军事训练有助于培养青少年对国家的忠诚感和爱国情怀。军事训练通常包含体能训练，如跑步、障碍赛跑等，这些活动有助于提高青少年的身体素质。技能训练，如擒拿格斗、射击模拟训练等，可以让青少年掌握一定的自我防卫技能。军事训练中的队列操练、战术演练等活动强调团队合作的重要性，有助于培养青少年的集体意识和团队协作能力。通过模拟紧急情况下的行动，如穿戴防毒面具、急救训练等，可以帮助青少年在面对突发事件时保持冷静并采取适当的行动。童子军组织被视为国防教育的一部分，旨在培养未来的公民对国家安全的关注和支持。军事训练除了军事技能的学习，还包括纪律性、责任感和领导力的培养，这些都是个人成长的重要组成部分。

二、教育服务者的构成

俄罗斯童子军组织服务者有来自不同专业背景的代表，包括经过专门培训

的教师、退伍军人或其他具备相应资质的成年人或神职人员。他们拥有丰富的经验，并有详细的教学计划。❶

（一）成人领导者和成人志愿者

俄罗斯童子军运动的目的，不仅是培养卓越的战备力量，还要培养优秀的俄罗斯公民。童子军组织的核心是青少年参与者，他们按照年龄分为不同的级别或小组，如幼童子军、童子军、探险童子军等，每个级别会有相应的活动和教育目标。成人领导者包括单元领袖、辅导员、技能教练等，他们负责规划活动、指导青少年、传授技能和监督安全。

通常情况下，童子军组织中的精神导师角色是由对这一事业感兴趣的牧师来承担的，因为他们更有能力教育和引导年轻人。近年来，也有些牧师自己成了俄罗斯东正教探路者组织的一部分。因此，年轻的童子军不再仅把牧师看作神职人员的代表或精神上的父亲，而是视他们为组织中的朋友，有时甚至是如同兄弟一般的存在。

每年，探路者组织都邀请相关人员参加全俄童子军科学与教学会议。十多年来，探路者组织的领导者们齐聚一堂，开始突破传统的框架，分享新的工具和技术，设定共同的目标，并进行成果评估。

（二）其他青年组织的领导者和成员

有的童子军组织开始邀请儿童和青年组织的领导人、公共儿童协会中心的成员、师范大学的教师和教区的代表来分享他们的技能和知识。这样的活动在民众中引发了热烈的反响。因为任何成年人都可以成为童子军组织或其他青年组织的参与者，而无须成为正式会员。❷

---

❶ RUSSKIY MIR FOUNDATION. Scouts in Australia: Preserving Russian Spirit [EB/OL]. [2024-08-17]. https://russkiymir.ru/en/publications/313990/.

❷ ОРЮР Организация Российских Юных. СМИ о нас ОРЮР [EB/OL]. [2024-06-24]. https://orur.ru/about/smi-o-nas/.

正是由于这种开放性，俄罗斯童子军组织能够让更多的人了解到童子军运动，使他们能够全面地了解童子军是谁，以及童子军在做些什么。

三、教育服务的内容：爱国主义教育与实践活动并重

俄罗斯童子军的课程设计旨在全面发展青少年的身心，强调实践能力、团队合作、道德观念和爱国情怀，培养有责任感、有创造力、有同情心和全球视野的未来公民。

（一）进行爱国主义教育

谈到童子军运动史是离不开战争的，但战争带给俄罗斯人民的不仅是刺痛与伤疤，还有全国人民一起保家卫国的信心与坚持。因此，在俄罗斯教育系统中，战争教育是一个很重要的部分。政府希望通过战争教育培养青少年的家国情怀和崇高的民族荣誉感。在童子军教育中，这一点也有明显体现。

在青少年日常所接触到的活动中建立起爱国意识，是俄罗斯培养童子军的第一种方法。童子军的爱国主义教育基于让童子军了解有关俄罗斯的历史、文化、习俗、地理概况等信息。爱国主义教育既可以在一般课程期间获得，也可以在可选课程（专业的个人测试、参加特定支队的课程等）中获得。此外，在定期聚会和节假日、远足和探险期间，童子军成员也会积极在主题节目、游戏和比赛中获得有关爱国的知识。一些俄罗斯童子军组织通过讲解俄罗斯的战争史，建立起青少年的危机意识，并且对青少年进行全面的军事科普，使他们能够更加全面地了解自己国家的军事水平及武装力量。❶俄罗斯一些童子军组织的爱国主义教育形式和方法广泛而复杂。这种爱国主义教育不应错误和狭隘地被认为是"军事爱国"，因为爱国主义教育的目标比准备服兵役更重要，它们旨在形成一定的公民世界观。

爱国主义教育的结果不是向孩子传达历史、文化或地理的枯燥事实，而是

---

❶ 潘娣. 外国学生怎么军训？[N]. 解放军报，2018-09-12（10）.

帮助他们形成一种爱国观念，因所参与的相关活动而在情感上得到升华。"自己与国家和人民密不可分"的这种爱国的观念也表现在童子军所接触的歌曲和参与的活动之中，让他们感受到对祖国的热爱应该体现在行动上。

（二）实践活动与体能训练

一般培训计划包括国家及其地区的历史、地理、文化课程。童子军可以去远足、去探险，参观不同的城市，安排短途旅行，参加当地的历史活动等。他们研究在旅途中遇到的自然、文化和历史古迹。在实践中，孩子们会熟悉动物世界、浮雕和他们参观的地方的特征。年幼的孩子参加自行车游戏"莫斯科历史学家""当地历史学家"等，他们花几个星期沉浸在他们小家园的历史、生活、人民、文化和地理的话题中。通过丰富这些知识，让童子军们能够向他人介绍自己的祖国。去主题博物馆、安排与有趣的人会面等活动，也有助于更好地帮助他们了解祖国。❶

在一些童子军组织的体育锻炼中，最具有特色的就是超强耐力训练和耐寒训练。俄罗斯的冬天异常寒冷，童子军们从小就进行抗冻训练，在冰天雪地里小朋友们只穿内衣做运动，就是为了锻炼意志力。参与这种耐寒训练的童子军们在意志力与耐力方面更加优于其他孩子，身体也比其他孩子更健康；在性格方面，参与这类训练的孩子更加和气、乐观，也更加有纪律。在耐力训练项目上，童子军训练营为孩子们安排马拉松赛、穿越铁丝网、跨越沟渠等项目，主要是培养青少年的强大意志力和严明的纪律性。

四、教育服务的途径与方式方法

在当今快速发展变化的社会背景下，教育服务面临着前所未有的挑战与机遇。俄罗斯童子军开展教育服务的途径和方法既有规范性又有丰富性。俄罗斯童子军以其独特的理念和实践为青少年提供了宝贵的成长平台。

---

❶ Краеведение[EB/OL].[2024-08-12]. https://orur.ru/directions/kraevedenie/.

（一）以核心原则为基础，关联多种要素

童子军教育方法是俄罗斯青年童子军组织工作的基础。多年来，童子军教育方法本身已被许多侦察型组织在世界范围内广泛且成功地运用。它包括以下许多相互关联的元素。其一，承诺与法律。自愿承担对上帝、社会和个人的责任。其二，通过行动学习。在实践中学习，通常是通过游戏的方式，并遵循"教朋友"的原则。其三，永久小组系统。成员以小组形式参与所有活动，如巡逻队、小队或帮派。这种设置有助于在同伴的支持下完成任务，每个成员都对自己的角色负责。其四，自然环境。大部分活动在自然环境中进行，鼓励与自然和谐共处。其五，个人发展。通过等级和专业的晋升系统促进成员在身体、智力、情感、创造力、精神和道德等方面的全面发展。❶

（二）童子军教育的支持体系与实践

为了确保童子军教育的有效实施，还有一系列支持体系和实践活动。其一，成人支持。通过为领导者和导师提供系统的课程和专题培训，支持他们发挥在童子军运动中的作用。其二，象征意义。童子军的制服也很吸引人，包括一件带有肩章的军装衬衫、短裤和一顶模仿英国军队志愿者的帽子。系特殊的童子军领带是强制性的，但有个前提：只有在完成了某种善行之后，童子军才能系上它。完成某种善行，需要由几名侦察员外出寻找可做的善行，完成后要向他们的长辈汇报，之后才能被允许系上童子军领带。❷其三，参与社区活动。鼓励成员积极参与社区服务，培养积极的公民意识和社会责任感，同时锻炼领导力和沟通技能。

---

❶ ОРЮРОрганизацияРоссийских Юных．Скаутскийметод [EB/OL]．[2024-08-24]．https://orur.ru/base/skautskiy-metod/.

❷ 侦察兵和侦察 [EB/OL]．[2024-08-05]．https://zh-cn.topwar.ru/184686-skauty-i-skauting.htm.

五、教育服务的效果

俄罗斯童子军组织的最终目标是要培养优秀的俄罗斯公民,其效果显著。既注重在实践中学习,使童子军们拥有了坚强的意志力与合作精神;又在活动的基础上以课程形式保证了童子军的综合素质培养,为培养优秀的俄罗斯公民作出了突出贡献。

(一)提高了社会服务意识

俄罗斯童子军组织从成立之初到延续至今,一直在为有需要的人提供无私的帮助,甚至在第一次世界大战期间,也有许多这样的故事。

俄罗斯童子军领带末端的结(颈巾)、童子军徽章上的结——它们不仅是装饰,更是提醒童子军们不要忘记不断地为他人做好事,哪怕是为陌生人或为自然环境作出贡献。童子军活动的一部分便是援助孤儿院、老人院、自然保护区、教区和教堂。有时,这样的善行是由整个小队一起完成的。❶年轻的童子军们没有报酬,也没有交换互惠服务,这是俄罗斯童子军教育服务中社会服务意识的明显体现。

(二)提高了自然生存技能

对于童子军而言,"旅游"不仅是一项活动,它还体现了特殊的团体和个人技能的锻炼,如练习划船、攀岩、组织雪地避难所等的技术和技能。通过徒步旅行等实践活动的训练,能让童子军处于一个与平时生活截然不同的全新环境中,适应环境收获新知。在这里,技能的发展和各种性格特征的培养远远超出了普通知识和技能的讲授范畴。而且还因为环境危险性增加,一个错误就可

---

❶ ОРЮР Организация РоссийскихЮных.Скаутскийметод. Добрые дела. [EB/OL]. [2024-08-02]. https://orur.ru/directions/dobrye-dela/.

能会给团队带来许多困难。这种责任感完美地提高了他们的领导能力,并教会了他们遵守纪律和与伙伴的互动。

（三）注重综合教育,培养优秀俄罗斯公民

童子军是动物和自然的朋友——这是童子军不变的法则,并试图在生活中实现它。例如,在童子军的登山背包里,总是有一个垃圾袋和一副手套。因为他们遵循一系列环保行为准则,如种植树木、照顾宠物、分类垃圾、妥善处理垃圾、冬天喂鸟、回收物品、明智消费、修理破损的东西、小心使用和重复利用物品等。他们参加各种环保项目并组织自己的项目。对于初级童子军,有自行车游戏"生态",如帮助孩子们了解如何尊重城市环境,首先要进行观察,然后进行实践课程,最后参观博物馆。[1]这些活动不仅促进了童子军的心理和审美发展,也为他们提供了宝贵的知识、技能和经验,使其在未来的生活中受益匪浅。

此外,俄罗斯童子军组织还培养了孩子的创造潜力和创造性思维,教导他们不要害怕,从最初的步骤开始寻找解决方案,发挥想象力,并在实施计划中积累经验。童子军们在一次次的活动中培养了思维的广度和独创性,在寻找出路的过程中培养了坚持不懈的毅力。童子军们不断在实践活动和日常训练中面临需要创造性解决的任务。这是综合教育的表现,也是收获新知的途径。

---

[1] ОРЮР Организация РоссийскихЮных. Скаутскийметод. Экология [EB/OL]. [2024-08-02]. https://orur.ru/directions/ekologiya/.

第三节 俄罗斯童子军教育服务的经验

流淌着"战斗民族"血液的俄罗斯童子军组织,教育目标是促进人的全面发展,其训练目标之一是培养人的坚韧精神。这种教育目标深深影响着青少年一代的发展。在教育服务方面,它提倡与其他国家以友好合作的方式组织开展联合课程;在培训中注入教育理念;将更加完善的教育带入日常的训练中。

一、提供国际化的联合课程服务

任何一个国家都不能离开世界而独立发展,友好的合作方式有利于两个国家乃至整个世界的发展。基于此宗旨,俄罗斯童子军与其他国家童子军组织建立了联合课程,使孩子们感受不同的教育特色与训练方式。对于学员们来说,这不仅是技术上的进步,更是文化上的互补。

最具有代表性的当属卡累利阿与芬兰童子军的联合。卡累利阿共和国是俄罗斯联邦的一个自治共和国,位于俄罗斯西北部。早在第二次世界大战之前,童子军已经发展到很多地方了,包括卡累利阿。卡累利阿共和国的童子军带有俄罗斯特色。而"全球教育第一的芬兰",一以贯之的教育方式有两个基本原则:学习是为了应用、应用是为了更好地学习。芬兰的孩子们从小学起就要上"教育与职业辅导课",学会观察和了解自己身边出现的各种行业,认识各个工作对知识和技能的要求。尽管孩子们长大之后,有一部分职业或许都不存在了,但是,孩子们当年获得的社会认知、创造力自信和团队合作精神,将使他们一生受益。

早在卡累利阿建立侦察组之前,卡累利阿童子军与芬兰童子军的合作就开始了，但当时主要是为了两国组织能够更多地了解世界童子军运动的经验。近些年来，芬兰童子军组织领导人向卡累利阿多次提供开展课程管理的笔记和教材。在参考这些材料的基础上，卡累利阿童子军组织开设自己的培训课程，并与芬兰进行资源共享，互相学习新的工作形式。同时，在合作期间，来自芬兰和卡累利阿的许多童子军领导人相互会面，建立个人联系，这也是两国童子军组织进一步发展合作的良好基础。

二、提供均衡的教育与培训服务

在以往俄罗斯童子军组织提供的服务中，组织机构向来都是文武并重，不仅给童子军们提供文化教育，也组织相关的实践活动，并对他们进行一定强度的军事训练。在这样的教育服务背景下，童子军组织也培育出了一代又一代的社会精英，但童子军组织发展仍有很大的进步空间。

在一般的实践教学之中，教育作为一种普遍的范畴，只是把知识传达给学生。这样的培训模式下，教育的结果似乎成了一个"训练"系统。其实，教育是一个多因素的过程。教育的目标是指根据国家特征和历史时代，对一个人有预期的期望，在有个性的教育的系统下，对个人产生影响。教育的方向分为心理方向、道德方向、劳动方向、公民方向等，它是一个综合的过程。在俄罗斯人民看来，教育也意味着历代科学文化经验的代代相传。

俄罗斯童子军在丰富日常课程设置上十分注重公民道德培养与爱国主义情怀养成。战争历史类课程，可以培养童子军的家国情怀与责任感，树立保家卫国的决心与坚持；军事科普课程，可以将国家发展最新的军事成果与科技力量直接展示给童子军，让其感受国家的强大力量，亲身体验实战装备，感受真实世界的一部分，并能体会到强烈的民族荣誉感；艺术类课程，可以让童子军们感受美的世界，思想更加多元化、系统化、综合化，有利于成长为一个全方位人才。除了这些特色课程，俄罗斯童子军还开设了多门文化类与科技类课程，致力于培养优秀的新一代国家力量。

世界童子军运动组织将侦察指定为一种教育运动，并称侦察活动是一种"持续一生的过程"。童子军教育的目标是"促进人的自主全面发展，随时帮助他人，成为一个负责任的人"。从中可以发现两个关键词——过程和促进，能够反映俄罗斯人对教育基本概念的思考。俄罗斯童子军的教育是一种基于自我教育的概念，"自我教育"的核心概念是基于从内部教育而非从外部学习。此外，童子军教育方法是一个结构性框架，旨在激励每个青少年走向个人的成长道路。如果给童子军运动下一个定义，有俄罗斯专家认为它是"一群人或多或少有意识地朝着某个坚定目标前进的一系列行动"。因此，可以得出一个结论，俄罗斯的童子军运动是一项针对青少年的运动，这个运动为青少年的个人成长创造条件。在未来的发展中，童子军教育有两个进步方向。第一，为青少年自我发展创造条件，给予他们选择的机会，社会为他们的成长保驾护航。第二，童子军教育为社会带来的直接影响，教育产生的教育成果，反过来也会为社会服务。

三、不断将新的教育理念融入日常训练

随着社会不断进步与文明程度的提高，童子军组织也会对"教育"这个词有着越来越深刻的理解。现代社会的教育已不仅是教授科学文化知识和日常的爱国主义教育，更注重对人本身的综合提高，实现人的全面发展。比如，随着科技和社会的发展，童子军训练纳入了更多关于数字技术、网络安全和个人安全等方面的技能训练；通过各种活动和挑战，培养成员之间的协作能力和领导才能，这些都是现代社会非常重视的素质；通过体育锻炼、户外探险等活动，提升成员的身体素质，并通过心理辅导和情绪管理训练提高其心理韧性；通过参与社区服务项目，培养成员的社会责任感和服务精神。鉴于俄罗斯童子军训练营中包含了一定程度的军事训练，这些训练也会根据现代战争的特点进行调整，如引入新的战术训练或使用模拟器进行实战情景演练等。俄罗斯童子军不断将新的教育理念融入日常训练中的这种做法，旨在确保童子军成员能够获得最新且最有效的教育体验，并且能够在不断变化的世界中保持竞争力和适应性。

第六章

澳大利亚童子军的教育服务

澳大利亚童子军（Scouts Australia），正式名称为澳大利亚童子军协会（The Scout Association of Australia），是大洋洲最大的童子军组织，也是世界童子军运动组织的成员。该组织致力于通过实际的生活训练，为澳大利亚5~25岁的儿童、青少年和年轻人提供有趣且富有挑战性的机会，让他们通过冒险获得成长。

第一节 "合格公民的阵地"：澳大利亚童子军组织概述

澳大利亚童子军协会目前拥有约 70 000 名成员，是澳大利亚最大的青年发展组织之一。其独特之处在于开展了各种各样的活动，从 5 岁开始培养年轻人的领导力、团队合作能力、解决问题能力和沟通能力等。童子军可以参加各种各样的户外活动，从露营和丛林生存等技能，到绳降、夜间徒步、漂流、独木舟、峡谷漂流、雪上活动、攀岩、帆船……甚至飞行等更极端的挑战。澳大利亚童子军的教育计划还涵盖青年健康、负责任的冒险、职业技能，以及与澳大利亚原住民有关的问题。

一、从英国走向大洋洲：澳大利亚童子军的成立背景

童子军运动是一项世界性的运动，它促进了 100 多年来青少年和成年人的发展。在澳大利亚，童子军也是规模最大、效果最为成功的一个组织。1908 年，英国出版了童子军训练手册《童子军手册》（*Scouting for Boys*）。与此同时，童子军运动于 1908 年传播到澳大利亚、新西兰和印度，其他国家也紧随其后。[1] 随着世界范围内童子军运动的发展，澳大利亚各州成立了联合王国童子军协会的分支机构。最初，由英国伦敦童子军协会的帝国总部直接负责每个澳大利亚

---

[1] Scouts Australia. The History of Scouting[EB/OL]. [2024-09-01]. https://scouts.com.au/about/what-is-scouting/history/.

的分支机构。直到1922年，童子军协会成立了澳大利亚联邦委员会，由澳大利亚州分支机构的被提名者组成，目的是实现国家一级的合作与协调。1953年，澳大利亚童子军协会联邦理事会成为世界童子军运动组织的成员。1958年，澳大利亚童子军正式成立，起初只允许男孩子参加，1971年以后对女孩子开放。❶

二、澳大利亚童子军的基本发展历程

澳大利亚童子军从1922年正式成立至今，走过了100多年的发展历程。在澳大利亚童子军协会的带领下，童子军组织不断发展壮大。在这个过程中，结合本国国情及发展需要，澳大利亚童子军组织逐渐形成了自己的体系。澳大利亚童子军不仅为澳大利亚的青少年提供了宝贵的成长机会和发展空间，还成了澳大利亚社会的重要组成部分。按照组织服务的内容与范围等可划分为以下三个时期。

（一）创建前期：各州童子军分支机构的建立与发展

1958年，澳大利亚童子军协会成立，接替澳大利亚童子军协会联邦委员会（The Australian Federal Council of The Boy Scouts Association）。1967年，澳大利亚童子军协会通过皇家宪章成为联合王国童子军协会的分支机构。同时，澳大利亚各州的分支机构和童子军协会的巴布亚新几内亚分会，都成为澳大利亚童子军协会的分支机构。1971年，协会更名为澳大利亚童子军协会。直到1976年，该组织只有在特殊条件和批准的情况下才允许英国国民成为会员。1976年以后，英国国民继续自动加入，而包括居民在内的外国公民仍然受到特殊条件和批准的限制。

---

❶ Wikipedia. Scouts Australia[EB/OL]. [2024-09-01]. https://en.wikipedia.org/wiki/Scouts Australia.html.

第六章　澳大利亚童子军的教育服务

（二）创建与初步发展期：服务本国儿童与开展国际合作活动

在许多以国际友谊和社区发展为导向的项目中，澳大利亚童子军协会作出了很大贡献，促进了与亚太地区其他成员方的合作，也得到了其他成员方的支持。其中尤为注意的是，澳大利亚童子军协会一直支持南太平洋新兴的童子军协会，并与孟加拉国进行项目对接，形成"孟加拉国—澳大利亚儿童健康"项目，在1986—1992年对项目村庄的儿童健康进行了关注和保护，并产生了较大的影响。另外，澳大利亚童子军协会还有一个与尼泊尔童子军的自然项目的结对项目，主要内容涉及克里斯蒂山体滑坡的重新造林。通过这一关于自然的项目，孩子们能够探索和认识自然界，并提升环保意识。1988年，澳大利亚成功地主办了第31届世界童子军大会。大约15 000名来自94个国家的童子军参加了悉尼附近的童子军公园，这也是第一次在南半球举办的世界童子军露营，其主题是"汇集世界童子军于一堂"（Bring the World Together）。此次露营运动安排了很多活动，包括突袭行进、挖洞前进、越野比赛、冲浪等。自1934年以来，除了第二次世界大战期间，澳大利亚童子军活动每三年举行一次。童子军狂欢节是最大的国家童子军活动，随着时间的推移，逐渐发展成现在的澳大利亚童子军。这些国际交流活动不仅促进了彼此之间的了解和友谊，还为澳大利亚童子军提供了更广阔的发展空间和机会。

（三）21世纪创新发展期：以童子军利益为重

进入21世纪，澳大利亚童子军组织思考如何在当代背景下，通过一项充满冒险、乐趣、挑战和包容性的计划，为青少年提供童子军运动的基本知识。2013年，澳大利亚童子军成立青年计划审查组织（Youth Program Review），开始对澳大利亚童子军青年计划进行全面审查。❶在此期间，澳大利亚社会和青

---

❶ Scouts Australia. Youth Program Review[EB/OL]. (2016-08-10)[2024-08-29]. https://scouts.com.au/blog/2016/08/10/the-next-steps-for-the-ypr/.

年的需求发生了巨大变化。自 2013 年以来，该组织对包括青年成员、领导者和家长在内的成员团队，对未来澳大利亚童子军的需求，以及如何提供更好的服务进行了广泛的研究。2015 年的《澳大利亚童子军青年计划审查》（*Scouts Australia Youth Program Review*）中提到，冒险家青年童子军的成长，以及他们争取成就和新经验的愿望密切相关。研究表明，父母希望看到孩子们走出舒适区，参加对生活构成挑战的活动。当今，社会给青少年带来了压力和其他情感负担；它们会给一个人的情感发展带来很大压力。21 世纪的童子军运动及其冒险挑战被视为出口，让青少年能够通过运动与挑战放松下来。❶

三、澳大利亚童子军的主要组织特征

在一个组织的兴起和发展过程中，组织自身的特征也是支撑组织发展的影响因素。澳大利亚童子军组织在发展的过程中，有相对明显的特征，吸引着成员加入并扩大了组织规模。

（一）明确了成员年龄与职责划分

澳大利亚童子军根据年龄划分为五部分，分别是袋鼠童子军（Joey Scouts，5~8 岁）、幼童子军（Cub Scouts，8~11 岁）、童子军（Scouts，11~14 岁）、冒险家童子军（Venture Scouts，15~18 岁）、漫游者童子军（Rover Scouts，18~25 岁）。每一个年龄段的童子军所发展的目标以及所承担的任务活动是不同的，在组织内各司其职，不过前面的每一个阶段又是后面阶段的铺垫。因此，在童子军发展的过程中，这种发展具有连续性。

（二）完善的证章晋级制度

澳大利亚童子军组织有一套完备的、成体系化的奖励制度，旨在促进青少

---

❶ Scouts Australia. Youth Program Review[EB/OL]. (2016-11-19)[2024-09-29]. https://scouts.com.au/wp-content/uploads/2016/11/ypr3-6-3adventurousprogramweb150911.pdf.

年的性格发展，提升青少年的领导力，为他们的未来发展作出努力。徽章制度是角色意识培养的重要方面，处在成长中的少年儿童显著受社会文化影响，是角色意识建立的重要时期。不同年龄少年儿童的思维发展水平、个性和社会性的发展水平及品德的发展水平各不相同。❶童子军的活动种类多样，从陆地、海洋到空中都有各种各样的活动。通常，一名童子军若想获得奖章，就需要参加诸如徒步活动、露营、滑绳等项目，要在某个特定的领域内出色地完成任务并获得新技能，如从信息技术中学习的导航应用到洞穴探险或攀岩等活动中。这些奖章的获得是有一定的难度顺序的，按照由易到难的顺序，"先锋"奖章（Pioneer Medal）的颜色为红色，获得此章将会获得学习机会；"探险者"奖章（Explorer Medal）的颜色为蓝色，获得此章表明该童子军的技能和领导能力得到了认可；"冒险家"奖章（Adventurer Medal）的颜色为绿色，获得此章可以教导其他人学习。另外，"先锋"奖章通常是澳大利亚童子军奖章的第一个徽章。该徽章是通过完成露营和公民活动徽章后额外的选择目标，这个徽章可以通过参与空中活动、建筑活动、环境活动、安全活动等获得，完成这个徽章后即可参加童子军领导课程和活动。当童子军获得红色徽章后，他们就有可能参加比较特别的领导课程。这个课程的特殊性在于他们与获得绿色徽章的主要领导成员们一起参与，最终也将被授予奖章，而此奖项则是童子军组织的最高奖项。此奖项可以比肩女王的童子军奖章（Queen's Boy Scout Medal）和贝登堡的漫步者奖章（Battenberg's Rover Medal）。

若想获得奖章，澳大利亚童子军大约在他们14岁的时候就必须达到冒险家的水平。这个水平的主要评判标准是童子军要参加以下两个活动中的一个：30公里的徒步旅行和45公里的独木舟探险，或者120公里的自行车骑行。另外，童子军还必须完成至少10个小时的社区服务。参加领导课程和领导计划的童子军需要写一份报告，之后将被授予澳大利亚童子军奖章，这枚奖章是用

---

❶ 张瑜珠.童子军的徽章制与我国少先队雏鹰争章的比较研究[J].现代中小学教育，2017(3)：93-95.

于参加更高一级童子军组织的"敲门砖"。当然，这些童子军还会获得所在州的州长颁发的证书。一级一级的证章制度，不仅可以调动童子军的积极性还可以让其在进行活动过程中增加合作和竞争意识，逐级提升自身的技能和与伙伴们的关系。❶

（三）青年领导成人支持的组织关系

截至2023年，参与童子军的青年成员有51 016人。其中，袋鼠童子军为8 081人、幼童子军为18 796人、童子军为15 557人、冒险家童子军5 968人，漫游者童子军为2 614人。❷该组织虽然属于青年组织，但参与的主体中儿童仍然占多数，反映了以儿童为主体这一特性。另外，澳大利亚2017年度的童子军报告中还显示成人支持者有12 946人，由此可见成人的支持力度很大。这从侧面反映了澳大利亚的童子军在政府和民众心中已经根深蒂固，成人在其青少年时期参与童子军活动，在其成人之后会作为志愿者支持童子军活动。

（四）新媒介手段服务组织发展

在澳大利亚童子军官网上有一个名为"WA"的童子军商店❸，商店为童子军提供徽章、制服、图书资源、纪念品和礼品、毛毯和餐饮袋等。线上商店是全天开放的，适合路途遥远或者没有时间逛实体店的顾客。所有从该商店购买商品所得的收益将会用于帮助这些童子军。因此，这一网上商店不会以高价出售相关产品，而是以低于市场价格的20%的价格出售，且不收取运费。另外，也有线下的商店可供人们购买商品。线下商店一般都是在固定时间段进行销售。

---

❶ Scouts Australia. Scouting Awards[EB/OL]. [2024-08-28]. https://scouts.com.au/about/what-is-scouting/awards/.

❷ Scouts Australia. Scouts Australia Annual Report 2023[EB/OL]. [2024-09-08]. http://www.sa.scouts.com.au/annualreport.

❸ Scouts WA. Scouts WA Scout Store[EB/OL][2024-09-01]. http://www.scoutswa.com.au/scoutstore.

童子军商店已经为青年童子军服务了60多年，它的工作人员也是具有领导经验的志愿者们。这些志愿者都乐于向参观商店的人们分享他们的经验。在童子军这一体系中，该组织在非营利性和公益性方面考虑得比较周到，为孩子们的成长提供了有力的帮助。

（五）组织归属感的全龄化和全员化维系

澳大利亚童子军成立了专门的童子军联合网站❶，帮助现在和过去的澳大利亚童子军重新发现他们的童子军朋友，并且可以得知他们从那时起一直在做什么，同时不断地更新朋友们的现状。此外，这个网站允许用户创建个人资料并且搜索个人或组队的资料，以此来实现查找好友的目的。这个网站的成立不仅彰显了政府和民众对童子军的重视，也体现了在童子军的发展过程中与时俱进的特点。澳大利亚童子军紧跟步伐并围绕童子军健康成长发展，以童子军利益为重。

---

❶ Scoutmates. Scouts Reunite [EB/OL]. [2024-09-02]. http://www.scoutsreunite.com.au/.

第二节 为新的冒险做好准备：
澳大利亚童子军的教育服务状况

澳大利亚童子军的教育服务状况呈现出多元化、专业化和系统化等特点。通过一套渐进式自我教育体系（"童子军方法"）、专业的成人团队和全方位的安全保障措施，澳大利亚童子军为青少年提供了一个全面发展的平台，帮助他们在自然环境中成长为社会公民。

一、教育服务的理念：促进个体价值的自我实现

澳大利亚童子军的目的是鼓励青年人的身体、智力、社会、情感和精神发展，使他们作为负责任的公民，作为地方、国家和国际社会的一员，在社会上发挥建设性的作用。童子军的原则是童子军应该忠于自己的信仰，考虑他人的需要，发展和利用他们的能力来服务他们自己、他们的家庭和他们所居住的社区。这些原则以"行为守则"为代表，这是不结盟运动所有成员的特征，既是对他人的责任，也是对自己的义务。为了确保所有的澳大利亚年轻人都能参与到童子军活动中来，童子军组织还坚定地作出承诺。2013—2016 年，澳大利亚童子军进行了广泛的研究和咨询。2017 年 7 月 22 日全国理事会采用了澳大利亚的新版本童子军承诺与澳大利亚童子军法。澳大利亚童子军法的新措辞表达了童子军运动在当代语言中一直遵循的理念，让所有人都能理解。

- 尊重——友好体贴——关心他人和环境
- 做正确的事——诚实守信、诚实公平——善用资源
- 相信自己——从我的经验中学习——勇敢面对挑战

这项承诺得到世界童子军运动组织的认同，并受到会员的热烈欢迎，他们表示童子军运动需要更具包容性。

二、服务者的构成：专业化和社会化队伍相辅相成

童子军服务者的构成也是影响其服务状况的主要因素，服务者本身具有的指导性和服务性也会影响组织的发展。澳大利亚童子军服务者以青少年发展为主要目的，围绕如何促进青少年成为合格公民而努力开展一系列工作。

（一）全国青年理事会与全国委员会

全国青年理事会（National Youth Council）[1]是国家一级代表澳大利亚童子军青年成员的主要机构。它直接影响澳大利亚童子军的一系列议题、青年议题和其他议题并向国家工作队提出建议。全国青年理事会的成员是由代表澳大利亚全国 52 000 多名童子军青年成员的 25 名青年成员组成的。没有特殊情况，他们必须亲自参加每年 3 月和 9 月在周末举行的两次会议，还要在项目巡逻中工作并提出想法，对各种问题进行研究，编写详细的建议报告来帮助实施计划。全国青年理事会是一个旨在帮助从基层提高童子军水平的委员会，为了发展童子军，各个部门了解其他青年成员的不同意见和想法，根据他们反映的问题提供意见和想法。全国青年理事会成员将有机会会见来自澳大利亚每个州积极的优秀的青年成员，并与包括澳大利亚首席专员在内的国家工作队合作，发展个人技能。全国青年理事会下设支部的青年理事会，由各州负责，另外还设立了

---

[1] Scouts Australia. National Youth Council[EB/OL]. [2024-08-23]. http://nyc.scouts.com.au/.

国家论坛。澳大利亚童子军每年都举办一次全国性的大型活动，每次都举办一次青年论坛。青年们聚集在一起，考虑他们自己的部门目前面临的问题，以及澳大利亚的童子军问题，然后论坛拟定建议，并将其提交给澳大利亚童子军国家队，包括相关的国家青年方案科委员会和每个澳大利亚分会。全国青年论坛为童子军澳大利亚国家队和分支机构提供了一个难得的机会，使他们可以在同一时间、面对面地从热衷于童子军的青年成员和青年成年人那里获得新的想法。

澳大利亚童子军委员会（National Commission）由理事会选出的多数成员、理事会或其执行委员会任命的办公室负责人、国家执行委员会任命的州和地区办事处负责人，还有从不是由童子军或童子军团体中的成年人选出的人员，以及州和地区分支委员会的少数代表组成。全国委员会通常每年举行一次会议。其国家执行委员会力求实现州和地区分支机构的合作与协调。❶

全国委员会的存在不仅可以实现州和地区分支机构的合作与协调，还有利于各个地方分支机构分享不同的童子军的运作方法和规则，更好地为青少年服务。

（二）青年项目评审组织

自 2013 年以来，青年评审项目组织（Youth Program Review，YPR）一直通过对各种主题的广泛协商塑造着童子军的未来。❷目前，该组织正在进行的工作是确定如何提供一个有趣、具有挑战性、冒险性和包容性的青年方案。这个方案以童子军的基本原理为基础，旨在满足 21 世纪澳大利亚年轻人的需要。近些年，青年评审项目组织一直在开发"一个程序"方法，目的是将童子军从

---

❶ Wikipedia.Scouts Australia Structure[EB/OL].[2024-07-26].https://en.wikipedia.org/wiki/Scouts_Australia#Structure.

❷ Scouts Australia.Youth Program Review[EB/OL].[2024-09-01].https://scouts.com.au/blog/youth-program-review.html.

年轻到年长的发展过程进行系统记录。这个项目重新审视童子军经历的个人发展历程，以及确保童子军计划的参与，可以确保他们作为当地、国家和国际社会的一员，从而成为负责任的公民。青年评审项目组织进行的这种大规模审查、观察、咨询、研究和跟踪，一直持续到 2018 年，之后全国童子军团体进入变革时期，童子军开始参与新的青年计划并将迎接新的个人发展机会的挑战。这一计划在实施之前会广泛吸收童子军和社区的意见，并将"冒险""放眼世界""乐趣"融入其中，找到吸引孩子们加入童子军的关键因素。

（三）成人志愿者

童子军成人志愿者在童子军组织中扮演着重要角色，他们为童子军成员提供指导和支持，推动童子军运动的发展。童子军组织通常对成人志愿者有一定的要求，包括良好的品德、热爱童子军事业、具备相关的技能和经验等。志愿者需要接受培训，了解童子军的理念、宗旨和活动内容，以便更好地为童子军成员服务。成人志愿者每周都会与童子军一起进行许多有趣的活动。通过团队合作及童子军系统帮助他们学习新技能，这也意味着年轻人是领导者，成年人是其导师。❶

除受过专业训练的成人志愿者外，许多童子军活动会根据活动内容不定期招募成人志愿者协助开展活动。童子军总会通过官网发布志愿者招募信息，成人可通过官网进行志愿者申请，童子军总会根据每位申请人的工作性质为他们安排相应的志愿工作。例如，职业为警察、医生的成人志愿者可从事安全巡视、医疗服务的相关工作。这些成人志愿者为童子军活动的开展提供了充足的人力支持。❷

---

❶ Scouts Australia.Preparing to become an adult volunteer[EB/OL].https://scouts.com.au/join/adults/.

❷ 邓晓萌.澳大利亚童子军户外教育活动见闻[J].福建教育，2021(9)：22-23.

三、教育服务的内容：以活动为手段培养领导力

澳大利亚童子军教育服务的内容主要是通过童子军参与多种多样的活动来体现的。童子军在活动中锻炼和提升能力，促进自身的全面发展。

（一）社区服务

社区服务是澳大利亚童子军组织的一个重要方面，因为成为更好的公民是童子军的核心目标。社区服务活动通常包括参加清洁澳大利亚日，参观疗养院或帮助重新种植、管理一个地区的灌木丛等。社区服务的目的在于鼓励童子军寻找一些方式来为他们的社区作出贡献。

（二）户外活动

童子军通过参加如远足这样的大自然中的活动，可以促使他们思考所处的环境，并开始关心环境。同时，他们还需要学习相应的技能，如如何为远足打包物品、如何阅读地图，以及如何使用指南针或全球定位系统导航等。户外活动实现的方式多种多样，甚至可以通过完成有乐趣的地理作业或特殊的活动来表示参与过户外活动。

（三）环保活动

童子军有用于奖励的环境宪章，其奖励计划的一大部分以环境为重点。童子军通过一些具体的活动（如照顾宠物或当地的丛林地区）可以得到徽章，同时也能增加对周围世界的了解。

（四）培训计划活动

童子军的培训计划活动以冒险和个人兴趣为基础，如识别动物、观看日出、徒步旅行、摄影、定向运动、表演艺术、操作业余无线电、丛林生存技能、使用绳结、了解水安全等。童子军通过培训增加自身的技能和兴趣，完善自身的发展。

（五）领导课程

领导课程为期两天，旨在为童子军提供适当的领导技巧，其基础是了解巡警制度和童子军奖励计划、提高领导才能、解决问题及任务管理能力等。此外，澳大利亚童子军还提供其他活动内容，包括露营、煮食、帆船和其他水上运动、攀岩、建造一辆购物车、陆上游艇、制水火箭、演戏、天文学、骑自行车、山地登船等。

澳大利亚童子军教育服务的主要内容是，促使童子军完成各种活动和培训计划，以此提升童子军的身体素质和心理素质。这些服务内容不是局限在发展的某个阶段，而是将整个青少年群体看成一个整体，并在方方面面为其提供服务。

四、教育服务的途径与方式方法

童子军的主要方法是侦察法❶，它支持童子军的发展。童子军的独特之处就在于这种方法，以及童子军教育和培养年轻人的方式。

（一）社区参与

社区参与部分意在积极探讨每个成员对其社区和更广泛世界的承诺和责任。童子军通过社区参与的方式致力于服务大家，成为社区中积极的一员。

（二）边做边学

童子军通过实践操作经验和活动定期学习。在童子军训练活动中，每周例行的夜间活动和巡逻活动，既是课堂学习，又是社会实践。

---

❶ Scouts Australia.The scout method[EB/OL].[2024-09-01].https://sa.scouts.com.au/about-scouts/the-scout-method/1.

（三）自然与户外活动

童子军认为户外是学习的首要和最有效的环境，并鼓励个人与自然世界之间双向互动；每个部门都应该在户外活动中花费大量的时间，接触大自然。

（四）承诺与法律保障

承诺和法律是童子军中评价所有活动和事物影响的基础。随着时间的推移，这些因素将会促进他们的发展，并促进团结、友谊和自我反省。承诺和法律能够帮助个人了解自己在社区和世界中的地位。

（五）巡检体系的活动方式

巡检体系是童子军不可或缺的一部分。这种巡逻活动通过团队合作、责任和组织归属感，为培养年轻人的人际关系和领导能力提供途径。几乎所有的侦察活动都是在巡逻中进行的，重要的是，各部门使用这一活动方式来达到目标和克服障碍。

（六）青年领导，成年人支持

"青年领导，成年人支持"体现了童子军是一个由成年人指导的青少年运动。这一方式为青年成员提供了充分的机会，促使他们自我管理，并作为独特的个体自由发展。随着青年成员的成熟，年龄组相互重叠，鼓励他们在各部分活动中，帮助培养孩子们的个人认同感和分享意识，培养他们的冒险精神和成就感，同时培养他们的团队技能和组织能力，最终服务社区和国家。另外，澳大利亚对童子军的培训也在引入新的措施，用来支持新的青年计划，并且制定了新的培训师三级培训课程。三级培训课程的试验目前正在进行中，设立的"国家首席指导教师"一职，是为了指导培训国家冒险活动指导教师队伍。这不仅确保了有足够的教练，也确保了可以提供专业的技能，这对童子军获取户外冒险技能至关重要。

五、教育服务效果：能力提升与活力促进

澳大利亚童子军组织的服务效果不仅体现在自身童子军的发展上，还将自身的风貌展现在国际上，具有良好的服务效果。

（一）组织服务能力不断加强

澳大利亚童子军是世界童子军的组成部分之一。在2015年的世界童子军成员中，澳大利亚童子军的成员有40.89万名；167个会员组织；90%的童子军成员是青年成员并且以每年1.89%的速度增长；410万成人成员以6.25%的速度增长；服务了600多万个项目。❶这些数据显示，该组织教育服务效果良好，不仅吸引了更多的会员加入，而且会员们的服务项目数量上也相对较多，展现出良好的服务能力，其服务能力也在不断加强。

（二）童子军展现出极高的参与度和活力

据澳大利亚2023年童子军报告显示，1200多名成员参加了世界各地童子军活动，其中225名童子军前往瑞士庆祝坎德斯特格国际童子军中心100岁生日；35名漫游者童子军前往非洲参加骆驼比赛；900多名童子军前往韩国参加世界童子军大露营活动，这是澳大利亚十几年来派往海外最大规模的童子军团。西澳大利亚的"一个营地"户外活动见证了1 350多名童子军在9天时间里完成38项户外项目，收集了6 600枚徽章。❷以上数据显示，澳大利亚童子军积极参与活动，并取得了优异的成绩。它一方面展现出了童子军活动良好的参与度，另一方面也体现出了在这一组织中青少年活力高的特点。这也是澳大利亚童子军教育服务效果良好的体现之一。

---

❶ Scouts Australia.Scouts Australia Annual Report 2015[EB/OL].[2024-09-08].http://www.sa.scouts.com.au/annualreport.

❷ 同❶.

（三）培养出较多优秀的青年领袖

澳大利亚童子军注重培养青年领袖，也培养出了较多的青年领袖。2017年3月，澳大利亚童子军启动了新的领导力发展计划的第一个阶段，旨在为童子军提供一个杰出的平台。这一项目遵循世界童子军青年参与政策，通过为青年成员创造更多机会来发展青年的领导能力、与时俱进的学习能力和社区参与技能，从而培养出具有强大的组织管理能力、人际吸引力、政治素质、思想素质、文化素质、法律修养、心理素质等体现和提升青少年群体中的主流价值观念的青年领袖。

（四）在国际上展现出良好面貌

澳大利亚在国际上的项目进展对于自身地区和世界的童子军运动的发展具有重要意义。在第13届世界童子军青年论坛上，澳大利亚童子军派出4艘探测车来参与项目；在第41届世界童子军大会上，有28名成员代表澳大利亚出席，并且在此次会议上，青年计划小组促进了关于"青年领导，成年人支持"这一童子军方法的讨论，并提出了童子军教育目标和细节内容。澳大利亚童子军在国际活动中表现良好，展示出了组织的教育服务效果。

第三节 以儿童价值为中心：
澳大利亚童子军教育服务的经验

澳大利亚童子军在教育服务上以青少年发展为主要目标，同时也有成年人的支持。澳大利亚童子军成员对组织的认同感较强，童子军也获得了国家公民的认同，因此可以说澳大利亚童子军组织表现出来的教育服务具有优质性。

一、在服务过程中要承认儿童的价值和作用

澳大利亚政府承认童子军在服务过程中的价值和他们所发挥的作用，并且授予他们奖章，向全社会承认他们的贡献，这让童子军感到光荣与快乐。作为一名童子军，帕特里克·墨菲（Patrick Murphy）协助开展了一场冬季食品活动，并为需要帮助的家庭收集了一车食品杂货，完成了这个作为世界童子军和平使者项目的服务项目。他是第一个获得徽章的小组成员，帕特里克说："我很幸运能为我的社区提供服务，我的经历非常令我满意。"凯特琳·尼科尔斯（Caitlin Nicholls）喜欢袋鼠童子军，因为"这不只是一群朋友互相玩，而是在帮助别人"。凯特琳是来自佤族的袋鼠童子军，她觉得自己被接纳了，也总能听到他人的声音。每周，他们的首领都要让一个袋鼠童子军去领导一场游戏。凯特琳说："看到别人玩我的游戏玩得开心，我感到很开心。"[1]从这两个案例可以

---

[1] Scouts Australia.Scouts Australia Annual Report 2017[EB/OL].[2024-09-09].http://www.sa.scouts.com.au/annualreport.

看出,加入童子军的青少年在设计活动、参与活动的过程中切切实实感受到了快乐,也发现自己的能力有所提升。他们在为他人服务的过程中感受到了自己的价值,也体会到了为别人付出所得到的快乐。这正是澳大利亚童子军服务特点的重要体现。

二、提供以实践性和体验性为主的活动

多样化、趣味足的游戏活动是童子军组织的一大特色,从露营和丛林生存等"传统童子军技能",到绳降、夜间徒步、漂流、独木舟、峡谷漂流、雪上活动、攀岩、帆船……甚至飞行等更极端的挑战都包含在内。在户外活动过程中,袋鼠童子军多以探寻森林知识、进行草地游戏为主,幼童子军则主要参加射箭、生火烹饪、徒步行走、攀岩等项目。在成人领导者的正确指导和教育下,在团队的相互支持与帮助下,少年儿童的潜能及各项能力也随之不断得到提高。此外,在社区范围内,也会组织童子军进行义卖、回收垃圾、募捐等社会公益性活动。这些活动不仅能够服务社会、贡献社区,也是培养少年儿童社会责任感和公民意识的有效途径。

"生活的准备教育"是世界童子军教育的理念,当前所学习的各项技能与知识是为了将来成为一名良好的公民。这种户外活动的开展使少年儿童在品格、体格、性情及技能方面都有所发展。联合国教科文组织在《教育——财富蕴藏其中》中提出面向21世纪教育的四大支柱——学会认知、学会做事、学会共同生活、学会生存。户外活动的开展使少年儿童能够在实际活动中切实受到这四方面的教育,寓学习于游戏,到大自然中去学习从而获得更好的发展。

三、所提供的教育活动富有针对性与衔接性

澳大利亚童子军将5~25岁的青少年划分为五个年龄段,其中在袋鼠童子军阶段鼓励通过简单的游戏、故事和手工活动创造性地表达自己,学习如何分享、关心和帮助他人,培养袋鼠童子军一种强烈的归属感和对周围世界的理解;8~11岁的幼童子军阶段专注于探索户外,发现和学习有趣的事情,并开始学习领导力和团队合作;在11~14岁童子军阶段,为其提供了一系列的活动来传授

重要的生活技巧，如砍柴生火、徒步穿越丛林、乘坐皮艇、独木舟或帆船出海等冒险活动；在15~17岁的冒险家童子军阶段，青少年将面对一定的学习压力，童子军活动可以将一群志趣相投的年轻人聚集在一起，除让他们学习有价值的生活技能外，也能为他们的生活提供喘息空间；在18~25岁的漫游者童子军阶段，将自主运行一个团队，根据自己的传统、特殊的兴趣和个性组织活动。漫游者童子军喜欢帮助别人，享受美好的时光，接受新的挑战。通过注重活动的针对性和衔接性，可以确保童子军等儿童团体参与的社会公益性活动更加贴近儿童的实际需求和发展特点，同时也能够实现服务社区、贡献社会的目标。

四、在全球可持续发展中依靠青年服务力量

2015年，联合国启动了全球可持续发展目标（SDGs），包括消除贫困、优质教育、性别平等和建立伙伴关系等。这些目标旨在推动社会、经济和环境可持续性的改善。2018年年底，澳大利亚童子军协会通过"童子军促进可持续发展目标"（Scouts 4SDGs）将这一承诺又向前迈进了一步，动员数百万童子军在2030年前为可持续发展目标作出青年贡献（通过200万个当地项目和额外的30亿个小时的志愿服务）。虽然可持续发展战略和行动计划于2019年4月在国家运营委员会上正式获得批准，但它建立在澳大利亚各地童子军数十年的工作基础之上，继续为支持联合国全球可持续发展目标指明方向。在"童子军促进可持续发展目标"项目中，澳大利亚童子军组织通过鼓励童子军组建项目小队，重点关注所在地区和社区的各类重点问题，共同完成可持续发展目标挑战赛，鼓励11岁以下的童子军每年至少投入10个小时参与可持续发展项目，而年长成员则最低需要投入20个小时，从而为实现可持续发展目标作出努力。澳大利亚童子军组织在服务全球可持续发展中发挥着不可替代的作用。

第七章

新西兰童子军的教育服务

　　新西兰是南太平洋上的一个岛国，处于波利尼西亚的最西南部。14世纪时毛利人定居此处，1642年后荷兰人和英国人先后到此，1840年新西兰沦为英国殖民地，1907年成为英国的自治领土。到20世纪20年代，英国几乎控制了新西兰所有的内部和外部政策。1947年新西兰完全独立，成为主权国家。新西兰童子军是新西兰最大的青少年组织，为5~26岁的儿童和青少年提供有趣和富有挑战性的活动，主要培养新西兰童子军的团队合作、时间管理、沟通、冒险等能力。目前，新西兰童子军在全国391个社区开展活动，其中惠灵顿国家童子军中心和五个大型地区童子军中心，为每个小型社区童子军组织的整体运行提供教育服务。

第七章　新西兰童子军的教育服务

第一节　新西兰童子军组织概述

新西兰童子军主要分布在上北岛、下北岛、上南岛和下南岛等地区。在这四个较大的地区内，进一步划分若干个地区，由多个童子军小组构成一个童子军区。新西兰童子军组织的基本单位是童子军小组，它以当地社区为基础。新西兰童子军依据年龄划分为五个阶段，鹦鹉童子军（Kea，5~8岁）、幼童子军（Cubs，8~11岁）、童子军（Scouts，11~14岁）、冒险家童子军（Ventuers，14~18岁）和漫游者童子军（Rovers，18~26岁）。❶在每一个童子军小组内，有一些成年领导人自愿给予一定的时间来帮助年轻人的发展。新西兰童子军组织结构如图7-1所示。

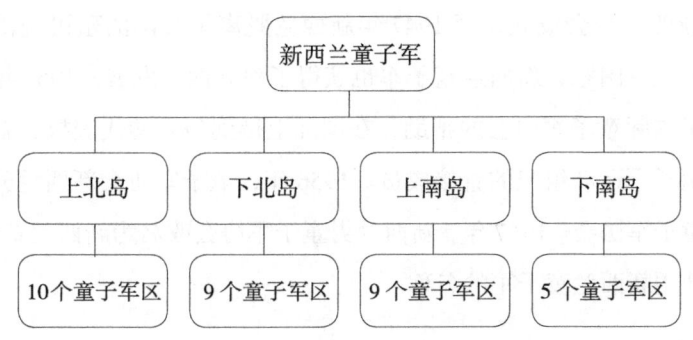

图7-1　新西兰童子军组织结构图❷

---

❶ 宋岩，刘晋宇.新西兰童子军2015年战略的述评及对我国少先队改革的启示[J].少年儿童研究，2019(2)：72-78.

❷ Scouts Aotearoa.Groups-Scouts Aotearoa[EB/OL].[2024-05-02].https：//scouts.nz/groups.

一、大卫·科斯格罗夫：新西兰童子军创始人

1908年贝登堡撰写了《童子军手册》一书，这本书很快就传到了新西兰。当时，很多社区开始按照书中的方式把团体聚集在一起，童子军在新西兰迅速发展。新西兰人大卫·科斯格罗夫（David Cosgrove）很快就看到了此书在新西兰的适用性，并且是第一个开始在新西兰组织童子军运动的人，因此大卫·科斯格罗夫是新西兰童子军运动的创始人。

二、新西兰童子军的基本发展历程

从20世纪初新西兰第一支童子军正式注册，至目前已经有100多年的历史。新西兰童子军的发展历程可以划分为成立时期、发展时期和创新时期三个阶段。

（一）成立时期：从正式注册到成为英国童子军的分支机构

大卫·科斯格罗夫在新西兰组织童子军运动，其所创办的组织成立之初只是英国童子军在新西兰的一个分支机构。1920年，第一次世界童子军盛会在伦敦奥林匹亚举行，新西兰作为英国童子军分支机构参加此次盛会。1941年，童子军协会新西兰分会成立，至1947年新西兰脱离了英国的殖民统治，获得完全自主成为主权国家，新西兰童子军也获得了独立性的发展。1953年，新西兰分会通过了国际童子军协会的帮助，在国际上得到独立的代表权，新西兰分会成为世界童子军运动组织的直接成员。1956年，童子军协会新西兰分会改名为新西兰男童子军协会。1967年，新西兰男童子军协会改名为新西兰童子军协会，自此开始使用新西兰童子军的名称。

（二）发展时期：规模壮大与女孩加入童子军

1935年，贝登堡再次访问新西兰，对新西兰的童子军进行指导。1944年，新西兰童子军在恩古塔湾举行了第一次新西兰海上童子军赛。1970年，新西兰童子军注册成员超过了5万人。1976年，第一批14~18岁的女孩成为探索童子军的成员。1979年，年龄为11~14岁的新西兰女童子军加入。1987年，年龄

为 8~11 岁的女孩正式进入童子军区。1989 年，年龄最小的 6~8 岁的女孩被纳入了鹦鹉童子军和幼童子军俱乐部。❶

（三）创新时期：百年纪念与新计划新政策

2008 年，新西兰童子军举行百年纪念，成为新西兰童子军发展历程中的标志性事件。自此，新西兰童子军开始了改革与创新时期。2015 年，新西兰童子军推出了 10 年战略计划。2017 年，新西兰童子军推出第一项青年发展政策。2018 年至今，新西兰童子军贯彻实施青年项目计划。

随着新西兰童子军组织专业化的发展，新西兰独特的地理位置对童子军的发展也带来了较大的影响。童子军在成立早期就出现了不同类型的新西兰童子军活动，后期为了进一步提高新西兰童子军活动的专业性做铺垫。随着童军组织不断地发展，出现了三种类型的童子军，具体化划分为"空童子军""海童子军"和"陆童子军"，三者既有共性又有其自身的特殊性。首先，三种类型的共性是指所有的童子军都需要参加的一些共同活动。他们之间也存在一些差异，具体表现在以下几个方面："空童子军"（Air Scouts）会有一些和飞行相关知识的学习，如飞机模型制作、飞机博物馆参观、机场露营和飞机知识类的讲座；"海童子军"（Sea Scouts）的营地建设靠近海边，会有一些针对性的海上活动，如帆船、独木舟学习、水上安全培训、海上运动结绳等；"陆童子军"（Scouts）更多是野营、露营、徒步等类型的活动。尽管三者各有侧重，但是界限并不是特别明显，如空中童子军也有一些水上的活动，陆地童子军也有独木舟制作和水上比赛等活动。❷

---

❶ 宋岩，刘晋宇. 新西兰童子军 2015 年战略的述评及对我国少先队改革的启示[J]. 少年儿童研究，2019(2): 72-78.

❷ Captain Musick Air Scouts.The History of CMAS[EB/OL]. [2024-08-25].https://www.cmas.nz.

三、个人与组织的统一：新西兰童子军的主要组织特征

作为一个非营利性的教育机构，可以尝试用组织行为学的视角来分析新西兰童子军的主要特征。组织行为学是研究组织中的人的一种行为科学，它用客观的方法描述和测量这些行为，研究这些行为的规律从而进行合理的解释，并根据这些规律去预测和控制组织中的各种行为，以便提高组织的生产力和人对工作及组织的满意度。❶组织行为学是通过分析组织、群体、个体对组织产生的影响，来提升整个组织的有效性的一种行为方式。新西兰童子军组织具有以下特点。

（一）"以人为本"的管理理念

"以人为本"是人本管理理论的出发点和落脚点，这一点也充分体现在新西兰童子军组织中。新西兰童子军以世界童子军组织建设为基础，以心理学为依据将5~26岁的孩子划分为5个不同阶段：5~8岁的儿童参加"鹦鹉童子军"俱乐部，俱乐部为孩子们提供一个安全有教养的环境来发展他们的创造力，他们可以玩很多的游戏和结交新朋友。8~11岁的儿童参加"幼童子军"俱乐部，该俱乐部为此阶段的孩子提供学习计划，鼓励儿童体验并参加冒险、野营、烹饪等一些基本的生存技能的训练，并为下一个童子军阶段做准备。11~14岁参加"童子军"的活动，侦察组为青少年提供一个不断挑战自己进行极限活动的机会，在冒险活动中学习宝贵的生活技能，结识新朋友并为社区作贡献。14~18岁的少年参加"探索童子军"活动，探索童子军除户外生存技能的相关活动外，还涉及社交活动，包括参加智力竞赛之夜、正式舞会、赌场之夜和许多其他有趣的活动，与来自新西兰和世界各地的其他童子军会面，为成为童子军领导者作准备。18~26岁的青年参加"漫游者童子军"活动，此阶段计划

---

❶ 弗雷德.鲁森斯.组织行为学[M].王垒，姚翔，童佳谨等，译校.北京：人民邮电出版社，2009：译者序 vi.

的主要目的是鼓励青少年自我发展，主要培养他们的领导技能，协助和领导各种活动。❶

无论是哪一种类型的童子军活动，在课程设置和知识学习上，都会根据不同年龄段设置一些最基本的活动，如露营、野外生活、徒步活动、打绳结和急救知识等。这些活动的主题在不同的年龄段有不同的侧重点。比如，同样是露营生活，在"鹦鹉童子军"低年龄段，活动会更多地强调体验，家长们可以和孩子们在室内学习如何一起搭建帐篷，孩子们与父母一起体验露营生活。而到了"幼童子军"阶段，活动则侧重对孩子们独立性的培养上，在领袖和一些大些孩子的帮助下，尝试在野外露营，开始亲手参与一些营地的活动，如搭建帐篷、烹饪、打绳结等。到了"童子军"年龄段，重视培养新西兰童子军的团队协作能力，活动基本上是分组进行，每组独立完成野外露营、帐篷搭建，甚至野餐等活动。❷

此外，童子军组织也关注员工和组织的发展。新西兰童子军组织内部员工是指为该组织提供一定服务的人员，包括长期的工作人员、志愿者。在该组织内部，童子军领袖、工作人员和志愿者之间存在积极的互动关系，无论是对童子军本身还是对领袖而言都是不断学习和自身成长的一个过程。新西兰童子军在2015年推出的十年战略表示，在童子军活动中不仅关注个人的成长，还不断培养童子军领袖，通过一定的奖励政策等措施培养未来的童子军领袖，为新西兰童子军组织的发展源源不断地输送新鲜血液。❸

---

❶ Scouting New Zealand – ScoutWiki.Scouting New Zealand[EB/OL].[2024-08-25].https://en.scoutwiki.org/Scouting_New_Zealand.

❷ Captain Musick Air Scouts.Information – Captain Musick Air Scouts[EB/OL].[2024-08-25]. http://www.cmas.nz.

❸ 宋岩,刘晋宇.新西兰童子军2015年战略的述评及对我国少先队改革的启示[J].少年儿童研究,2019(2):72-78.

（二）高效的管理和领导

新西兰童子军在管理和领导的方式上采用高效能的管理和领导方式，通过制定工作目标和设计童子军活动，来管理童子军的日常工作。在新西兰童子军组织中，志愿者数量多，流动性也大，为保障童子军组织的高效管理，采取的方法是工作轮换制、工作扩大化、新的挑战和制定明确目标。❶首先，工作轮换制能够使每一位志愿者在较短的时间内更多地了解新西兰童子军组织是如何运行的，以备不时之需；其次，适度的工作扩大化能够使其在工作的过程中获得更多的技能；再次，在科学技术高速发展的时代，志愿者要敢于挑战，培养其创新品质。最后，制定明确的目标，新西兰童子军在每年年末总结一年度的工作计划，并在总结经验吸取教训的基础上，明确制定出下一年的工作计划。

（三）和谐统一的外部环境和组织情境

各类组织中的管理者为实现和谐统一的外部环境和组织情境需要不断地进行反思和改进。❷新西兰童子军组织将外部环境和本身的组织情境融合在一起，充分利用信息技术平台对童子军的活动价值观念进行宣传、对知识信息进行管理，建立知识数据库，利用信息化技术管理和宣传童子军。在全球化时代，童子军作为一个国际性的组织更需要有全球化的视野。新西兰童子军每年都会组织童子军参加不同国家的童子军活动，以全球性的视野来培养本国童子军。此外，在新西兰童子军组织中，无论性别、种族、宗教信仰，只要愿意都可以成为该组织的一员，吸引更多的青少年和广大志愿者积极参加。例如，新西兰童子军发展史上最早注册成为该国童子军的为土著毛利人。近些年，新西兰华人

---

❶ 弗雷德·鲁森斯.组织行为学[M].王垒，姚翔，童佳谨等，译校.北京：人民邮电出版社，2009：345-356.

❷ 弗雷德·鲁森斯.组织行为学[M].王垒，姚翔，童佳谨等，译校.北京：人民邮电出版社，2009：31-63.

童子军和华人领袖的数量也在逐渐增多。不同民族、不同文化、不同信仰的人员加入，既丰富了新西兰童子军的文化，也体现了组织本身具有的强大包容性，并且建立起一种和谐统一的外部环境和组织情境。

（四）丰富的组织行为文化

组织行为学中强调精神的力量是强大的。新西兰童子军组织强调"一个动作，一个团队"的文化，以及对于所做的每一件事都要使用"计划、行动、回顾"的方法。看似一种简单的工作模式，实则蕴含着一种"团结、计划、行动、反思"的组织内部精神。新西兰童子军组织所做的每一件事情都要遵循"尊重自己、他人、自然、做正确的事情、保持积极向上的态度"的基本宗旨，以及对广大志愿者的感恩。每年举行的不同类型公益活动等，都是新西兰童子军组织文化中的重要组成部分，这使新西兰童子军组织中的每一位成员更加热爱童子军组织，并凝聚团队精神和不断发展自我。

第二节 新西兰童子军的教育服务状况

新西兰童子军组织作为一个非营利性的教育机构,它所提供的教育服务是指通过童子军日常的活动和组织内部的文化资源等途径为童子军提供显性和隐性的收益。

一、教育服务理念:通过冒险经历赋予年轻人权利并过上积极的生活

理念与观念相关联,是看法、思想、思维活动的成果,是人们经过长期的理性思考及实践所形成的思想观念,也是行动的最高标准。服务理念的本质是人们在开展服务活动时的指导原则。❶新西兰童子军服务理念是通过为5~26岁的儿童和青少年提供有趣和富有挑战性的活动,发展他们的团队合作能力、时间管理能力、领导能力、计划和沟通能力、自我激励能力,帮助年轻人找到工作,甚至改变世界,为此提出了"我们通过冒险的经历赋予年轻人权力,让他们过上积极的生活"的宗旨。为更好地达到这一服务宗旨和更好开展童子军活动,新西兰童子军近期提出了阶段性的服务理念,即"到2025年将有超过25 000名青少年参加新西兰童子军探险活动,为来自不同地方和背景的新西兰童子军提供一个场地,使他们能够塑造自己的经历,并为新西兰带来积极的影响"❷。

---

❶ 周玲. 当代大学图书馆服务理念浅析[J]. 价值工程,2020,39(07):280-281.

❷ ANNUAL REPORT - scouts.nz.2015 SCOUTS New Zealand Annual Report[EB/OL].[2024-08-23]. https://scouts.nz/annual-report-2015.

二、教育服务者的构成：决策者与志愿者的结合[1]

新西兰童子军的运行离不开服务者的支持，服务者主要分为两类。第一类服务者是童子军行政决策人员，具体包括全国委员会、全国理事会、青年治理网络、终身成员和国家工作人员。他们是新西兰童子军组织的"主心骨"，主要负责计划、筹备和实施新西兰童子军的一些重大活动，讨论决策新西兰童子军的相关政策和发展方向，开展相关项目调查、心理咨询、相关活动顾问、活动的宣传、手册的编写及志愿者培训等相关工作。第二类服务者来自广大社会的爱心志愿者，具体包括童子军成员的家长、曾经的童子军组织受益者、大学生及热爱童子军的广大爱心人士。他们统一接受新西兰童子军组织的志愿者专门培训。志愿者没有固定的岗位设定，在组织活动中几乎到处可见志愿者的身影。不过，志愿者主要集中在童子军的领队、童子军活动的后勤保障工作中，为新西兰童子军的运行和发展提供坚强的后盾。

（一）全国委员会

新西兰童子军全国委员会决定新西兰童子军的政策和方向，全国委员会成员由选举产生或委任，但他们都是义工。全国委员会主席和其余的国家专员也都曾经是童子军成员，他们共同组成了一支有价值的团队，为全国范围内的童子军组织提供指导方针和未来发展的计划服务。他们都曾受益于童子军组织并喜欢从事教育事业，因此，他们通过成为全国委员会成员的方式回馈童子军组织。

（二）全国理事会

全国理事会是新西兰童子军的理事机构，与新西兰童子军全国委员会合作。全国理事会有科学的成员结构，包括从全国各个童子军区中选择一名成员作为

---

[1] Scouts Aotearoa. About SCOUTS New Zealand[EB/OL].[2024-08-23]. https://www.scouts.org.nz.

全国理事会中的一员,其他成员包括国家领导人和其他核心志愿人员。合理的成员构成为新西兰童子军科学决策奠定了基础。全国理事会负责支持全国童子军的工作,并代表地方领导人向全国理事会提出建议。

(三)青年治理网络

青年治理网络成员来自五个地区,从每个地区中选取的两名"26岁以下"代表组成,他们也是全国理事会的成员。青年治理网络是全国理事会的一个分支机构,它作为首席执行机构成立一个协商小组,负责主持召开每年的青年论坛。

(四)终身成员

童子军全国委员会根据行政机关的建议,委任任何曾为童子军组织提供长期杰出服务的人为终身成员。这些人有权出席和发言,但无权在理事会会议上投票。终身会员以100人为限,任期为终身。终身成员在新西兰童子军的相关决策上出谋划策,在童子军组织中享有很高的威望。

(五)国家工作人员

国家工作人员是新西兰童子军的核心管理团队,国家童子军中心位于惠灵顿,具体设有行政长官、首席财务官、国家经理、青年和成人发展顾问、国家伙伴关系管理人、通信顾问等职务。为了更好地服务于新西兰童子军,在全国每个区域设立了办事处和服务中心。全国各区域内分别设有区域发展经理、协调员和发展主任,为区域童子军的发展提供高效和高质量的服务。此外,国家工作人员中还包括国家志愿者,他们由各行业的专家担任,为新西兰童子军领袖提供培训服务,为大型活动提供顾问工作。

(六)志愿者

新西兰童子军有100多年的志愿者工作经验,在数千名志愿者的帮助下,新西兰童子军迅速发展。志愿者广泛分布在不同的层级和机构中,他们有不同的角色,如领队、委员、侦察助理和家长帮手等,领导新西兰童子军活动、提出建议、提供去营地的交通工具、在募捐活动中帮忙，甚至拿起油漆刷来翻修大厅等。在新西兰童子军组织中到处可见志愿者服务的身影。

三、教育服务内容：全面且综合

新西兰童子军团体的服务内容不仅包括对童子军的服务，也包括对成人领袖的服务，具体包括以下几个方面内容。

（一）技能与知识服务

新西兰童子军通过组织多种活动来培养童子军的技能，包括户外生存、登山、交朋友、团队合作、冒险和创新等。每个地区的新西兰童子军几乎每周都会开展一些童子军活动，同时七所国立学校全年运作。除此之外，新西兰每年都会举办一次全国性的大型活动来培养和发展童子军技能，如冒险、团体表演、赛船会、童子军围巾日、国际聚会、泥石流日等。在"竹筏大赛"中，童子军们就会根据自己对竹筏的理解，自己动手搭建竹筏并通过团队合作的方式进行比赛，最先到达终点的队伍获胜。在比赛中，童子军有很多具有创新的做法，如用垃圾桶、废弃轮胎或大塑料板制成竹筏，竹筏的形状和大小也各不相同。这种比赛既锻炼了童子军们的创新能力、动手实践能力，又培养了他们的意志与品质，同时也让他们在比赛中收获了快乐和友谊。每位童子军在活动中都能参与其中，并且学到了在课堂上学不到的知识。❶

（二）基础设施服务

为确保童子军服务的有效进行，必须保证基础设施服务，具体包括场地、食物、安全、室内设施的配备等。首先，新西兰全国各地的营地和设施为童子军成员提供高质量的场地和设备。它们供所有年龄组的童子军及社区或公司团

---

❶ 新西兰举办自制竹筏大赛 华人童子军表现出色[EB/OL].（2018-03-28）[2024-08-20]. https://nz.haiwainet.cn/n/2018/0328/c3541581-31288560.html.

体使用。大多数场馆既提供优质住宿，又提供一系列户外活动且全年开放。其次，提供食物服务。它们会根据童子军的年龄和性质提供适当的食物，但在一些户外生存技能训练的项目上不提供食物，童子军需要在要求的范围内自己携带一定的食物。在烹饪项目上，有的会提供一定的食材，但需要童子军自己动手烹饪。

（三）公益服务

新西兰童子军组织开展的活动是多种多样的，除了每年举行的大量冒险活动，还有一些公益性的活动。例如，新西兰100名女童子军和乳腺癌基金会为提高女性预防乳腺癌意识而主办的一个活动，主办者用了将近两年的时间来收集胸罩。它们主要来自新西兰、澳大利亚、英国和美国人的捐赠，并花费两天的时间把将近17万个胸罩连成一条约135千米长的"胸罩链"。之后在新西兰的一个城镇对"胸罩链"进行拆解寓意着战胜病魔，并从中挑选出一些较好的胸罩捐赠给在太平洋岛屿和非洲生活的一些妇女。童子军通过参加这些公益活动，培养了他们对他人、对社会、对国家、对世界一颗善良的心。

（四）成人发展政策服务[1]

成人发展政策是针对新西兰童子军所有成人角色而设计的，使有充分准备和训练有素的成人能够更好地为童子军提供有效的服务，同时也使自己在童子军组织中所扮演的角色得到认同和支持，并吸引和激励其他人参与进来。为了支持成年领袖童子军的发展，新西兰童子军协会提供了一项全面的培训方案，即在现有技能和知识的基础上发展新的能力，培训中的某些技能可以获得外部的认可资格。成人培训服务具有以下特点：明确的培训计划、对所有培训进行

---

[1] Scouts Aotearoa.Volunteer-Scouts Aotearoa[EB/OL].[2024-08-26].https://scouts.nz/volunteer.

评估和监测、培训具有灵活性、培训与青年奖励计划相联系。成为一名成人领袖之后，也可以获得一些回报，如参加自己孩子所在的童子军活动进一步影响孩子的发展，与其他许多成人领袖一起工作，加入一个新的朋友圈，或亲自参加各种活动来学习新的技能。

四、教育服务途径与方式方法：传统与现代相结合

新西兰童子军在提供教育服务的过程中，采用的主要服务途径有两种：基本途径和媒介途径。基本途径是指提供服务时所使用的各种方法与方式，媒介途径是指提供服务过程中的实体或虚拟平台（图7-2）。❶

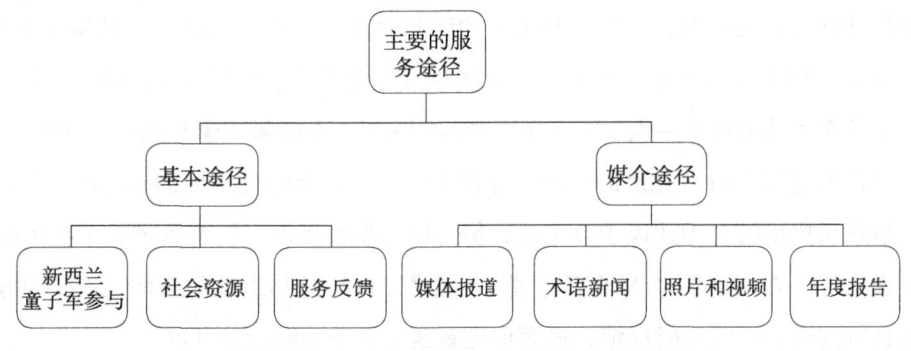

图7-2　新西兰童子军教育服务途径❷

（一）基本途径

新西兰童子军教育服务途径主要包括童子军参与、社会资源和服务反馈。童子军参与的目的在于充分调动新西兰童子军的积极性，提高童子军的参

---

❶ 任航，潘逸尘.高校图书馆艺术教育主题服务内容、途径与策略研究[J].情报科学，2018(12)：83-89.

❷ Scouts Aotearoa.Organizations-Scouts Aotearoa[EB/OL].[2024-08-28].https://www.scouts.org.nz.

与度，让部分表现突出的新西兰童子军成为服务的主体。比如，在新西兰的童子军活动中设置新西兰童子军小领袖，并提供相应的岗前培训。以新西兰童子军作为提供服务的主体，使服务的方式和服务的内容贴近童子军，提高服务的质量。

新西兰童子军组织充分调动一切社会资源为童子军提供教育服务。在财力方面，企业、信托基金、慈善机构及个人为新西兰童子军提供支持和帮助。在人力方面，新西兰每年都会有众多的志愿者参与其中。在物资方面，新西兰体育、青年发展部提供一些（如帐篷、食物、衣物装备等）户外活动的必需品，还有一些户外拓展机构提供的一些免费场地。

新西兰童子军在每年年底都会对本年的童子军活动做一个回顾，包括总结、反思活动开展的情况，以及一些优秀的新西兰童子军领袖的服务情况和本年的财务收入和支出情况等。童子军咨询室专门为童子军家长提供咨询服务。新西兰童子军尤其重视第一次加入童子军小组的家长，及时做好家长的第一次回访，在回访的过程中留有充足的时间，允许家长提问，及时处理他们的问题，对每一位家长提出的合理建议予以考虑，努力做到积极反馈。新西兰童子军在2014年设立了"在线新西兰童子军经理"平台❶，目的是和当地的新西兰童子军家长进行沟通，得到及时反馈，进而促进新西兰童子军活动的开展。

（二）媒介途径

媒介途径是指包括传统的纸质媒体和新媒体技术在内的各种媒体。传统的纸质媒介指的是童子军年度报刊及新西兰华人先驱报。这些报刊定期对新西兰童子军进行报道，报道的具体内容包括童子军活动的宗旨、童子军精神、童子军法、童子军领袖、童子军活动等。另外，新西兰童子军的一些活动会以新闻

---

❶ Scouts Aotearoa.Organizations-Scouts Aotearoa [EB/OL].[2024-06-28].https: //www.scouts.org.nz.

的形式在新西兰童子军网站上进行宣传,网络平台也会播放新西兰童子军的活动。这些媒体起到了扩大宣传和沟通的作用。

五、显著的教育服务效果:从兴趣到领袖

服务是为他人做事,并使他人从中受益的一种有偿或无偿的活动。服务效果是对服务的一种评价,既包括对服务结果的评价,也包括对服务过程的评价。服务效果的分析包括以下两个方面内容:一是从服务者一方看待服务的效果,二是从被服务对象一方来分析服务的效果。这里的服务效果是指新西兰童子军组织所提供的服务给新西兰童子军带来的影响。

(一)培养多重技能

通过野营、登山、滑雪等冒险性活动能够培养童子军户外生存的技能。通过手工制作、乐高拼接、食物烹饪等,能够培养童子军的创新思维和动手实践操作的能力。例如,一位华人新西兰童子军队长介绍说,他的儿子报名参加童子军全国年度的露营大会时,几乎用了一年的周末时间来"筹集资金"。这一活动,既锻炼了孩子的动手能力也培养了他敢于尝试、坚持不懈和创新的优秀品质。

(二)培养合格公民

新西兰童子军提供服务的目的是培养健康向上、为新西兰作出贡献的合格公民。一项调查显示,部分优秀的领导人和杰出的工作者在青少年时期均受到过童子军的训练。

(三)培养童子军领袖

培养新西兰童子军领袖,一方面可以增加新西兰童子军组织中的服务人员,另一方面也可以在服务的过程中提高童子军的领导能力,为童子军组织不断输入新鲜血液。

(四)培养童子军的兴趣爱好

通过摄影、航空、烹饪、乐高等一些有趣的活动,能够培养新西兰童子军兴趣爱好。

从新西兰童子军提供的教育服务效果上来看,童子军服务来源于生活又高于生活,既培养了童子军的野外生存技能、兴趣爱好,也培养了他们学会合作、分享和懂得感恩等优秀品质。

第三节　专业与协同：新西兰童子军教育服务的经验

新西兰童子军是社会、经济、政治和文化的产物，"服务青少年"是新西兰童子军的一项重要职能。从组建新西兰童子军的组织结构，到成立的七所国立学校，再到新西兰每年开展的大型童子军活动，其目的是通过为青少年提供服务，培养健全合格的新西兰公民，促进青少年的全面健康成长。

一、注重组织机构的严密性和教育服务的专业性

新西兰童子军注重组织机构的严密性，具体表现在以下几个方面。第一，成立国家童子军中心对全国的新西兰童子军工作给予支持和保障，局部机构包括各地区的童子军区，实施新西兰童子军的具体活动。第二，建立全国委员会、全国理事会和青年治理网络，三者相互配合共同管理新西兰童子军，在管理的过程中充分体现了民主、平等的原则。第三，规范志愿者体系，优化组织资源。新西兰童子军专门建立了志愿者服务的网站，并在志愿者中设立不同的岗位，如家长助手、领队、新西兰童子军助理或委员等。成人志愿者通过检查和考核后根据自己的意愿和优势，在颁发相关合格证书后方可选择相应的岗位。同时，为了提高志愿者的服务水平，新西兰童子军协会提供了全面的成人志愿者训练计划，使志愿者在现有的知识和技能的基础上发展新技能。无论是国家童子军中的全职服务人员还是志愿服务人员，整个新西兰童子军组织中都有严密的服务人员结构和专业化的组织运行机制，为童子军组织开展活动提供了充足且有效的保障。

二、突出教育服务活动的冒险性、趣味性和多样性

冒险性和趣味性是新西兰童子军活动的核心,每年新西兰童子军活动数以百计。童子军的活动十分广泛,每位童子军都能在活动中找到自己的兴趣并感受到活动的乐趣。童子军的活动也富有挑战性,童子军组织的宗旨是"我们通过冒险的经历赋予年轻人权利,过上积极的生活",因此冒险性是童子军活动的核心。每年新西兰童子军都会举行几场大型的童子军冒险活动,包括户外野营、探险、攀岩等。趣味性活动贯穿在童子军的每个阶段,冒险性活动主要集中在 8~18 岁。童子军组织所提供的发展活动能够帮助每个不同阶段的童子军不断发现新的自己、挑战自己、建立自信并实现他们的目标。❶

新西兰童子军组织提供的服务类型具有多样性。首先,根据童子军主体的身心发展规律,可将服务的主体划分为五个阶段,具体包括鹦鹉童子军、幼童子军、童子军、探索童子军和漫游者童子军。每个不同阶段的童子军具体开展的童子军活动不同,这五个阶段的不同性构成了童子军活动类型的多样性。其次,根据童子军的兴趣划分为陆童子军、海童子军和空童子军三类,虽然三者的区别并不明显但仍各有侧重,童子军可根据不同的兴趣参加不同类型的童子军活动,如皮划艇、骑自行车、远征海外、摄影和攀登等活动。总之,作为一名童子军,可以学习到生存技能、急救和舞台表演,甚至可以学习如何驾驶飞机。最后,服务对象的类型具有多样性。参加新西兰童子军的青少年来自不同的信仰、种族和国籍,新西兰童子军组织是一个国际性非营利性教育机构,因此它并不排斥其他任何信仰或者没有信仰的孩子。❷

三、重视在教育服务活动中道德教育的渗透

童子军是世界上规模最大、范围最广、影响最深远的青少年组织。新西兰

---

❶ Scouts Aotearoa.About SCOUTS New Zealand[EB/OL].[2024-05-03].https: //scouts.nz.
❷ Captain Musick Air Scouts.About CMAS [EB/OL].[2024-05-03].http: //www.cmas.nz.

童子军的一个重要原则是使青少年超越物质世界,追求生命的意义。新西兰童子军的活动从目的到内容再到方式都渗透着道德教育,让青少年在活动中实践诺言、规则,提高道德标准、责任感,为培养良好的公民打基础。童子军活动是有价值的青少年户外教育项目,可以帮助新西兰童子军在道德教育和价值观方面的成长与发展:第一,促进全面发展。童子军的活动既富有挑战,又能按部就班、循序渐进地进行。童子军从简单的认知学习活动开始,不断拓展活动内容,提升活动深度。童子军在活动中逐渐提高自身的生存素质和综合能力,促进童子军在身体、道德和智力等方面的全面发展。第二,形成国际视野。新西兰童子军每年都会和其他国家的童子军组织进行联谊,感受他们的语言和文化,近距离地接触和结交其他国家的童子军成员,在这种活动中逐渐形成了新西兰童子军的国际视野。第三,注重团队协作和集体荣誉。新西兰童子军活动既强调个人能力,也更加注重团队协作能力。通过各种童子军活动,能够在身体、精神和能力方面锻炼青少年,帮助他们增长知识、掌握技能、完善自我、团结协作,使之成为有责任感、有集体荣誉感的优秀人才。第四,树立敬畏自然的观念。新西兰童子军的大部分活动都是在大自然中进行的,这些活动都基于尊重和敬畏自然,并在参与活动的过程中传达着人与自然和谐相处的理念,倡导新西兰童子军从小树立起尊重自然、保护自然和热爱自然的世界观。

四、关注营造轻松自然的教育服务活动氛围

新西兰童子军组织在提供服务的同时创造了轻松自然的活动氛围。各个年龄阶段的童子军在参与活动的过程中没有来自外界的压力,孩子们可以充分发挥自身的创造力和想象力。虽然孩子们也有顽皮的天性,但成人领袖们并不需要通过大喊大叫的方式来维持秩序。每当成人领袖发出指示的时候,他们都会表现出尊重与服从。同时,成人领袖们和其他服务者们的温和教导和耐心诠释,充分体现了对个体的尊重和强烈的人文关怀。总之,在整个为新西兰童子军提供服务的过程中,无论是服务人员的态度,还是活动本身及周围的社会环境,均充满了轻松自然的氛围。

五、强调教育服务的保障与支持

新西兰童子军组织在当地得到了社会各阶层的广泛支持。首先，大部分新西兰童子军领袖都来自志愿者，除了一线领队，具体负责新西兰童子军旅团运行、筹款、联络和宣传等。委员会成员也是由童子军的家长志愿者们组成的，所有人都是义务服务，不收取任何报酬。其次，在新西兰童子军组织中成立青年童子军基金会，吸收各界人士加入该基金会，并鼓励有能力者一次或定期捐款，为那些无能力参加活动的家庭提供一定的经济支持。[1]最后，一些社会公益企业为童子军活动免费提供活动场地。新西兰童子军组织无论是从组织内部还是外部，均为童子军服务提供了广泛的支持，众多不同团体形成一个有机整体，共同服务于新西兰青少年的发展。

---

[1] Scouts Aotearoa.Support-Scouts Aotearoa [EB/OL].[2024-05-03].https://www.supportscouts.org.nz.

第八章

泰国童子军的教育服务

泰国是世界上第三个建立童子军组织的国家，泰国童子军（The National Scout Organization of Thailand，NSOT）也是世界上唯一一个由君主创立的童子军组织，成立至今已有百余年的历史。多年来，泰国童子军组织以其常态化的校内活动课程、丰富多样的野外露营等教育服务项目，培养出一代又一代德智体全面发展的泰国公民。如今，泰国的童子军组织完善、纪律严明、人数众多。

第一节 "老虎之子":泰国童子军组织概述

泰国童子军是 1922 年成立的世界童子军运动组织的成员之一。在泰国,童子军被形象地称作"老虎之子",在世界范围内享有盛誉。从小学到大学,多数学校里都有童子军组织,其训练内容是德育的重要形式,几乎成为中小学基础教育课程中的必修课。在校内,中小学校会开设童子军课,讲授组织常识、军事知识、纪律等内容;在校外,中小学校每年会组织童子军进行野外活动训练,以丰富的形式、有趣的内容,锻炼童子军的意志品质,学习野外生存技巧,这大大提高了泰国童子军的自立能力和合作能力。

一、泰国拉玛六世国王:泰国童子军的创始人

1911 年,泰国却克里王朝第六位君主瓦栖拉兀(又称拉玛六世国王),在泰国创立童子军,被称为"泰国童子军之父"。瓦栖拉兀在位时间为 1910—1925 年,他的统治时期标志着泰国从君主专制政体向君主立宪政体的转变。瓦栖拉兀注重教育事业发展,推行了一系列教育改革,为泰国后世的发展奠定了坚实的基础,对教育体制具有深远的影响。

瓦栖拉兀是泰国历史上首位出国留学的国王,接受了良好的欧洲教育。1894 年,13 岁的瓦栖拉兀在英国伦敦克里斯彻学院学习英语、法语及法律,后又在英国桑赫斯特军事学院和牛津大学学习 9 年。在这期间,他还在英国陆

军服役。1902年回国后，担任皇宫卫队队长和警察总监。❶丰富的军事经历，培育出瓦栖拉兀强烈的军权意识和铁腕思想。即位后，瓦栖拉兀十分注重国家军事的管理和军人精神的培育。第一次世界大战前，他成立了海军部，组建了泰国自己的空军，还着手建立国王私人部队"猛虎团"和童子军等军事化部队，为泰国部队补充力量。由于接受过良好的教育，这位国王不仅熟练掌握英语，而且热爱戏剧和文学等艺术。在位期间，他多次举办戏剧演出，通过艺术表达不断影响群众思想。这种方法曾被用于童子军成立初期，为促进群众接受童子军组织起到了重要作用。

为了纪念拉玛六世国王建立童子军的功绩，每年的7月1日被定为泰国的"童子军日"。在这一天，泰国各地的童子军组织会举办各种活动进行纪念，并向各地的国王雕像敬献花环以表敬重。

二、"从动荡到常态"：泰国童子军的基本发展历程

泰国童子军自1911年成立至今已有一百多年的历史。百余年来，泰国童子军的发展虽经历了短暂的动荡和停滞期，但在国家的高度重视和集中管理下，发展较为有序、迅速，逐渐成为世界童子军组织的重要组成部分。按照泰国童子军组织的管理和规模，可以将其发展历程划分为以下三个时期。

（一）初创时期：从"野虎军的小师团"到"老虎之子"

这一时期主要是指1911—1932年。1911年7月1日，泰国童子军组织由"泰国童子军之父"拉玛六世国王设立。这是世界上第三个建立童子军组织的国家，也是世界上唯一一个由国王设立的童子军组织。在拉玛六世国王的童年时期，泰国面临着殖民主义的危险，所以拉玛六世认为培养人民的爱国之情尤为重要。他在英国剑桥大学留学期间，参加了两个月的英国童子军训练活动，深刻感受

---

❶ 百度百科.瓦栖拉兀[EB/OL].[2024-04-19].https://baike.baidu.com/item/%E7%93%A6%E6%A0%96%E6%8B%89%E5%85%80/10072301?fr=ge_ala.

到童子军训练对于培养青少年爱国主义情感、知识和技能等方面的重要作用。1911年3月,拉玛六世成立了野生老虎军团(又称"野虎军"),这是一支全国性的准军事部队;同年5月,为培训公务人员学习军事知识,使其成为战时的后备军力,在无战事时服务于当地人民,起到帮助人民镇压盗贼等作用,野虎军成立了泰国童子军的雏形组织。同年7月,拉玛六世在巴登堡童子军运动和野虎军的基础上,建立了"野虎军的小师团",叫作"鹿豹幼崽"。至此,泰国童子军正式成立。由于泰国童子军组织的前身与野虎军息息相关,所以泰国童子军又被称作"老虎之子"。

起初,泰国童子军参加人数不多,父母们将参加童子军组织错误地理解成国家要求儿童参军的另一种方式,不希望自己的孩子去参军打仗。而拉玛六世国王作为军队的前监察长,非常理解家长的这种心态并且迅速采取了行动。他带领排演戏剧《斗士的心》(The Heart of a Fighter),在乡村不断巡回演出,使父母们逐渐意识到参加童子军对于少年儿童的重要意义,消除了父母对童子军的错误认识。同时,国王还命令教育部在地方协调开展童子军的活动,使父母们体会参与童子军的益处。在国家的大力引导下,泰国童子军终于克服了种种困难,成了一个稳定的组织。❶1914年后,泰国的学校中设立了童子军组织并开设了相关课程,童子军的主要来源逐渐变为学校的学生,这标志着泰国童子军正式进入学校,童子军活动开始向常态化课程发展。

(二)动荡时期:归于"军事青年队"的下属单位

这一时期主要是指1932—1946年。随着1932年泰国政治变革,王室贵族垄断政权的观念被大大削弱,其政体由君主专制变为君主立宪制,其文化思想主要沿着民族主义和现代主义的方向发展。❷童子军是泰国宣传爱国主义的重

---

❶ Pawaris Mina.The Procedure of Nationalism in King Rama VI's Play: A Case Study of Hua Jai Nak Rob[C].The European Conference on Literature & Librarianship 2015Official Conference Proceedings, 2015.

❷ 贺圣达."泰体西用":近代泰国思想发展的特点[J].东南亚南亚研究,1996(01):41-47.

要教育方式，故该时期童子军也进行了一系列变革。1932 年以前，泰国童子军的相关事宜由国王直接管理并负责。1932 年后，泰国全国童子军委员会主席由泰国国王担任变为由体育部主任担任，童子军相关事宜就由从属于教育部的体育部负责。之后几年，参与童子军的人数不断增加，童子军组织逐渐扩张，其管理事宜就从体育部独立出来，成立了由教育部直接主管的"国家童子军执行委员会"。1939 年，泰国首次颁布了童子军法案，让泰国童子军成为一个法人实体，并将野生老虎军团的所有资产转让给童子军组织。1940 年前后，泰国国内外环境受到第二次世界大战爆发等因素影响，社会局势相对动荡不安，由国家主要管理的童子军组织发展也进入动荡和停滞时期。当时，童子军与政府建立的"军事青年队"存在组织机构冲突，因而童子军被归为"军事青年队"的一个下属单位。虽然当时社会较为动荡，但童子军组织仍在持续发展中。这一时期，泰国童子军首次拥有了童子军标志，该标志以世界童子军标志为基础，增加了泰国独特的虎头形象，并在标志底部增加铭文"宁可失去生命，也不能失去信仰"。

（三）发展时期：以学校为依托实现全面常态化

这一时期主要是指 1946 年至今。1946 年，国王拉玛九世普密蓬·阿杜德继承王位，他将童子军从"军事青年队"中分离出来，重新发挥作用，很快童子军便在各个学校建立起来并迅速发展。[1] 1947 年，普密蓬·阿杜德颁布 1947 年法案，规定国王应担任国家童子军的皇家赞助人一职。至此，童子军业务得以恢复，并再次在社会中发挥作用。随后，泰国各级童子军组织在各学校迅速成立，普密蓬·阿杜德本人也在吉乐达（Chitralada）学校建立起童子军组织。1964 年，政府更新了童子军法，规定泰国国家童子军委员会由全体童子军、童子军指挥官、童子军监察员、童子军委员和童子军官员组成，国王为

---

[1] 谢一凡.泰国童子军发展概况及其对我国少先队建设的启示[J].少年儿童研究，2018(06)：41-46.

国家童子军总会主席，这推动了童子军组织的规范化管理和现代化发展。不仅如此，普密蓬·阿杜德还非常注重乡村童子军组织的发展，1971年8月9日，成立了第一个乡村童子军组织，这让泰国成为世界上唯一拥有乡村童子军组织的国家。

多数童子军组织都是先在男孩中间传播，后来才有女孩加入，泰国也是如此。泰国的童子军发展到一定程度时，泰国的国王号召并赞助妇女和女孩也参与到侦察行动中来，成立一支"母老虎"组织。在这个组织中，妇女负责为"野生虎"提供食物与医疗用品。与此同时，国王建立了女童子军。❶如今，泰国的童子军组织完善、纪律严明，全国大约有700万校内童子军。百余年来，泰国与亚太地区、远东地区国家交流频繁，泰国童子军会定期举办国家童子军集会。随着童子军的发展，参会人员不断增加，也逐渐吸引了许多来自海外的童子军参加活动，这充分体现了泰国童子军与海外童子军交流的广泛性、包容性。泰国童子军的发展历程见表8-1。

表8-1　泰国童子军发展时间表❷

时间	事件
1911年	拉玛六世国王成立了泰国童子军组织
1920年	派出泰国代表委员会在英国参加世界的童子军盛会
1922年	国家童子军委员会被选入童子军世界大会成员
1924年	派出泰国代表委员会在丹麦参加侦察世界的童子军盛会
1927年	2月26日—3月3日在皇家沙兰宫公园举办首次国家童子军集会
1930年	在皇家沙兰宫公园举办第二次国家童子军集会，共955人参加
1935年	设置国家童子军总会徽章

---

❶ สำนักงานลูกเสือแห่งชาติ.พระบาทสมเด็จพระมงกุฎเกล้าเจ้าอยู่หัว รัชกาลที่ ๖[EB/OL].[2024-08-03].https://www.scoutthailand.org/pages/thaiscout-view.php?id=2.

❷ สำนักงานลูกเสือแห่งชาติ.ประวัติลูกเสือไทย[EB/OL].[2024-08-03].https://www.scoutthailand.org/pages/thaiscout-story.php.

第八章　泰国童子军的教育服务

（续表）

时间	事件
1954 年	在曼谷国家体育场举办全国童子军拉力赛，这是第三次国家童子军集会。11 月，童子军的数量达到了 5 155 人
1956 年	泰国加入刚成立的远东国家童子军办公室，此时办公室共有 10 个国家加入
1961 年	庆祝泰国童子军成立 50 周年，在曼谷鲁比尼公园举行第四次国家童子军集会，共 5 539 人参加
1962 年	主办远东地区的童子军第三次会议
1965 年	举办童子军全国委员会第一次会议。在奇拉武特童子军营地举办第五次国家童子军集会，共 5 736 人参加
1969 年	在奇拉武特童子军营地举办第六次国家童子军集会，共 5 000 人参加
1971 年	庆祝泰国童子军成立 60 周年； 尝试在苏克霍克海角开设第一次童子军培训； 在奇拉武特童子军营地举办第七次国家童子军集会
1973 年	在奇拉武特童子军营地举办第八次国家童子军集会
1977 年	在奇拉武特童子军营地举办第九次国家童子军集会
1980 年	在奇拉武特童子军营地举办第十次国家童子军集会
1985 年	举办亚太童子军拉力赛 在奇拉武特童子军营地举办第十一次国家童子军集会
1986 年	主办第十五届亚太地区童子军大会
1989 年	在奇拉武特童子军营地举办第十二次国家童子军集会，泰国童子军 9330 人、外国童子军 422 人参与本次集会
1991 年	庆祝泰国童子军成立 80 周年； 在奇拉武特童子军营地举办第十三次国家童子军集会，泰国童子军 10 022 人、外国童子军 357 人参与
1993 年	在曼谷举办世界童子军第 33 次会议； 在奇拉武特童子军营地举办第十四次国家童子军集会
1997 年	在奇拉武特童子军营地举办第十五次国家童子军集会
2001 年	庆祝泰国童子军成立 90 周年； 2001 年 12 月 28 日至 2002 年 1 月 4 日在春武里府长滩举办第十六次国家童子军集会

（续表）

时间	事件
2003 年	举办第二十届世界童子军盛会
2005 年	2548 年 7 月 25 日至 31 日，在春武里府长滩举办第十七次国家童子军集会； 主办第二十五届亚太地区童子军盛会
2009 年	4 月 25-30 日举办老虎童子军第三次全国会议
2011 年	庆祝泰国童子军成立 100 周年

三、"国家文化的缩影"：泰国童子军的主要组织特征

泰国童子军作为泰国最大的青少年组织，其组织的管理与运行受到国家文化的影响颇深。泰国童子军组织具有其独特性，这要结合泰国国家文化进行具体分析。

（一）政治性：注重培养爱国情怀

泰国童子军设立之前，泰国处于可能被殖民的危险境地，这使泰国国王拉玛六世深刻认识到了抵御殖民入侵、培养泰国人民爱国情感的重要性。拉玛六世在剑桥大学留学期间，接触并体验了童子军组织，感受到童子军组织良好的纪律性，认为童子军开展的活动对于培养少年儿童爱国情感有着重要的作用。于是，他便在泰国国内设立了泰国童子军组织。泰国童子军设立后，国王对其培养目标作出了明确的要求，希望通过童子军活动，使青少年养成爱国的品质和忠于国家的信念。泰国强调"国家—佛教—国王"三位一体的教育，把培养国家意识和弘扬民族精神作为公民教育的核心。❶作为组织教育方式之一的泰国童子军教育，对于实现泰国国家教育目标有着重要意义。在现实生活中，在泰国童子军活动开展前后，会进行国旗升降仪式，行童子军军礼，以表达对国

---

❶ 张晓东. 泰国中小学道德教育的解析 [J]. 亚太教育，2016(23): 231.

家的尊敬与热爱。因此，从泰国童子军设立的背景、目标及活动过程来看，其组织的首要特征就是具有浓厚的爱国主义情怀。

（二）文化性：深受佛教文化浸润

佛教是泰国的国教，大约95%的居民都信奉佛教，所以泰国素有"黄袍佛国"之称。[1]佛教文化对泰国的社会生活、文化教育和政治经济都产生了深刻的影响。有史以来，泰国佛教教育与世俗教育在泰国教育中就是一个不可割裂的统一体[2]，泰国的德育与佛教也密切相关，泰国学校德育发展的历程基本上可以看作宗教适应时代潮流的过程。以德育为首要目的的童子军活动，在仪式、目标等方面也都体现出了浓郁的佛教色彩。泰国童子军野外活动开始前，会要求所有童子军行佛教仪式，包括脱帽、双手合十、诵经祈福等，并在行礼后再进行活动；泰国童子军的德育目标：通过童子军训练，使青少年养成忠于宗教和国王的信念。泰国童子军誓言的其中一句为"忠于宗教"，将宗教体现于誓言中，也充分体现了佛教在泰国童子军教育中的重要性。

（三）教育性：强调儿童教育培养

在泰国，经过改革后的20世纪90年代初中课程主要分为必修课、选修课和活动课程三部分。活动课程是泰国教育部规定的、有组织的课程活动，其中包括童子军活动课程。国家要求学校一周进行一节童子军活动课程，并将童子军活动课程计入学校学分中，由此可见泰国对童子军活动的重视。实际上，在泰国的中小学中，每周会固定设置一整天为童子军日。在这一天，童子军们要佩戴徽章，穿童子军制服，举行童子军仪式，举办各式各样的童子军活动。这种长期且具备规律的活动开展，能有效地对童子军进行品德、能力和体能的培

---

[1] 冯增俊，李志厚. 泰国基础教育[M]. 广州：广东教育出版社，2004：2.
[2] 姜立刚. 略论泰国佛教教育与世俗教育关系的演变[J]. 临沧师范高等专科学校学报，2013(1)：1-5.

养,也为童子军开展野外活动作出了知识、技能和能力上的准备。在学期期末,学校会对童子军的训练水平进行考核,并为优秀的童子军队员授予相应的童子军徽章。❶由此可见,童子军训练作为泰国学校教育的常态化课程不是摆设和形式主义,而是包括了日常训练、校外活动、期末考核和最终评价的完整的课程,与其他课程相互补充、相得益彰。

---

❶ 胡义详.泰国童子军教育及启示[J].东南亚纵横,2015(11):76-78.

第二节　促进全面体验与发展：
泰国童子军的教育服务状况

教育服务观念的兴起为促进学校、机构或组织不断提升教育服务水平，呈现更为完善的教育产品提供了理论依据和实践思路。作为泰国重要的道德教育服务组织，泰国童子军组织为童子军提供活动课程、野营训练等教育服务项目，从而引导童子军不断培育奉献精神和乐于助人的优秀品质，最终成长为优秀的泰国公民。

一、教育服务的理念：培养有责任感的优秀公民

从"军事后备队"到"泰国的优秀公民"，无论是为国家军事贡献力量，还是为社会和他人提供支持，泰国童子军的教育服务都围绕着一个培养核心，即"服务意识"。泰国童子军的行事准则包括以下四条格言：尽自己最大的努力，为别人或公众做最好的行动；时刻准备着为他人做好事；不要只顾自己的利益；为他人提供协助服务。这四条格言的内涵都与培养童子军的服务意识密切相关，要求童子军具有奉献精神和乐于助人的优秀品质。在泰国童子军的徽章奖励中，对童子军的服务进行了明确要求。比如，要获得第三等级的童子军徽章，需要为童子军所在的学校或他人进行服务。❶泰国童子军的目的是培养童子军德智

---

❶ สำนักงานลูกเสือแห่งชาติ. ข้อบังคับคณะกรรมการบริหารลูกเสือแห่งชาติว่าด้วยเข็มลูกเสือบำเพ็ญประโยชน์[EB/OL].(2012)[2024-08-03]. https://www.scoutthailand.org/file-upload/pdf20200418195503-1F3E0.pdf.

体全面发展，最终成为有责任感的优秀公民。而服务社会和个人的意识是成为有责任感的优秀公民的基础。只有具备了服务意识，其他方面的能力才能够为社会和国家发挥作用。在具体的教育服务实践中，泰国童子军组织经常会带领童子军进行社会服务活动，包括救灾、急救、辅助交通和清理公共场所等，特别是环境和自然保护活动。这些活动都在实践中不断增强着童子军的社会责任感，使童子军成为能够承担责任的优秀泰国公民。由此可见，泰国童子军组织在服务童子军发展的同时，非常重视培养童子军的服务意识。

二、教育服务者的构成：自上而下的完整服务链

泰国童子军的服务者分布于专业服务机构中，其服务机构上下组织划成体系，职责分工较为清晰明确，自上而下形成一条完整的服务链，为泰国童子军成长发展提供行政支持。服务者可以划分为童子军人员和相关研究人员，童子军人员作为一项职业，为泰国童子军提供专业的、长期的指导，是服务人员的主要组成部分；泰国针对童子军的研究正在逐渐开展，泰国童子军的研究人员是泰国童子军的理论服务者。

（一）体系化的教育服务机构

泰国童子军拥有自下而上的完善的服务者机构，形成了完备的体系。泰国童子军由教育部负责监管，设有泰国国家童子军委员会、国家童子军办公室、国家童子军执行委员会等部门，分管童子军事务，职责明确，并写入泰国《童子军法》[Scout Act, B.E. 2551（2008）]中，保证了国家童子军的正常运行与资源的支持。各级童子军机构职责涵盖了政策法规制定、资金管理、童子军人员管理、童子军活动、登记统计、撰写报告等。泰国童子军的机构构成如图8-1所示。❶

---

❶ สำนักงานลูกเสือแห่งชาติ.โครงสร้างคณะลูกเสือแห่งชาติ[EB/OL].(2008)[2024-05-03].https：//scoutthailand.org/pages/about-structure-scout.php.

第八章 泰国童子军的教育服务

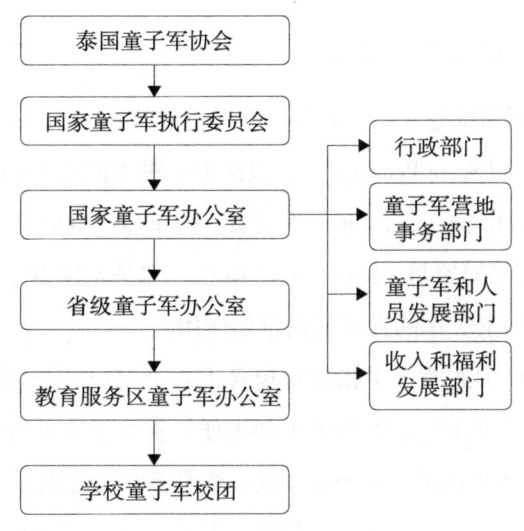

图 8-1 泰国童子军的机构构成

泰国教育部作为童子军工作的统领部门，有权利和义务促进和支持童子军的工作，实现泰国国家童子军委员会的目标，保证童子军活动的有效进行。泰国总理任泰国童子军协会会长，教育部部长任国家童子军执行委员会会长。他们对泰国全国童子军事务进行统筹安排，起到决策制定和方向指引的作用。省级童子军办公室、教育服务区童子军办公室等下属行政机构的主要负责人，则由各级教育服务区办公室主任担任（泰国第一区教育局办公室主任担任省级童子军办公室负责人），开展童子军的具体工作，保证了童子军教育的专业性及其事业的有效运转。泰国童子军与各级教育部门紧密结合，其分区依照泰国教育服务区进行划分，有利于童子军与教育工作的统一管理。各级童子军服务机构的职责内容涉及童子军工作的各个方面：制定相关政策并发布通告；指导、支持与开展童子军活动；管理童子军资产并进行投资；监督、任命并培训童子军人员；设立并管理童子军营地；负责童子军登记、统计等；根据不同层级，按照下一级对上一级负责的原则开展童子军工作。

（二）两大类教育服务人员

泰国童子军的服务人员主要包括以下两个部分：一是处理童子军具体工作事务的童子军人员（Scout Personnel），包括童子军指挥官（Scout Commanders）、童子军督察（Scout Inspectors）、童子军委员（Scout Committee）、童子军志愿者（Scout Volunteer）及童子军官员（Scout Officials）；二是泰国童子军的学术研究人员。二者共同对泰国童子军的发展起到重要作用。

童子军人员中的童子军指挥官包含十六个层级，分别是主任、副主任、助理董事、省童子军总监、省童子军副主任、省童子军助理主任、教育服务区童子军主任、教育服务区副童子军主任、学校童子军主任、学校童子军副主任、童子军小组领队、童子军小组副领队、部队领队、部队副领队、童子军团长、童子军副团长。其中，前八个层级的童子军指挥官在各层级童子军服务机构中任主要职务，其职责与各层级的童子军服务机构职责相同。泰国教育部部长为主任，副主任由教育部常务秘书长、基础教育专员秘书长、职业教育专员秘书长和教育部常务副秘书长担任。❶

童子军人员中的童子军督察包括十一个层级，分别是总督察、监察长、副检察长、办公室侦察员、办公室巡防副督察、办公室侦察员助理督察、省童子军督察、省童子军副督察、省童子军助理督察、教育服务区童子军督察、教育服务区童子军副督察。总督察由总理担任，监察长由副总理和内政部长担任，副检察长由内政部常务秘书、教育部督察员、省行政厅长、地方行政厅长担任，职责是童子军事务管理，依照政策、法规及童子军习俗进行督查，并提供意见、解释及报告。❷

---

❶ สำนักงานลูกเสือแห่งชาติ.พระราชบัญญัติลูกเสือ-พ.ศ.-2551[EB/OL].(2008)[2024-05-03].https://scoutthailand.org/file-upload/pdf20200418195518-89074.pdf.

❷ สำนักงานลูกเสือแห่งชาติ.พระราชบัญญัติลูกเสือ-พ.ศ.-2551[EB/OL].(2008)[2024-05-03].https://scoutthailand.org/file-upload/pdf20200418195518-89074.pdf.

泰国童子军指挥官的任命也有严格的标准,任何希望成为泰国童子军指挥官的人应具有以下素质才可被任命:作为孩子的良好榜样,有礼貌、行为良好;具有宗教信仰;没有危害社会的品质;具有泰国国籍,如果没有泰国国籍而想成为童子军指挥官,则必须得到执行委员会的批准;执行童子军的承诺与规则,获得童子军勋章。泰国童子军指挥官对年龄的要求:①国家童子军总会的童子军指挥官年龄不低于 40 岁;②国家童子军办公室的童子军指挥官年龄不低于 35 岁;③国家童子军办公室的童子军指挥官助理、省童子军总监的年龄不低于 30 岁;④省童子军副主任、童子军教育区主任的年龄不低于 28 岁;⑤省童子军总监助理、童子军教育区副主任的年龄不低于 25 岁。[1]

作为泰国主要的少年儿童组织,泰国的学者对泰国童子军的研究较为丰富,并通过开展学术研究、青年论坛等形式,对童子军组织的发展和政策制定提出意见建议。例如,学者鲍蒙奈威特·勒特拉伊开展童子军领袖训练计划,并研究童子军参与计划后的改变[2];学者素巴·里提巴特探讨了童子军教师对曼谷都市小学童子军教学的意见,以及在人员、预算、场地、教具、教学时间等方面存在的问题[3];学者撒旺·奥兰里卡布针对中学童子军活动管理的问题进行研究等。[4] 2024 年 1 月 30—31 日,国家童子军办公室组织了童子军青年论坛,对童子军的发展和政策进行讨论,论坛邀请来自各行各业的代表和青年童子军代表出席,共同对童子军的目标、内容和营地等进行讨论并提

---

[1] สำนักงานลูกเสือแห่งชาติ.ข้อบังคับ บคณะกรรมการบร์หาร ลูกเส่อ แห่ งชาติ: ว่าด้วยการแต่งตั้งผู้ตร วจการลูกเสือและการกำหนดหน้าที่ของผู้ ตร วจการลูกเสือ[EB/OL].(2012)[2024-08-03].https: //www.scoutthailand.org/file-upload/pdf20200418195649-D5678.pdf.

[2] บวรวิทย เลิศไกร.Developing Scout Leader Training Program for Scout Patrol Leader Training[J].Journal of Education.2009.10–2020.1, 21(1): 39–50.

[3] Supatra Rithibutr. Problems of teaching boy scouts in elementary school bangkok metropolis[D].Bangkok: Chulalongkorn University, 1982.

[4] Pattaraporn Krutraruk.Problems Of Developing Boy Scout-Girl Scout Activities Of School Under Secondary Education Service Area Office 32[D].Buri Ram: Buriram Rajabhat University, 2016.

出建议。这些研究和讨论从泰国童子军活动、童子军指导者、学校活动开展等不同角度对泰国童子军进行分析,从而提出完善策略,为泰国童子军教育服务的发展提供理论支持。

由以上可看出,泰国童子军具有完备的机构与分级的童子军服务者设置,不同的机构与服务者具有不同的职责,对童子军指挥官的要求也有详细的规定,分工明确、责任到人。教育服务的机构与成员组成较为完善,工资的发放、职务晋升的资格与标准等在《全国童子军执行委员会的规定》(ข้อบังคับคณะกรรมการบริหารลูกเสือแห่งชาติ ว่าด้วยการบริหารงานบุคคล พ.ศ.๒๕๕๒)中有明确规定,为教育服务者提供了法律制度的保障。特设的童子军督查是泰国特有的童子军督查制度的体现,督查对各地区童子军工作进行监督,保证童子军机构、学校开展的各项活动符合童子军法律、法规及童子军习俗的要求。这对于童子军活动的开展、徽章的公平授予等有重大意义。童子军相关的培训会在服务者的整个任期内持续进行,以保证他们获得相应的知识和技能,帮助其获得职位晋升。有关童子军志愿者的规定较为完善,包括志愿者的申请、认定、职责要求等都在泰国童子军的规章制度中有所说明,使泰国童子军服务者的服务质量得到保障。泰国制定的各项童子军制度,保证了童子军服务者工作的顺利开展并不断完善,是童子军教育服务目的实现的重要保证。

三、教育服务的内容:全方位支持童子军在做中学

泰国童子军在组织服务理念指引下,从物质与行动层面分别为组织成员提供了丰富的服务保障。物质方面是指场地、资金、人力等提供给童子军的硬件设施,为童子军教育服务提供物质保障;行动方面是服务者们为童子军提供的教育体验,是童子军教育发挥作用的纽带与桥梁。

(一)营地活动服务于童子军的身心与学术品质发展

泰国各省都有童子军营地,各省营地由各省童子军委员会依据泰国童子军执行委员会《2010年童子军营地开发和使用协议规则和准则》《童子军营地标准》创建并使用,主要承办童子军相关活动、红十字会活动、运动赛事及公共关系

活动等。使用训练场地需要提前申请，并缴纳一定的费用。国家童子军委员会认为，营地对培育国家青年有重要作用，要设置足够的场地，供童子军进行侦察训练与实践活动。现在，泰国童子军夏令营场地已经遍布全国，只有少数区域没有，能够支持全国的青少年开展营地活动。

营地进行的童子军活动主要包括以下四个方面。第一，对童子军军官的训练，目的是培养合格的童子军军官，保证童子军训练的质量；第二，对童子军的训练，使童子军在场地中体验、锻炼，增强能力和体格；第三，用于对童子军的学术研究和实验开展，为童子军活动的开展提供理论支撑；第四，用于举行全国童子军大会的场所。泰国全国建设了约130个营地，其中常用的场所是奇拉武特童子军营地、泰国童子军纪念营、皇家农场童子军营地、拉特拉桑童子军营地。童子军训练场地按照规模划分可以分为大、中、小型营地。营地内设施齐全，包括会议室、卫生间、浴室、野营帐篷、户外草坪、商店和餐厅等，为来营地参加活动的童子军与工作者提供便利。营地的管理由专人负责，主要包括区域管理、卫生和环境管理、护理三个方面。在服务人员配置上，训练场地设有专业童子军指挥官队伍，对进入场地的童子军集体进行训练，还设置了不同课程，每种课程结束后还作出相应的评价与激励措施。此外，泰国童子军委员会认为，一个好的营地不仅要对童子军进行教育，还应涵盖营地周围的社区，所以营地积极向社区宣传并号召社区成员参与。❶由此可见，泰国童子军营地设施、人员、课程设置完善，营地管理到位，能为童子军提供较好的服务体验。

（二）资金支持保障童子军活动顺利开展

泰国童子军教育服务由国家财政部提供资金支持，国家童子军执行委员会进行资金的管理。资金用于对童子军及其指挥官的训练、童子军活动的开展、

---

❶ สำนักงานลูกเสือแห่งชาติ.มาตฐานค่ายลูกเสือ[EB/OL]. [2024-05-03]. https://www.scoutthailand.org/file-upload/pdf20200424093429-30D49.pdf.

宣传和推广，以及工作人员薪资的发放、国际童子军交流、场地和建筑、维修资金和童子军服务机构日常开销等。

（三）人力配备确保童子军工作正常运行

泰国童子军专职服务者机构健全，等级划分详细且具有完备的入职、考核、薪水、晋升、社保、离职等制度，为开展童子军的各项工作事务、训练等提供优质服务，保障童子军工作的正常运行。泰国童子军志愿服务者众多，申请、晋升等制度同样健全，并对志愿者也有资格要求。这些措施能够保障童子军志愿者提供服务的质量，并为童子军活动开展提供人力支持。

（四）行动支持服务于童子军全面的体验

泰国童子军组织自成立之初就借鉴了贝登堡为童子军创立的一系列训练内容，活动内容丰富多彩、形式多样，为童子军提供全面的体验，能够促进能力的全面发展。泰国童子军根据参与者的年级和年龄分为预备童子军（8~11岁）、普通童子军（11~17岁）、高级童子军（15~18岁）、非凡童子军（17~23岁）四级，不同等级的童子军培养目标不同，接受的教育服务内容也有区别。

其一，野外生存技能训练。童子军创始人贝登堡提出"生活的准备教育"这一童子军的指导思想，并将其体现在其训练内容中，训练内容还包含野外生存技能训练。泰国童子军借鉴其思想与训练内容，对这方面的训练非常重视。训练内容包括露营、钻井、应急包扎、方向识别、消防和结绳等。

其二，体能训练。童子军重视体能的培养，希望通过对体能的训练，使泰国的青年具备将来从事理想职业，以及为国家和社会作贡献的身体素质。训练内容包括徒步旅行、负重、游泳、爬山和列队等。

其三，品德的培养。培养品德是泰国童子军提供教育服务的首要目标，童子军提供教育服务也是开展对泰国青少年德育教育的重要途径。对童子军品德的培养包括培养自制力、团结互助、服务意识、社会责任感、爱国、热爱自然、环保、仁慈等品质。

其四，日常生活技能的训练。这项训练包括烹饪、对污秽物的处理、卫生知识、安全知识等培训服务，使童子军提高动手实践能力和生活能力。

其五，童子军知识的传授。童子军的知识包括童子军的历史、仪式、基本规则、诺言、誓言及法则等，这些知识会在预备童子军阶段传授给儿童，学习结束后还要进行考核。考核通过的童子军将获得一个"虎头徽章"，标志着其成为童子军的正式一员。❶

四、教育服务的途径与方式方法：从校内课程到国际交流

虽然泰国童子军的活动已经成为泰国各学校常规教学的重要一环，但泰国童子军组织实施教育服务的途径多样，且不局限于校内和室内。不同的教育服务途径能够带给童子军不同的教育体验，吸引童子军积极参与。

（一）活动课程

经过改革后的泰国中小学课程主要分为必修课、选修课和活动课程三个部分，活动课程是教育部规定的、有组织的课程活动，包括一周进行一节童子军活动课程，并计入学校学分中。活动课程在室外进行，并要求童子军穿军服、军鞋，戴军帽。课程服务的内容主要包括技能知识讲解和训练、体能的日常培养和童子军知识的传递等，不同等级的童子军接受的课程不同。预备童子军主要接受健康、探险、自然探索、安全、各国旗帜、户外活动、誓言和童子军规则等训练。普通童子军通过更高级的训练来培养责任意识，他们通过进行户外活动与探险，逐渐开始关注社会。其中，四年级的童子军课程主要传授童子军活动的常识、誓词和活动规则；五年级的童子军课程教授自理、帮助别人，以及培养童子军的一般技能和爱好；六年级的童子军课程教授服务他人、探险、

---

❶ 谢一凡.泰国童子军发展概况及其对我国少先队建设的启示[J].少年儿童研究，2018(06)：41-46.

童子军活动中的特殊规则。❶固定每周一次提供的课程教育服务，能够保证童子军活动的持续性。离开教室进行的活动课程，更能体现童子军提供的教育服务的实践性。着装的要求则保证了童子军参与活动的仪式感。

（二）仪式

泰国童子军重视仪式的实施，具体包括童子军活动开始前的祭拜、诵经、升旗仪式，每学期开始与结束时的开营、闭营仪式，以及徽章授予仪式等。活动开始前祭拜童子军创始人的仪式，体现了童子军精神的传承；诵经仪式体现了对佛教的尊重与虔诚；升旗仪式体现了对国家的热爱与忠诚。泰国的中小学会在学期前和学期末分别举办童子军开营、闭营仪式。开营仪式能够对一学期的活动进行展望，提出发展目标、安排活动计划，为童子军活动提供良好开端。闭营仪式对一学期的活动进行总结与评价，为童子军活动画上圆满句号。徽章授予仪式则对童子军具有很强的激励作用，引导他们向着童子军的培养目标不断发展。这些仪式对传递童子军精神，提高童子军对组织的归属感有重要意义。

（三）野外露营

野外露营是为童子军提供的最重要的教育服务之一，也是每位童子军最期待的活动。野外露营通常在童子军训练营地或者其他校外地点举办，每学期至少举办一次，一般会放在学期末举行。在野外露营中，童子军组织为童子军提供场地、培训、指导、评价反馈、激励等服务，野营活动包括生存技能训练、野外大冒险、篝火晚会等。在生存技能训练时，所有参与野营的童子军都分为不同小队，分别去各个教学点学习童子军的军规礼仪、打绳结、野外急救、野外生存等知识。在进行野外大冒险时，童子军就将学到的知识与技能运用到实

---

❶ Mrs.Supaporn Jaturapat.Strategy for the development of Thai scouting to enhance good citizenship[M]Bangkok: Chulalongkorn University, 2013: 76.

践中。他们将会通过过绳桥、过悬梯、过铁丝网等一系列严峻考验。篝火晚会则是童子军指挥官、教师和各位童子军最激动的时刻，所有人都精心打扮，表演节目，欢声笑语不断。活动圆满结束后，童子军将获得符合自己等级与能力的徽章。童子军在服务者的指导下，通过野外露营进行实践，检验自己所学的知识和技能，体现了泰国童子军在行动中学习的特点。野外露营中提供的教育服务能够有效提升童子军的实践动手能力，集体活动的过程也对童子军团结合作能力、社会交往能力进行了检验。

（四）社会服务活动

泰国童子军不仅能够得到露营技能的培训，也能得到有关社会救助方面的培训。通过培训，他们能够掌握灭火、抗洪、环保、急救等知识与技能，并在社会需要时，由童子军指挥官指导结队进行社会服务活动。这种社会服务活动能够有效培养童子军们的社会服务意识和服务能力，并使他们感受到自己的社会价值，不断提升社会责任感，从小培养泰国公民意识。

（五）国家集会以及世界交流会议

自泰国童子军成立以来，已经举办了近 20 次国家童子军集会。集会主要在奇拉武特营地举办，人数由首次集会的几百人到后来的上万人，由仅有本国童子军参加到包括世界各地的童子军参加，其规模不断扩大，是泰国童子军组织不断发展壮大的缩影。泰国童子军集会促进了泰国国内和全世界童子军的交流，有利于童子军组织汲取各国各地经验，不断提升教育服务水平。

五、教育服务的效果：德智体全面发展的童子军

教育服务效果的展现并不是短期的过程，经过百余年的童子军教育服务实践与发展，泰国童子军组织为推动各年龄阶段童子军德智体全面发展起到了无可替代的作用。当前，泰国推行国家开发和增强人力资源潜力战略，这要求泰国各个年龄阶段的公民在身体、思想和智力上做好准备，做到全面发展、身体

健康,具有公共精神并能对社会和他人负责。童子军教育服务的目标是童子军德智体的全面发展,能够为国家战略的实现提供有力支持。

(一)童子军品质的获得:成为具有优秀品质的泰国公民

提供童子军教育服务能够培养童子军的优秀品质,使其成为泰国的优秀公民。急救、露营、行军和导航等一些童子军技能的训练,能够塑造耐心、合作、责任、勇气、信心、毅力、创造力、爱国主义、环保意识、独立、纪律、好奇心和勤奋等品质。❶童子军提供的教育服务能够从以下几方面发挥作用。第一,童子军日常课程活动、礼仪的开展实施,融入品质教育的内容;第二,童子军服务者的个人行为,能够为童子军树立良好的榜样;第三,为童子军提供野营教育服务,将合作、奉献、忠诚、勤劳等优良品质内化于童子军心中;第四,为童子军提供社会服务机会,是培养其社会责任感的重要途径;第五,小队制度能够有效提高童子军的合作互助品质。童子军的品质培养不是一个速成的过程,泰国童子军服务者们通过多种途径持续不断提供教育服务,潜移默化地培养童子军的品质,促使童子军逐渐成长为合格的公民。

(二)童子军能力的提升:成为具备生存能力的少年

通过接受童子军组织提供的教育服务,泰国童子军们能够在各方面能力上获得提升。首先,提高动手操作能力。不同的服务途径能够促进童子军不同动手操作能力的发展,如野营能够提高野外生存能力,包括安营扎寨、结绳、取火、钻井、应急包扎等,以及日常课程中讲授手工艺编织、烹饪等技能。其次,提高身体素质。童子军半军事化的管理、持续的训练,都对锻炼体能具有积极作用。最后,提高分析问题、解决问题的能力。野营、社会服务等活动将童子军置于真实的环境下,直面实际问题,并通过积极探索方法,分析并解决

---

❶ Mislia M, Mahmud A, Manda D.The Implementation of Character Education through Scout Activities[J].International Education Studies, 2016, 9(6): 130.

问题。能力的提升同样不是一朝一夕的过程，泰国童子军在不断学习与实践的过程中，逐步提升能力，并能够将这些能力运用于生活中，既能够服务自己，也能够服务社会。

（三）童子军知识的学习：成为童子军文化的传递者

泰国童子军提供的教育服务与学校普通必修、选修课程相得益彰、互为补充。学校普通课程重在提高智力，童子军活动重在培养技能与品质。童子军活动对童子军们知识的获取也能起到一定作用。能力品质与文化知识息息相关，童子军们在现实场景中运用学校课程学习到的自然、科学、数学等知识，应对不同的挑战，能够使他们真切感受到学习知识的重要性，从而提高学习的兴趣。比如，在抗洪中，具备自然地理、洪水应对、巡堤查险等知识的童子军，在协助工作时的效率更高。童子军们在感受到知识的力量后，自然更加愿意去学习相关知识，并将知识运用于生活中。童子军后备队的课程会对本国的童子军历史、礼仪、口号等进行讲解，将童子军的精神更好地传递下去。

第三节　泰国童子军教育服务的经验

作为泰国童子军的重要职能，教育服务在长达百余年的发展中不断提升其服务质量，形成了较为先进的服务理念，组织了充足的教育服务者，构建了丰富的服务内容并提供了较佳的服务水平。作为泰国最大的青少年组织，泰国童子军不断为泰国乃至世界少年儿童的全面发展提供服务支持。

一、清晰的级别划分使教育服务目标与内容更明确

在校的泰国童子军一般根据其年级进行划分，小学 1~3 年级为预备童子军，小学 4~6 年级为普通童子军，中学 1~3 年级为高级童子军，接受高中、职业或高等教育的为非凡童子军。不同等级的童子军内还会根据接受服务的效果和年级进行更为细致的阶段划分和奖章划分。不同等级、阶段的教育服务目标不同，教育服务活动的内容也不同。比如，预备童子军包括预备幼童子军和幼童子军两个阶段。在预备幼童子军阶段，教育服务的目标指向对童子军的初步了解，教育服务的活动多为言语讲解和现场观摩。当预备幼童子军通过基本知识内容的考核后，就会获得"虎头徽章"，表示正式成为童子军，即将接受下一阶段的教育服务。在幼童子军阶段，教育服务的目标指向参与泰国童子军各类活动必备的初级技能，如卫生、结绳、安全知识等。教育服务的内容会更加丰富，除了在活动课程上进行讲解，还会进行简单的实践锻炼，帮助幼童子军更快地掌握技能，以便更容易接受下一个等级的服务内容。泰国童子军有清晰的等级和阶段划分，考虑了不同年龄童子军的身心发展差异，使教育服务环节环环相扣、培养目标清晰分明、教育内容从易到难。这一方面能使教育服务者明确不

同阶段童子军的服务重点，从而有的放矢地开展服务，实现因材施教；另一方面也帮助童子军获得品质、技能、知识更为顺利。前一阶段获得的知识与技能，能够为下一阶段打下坚实的基础，使个人在不断提升成长中，循序渐进地融入童子军团队。

二、完善的服务者培训使教育服务效果与质量得到保证

培训贯穿了泰国童子军教育服务者的全部任期，这是其教育服务能力不断提升的有力支持。比如，泰国的童子军团长级教育服务者要进行五层培训：第一层是基本信息课程（General Information Course），这是有关对待童子军的基本知识与态度的培训。通过该培训过程后，教育服务者会得到文凭或徽章，可以参加下一阶段培训；第二层是基础团队领导训练课程（Basic Unit Leader Training Course），为教育服务者传授童子军训练的方法，使其能够独自策划每一种童子军训练；第三层是在职训练（In-Service Training），教育服务者将已得到的知识运用于童子军训练中，并与其他教育服务者进一步交流，通过第二层培训的教育服务者每四个月必须接受一次第三层培训；第四层培训是高级团体领导培训课程（Advanced Unit Leader Training Course），这是为了教育服务者的持续发展而设立的，包括在童子军机构工作所需的技能的培训、童子军历史的培训、对初级童子军教育服务人员指导的培训、大型活动设计的培训等；第五层是应用与评估（Application and Evaluation），按规定教育服务者两年内要接受一次考核评估。❶童子军团长是童子军教育服务的组织实施者，其能力和素质直接决定教育服务的效果和质量。一方面，泰国童子军组织对教育服务者多层次、多角度的培训与考核，帮助教育服务者获得全面的服务能力，有利于童子军活动的顺利开展，从充足的人力方面保证了服务质量和教育效果。另

---

❶ สำนักงานลูกเสือแห่งชาติ.ระเบียบคณะกรรมการบริหารลูกเสือแห่งชาติว่าด้วยการฝึกอบรมบุคลากรทางการลูกเสือพ.ศ. ๒๕๕๖[EB/OL].(2013)[2024-08-03].https: //scoutthailand.org/file-upload/pdf20200418195329-94610.pdf.

一方面，反复的培训能够将童子军教育服务者们团结在一起，有利于增加沟通交流，强化通力合作，实现互助进步，在学习与实践的过程中产生心理共鸣，增强对童子军工作的认同与热爱之感，增强童子军教育服务组织的凝聚力。

三、充足的经费保障减少教育服务中的顾虑

教育服务者的聘用、年度野营活动的开展、童子军物资的购置……童子军教育服务的各个环节都难以绕开"资金"二字。没有经费支持，各项服务也将难以为继。现实中，泰国是全世界中少数将教育经费预算提高到国家预算的20%的国家之一。童子军教育服务支出部分由泰国教育部支持，这满足了教育服务开展的大部分所需支出。除此之外，泰国童子军还具有多样的资金收入来源，如其他代理机构的投资、投资获得的收益等。❶童子军教育服务的经费主要用于训练教育服务者、投资、童子军活动的开展、宣传、促进国际童子军关系、推广童子军和服务者薪资的发放等。童子军资金的用途多样，管理严格。《2011年国家童子军办公室支出或收入条例》详细记录了资金的申请方式、使用方法与用途。同时，在泰国童子军官网，每年资金的收入与支出都有明确的文件与记录，可以随时查阅。童子军每一笔资金的支出都需要经过书面申请，这保证了资金的正常有效利用。多样的资金来源、明确的支出用途、严格的支取管理，让泰国童子军获得了充足的资金支持，使其野营、训练等活动的开展更加丰富多样，教育服务者的收入待遇也更有保障，切实为教育服务减少了后顾之忧。

四、丰富的研究成果使教育服务的前景更为广阔

泰国重视童子军的发展，对童子军的理论研究较为深入，研究成果丰硕。

---

❶ สำนักงานลูกเสือแห่งชาติ.ข้อบังคับคณะกรรมการบริหารลูกเสือแห่งชาติว่าด้วยการใช้จ่ายเงินหรือรายได้ของสำนักงานลูกเสือแห่งชาติ พ.ศ. ๒๕๕๔´[EB/OL]. (2011) [2024-08-03]. https://scoutthailand.org/file-upload/pdf20200418195556-C45E0.pdf.

泰国学者们对童子军的活动、领导者、管理、效果、问题等方方面面都进行了相关研究，并撰写学术论文，提出指导意见。有学者提出一些新颖的教育服务方式，如冒险教育、管理教育等，并进行实验研究，证实其方式高效可行；有学者提出当前童子军活动开展出现的问题，包括教育服务者数量不足、学校重视童子军教育但对活动效果的跟进力度不够、家长不感兴趣且参与度低、1个小时的活动时间不能满足需求、活动空间不足等❶；有学者进行了有关童子军教育服务者培训的实验研究，针对童子军教育服务者所需的各项能力设计培训方案，并根据发现的问题调整方案❷。泰国童子军委员会对童子军研究人员的理论工作表示支持，并在《童子军营地标准》中提出研究者可在营地进行研究工作，以促进童子军活动的不断发展。从收集到的文献来看，大部分文献都进行了实验研究或实证研究，既能从实践出发，又能够支持实践，具有很强的现实意义，能够有效指导实践的开展，为泰国童子军教育服务的创新性、可持续性发展提供了支持和动力，促进其不断完善提升教育服务质量，使教育服务组织的发展前景更为广阔。

---

❶ Supatra Rithibutr. Problems of teaching boy scouts in elementary school bangkok metropolis[D].Bangkok: Chulalongkorn University, 1982.

❷ บวรวิทย เลิศไกร. Developing Scout Leader Training Program for Scout Patrol Leader Training[J].Journal of Education. 2009.10–2020.1, 21(1): 39–50.

第九章

南非童子军的教育服务

南非童子军是世界童子军组织在南非认可的童子军协会，是一个注册备案的非政府组织。南非童子军于1908年成立，是南非最大的青少年志愿者组织，也是南非最早接纳所有人都可以参加综合活动的组织之一。南非童子军目前对所有儿童（5~10岁）、青少年（11~17岁）、青年（18~30岁）和成年人开放，其目标是促进男孩、女孩和青年的发展，以充分发挥他们作为个人、作为负责任的公民和作为当地、国内和国际社会组织成员的潜力。

第一节 南非童子军组织概述

南非童子军是南非最大的儿童和青年教育服务组织，也是最早面向南非所有公民开放的义务教育组织。南非童子军在复杂动荡的南非大环境中探索儿童发展的路径。童子军为废除种族隔离制度，促进种族融合，加强民族交流作出了不可磨灭的贡献，在南非乃至世界都声名远播。

一、南非童子军的建立背景：贝登堡与《警探术》

南非童子军至今已有一百多年的历史。20世纪初期，罗伯特·贝登堡在被围困期间驻扎在南非马菲肯的时候，他写了一本训练手册《童子军手册》。[1] 1907年，贝登堡在布朗西岛举办了一次童子军训练营，在8天的时间里，童子军学会了各种各样的童子军技能。布朗西岛营地不到一年后，南非开始了童子军之旅。开普敦和德兰士瓦的男孩们读了贝登堡的书《警探术》（Aids to Scouting），他们非常渴望组建一支属于自己的队伍。南非的男孩子们在1908年举行了第一次会议，并且在开普敦、纳塔尔和约翰内斯堡组成了第一批部队，于是南非童子军诞生了。第二年南非军队首次正式登记。这是英国以外最古老的军队。

1899—1902年爆发了第二次英布战争。经过这次战争，独立的德兰士瓦共和国和奥兰治自由邦两个独立布尔人的国家灭亡，南非布尔人全部沦为英国的臣民。英国将南部非洲的殖民地连成一片，控制了通向非洲腹地大湖区的走廊。

---

[1] John Fox.Lord Robert Baden-Powell(1857-1941)[J].Prospects, 2013(04): 254.

在这次战争中,贝登堡控制着马菲肯这座城市,并在 42 岁的时候被维多利亚女王提任为少将。在此期间用来训练南非警察的方法影响了他后来建立童子军的很多想法,此间写就的《警探术》也在南非男孩协会之间流行开来,这使贝登堡认识到男孩子很愿意参加这些充满挑战且有吸引力的野外训练。同时,这样的训练也培养了男孩子勇敢、坚韧、主动的品格,这种训练士兵健康、自信和责任感的品质在平民生活中同样有价值。❶

二、南非童子军的基本发展历程

1936 年,南非童子军第一届大露营正式举行,受到当时南非政治环境的影响,分别成立了四个童子军运动组织。1977 年,这四个童子军运动组织联合组成了一个不分种族、宗教的自由组织。2000 年,南非童子军运动也向女孩们敞开大门,童子军组织面向所有性别正式开放。从 2010—2013 年,南非童子军协会审查了其组织结构、通信工具和活动方案,以便适应童子军成员和现代社会的发展需要。2018 年以后,南非童子军组织侧重于幼童早期发展,这不再仅是拓展成员数量,更是深化组织使命的体现。❷

(一)初创时期:从"跳羚"到童子军确立

南非童子军发展迅速,1912 年贝登堡拜访了南非的童子军,进行组织协调。1912—1916 年,南非成立了省议会,委员们直接向伦敦的帝国童子军总部报告。第一个联合童子军理事会成立于 1922 年,通过咨询的方式控制着几个国家的童子军。1928 年,联邦童子军理事会通过了一部宪法,使它能够履行帝国童子军总部的职能。

在南非的童子军,最初是种族隔离的,但这并没有阻止黑人童子军的形成。

---

❶ John Fox.Lord Robert Baden-Powell(1857-1941)[J].Prospects, 2013(04): 257.
❷ SCOUTS South Africa.Meerkat [EB/OL].[2024-08-30].https://www.scouts.org.za/members/meerkats/.

在20世纪20年代，黑人童子军被称为"跳羚"。1929年，南非童子军成立了先锋者委员会（The Pathfinder Council）。1930年，帝国童子军总部准许南非童子军运动完全独立。南非童子军另一部宪法也于1936年贝登堡访问布隆方丹期间颁布。1937年，南非童子军协会成为国际童子军大会的成员（现在是世界童子军大会），并于1937年12月1日登记注册了国际局（现为世界童子军局）。南非是英联邦国家中第一个实现童子军运动独立的国家。在与贝登堡协商后，南非于1936年成立了四个单独的童子军组织协会，包括男童子军协会（白人）、非洲童子军协会（黑人）、有色人种童子军协会（有色人种）和印度童子军协会。独立的童子军组织通过四个不同的协会维持种族隔离。1953年对1936年宪法的修订甚至加强了白人的分支：白人协会的首席童子军现在是其他三个协会的童子军领袖，其他三个协会都有一名童子军专员，作为白人童子军领袖的行政负责人。

（二）发展时期：实现向所有种族的人开放

南非的种族不平等问题源自17世纪以来荷兰和英国的殖民侵略。这个国家经历了长达300年的少数白人对多数有色人种尤其是黑人的种族压迫。[1]20世纪初，随着南非阿非利卡人民族主义的兴起，许多南非人对童子军持怀疑态度，因为它是由英国人倡导的，敌对的南非荷兰人组织建立的。[2]20世纪70年代，北欧国家向世界童子军运动组织施加压力，迫使其改变南非的种族政策。南非童子军在1977年7月2日举行的一次名为"乌奥·瓦迪斯"（Quo Vadis）的会议上，对此作出回应，并实现了向所有种族开放。南非童子军协会是首批面向南非所有种族的少年儿童和成年人开放的青年组织之一。尽管种族隔离法律禁止多种形式的多种族联合，但南非政府没有采取任何基于种族原因的行动。在

---

[1] 朱逸.在愿景与现实之间——南非价值观教育与种族平等团结的促进[J].比较教育研究，2021(11)：88-95.

[2] 刘海芳.白人民族主义与南非种族统治[J].西亚非洲，2004(6)：52-53.

此期间，童子军活跃在几个乡镇，如特兰斯凯颁发童子军徽章，包括博普塔瓦纳在内的几个地方发行童子军主题邮票。南非在1994年结束了种族隔离政策，开始了民主转型。❶ 1995年7月10日，南非童子军通过新宪法，改名为南非童子军协会，并开始接纳女孩加入。2000年，南非童子军协会修改了宪法，允许女孩成为幼童子军和童子军分支机构的成员。

（三）完善时期：适应现代化社会发展需求

随着南非政治变革和民主转型的持续推进，新南非社会向所有少年儿童及青年传递一种超越种族对立的"公民身份"价值观。南非政府公布的《2030年国家发展规划》（*The National Development Plan 2030*）提出了南非面临的关键挑战，该规划的关键目标是消除贫困，减少不平等，特别指出由于南非青年一代直接影响南非社会、政治和经济的未来发展，南非必须加大青年的教育和技能培训。❷ 为了响应国家发展政策，南非童子军认识到有必要继续重组，并建立一个具有令人信服战略愿景的现代化组织。童子军组织扮演着学校和家庭以外的补充角色，希望所有成员发现课堂之外的世界，不断向成人志愿者学习相关的知识和技能。2010—2013年，南非童子军协会审查了其结构、通信工具和方案，以便适应童子军成员和现代社会的发展需要。几十年来，南非的童子军致力于服务7~30岁的儿童和青少年。然而，在一个教育资源贫乏的国家，南非童子军组织认为有必要制订一项计划来满足5~6岁儿童的发展需求。2019年，南非童子军组织增加了第四个分支——狐獴计划，侧重儿童早期发展，为5~6岁的儿童提供服务。❸

---

❶ 孙茜，印义，叶颖琪，等.南非儿童青少年心理健康服务研究[J].基础教育参考，2024(3)：46-60.

❷ 中华人民共和国商务部.南非制定《2030国家发展规划》[EB/OL].[2024-08-30]. http://za.mofcom.gov.cn/aarticle/jmxw/201208/20120808294312.html.

❸ SCOUTS South Africa.Our history[EB/OL].[2024-08-30].https://www.scouts.org.za/about-us/our-history/.

三、南非童子军的主要组织特征

南非童子军的教育价值观中非常强调要忠诚于自己的国家，忠诚于上帝，促进地区、国家和国际的和平与稳定，在承认和尊重同胞尊严及自然世界完整性的前提下，参与到社会发展中。❶

（一）组织目标明确：促进每个孩童和年轻人的发展

南非童子军希望来自各个地区的人都能够在他们的社区中开展积极的变革，针对社会各界的挑战和需求采取行动，并采用自我教育的方法来促进每个孩童和年轻人的发展。南非童子军是以自我教育概念为基础的"教育运动"，这意味着每个成员都被认为是有发展潜力并对自己的发展负责的人。童子军整个课程是采取寓教育于游戏的形式，通过娱乐活动，让男孩或女孩在边做边学中受到教育。"童子军"一词本身就包括冒险家、拓荒者、探险家、捕猎者、猎人和拓荒者等含义，童子军教育训练的方法包括在荒岛自食其力、在丛林跟踪和躲藏等。众所周知，南非境内以高原为主。这种独特的高原地形为童子军提供了丰富而富有挑战性的训练场所，这种自我教育式的童子军训练方法更锻炼和发展了南非儿童的基本生活技能。

（二）组织价值观清晰：培育诚实、忠诚、善良和尊重的价值体系

从童子军运动开始之初，和平与教育就是一直被关注的主题，南非童子军通过对个体发展的关注，帮助建立了一种超越国家障碍的兄弟情谊，培育诚实、忠诚、善良和尊重的价值体系。2018 年 4 月 20 日至 5 月 25 日，南非西北地区的童子军和马菲肯地区的童子军在当地童子军中心建立夏令营，救助流离失所

---

❶ SCOUTS South Africa.Annual Reports 2021—2022[EB/OL].[2024-08-30].https://www.scouts.org.za/about-us/annual-reports/.

的埃塞俄比亚人、加纳人、津巴布韦人和孟加拉国人，他们因马菲肯省和南非西北省发生的抗议活动而无家可归。在马菲肯童子军的呼吁下，当地许多救助中心、志愿中心提供了住所和食物。马菲肯童子军的这一和平使者倡议不仅帮助流离失所者，而且促进了社区团结。到2021年12月，南非童子军是非洲仅有的五个因持续致力于和平使者计划而获得特别表彰的国家童子军组织之一。❶

（三）组织管理机制完善：注重个性化服务和童子军安全的全方位保障

南非童子军组织作为一个注册的非营利性组织设有理事会，日常管理由执行委员会、首席童子军、首席专员和首席执行官管理。尽管南非童子军组织的领导人发生了变化，但童子军志愿者仍继续为南非各地的童子军成员提供高质量的教育服务。南非所有地区参与童子军运动的人数都出现了一定的增长，特别是在低收入地区人数有所增加。南非童子军不断探索教育服务的个性化模式，开发并引入了新的课程内容，提供混合形式、面对面形式和在线培训形式的课程，通过新的在线培训平台的开发和应用，同时组织线上、线下相关的活动和比赛，并在所有地区开展了不同的社区服务活动。南非童子军拥有一个全面的成员免受伤害机制，其中包括儿童保护政策、成人支持政策、成人成员行为准则和安全侦察政策。所有的规定都旨在创造一个安全的环境，保障所有成员的福祉。南非童子军努力践行成员免受伤害机制，确保在接受成年人作为成员时，采取一切可行的预防措施来保护儿童及青少年的安全。❷

---

❶ SCOUTS South Africa.Annual Reports 2020-2021[EB/OL].[2024-08-30].https://www.scouts.org.za/about-us/annual-reports/.

❷ SCOUTS South Africa.Annual Reports 2021-2022[EB/OL].[2024-08-30].https://www.scouts.org.za/about-us/annual-reports/.

第二节　促进男孩、女孩与青年发展：
南非童子军的教育服务状况

南非童子军的赞助人曼德拉曾经说过："教育是你可以用来改变世界的最强大的武器。""我呼吁我们所有的成员，无论老少继续分享和培养你们的知识和技能，不仅可以实现变革，而且可以积极地为我们所有人创造一个更美好的世界。"[1]南非童子军一直致力于通过为所有成员提供教育、技能、指导、价值观、机会、资源和安全的地方，从而来改变他们的生活，为自己和家人创造更美好的未来。

一、教育服务的理念：促进儿童与青年自我教育并培育良好公民

南非童子军一直致力于南非少年儿童发展，特别是开展各种的青少年运动，成员年龄阶段包括狐獴童子军（Meerkats，5~6岁）、幼童子军（Cubs，7~10岁）、童子军（Scouts，11~17岁）、漫游者童子军（Rovers，18~35岁）及一些成人领导者，是一个涵盖儿童、青少年和成人的教育服务组织。南非童子军的服务精神与核心价值主张是一致的：创造一个充满冒险经验的世界，为所有年龄段童子军创造难得的学习机会，让童子军在体验新鲜事物中得到发展。南非童子军鼓励儿童户外探险，并为此设计很多徽章，这既符合儿童喜欢探险、冒险、钻研、

---

[1] SCOUTS South Africa.Annual Reports 2020-2021[EB/OL].[2024-08-30].https://www.scouts.org.za/about-us/annual-reports/.

好奇心强的特征，也能锻炼儿童的生存和生活技能，促进身心发展；同时，充分利用南非的地理环境特征，让儿童了解国家的自然和人文特色，培育良好公民。

南非童子军的服务目标是促进男孩、女孩和青年的发展，以充分发挥他们作为个人、作为负责任的公民和作为当地、国内和国际社会组织的潜力。该服务目标包括以下三方面内容：培养童子军成员的良好性格；把童子军培养为合格公民；提高童子军成员的精神素质、社会素质、智力素质和身体素质。一个国家的儿童首先是这个国家的公民，应该具有责任感和公民意识。南非童子军重视培养儿童成为国家杰出的领导人，鼓励年长的童子军或上一级的童子军担负起管理和领导职责，要求儿童对国家忠诚，为国家和社会多作贡献。南非童子军关注儿童身体、心理、社会性、智力等各方面发展，符合科学的儿童发展观。

南非童子军服务原则包括对上帝的责任、对他人的责任、对自己的责任。首先，对上帝的责任表现在对宗教精神和原则的坚持，表达对宗教的忠诚，以及接受由此产生的责任和义务。南非童子军的教育理念中强调"对国家的忠诚，对上帝的爱"，他们尊重和鼓励有宗教信仰的儿童、青少年加入童子军。其次，对他人的责任表现在忠于自己的国家，促进地方、国家和国际的和平、理解与合作；参与社会发展，承认和尊重同伴的尊严；保护自然界的完整性和多样性。最后，对自己的责任表现在对自己发展的责任上，关注自我教育。在童子军的《成人领导者手册》中提到"童子军是一个渐进的自我教育系统"，通过遵守承诺法律、从实践中学习、独特巡逻系统、进步性与激励性方案和冒险活动五个方面实现。❶

二、教育服务者的构成：由志愿者开展运营管理工作

南非童子军是一个依靠志愿者发挥巨大作用的组织，在全国只有 15 名带

---

❶ SCOUTS South Africa.Audits[EB/OL].[2024-08-30].https://www.scouts.org.za.

薪员工。童子军的活动方案由志愿者实施，但他们没有任何报酬。志愿者们慷慨地贡献自己时间和专业知识，使南非童子军能够比南非任何同等条件的组织产生更大的影响力。❶

（一）童子军成人领导者

南非童子军服务者主要由童子军成人领导者或其他协助组织构成，是一个充满活力、经验丰富的管理团队。横向来说，南非童子军包括童子军领导者、成人领导者、小组委员会、家长支援协会、专员（国家、区域和地区）、国家支助小组和国家办事处；纵向来说，童子军成人管理者又包括童子军总军长、童子军小组组长及其助理、童子军团团长及其助理、巡逻队长与小队长等。成人管理除了负责童子军成员的工作（就业）、学习、生活和运动外，主要履行其管理职责。童子军小组服务者除了成人领导者，还需要财务主任、秘书、军需主任、公关人员、基金筹措者、家长委员会等协助童子军管理。❷现任南非童子军领导者有特鲁曼·戈巴（Trueman Goba），南非童子军委员会主席，是哈奇非洲有限公司的董事长。戈巴担任过许多工程专业职务，包括南非土木工程协会总裁、当时的水泥和混凝土研究所主席等，并被任命为国家规划委员会主席。

（二）童子军小组领导者

童子军小组领导者即童子军小组组长，是童子军里重要的角色，对童子军负有全面的责任，应该由一个成熟、稳定的人担任，且能够与其他成年领导者平等地进行工作和行政上的交流。童子军小组领导者的工作是在他们的童子军小组

---

❶ SCOUTS South Africa.Annual Reports 2021—2022[EB/OL].[2024-08-30].https://www.scouts.org.za/about-us/annual-reports/.

❷ SCOUTS South Africa.SSA Constitution & Policies[EB/OL].[2024-08-30].https://www.scouts.org.za/ssa-constitution-policies/.

中，为狐獴童子军、幼童子军、童子军、漫游者童子军提供全面的童子军计划，以便使成员完成所需要的公民课程，将来能够取代童子军小组长在社会中的地位，同时成为公正、勤劳的公民，并接受童子军的承诺和法律准则，将其作为个人行为准则。童子军小组组长还需要能干的童子军和小组委员会的成年人来帮助他们，小组领导者对童子军的正确领导是决定该小组成败的关键因素。例如，幼童子军团长对童子军小组组长负责，年龄不低于20岁，其工作是组织开展充满趣味、有吸引力和振奋人心的幼童子军团会议和活动，通过这些会议和活动来实施幼童子军计划。幼童子军团的成人管理者任务如下：通过举办有吸引力的活动保持幼童子军的兴趣，直到他们晋升到童子军；确保每名幼童子军都获得良好的技能，特别是在理解和遵守幼童子军承诺和法律方面；确保当他们准备好进入童子军时，对童子军充满兴趣；确保有足够的机会学习新技能，并在晋升方案规定的各种挑战和任务中表现出色。此外，童子军团长必须确保由团长、巡逻队长、巡逻小队长组成的荣誉法庭是童子军团的核心领导，规划其所有活动和维持军队纪律。荣誉法庭负责制定童子军的标准，通过荣誉法庭，童子军团团长可以把责任委托给巡逻队长，使巡逻队长有机会锻炼并发挥真正的领导作用。童子军团长及其助理主要与青年成员打交道，但与父母保持良好和定期的沟通对于一支成功的童子军来说是至关重要的。

（三）其他协助组织

所有成人领导者通过填写成人会员申请表格，成为童子军的成员，并履行童子军承诺。童子军的原则与政策适用于所有成人成员，并为不同的行政职务提供一些具体的培训。❶

第一，小组委员会。小组委员会由童子军领袖担任主席，成员包括幼童子军、童子军及漫游者童子军领袖，以及年度股东大会选出的家长成员。秘书和

---

❶ SCOUTS South Africa.SSA Constitution & Policies[EB/OL].[2024-08-30].https://www.scouts.org.za/ssa-constitution-policies/.

财务主管是由年度大会上被任命的童子军父母担任。小组委员会的主要作用是协调小组的活动,并确保为幼童子军和童子军方案提供足够的会议设施和设备。小组的所有成年成员都可以接受适当的成人领袖培训,个人不需要支付任何费用。

第二,家长支援协会。家长支援协会由小组中所有幼童子军、童子军和漫游者童子军的父母和法定监护人组成。

第三,国家、区域和地区的专员。专员由国家、区域或地区三级的首席童子军和首席专员亲自任命。他们负有在地理区域内侦察的责任,还协调由国家支助小组提供的其他成人领导者(业务和行政)的支助工作。这些专员亲自向首席童子军和首席专员负责,以确保其责任区内的童子军成员各司其职。专员主要负责成人领导者的组织管理和评估工作,并监督南非童子军的目标和原则的达成程度,同时对青年发展部门的实施进行监测。

第四,国家支助小组。国家支助小组负责向成人领导者提供资助,来帮助狐獴童子军、幼童子军、童子军、漫游者童子军、成人领袖培训和成人资助项目,并提供国家财产、金融、营销团队。国家支助小组由国家执行委员会的一名成员领导和负责,由一位经验丰富的领导作为区域小组协调员协助工作。

第五,国家办事处。南非童子军设有国家办事处,由首席执行官领导,拥有有限数量的财务和行政工作人员。

三、教育服务的内容:创造更美好的未来

2016年1月1日,联合国正式启动《2030年可持续发展议程》(the 2030 Agenda for Sustainable Development),新议程呼吁各国从现在起采取行动,为实现17项可持续发展目标而努力。针对联合国《2030年可持续发展议程》,南非基础教育部日前颁布了《2019行动规划:面向2030学校教育》❶,勾画出了南非基础教育发展新蓝图,标志着开启南非全民享受优质教育历程。同时,

---

❶ 蔡淳.中国助力南非实现经济社会发展目标——访南非总统府部长杰弗里·拉德贝[EB/OL].(2016-04-28)[2024-08-30].https://finance.huanqiu.com/article/9CaKrnJV3K5.

南非童子军希望为全球发展尽最大努力，致力于为儿童和青年提供良好的教育服务，以确保所有儿童和青年都受到良好的教育，使其拥有必要的技能和资源，准备好进行一生的冒险。总的来说，南非童子军教育服务内容涵盖对自身、他人、社区、国家和自然等各个层面，既促进自我提升，又服务他人和社会。

（一）生存技能和生活教育

南非童子军非常注重成员的生存技能训练，训练内容广泛，如航图测读、野营训练、紧急救助、搭帐篷、系绳结、划船、躲避地震等。就紧急救助来说，"童子军第一课"中列举了必须进行急救的七类人：出血的、心脏停搏的、骨折的、扭伤的、胸闷气短的、灼伤的和中毒的；课程还提倡要经常进行急救模拟，以便防微杜渐，因为"做好准备"是童子军的座右铭，每一次事故都是可以避免的；还给出了急救的步骤：接近急救地点—确定在此救助是否安全—制订救助计划—用所学的知识进行人工呼吸、止血和包扎等—打电话寻求帮助；除此之外，还对遭遇火灾、大风天气、洪水、拖拽和转移伤员的救助措施都作了详细描述，采用图文并茂的形式，生动形象。南非童子军不仅注重生存技能，还关注童子军成员生活，锻炼其生活能力，如团队协作能力、独立生活能力、领导能力等。在童子军巡逻小队中，要求小队所有的童子军一起行动，增强成员的集体荣誉感。

（二）儿童健康教育

南非童子军关注儿童的健康教育，要求童子军要为所在社区儿童提供服务和帮助。为此，童子军颁布了《儿童保护法》（Child Protection Act），在开篇第一章就言明：对一个社会成员的灵魂来说，再没有比它对待孩子的方式更能让人感受深刻的了。该文件的指导方针：无论是在网上还是在线下，要对儿童保护采取积极主动的教育方式；每年至少举行一次会议，专门讨论儿童保护和教育问题；将文件提供给家长以供学习。同时，该文件还提出南非童子军成员不应将维护儿童和青年福利视为一项可选的额外活动，而应将其作为该政策的组成部分和应有的实践。南非童子军在倡导儿童保护方面特别要提的一点就是反对将手机带进童子军中。《儿童保护法》中提到"虽然我们不是一个正规的教育机构，但我们不支持儿童或青年将手机带进童子军中"，以保护儿童不受互联网和社交媒体网站的网络欺凌和不良信息的影响。除此之外，该文件还规定区域专员要负责儿童保护政策的执行和教育问题。❶

（三）国家公民教育

南非童子军的公民教育目标正如其服务目标：培养童子军成为合格的公民。《成人领导者手册》（*Adult Leadership Handbook*）进一步阐明了公民教育目标的含义：童子军帮助个人融入社区，教导他们如何与其他人相处，并让他们做好承担成人责任的准备；成为一个好公民就是学会接受自己对他人的责任；童子军要在家庭、学校、社区中一步一步地学习公民教育课程，并在其中受到良好的影响。同时，《童子军训练》（*The Scout Law*）中提到童子军要能唱或背诵国歌，简要描述国歌的历史，画出或认出南非国家标志：国旗、国花、国宝和盾徽，并教导童子军在单独悬挂南非国旗或与其他旗帜并挂的时候应该如何操作。虽然童子军是完全非政治性的，但童子军认为对国家的责任在很大程度上是普通人理所当然的事情。童子军代表着法律和秩序，他们以积极但守法的方式组织活动。

（四）服务和贡献社区

南非童子军强调为社区贡献力量，他们会定期组织一些社区活动，提高童子军的社区影响力和社会参与度，同时还会维护社区环境卫生，具有高度的社会责任感。在非洲，艾滋病是青少年死亡的第二大原因。非洲少女和年轻妇女面临基于性别的不平等、排斥、歧视和暴力，这增加了他们感染艾滋病病毒的风险。南非童子军作为一个青年组织不仅应该维护成员的利益，也要为实现

---

❶ SCOUTS South Africa.SSA's Child Protection policy[EB/OL].[2024-08-30].https：//www.scouts.org.za/ssa-constitution-policies/.

"健康人人共享"作出贡献。❶从 2002 年开始，童子军积极开展艾滋病病毒知识教育和宣讲活动，并努力消除歧视和偏见，使年轻人从参加童子军活动中获得强烈的归属感和认同感，产生积极的同伴压力，最终构筑更高的价值观和群体规范。

（五）和平教育

童子军坚定承诺"为上帝和我的国家尽我的责任，时刻帮助别人"，来促进地方、国家和国际的和平、理解与合作。世界童子军发起了一个"和平使者的倡议"，目的是通过在世界各地建立一个服务项目的网络，缓解饥饿问题、环境问题和其他一些重要的社会问题。该倡议于 2011 年 9 月 28 日在沙特阿拉伯，由阿卜杜拉国王（沙特阿拉伯）和卡尔十六世国王（瑞典）正式启动。作为世界和平使者的重要组成部分，南非童子军希望鼓励成员在其社区内开展服务项目，以便发挥童子军的作用。这些服务项目包括生活技能、对艾滋病毒的认识、食物换生命、关注全球变暖和气候变化、可再生能源节约和再利用、获得清洁饮用水、预防毒品等。❷南非童子军设立了一个和平徽章来对童子军成员进行和平教育。拥有和平徽章需要四个步骤：启发——探索和研究当地的问题；学习和决定——找出你的动机和才能，选择一个行动领域和有用的知识；做——计划你的行动，并执行、监测、评估和报告；分享——分享你所做的事。

四、教育服务的途径与方式方法

南非童子军运动是一场由成年人支持的青少年运动，而不是一场由成年人管理的青少年运动，童子军注重成人领导者对儿童的引导作用。南非童子军通

---

❶ SCOUTS South Africa.Do your Scouts know the facts of HIV and AIDS[EB/OL].[2024-08-30].https://www.scouts.org.za.

❷ SCOUTS South Africa.Messengers of Peace recognition for SCOUTS South Africa[EB/OL].[2024-08-30].https://www.scouts.org.za.

过设置徽章及晋升制度、颁布详细的规章制度、建立巡逻小队、设立营地和层级管理体制等实现其教育服务。

（一）设置徽章及晋升制度

童子军徽章制度在童子军不同阶段有不同的体现，主要包括狐獴童子军徽章（Meerkat Badges）、幼童子军徽章（Cub Badges）、童子军徽章（Scout Badges）、漫游者童子军奖（Rovers Award）和星光奖（Starlight Award）。

首先，狐獴童子军和幼童子军。其中狐獴童子军徽章制度包含七个主题，三个进阶发展水平。由于成员年龄较小（5~6岁），其兴趣徽章包含一个"洞穴徽章"和三个"特殊徽章"，分别为铜星（Bronze Star）、银星（Silver Star）和金星（Gold Star）。❶幼童子军徽章是用来鼓励儿童在个人感兴趣的科目上进行自我教育。《幼童子军徽章手册》一共列举了63种徽章，内容涵盖面非常广，涉及天文、地理、野营、语言、模型、工艺、游泳等多个方面。幼童子军可以任意选择自己喜欢的方面来获取徽章奖励。幼童子军晋升层级分为银狼（Silver Wolf）和金狼（Gold Wolf），每一晋升层级在横向上又都包括意志挑战、社区挑战、户外挑战、才能挑战、承诺挑战、兴趣徽章六个模块。每一个模块都有对应的任务，完成任务才能实现晋级。除此之外，幼童子军还有跳狼徽章（用来帮助幼童子军自己计划和完成工作）和链接徽章（用来帮助幼童子军做好成为童子军的准备）。

其次，童子军徽章包括童子军侦察徽章（Scoutcraft Badges）和童子军兴趣徽章（Interest Badges）。两者有部分相同的徽章，但即便徽章相同，其要求和任务也并不相同。童子军晋升层级包括旅行者、探索者、第一课和跳羚奖，每一个晋升级别横向又都包括读图、野营、先锋者、急救、徒步旅行、观察、原始生活、个人发展八个模块，同样每一模块都有对应的任务。除此之外，童

---

❶ SCOUTS South Africa.The-Meerkat-Trail-Final-May-2024[EB/OL].[2024-08-30].https://www.scouts.org.za/members/meerkats/

子军还有挑战奖，如像布什曼人那样生活、像水手一样操纵绳索等。需要强调的是，跳羚奖是童子军最高的奖项，必须在18岁之前申请。

再次，漫游者童子军奖有罗伯特·贝登堡奖（Baden-Powell Award，B-P奖）、和平使者奖和节水奖等。B-P奖是漫游者军所能获得的最高奖项，申请人需要完成规定的兴趣奖和挑战奖。兴趣奖如职业奖、公民奖、艺术家奖、急救奖等；挑战奖如原始生活奖、总统奖、世界童子军奖、空中挑战奖等，部分奖和前面的有重复，但也存在一定的挑战性。和平使者奖的获得有四个步骤：启发、学习和决定、做、分享；节水奖的获得有三个步骤：提高节水意识、确保每一滴水都有用、开展个人行动。

最后，星光奖是一个评估奖，主要针对童子军和漫游者童子军，其目标是提高童子军活动的质量，并帮助该地区的每一个童子军团都有资格获得该奖项。其中，童子军阶段的星光奖评价内容包括户外活动、巡逻制度、童子军野营、童子军晋升、兴趣徽章、成员参与、成员留档、招募新员、童子军数量、童子军记录、信息沟通等13个方面。漫游者童子军星光奖评级内容包括户外活动、区域参与、地区参与、服务自我、服务童子军、服务社区、社会参与、成员留档、招募新员、漫游者童子军数量、童子军项目记录、童子军财务记录等14个方面。由此可见，童子军徽章和晋级制度的设立激励童子军积极地进行自我教育，提高教育质量，锻炼自己的生存和生活技能，主动服务社区，成为一名合格的童子军和优秀的南非公民。❶

（二）颁布详细的规章制度

南非童子军规章制度是十分丰富和详实的。据所查资料统计，南非童子军有超过60部的政策规范。除以上提到的制度外，还有2018年8月《童子军宪法》（SCOUTS South Africa Constitution），2018年5月10日《成人

---

❶ SCOUTS South Africa.Annual Reports 2021-2022[EB/OL].[2024-08-30].https://www.scouts.org.za/about-us/annual-reports/.

支持政策》（Adult Support Policy），2018 年《童子军制服政策》（Uniform Policy），2017 年《南非童子军组织规则》（SCOUTS South Africa Organisational Rules），2017 年《权力下放》（Decentralization of Power），2016 年 12 月 1 日《南非童子军社会伙伴之社区小组关系协定》（Community Group Relationship Agreement of SCOUTS South Africa Social Partners），2016 年 9 月《南非童子军营销和品牌政策》（Marketing and Branding Policy），2016 年 6 月 4 日《财产政策》（Finance Policy），2016 年《成员行为守则》（Member Code of Conduct and Disciplinary Policy）《安全侦查政策》（Safe Scouting Policy），2015 年 6 月《南非童子军保护报告程序信息图表》（Infographic Safe Scouting Policy）《认可申请表》（Application Form for Recognition），2014 年 1 月 15 日《青年参与政策》（Young Leaders Involvement Policy），2013 年 9 月 30 日《仪式规例及指引政策》（Ceremonies Regulations and Guidelines Policy），2013 年 9 月 30 日《国际政策》（International Policy），2007 年《校友网络登记表》（Alumni Network Registration Form），2006 年 5 月《青少年自杀预防概况介绍》（Overview of Suicide Prevention for Adolescents）《户外活动规则》（Outdoor Activity Rules）《幼童子军训练》（The Cub Law）《漫游者童子军训练》（The Rover Law）等。❶南非童子军政策规范的呈现形式以文字、图文并茂和表格为主，政策规范的内容包括童子军宪法、相关社会伙伴关系政策、儿童保护政策、所需表格和资源、童子军训练手册等方面，篇幅有长有短。南非童子军通过颁布详细而全面的规章条文约束和规范童子军行为，积极践行儿童保护和环境保护理念，促进社会和平、稳定、安全、健康的发展。南非童子军详细的规章制度也充分体现了童子军体系的完善、活动的丰富、服务的全面。此外，南非童子军善于利用社会资源开展服务活动，借用社区小组、非政府组织和校友网络鼓励成年领导者参与童子军培训，为童子军提供资源支持，确保学校环境安全以便执行童子军方案，为个别活动提供财政支持，必要时为童子军成员提供责任保险。

---

❶ SCOUTS South Africa.Safe From Harm[EB/OL].[2024-08-30].https：//www.scouts.org.za.

（三）建立营地和层级管理体制

南非童子军是一个全国性的组织，通过建立地区童子军营地和严格的层级管理体制来服务和管理地方。童子军营地是童子军户外活动的重要场所之一，童子军在全国九个省，即林波波省、普马兰加省、北开普省、西开普省、东开普省、夸祖鲁—纳塔尔省、西北省、豪登省和自由省[1]，分别建立了童子军营地或童子军活动室，如西开普省锡格纳尔山的阿普尔顿童子军营地、夸祖鲁—纳塔尔省德班的莫宁赛德伯曼大道的 B-P 营地、西北省马菲肯的街景营地、豪登省贝诺尼的阿罗韦公园营地等。

综合南非已有的童子军营地，可以发现童子军营地大都设立在地理环境优美，一般紧邻山地、河湖，交通便利、来往方便，基础设施完善，有厨房、浴室、水电、帐篷、床等条件的地区。除了建立童子军营地，南非童子军还设立了"国家—区域—地区—小组—军团"的层级管理体制。在此基础上，童子军还积极寻求"外援"的帮助，利用小组所在社区、学校、家庭等媒介，争取外部的支持和帮助，形成良好的社会影响。童子军营地和层级管理制度分别在空间和制度上服务和管理童子军，童子军严格的准入机制和管理体制主要还是针对成人领袖，发挥成人领导者的作用；对于儿童方面，童子军非常鼓励不同种族、宗教、性别和年龄的儿童、青少年加入童子军组织。

五、教育服务的效果

童子军运动改变了人们的生活，帮助儿童和年轻人充分发挥自己的潜力。南非童子军组织关注与儿童、青年身心发展相关的各个领域，努力为儿童、青年营造良好的社会环境。即使在社会动荡和政治混乱的时期，童子军也能尽力提高成员的技能和整体福利和改善居住的社区环境。

---

[1] SCOUTS South Africa.Annual Reports 2021—2022[EB/OL].[2024-08-30].https://www.scouts.org.za/about-us/annual-reports/.

第九章　南非童子军的教育服务

（一）儿童品格得到提升并促进南非社会发展

众所周知，南非童子军面临着极其严峻的社会环境，南非失业率高，艾滋病患病率高，社会治安混乱。在如此恶劣的环境下，南非童子军依然坚持为儿童和青年的教育和品格发展作出贡献，其精神令人敬佩。童子军补充了学校和家庭的角色，填补了家庭教育和学校教育的空白，带领儿童发现教室之外的世界。孩子们充分运用他们自己的能力帮助别人、野外生活、探索大自然，充满热情与朝气，不再沉迷网络、色情、毒品和校园欺凌。在童子军的军营里，随处可见的是希望、尊重、团结和纪律，童子军们积极地参与活动，服务他人、服务社区，在服务中获得徽章和奖励。童子军的青年培训课程提高了南非青年的领导能力、沟通能力和职业技能，让每一个童子军青年都为未来做好准备。2016年，全国有1 375名失业的青年童子军参加培训。童子军还努力使农村青年和城市社区的青年都享有同样的机会和资源，编写对农村和城市童子军都适合的方案，因为他们知道由于经济上的差异，剥夺了许多农村成员发挥潜力的机会。[1]

（二）成人服务者培训模块化提高组织效益

做好成人服务者的培训是童子军工作顺利进行的重要前提。新修订的成人培训教材努力与南非童子军全球目标策略保持一致，课程形式从仅周末的课程调整为模块化的课程，虽然看似缩短了课程内容，但模块化的培训更具连贯性、灵活性。此外，南非童子军还引入"童子军野营课程"，使童子军能够有效管理野营营地，这个新的课程使童子军能够安全有效地管理三个晚上的夜间营，而不仅适用于周末营或巡逻营。为了使培训更加灵活，部分"成人领袖入门"和"成人领导力培训"课程选择在晚上，以"一对一"的形式进行；"助理领

---

[1] SCOUTS South Africa.Annual Reports 2016—2017[EB/OL].[2024-08-30].https：//www.scouts.org.za/about-us/annual-reports/.

导培训"和"领导培训"分成两个单独的模块。从 2021 年开始，南非童子军成人服务者在线培训内容越来越广泛。许多课程的理论部分是通过 Moodle 平台开展的，因此多个地区可以一起参加课程，在线课程也可以在突发情况下正常运行，从而确保培训可以继续进行。❶

（三）增强国内外影响力提供更好发展环境

南非童子军受到南非社会各界的赞誉。2017 年 4 月，著名广告公司 DDB、户外广告公司空间畅想、当地工程师和摄影师和童子军联合起来，在布莱恩斯顿的自行车公园的角落里建了一个巨大的广告牌，宣传童子军，这项活动是社会各界无偿赞助的。2017 年 7 月，在阿塞拜疆举行的世界童子军会议上，南非童子军副主席被授予童子军最高奖项——青铜奖。自 2018 年 11 月 16 日起，世界童子军运动组织和联合国达成了一项协议，动员全球童子军成员采取行动实现可持续发展目标。为积极响应世界童子军组织的理念，南非童子军组织制定了适合各童子军军团的可持续发展目标方案，促进每一个成员获取知识、参与实践活动。鉴于目前南非面临的社会挑战，南非童子军在 2021—2022 年开展了和平培训对话。在凯萨琳·戈弗雷与世界童子军的支持下，举办了一系列"为和平而对话"讲习班，参与者是来自全国各地的青年领袖。南非童子军领导者凯瑟琳·戈弗雷（即将离任的非洲青年顾问委员会主席）和扎马·马兹布科（夸祖鲁–纳塔尔省青年影响力者和地区青年领袖团队），代表南非童子军参加了在肯尼亚内罗毕举行的第九届非洲童子军青年论坛。之后，他们参加了第 18 届非洲童子军会议。在会议上，南非童子军赢得了 2026 年第二届非洲漫游者童子军大会（Rover Moot）的主办权。❷

---

❶ SCOUTS South Africa.Annual Reports 2021-2022[EB/OL].[2024-08-30].https://www.scouts.org.za/about-us/annual-reports/.

❷ 同❶.

（四）多渠道获得援助有利于组织良好运营

南非童子军的收入主要来自会费、零售收入、捐赠投资和项目资金。童子军会费由每个童子军团体根据所在社区收取会员费，童子军团再向童子军小组缴费，继而按照组织的层级结构层层向上缴费。这些会员费主要用于向世界童子军运动组织支付会员费、童子军各项活动开支和成员保险费等。需要强调的是，童子军收取的会费是非常少的，主要用于活动开支，这与其非营利性组织的本质是不矛盾的，且童子军正努力向免会费过渡。除了物品和资金的捐赠，最主要的还是大量志愿者的"时间捐赠"。正因为童子军在南非和世界中产生了巨大的影响力，扮演着重要角色，才会吸引到广泛的资金和人员支持，这样一来童子军就能作出更大的贡献，形成了良性循环。童子军基金会是一个成立于1987年的独立信托基金。它的任务是为其唯一的受益者南非童子军筹集和管理资金。捐赠基金是维持南非童子军财务可持续性增长的重要工具，并使南非童子军的资金来源多样化，因为它减少了对其他资金来源的依赖。[1]

---

[1] SCOUTS South Africa.Annual Reports 2021-2022[EB/OL].[2024-08-30].https://www.scouts.org.za/about-us/annual-reports/.

第三节 南非童子军教育服务的经验

在百年发展历程中，南非童子军形成了完备的教育服务组织体系。自1994年以来，南非童子军发展尤为迅速，出台各项政策法案，在社会上产生了巨大的影响力。独具特色的童子军教育服务特点主要体现在童子军服务者以志愿者为主、服务对象年龄梯度大、教育服务具有体系化、广泛动员全社会力量四个方面。

一、服务者以志愿者为主且关注其工作幸福感

南非童子军服务者正式员工仅15名，其余的服务者全是志愿者，大部分志愿者都是长期稳定地在童子军中服务。这些志愿者一般没有工资，来自不同的种族、宗教和民族，甚至来自不同的国家，但都义务参与服务，奉献自己的时间。[1]相比于拿薪水的正式员工，无偿义务的志愿者在从事服务时，更多出于自己的意愿、兴趣和爱好，有较少的强制性。虽然南非童子军的志愿服务者众多，但是申请程序是十分严格的，需要经过十二道程序。这并不是因为机构冗杂，而是童子军对服务认真，对工作负责。并非所有社会人士都可以担任童子军志愿者。只有在下列四个群体之一的才可能被选为志愿者：一是完成童子军和漫游者童子军的所有训练课程的人员；二是希望同时担任成人领导者的积极漫游者童子军；

---

[1] SCOUTS South Africa.Annual Reports 2016-2017[EB/OL].[2024-08-30].http://www.scout.org.za.

三是童子军的父母和愿意为童子军目标和愿景作出贡献的公众成员；四是以前是童子军志愿者由于各种原因离开了童子军的人员。有犯罪记录或精神疾病、不良嗜好的人员不能担任志愿者。南非童子军认为"由于临时征聘的方式，志愿者的责任是不太明确的"，为了防止成人志愿者从事不适合他们的工作，童子军会明确列出不同角色所要承担的责任，"职务说明是基于组织的需要，它是征聘过程中的第一个参照点，并指导对个人发展和业绩评估的持续需要"❶。尤其是新冠疫情大流行时期和世界经济衰退的背景下，许多志愿服务者的心理健康受到了损害，南非童子军组织更加关心成人志愿者的工作幸福感。为了促进志愿者们工作，让他们为培养儿童提供时间和专业知识，南非童子军组织研发开展了一项心理健康运动来支持其志愿者。在国际志愿者表彰日，鼓励童子军成员录制感谢童子军志愿者的视频，并分享成年领袖对他们生活的影响。❷

二、服务对象年龄梯度大并强调跨文化交流能力

一般来说，童子军服务对象的年龄最大到 25 岁，而南非童子军服务对象的年龄梯度较大，最小 5 岁，最大 30 岁，相差 25 岁。不同阶段的童子军需要学习的技能、参与的服务项目有很大的差别。而由于南非特殊而复杂的政治发展背景，南非童子军组织认为，跨文化交流对于从深层次消除种族隔离影响非常重要，对于每个成员乃至全体国民的健康和繁荣发展有重大意义。❸因此，在童子军的入门阶段，需要学习童子军承诺和法律，知道童子军敬礼、握手等基本礼仪规范，需要掌握野外探险、露营等必备生存技能，知道如何尊重和保护自己和他人，并有机会在成人陪同下进行环境相对安全的团队探险活动。此

---

❶ SCOUTS South Africa.Adults.[EB/OL].[2024-08-30].https://www.scouts.org.za/members/adult-leaders/.

❷ SCOUTS South Africa.Annual Reports 2020-2021[EB/OL].[2024-08-30].https://www.scouts.org.za/about-us/annual-reports/.

❸ SCOUTS South Africa.Annual Reports 2021-2022[EB/OL].[2024-08-30].https://www.scouts.org.za/about-us/annual-reports/.

外，幼童子军的徽章类别多样，获得徽章的要求具体，可操作性强。儿童可以根据自己的兴趣来获取徽章，在取得徽章的同时，也学习了相关的知识和技能。童子军在经历了幼童子军阶段后，对童子军的纪律、礼仪、制度等十分熟悉，需要进一步发展。该阶段的童子军即将进入青春期，处于生理、心理和品格发展的关键期，需要学习如何独立、承担责任、如何保护环境、为社区作出贡献，为成功做好准备。童子军可以参与远足、航海、飞行和露营等活动，学习尊重自然和环境，成为富有创造性、敢于冒险的人，为成为领导者做准备。在漫游者童子军阶段，非常注重社区参与和社会服务，培养走向国际化的童子军，培养领导者才能，鼓励成员自我教育，追求对自己有用的职业，同时能够有机会参与港口巡航、航海、徒步旅行、野营等社会活动。尽管南非童子军年龄差异很大，但童子军对组织的管理井井有条，各个年龄段的教育理念、培养目标、主要任务和训练课程很有针对性，层层递进。

三、完善教育服务体系并推进教育数据开放共享

南非童子军作为南非最大的青少年和青年组织，具有严密而科学的管理体系，体现在组织架构层级化、人员配备责任化、制度体系严谨化，是我们研究组织管理的典型案例。首先，南非童子军组织构成具有明显的科层管理特点，首席童子军长（Chief Scout）是南非童子军最高领袖，童子军董事会和其首席执行官、童子军执行委员会及其专员，都需要对首席童子军长负责。国家、区域、地区、小组、军团、巡逻小队，由上至下构成"国家—地方"的辐射全国范围的层级管理体系。其次，童子军成员分工合理、职责明确，在国家童子军管理范围内，地方童子军也可以根据本地区的特点，设计组织各自的活动项目，具有很大的自主权。国家发挥总领作用，地方发挥执行作用、上传下达、上下一心，使童子军组织协调运行。再次，60余部法律制度也为童子军组织的正常运转保驾护航。这些法律并非一成不变，而是随着时代发展逐渐完善。现有《童子军宪法》是于2018年2月经过投票和修改后确定的，修改部分被着重标注了出来，方便各地区阅读和学习。最后，南非童子军运用多种方式进行信息沟通和交流，管理和维护组织运转，如召开会议、建立网络平台和信息公开等。童子军会定

期召开巡逻会议、小组会议、地区会议、区域会议，还有不定期召开社会伙伴关系会、培训课程改编研讨会、年度会议等。南非童子军的成员数据库"童子军数字"正在不断升级并迁移到微软的计算平台（Azure），并为服务各种童子军军团的志愿者和家长提供了多个关于使用该数据库的免费培训课程。❶

四、广泛动员社会各界力量主动参与教育服务活动

南非童子军的成功除了归功于组织内部良好、有序、高效的运行体系，还有组织外部的一个重要助力，那就是社会力量的推动。童子军充分调动社会力量，吸纳学校、社区、家庭、非政府组织等参与和协助童子军活动，并赢得广泛的社会认可。童子军之所以能够动员全社会力量，有以下三个原因。一是童子军树立了良好的社会形象，童子军义务修补社区房屋，给流离失所的人提供住处，积极宣传艾滋病知识，绿化社区环境等。这些地区性的公益服务使越来越多的人受益，并逐渐传播开来，为童子军赢得了广泛的社会声誉。二是童子军内部人员构成存在多元化特点，成员来自不同的家庭、宗教和文化背景，甚至说着不同的语言。虽然他们都带着各自不同的梦想和才能加入童子军，但拥有共同的信念和价值观。正如承诺书和法律所强调的那样：南非童子军的目标是促进男孩、女孩和青年的发展，以充分发挥他们作为个人、作为负责任的公民和作为国际组织成员的潜力。三是童子军秉持不结盟运动的宗旨：独立、自主，捍卫国家主权，发展民族经济和民族文化，维护世界和平，主张国际关系民主化和建立国际经济新秩序。世界不结盟运动第19任主席纳尔逊·曼德拉不仅为南非国家独立作出了历史性贡献，也支持南非青年人发展教育，并对南非童子军的成长作出贡献，被非洲童子军委员会授予非洲大象奖，这是非洲大陆颁发的最高童子军奖。南非童子军在世界中发挥着积极作用，世界童子军也在采用南非童子军的方案来实现社会发展目标，全世界有160多个童子军国家和地区，有超过4 000万名童子军成员，其中有19万名童子军来自南非。

---

❶ SCOUTS South Africa.Annual Reports 2021—2022[EB/OL].[2024-08-30].https：//www.scouts.org.za/about-us/annual-reports/.

第十章

日本绿色少年团的教育服务

日本根据地域的不同，提供各种教育服务的少年儿童组织会有些许差异，其中既有童子军（Boy Scouts），也有少年团。日本童子军属于舶来组织，是世界童子军运动组织的成员单位，所开展活动体现童子军组织的共有特征；而少年团则主要是在日本本土生长起来的少年儿童组织，包括绿色少年团、体育少年团等拥有不同目标的少年团。总的来说，这些少年团组织非常注重通过团队活动、技能训练、社交活动和救援等活动，开展质素、勇敢、开朗、亲切、爱心、礼仪、诚实、相互信任、感恩等训练，以培养日本儿童的团队意识和领队意识，掌握生活小常识与社会常识等。本章主要对具有较大社会影响力的绿色少年团进行较为系统的研究。

第十章　日本绿色少年团的教育服务

第一节　"在森林中培养孩子"：日本绿色少年团组织概述

日本绿色少年团作为全国性校外少年儿童组织，是由日本公益社团法人"国土绿化推进机构"筹建并发展而来的组织，在日本各地以学校、聚集地、市町村等为单位结成少年活动团体，旨在通过亲近自然、热爱自然、保护自然的森林学习和志愿服务活动等方式，宣传与践行绿化行动，培养日本儿童爱家乡、爱他人的社会情感、责任心与能力。

一、国土绿化推进机构：日本绿色少年团的创建者

日本绿色少年团始于第二次世界大战后"国土绿化推进委员会"的成立。第二次世界大战后，日本本着"给荒废国土着上绿装"的宗旨开展绿化运动，1948年国会参议院作出"保全国土决议"，1949年众议院通过"举国造林决议"，1950年正式设置"国土绿化推进委员会"，1988年更名为"国土绿化推进机构"并使用至今。

（一）国土绿化推进机构的简要历史沿革

国土绿化推进机构至今已有七十多年的历史，在不同时代也体现出不同的发展特点。[1]一是20世纪40年代的酝酿期。1947年，日本成立了森林保护联

---

[1] 公益社团法人国土绿化推进机构.沿革[EB/OL].[2024-08-03].https://www.green.or.jp/about-us/history/.说明：在原有年份沿革介绍基础上作了内容筛选与时代特征概括。

— 239 —

盟并于同年恢复开展了第一届爱林日植树活动；1949年，文部省和农林省出台了第一个学校植林五年计划。二是20世纪50年代的成立期和初步发展期。1950年，日本正式成立国土绿化推进委员会，同年绿羽募捐活动开启，举办了第一届全国植树活动暨全国土地绿化节和第一届全日本学校植树大赛颁奖典礼。在众参两院1951年做出"关于推进国土绿化的决议"后，24个都道府县相继成立地方绿化推进委员会。此后十年间，活动继续向纵深推进，如公布国土绿化运动海报和口号比赛结果、公布所征集的绿化歌曲和童谣、公布第二个学校植林五年计划等。绿羽募捐在1953年就达到了1亿日元。三是20世纪60年代的社团法人化。绿羽募捐1960年倡导以"绿色童子军"名义成立实践绿化的少年团，并于1969年更名为"绿色少年团"；开展国际交流，特别是1964年与奥运会参赛国交换树种；1965年，为国土绿化运动发行2400万枚10日元邮票；1967年，国土绿化推进委员会变更为社团法人。四是20世纪70年代至90年代的全国性活动与绿色少年团大发展。1970年，由更名而来的第一届全国植树节正式启动；1975年，林业厅出台了培育和加强绿色少年团的政策；1977年，举办了第一届全国育树节大会并确定了之后的举办惯例，包括全国绿色少年团活动公告大会。此后几年，绿色少年团在刊物、指导者研修、嘉年华活动及全国交流活动等方面都有发展；1984年，成立了国土绿化推进委员会联络委员会；1988年，国土绿化推进委员会更名为"国土绿化推进机构"，并在机构内设立"绿色与水森林基金"；1989年，全国绿色少年团联盟成立并于次年举办第一届全国绿色少年团大会；1991年，编制小学生教材《森林故事》和《绿色有趣的发现笔记本》等并分发到全国两万多所学校；1992年，"森林与林业"内容回到小学社会科教材中；1995年，绿色与水募捐基金完成使命，同年颁布《绿色募捐推进森林维护促进法》，以"绿色募捐"发起新的绿化活动；1996年，随着绿色募捐法的公布，为了成为绿色募捐的实施主体，所有都道府县绿化推进委员会都作了法人化变更，取得了法人资格。五是21世纪开启新的全国运动与公益社团法人化发展。2000年，开展了国土绿化50周年的各种纪念活动；2001年，修正了《森林和林业法》，特别提供了志愿者活动；2007年，"促进美丽森林创建的全国运动"开启，成立"全国美丽森林促进会"；2011年，国土绿化推进机构在新的公益法人指导下向公益社团法人过渡，办公地点也进行了搬迁；2018年，发布可持续发展目标宣言；2022年，成立国家森林建设促进会；2023年，启动儿童森林创作论坛。

（二）国土绿化推进机构的"全民参与森林建设"

国土绿化推进机构认为，森林是生物不可或缺的绿色和水的故乡，通过滋养水资源、保护国土、防止全球变暖、提供保健休养场所、供应木材等为人们的生活提供保障。不过，这些不是靠国家或一个机构能完成的，需要全民参与，共同努力营造绿色森林。因此，为了提高全民对国土绿化运动的关注度，国土绿化推进机构号召"全民参与森林建设"，这一理念也成为国土绿化运动的中心支柱。具体而言，全民参与森林建设主要包含以下活动内容。❶

第一，绿色募捐及多样化的募捐方法。这一业务始于1950年的绿羽募捐活动，是国土绿化运动的象征。1995年制定了《通过绿色募捐推进森林维护促进法》后，名称便改为"绿色募捐"并沿用至今。绿色募捐的捐款用于支持以保护生物多样性、儿童森林学习、实现联合国提出的可持续发展目标，以及实现碳中和等为目的的森林建设活动。募捐方式多种多样，有家庭募捐、学校募捐，以及使用超市和便利店收银台旁边的募捐箱、附带捐款的商品和自动售货机、网络募捐等，智能手机募捐方式也正在兴起。

第二，绿色与水森林基金业务。1988年3月始设立的"绿色与水森林基金"，是"促进作为全国性运动的全民参与森林建设的核心活动机构"。❷基金的运营收益用于开展宣传教育活动，鼓励人们了解森林并参与森林建设，对森林与水的关系等森林公益功能进行实际调查研究，并促进与绿化相关的国际交流，以加深对森林建设运动的理解并获得合作。

---

❶ 公益社団法人国土緑化推進機構. 主の事業[EB/OL]. [2024-08-03]. https://www.green.or.jp/about-us/organization/.

❷ 公益社団法人国土緑化推進機構. 国民参加の森林づくり[EB/OL]. [2024-08-03]. http://www.green.or.jp/about-us/shinrindukuri/.

第三，绿色少年团的培育。成立和发展绿色少年团的目的在于培养儿童通过与绿色的接触，热爱、保护、培育绿色的心，目前隶属于"全国绿色少年团联盟"，团员数超过 32 万人。绿色少年团注重发挥地区特色，指导和带领儿童在家乡附近的森林中开展自然体验学习、地区贡献活动和野营等娱乐活动，同时也组织召开地区性和全国性的交流大会。

第四，为可持续发展目标作出贡献的公司与非营利性组织对森林建设的支持。可持续发展目标（Sustainable Development Goals，SDGs）是联合国为应对贫困、气候变化、和平、环境等世界面临的课题而制定的目标体系，要求生活在地球上的所有人采取具体行动，创造一个可持续、稳定和更加繁荣的社会。日本国土绿化推进委员会除了倡导与森林和自然工作相关的人，还倡导更多市民参与进来，支持企业和非营利性组织开展森林建设，包括组织以森林志愿者领袖为对象的研修、为森林志愿者活动提供相关信息，以及支持企业与森林所有者和非营利性组织之间的匹配等，从而扩大"公众参与森林建设"的圈子，加大对可持续发展目标的贡献。

第五，通过创造"新的森林空间利用"来推进绿化运动。主要是发展森林服务业，利用森林空间产生的"恩惠"，在地区内综合创造与健康、观光、教育等相关服务的产业。

在以上主要业务中，建设和支持发展绿色少年团是国土绿化促进机构的主要业务之一。此外，绿色少年团的活动还与国土绿化促进机构的其他森林建设活动紧密结合。

二、"从地方到全国"：日本绿色少年团的基本发展历程

日本绿色少年团是伴随着国土绿化推进机构的发展而成立和发展的。从国土绿化推进机构简要历史沿革中可以看到，日本绿色少年团创建于 20 世纪 60 年代并在 70 年代至 90 年代得到系统和深入的发展，进入 21 世纪后仍是活跃在日本各地且认同度和参与度都比较高的一个少年儿童组织。

（一）创建期：从绿色童子军到绿色少年团

这一阶段是指 1960—1974 年。1960 年，国土绿化推进委员会以"绿色童子军"为名呼吁成立实施绿化的少年团体，于是各地在青少年中以选拔方式成立了绿色童子军。1969 年，秋田县在青少年自愿参加的基础上率先组建了"绿色少年团"，这成为日后全国性绿色少年团组织的前身。秋田县的做法很快对其他各县产生影响，绿色少年团数量有所增加。1974 年，绿色少年团因参加在岩手县举行的日本第 25 届全国植树节而被广泛关注，于是全国各地开始加速成立绿色少年团。

（二）成长与发展期：从地方联盟到全国协会的成立

这一阶段是指 1975—1999 年。伴随着各地绿色少年团的成长，1975 年林业厅出台绿色少年团培育工作方针，开始组织"都道府县联盟"。与此同时，1978 年《绿色少年团资讯》创刊，1979 年召开第一届绿色少年团指导者研修会和第一届绿色少年团夏日嘉年华活动，扩大了绿色少年团的社会影响力。1980 年，绿色少年团安全协会成立。1981 年，为了积极促进绿色少年团的相互交流与人才培养，第一届绿色少年团全国交流大会在秋田县举办。为了充实绿色少年团的活动内容、强化相互协作，1989 年"全国绿色少年团联盟"成立并于 1990 年在兵库县举办了第一届全国绿色少年团大会，此后每年举行一次。通过这次大会，绿色少年团的组织数量和成员数量不断增加，活动内容也更加丰富，各都道府县绿色少年团之间的相互联系也不断加强。有统计表明，1989 年当年绿色少年团的团体数量已有 2 000 个，成员达到了约 18 万人。[1]绿色少年团社会影响力日渐扩大，1991 年机构杂志《绿色少年团》创刊，1999 年绿色少年团开始国际交流活动。

---

[1] 公益社団法人国土緑化推進機構.緑の少年団 あらまし[EB/OL].[2024-08-09].https://www.green.or.jp/green-youth-club/history/.

（三）深化与变革期：组织活动面临深化与发展挑战

这一阶段是指 2000 年至今。进入 21 世纪，随着美丽森林全国创建活动的开展，以及国土绿化推进机构公益社团法人化的变更，绿色少年团一方面继续加强活动引领和相关制度建设与实践，如 2007 年发布《绿色少年团活动指南》，2015 年开始举办绿色少年团指导者研修交流会等；另一方面也在努力解决一些时代性问题。有研究显示，近些年，绿色少年团在发展中存在着"致力于森林活动的少年团和活动减少、贯穿全年的活动频率较低且活动内容基本固定、专业性指导者不足"[1]等问题。另有数据显示，截至 2015 年，全国绿色少年团有学校团体 2 803 个，地域团体 733 个，团体数有逐年减少的趋势，特别是地域团体减少趋势更为明显。[2]不过，绿色少年团并没有因此"消沉下去"，而是在保持基本稳定的前提下努力为少年儿童提供更优质的多样化服务活动，以呼应国家森林建设计划和环境保护政策，并努力培养日本儿童成为热爱家乡的人及森林建设的后备人才。官网数据显示，到 2024 年 2 月，绿色少年团团体规模数量有 3 071 个（含学校单位团数 2 582 个和地域单位团数 489 个），总团员数为 32 万多人，活跃在北海道、秋田、茨城、群马、长野、兵库、岛根和高知等 47 个都道府县。[3]

三、日本绿色少年团的主要组织特征

绿色少年团是日本本土较有特色且社会影响力比较大的少年儿童组织。在 70 多年的发展中，结合国家发展需要与计划，在与林业厅和文部省等多部门协

---

[1] 中川 宏治.緑の少年団活動の現状と課題—滋賀県湖東地域の緑の少年団を中心に[J].環境教育，2015，24(3)：147.

[2] 中川 宏治.緑の少年団活動の現状と課題—滋賀県湖東地域の緑の少年団を中心に[J].環境教育，2015，24(3)：146.

[3] 全国緑の少年団連盟 団数・団員数[EB/OL].[2024-08-04].https://www.green.or.jp/media-download/726/3204ed5bb8a8667e/PDF/.

力合作下，绿色少年团根据儿童在社会未来发展中的重要性及自身特点，开展了丰富多样且系统的活动，也形成了较为鲜明的组织特征。

(一) 组织目标清晰：借助森林绿色教育培养具有丰富心灵的儿童

在日本，森林环境教育是青少年的必修教育。国土绿化推进机构认为，"与森林的关系是儿童教育中必不可少的"❶，为此积极通过绿色少年团推动（如在学校教育中使用森林和从小促进森林环境教育等举措加强儿童绿色意识和森林环境保护能力，注重通过采用体验式学习、相互学习和儿童解决问题的学习等方法），重点促进森林可持续发展教育。在这一过程中，绿色少年团作为对青少年进行森林环境教育的重要机构，摒弃教育手段化理念，把少年儿童发展作为重要的组织教育目的。绿色少年团把组织宗旨确定为"让肩负下一代的孩子们，通过亲近绿色、热爱绿色、保护绿色、培育绿色的活动，成长为热爱家乡、热爱他人的心灵丰富的人"❷。绿色少年团的组织目标清晰明确，能立足少年儿童年龄特征和心智成熟度，帮助儿童建立与身边世界的亲密关系，并为环境可持续发展及承担社会整体责任奠定良好的基础。

(二) 组织文化鲜明：以绿色为主线构建组织整体文化

绿色少年团秉持国土绿化推进机构的基本理念与宗旨，特别是在"全民参与森林建设"旨归下，把吸引、支持和引导日本少年儿童参与森林建设，开展绿色森林环境保护视为重要组织责任。因此，"绿色"便成为绿色少年团组织文化建设的核心主线与重要特征。绿色森林是绿色少年团活动的基本场所，团员们在活动时需要穿制服，还要佩戴一条嫩绿色领巾，"在活动期间穿制服可

---

❶ 公益社団法人国土緑化推進機構.教育の場としての森づくり[EB/OL].[2024-08-09]. https://www.green.or.jp/educational/.

❷ 公益社団法人国土緑化推進機構.緑の少年団 あらまし[EB/OL].[2024-08-09].https://www.green.or.jp/green-youth-club/history/.

以营造一种团结感,增强更强的凝聚力"[1]。另外,绿色少年团还为团员们设计了专门的"绿色笔记本"。这是一个可应对任何户外活动,包括从自然观察指南到森林结构、林业体验及露营方法等的口袋手册,团员们可根据个人需要购买。最重要的是,绿色少年团通过制度化的、持续性的各种绿色森林活动(如森林建设体验和学习活动,绿色募捐、全国植树节和全国育树节等绿化活动),户外露营和登山体验等野外娱乐活动,以及绿色森林环境保护国际交流活动等,来培养团员在参与社会公共绿色生活中实现个人成长并形成应有的社会品质。

（三）组织经费的社会化筹募：依托绿色募捐支持儿童绿色培育活动

绿色少年团的组织资金来源主要是绿色募捐。如前所述,日本于1995年制定了《绿色募捐推进森林维护促进法》,以绿色募捐为开端,依靠居民和志愿者的自发活动来推进森林保护和绿化。国土绿化推进机构的成立使这一法律成为日本国土绿化运动的转折点。特别是为了成为绿色募捐的实施主体,所有的都道府县绿化推进委员会都取得了法人资格。而国土绿化推进机构,在各都道府县绿化推进委员会的协助下,通过全国的学校、社区、街道商店的募捐箱、银行转账及公司捐款等方式,利用公开征集项目,支持国内外公民的志愿森林建设活动和以绿色来培育儿童的活动。其中就包括将筹募来的捐款用于绿色少年团组织发展与教育的开展,如支持日本儿童参加森林体验活动,实现在"森林中培养孩子",以及对儿童开展体验式学习,进行专业的森林和环境教育等。此外,国土绿化推进机构还支持对森林志愿者领袖进行培训和开展森林文化传统教育活动,以培养森林建设的后备人才。

---

[1] 公益社団法人国土緑化推進機構.緑の少年団ユニフォームのご案内[EB/OL].[2024-08-09].http://www.green.or.jp/green-youth-club/uniform/.

第二节 从森林教育到公共绿色生活：
日本绿色少年团的教育服务状况

日本绿色少年团自 20 世纪 60 年代成立以来，一直积极响应国土绿化运动，在国土绿化推进机构的支持与协调下，致力于为日本儿童提供丰富多样且符合年龄特征的森林体验、森林教育及森林环境保护活动等。这不仅是日本全民参与森林建设的一种表现，也是日本人才培养中的一个重要方面。

一、教育服务的理念：在绿色活动中培养儿童社会化情感与能力

绿色少年团一直重视人的培养。如前所述，绿色少年团的组织目标是通过各种亲近绿色、热爱绿色、保护绿色和培育绿色的活动，促使日本儿童成长为热爱家乡和他人的心灵丰富的人。在这种以人为本的目标下，绿色少年团所提供的教育服务并不局限于完成各种森林活动本身，而是在各种绿色活动中，联合政府、学校、社区、社会机构与志愿者等社会力量，倡导与践行绿色环境保护、可持续发展目标及社会责任的养成等，最终培养起日本儿童社会化情感与能力，特别是关注与热爱家乡的情感及作为家乡地区和社会公民所应承担的责任意识和能力。各都道府县绿化推进委员会在宣传绿色少年团中，也突出了这一理念导向。比如，青森县介绍绿色少年团是"以通过与自然接触、亲近绿色、热爱绿色、保护和培育绿色的活动，掌握森林相关知识、培养健全的社会人为目的而组成的儿童和学生的自主团体"❶，山形县在宣传中强调绿色少年团的目的是"负责下一代孩子们通过森林学习活动、社会服务活动、露营等娱乐活动，成长为热爱自然、热爱他人、热爱社会的心灵丰富的人"❷。

二、教育服务者的构成：社会化与多元化纵横力量的协同

围绕绿色少年团的组织目标和活动，除了公益法人团体、国土绿化推进机构和都道府县绿化推进委员会及其工作人员，提供日常服务以确保组织正常运行，日本林业厅、文部科学省等政府行政部门及学校、社区和社会志愿者等也给予积极合作与支持。绿色少年团的教育服务者在社会化、多元化基础上，提供有效的纵横协同服务，共同致力于日本年轻一代的培养。

（一）各级国土绿化推进机构与相关政府部门

国土绿化推进机构是绿色少年团的倡导者和主要管理机构，目前的主要业务范围是"与都道府县绿化推进委员会保持合作，完善募捐制度，开展各种募捐活动，通过'绿色募捐'和'绿水森林基金'业务等推进全民参与森林建设"❸。这为绿色少年团组织建设和活动支持提供了基本依据。国土绿化推进机构在组织架构、政策保障、项目支持等方面为绿色少年团提供服务。绿色少年团的建设与活动开展，一方面遵循着国土绿化推进机构的基本宗旨与业务范围，另一方面又主动寻求与政府相关部门和社会其他机构开展合作。比如，在"森林环境教育推进项目"中，国土绿化推进机构就号召儿童、学生、教师和当地森林志愿者团体，共同开展森林体验活动和森林环境教育，以加深他们对生活及森

---

❶ 公益社団法人青森県緑化推進委員会. 緑の少年団[EB/OL]. [2024-08-12]. https://www.aomoriken-ryokusui.jp/green_boys_group/.

❷ 公益財団法人やまがた森林と緑の推進機構. 緑の少年団[EB/OL]. [2024-08-12]. https://www.ymidori.or.jp/juvenile/index.html.

❸ 公益社団法人国土緑化推進機構. 主な事業[EB/OL]. [2024-08-02]. https://www.green.or.jp/about-us/organization/.

林与环境之间关系的理解和兴趣，实现森林与人共存的社会。❶此外，国土绿化推进机构自 1979 年以来，每年为绿色少年团体指导者举办一次研修交流会，学习全国各地少年团活动事例，了解森林环境教育现状及公司、企业和团体的举措等，并在指导者和实务负责人之间交流意见。❷

都道府县绿化推进委员会是绿色少年团的地方直接管理和指导单位，通过提供补贴和日常绿化活动来支持绿色少年团的发展，一般委员会内设有绿色少年团秘书处来管理日常事务。1950 年，在国土绿化推进委员会的推动下，都道府县各地也成立了绿化推进委员会来推动绿化运动。如前所述，1960 年，秋田县第一个组建地方性绿色少年团后，其他都道府县也纷纷效仿，至全国绿色少年团联盟成立便形成了自上而下的管理机构体系。都道府县绿化推进委员会是公益社团法人或公益财团法人，分为六大地区：东北地区、关东地区、中部地区、近畿地区、四国地区与冲绳地区。每个地区分别设有数量不等的地方绿化推进委员会，不过具体名称略有差异。比如，东北地区设有北海道森林绿化协会、青森县绿化推进委员会、山形县森林和绿化推进机构，关东地区设有茨城县森林与林业协会、东京都农林水产振兴财团。这一财团被东京都知事指定为县立绿化推进委员会，开展的项目实体名称为"东京绿化推进委员会"，冲绳地区设有福冈县水源森林基金等。此外在都道府县一级，也设有辖区内的地方绿色少年团联盟。比如，青森县各地不仅有绿色少年团，还有在全国率先设立的绿色幼年团，1998 年时成立了青森县绿色少幼年团联盟协会，并在 2008 年更名为"青森县绿色少年团联盟"。❸ 这些地方性绿色少年团负责组织县内绿色少年团事务，如与学校和社区等联合开展森林学习与教

---

❶ 公益社団法人国土緑化推進機構.森林環境教育促進事業[EB/OL].[2024-08-09]. https://www.green.or.jp/educational/education-promotion/.

❷ 公益社団法人国土緑化推進機構.指導者研修交流会[EB/OL].[2024-08-15]. https://www.green.or.jp/green-youth-club/leader-exchange/.

❸ 公益社団法人青森県緑化推進委員会.緑の少年団[EB/OL].[2024-08-12]. https://www.aomoriken-ryokusui.jp/green_boys_group/.

育活动，举办或协助绿色少年团全国交流大会、组织绿色募捐以支持绿色少年团活动等。

日本林业厅支持绿色少年团的发展与活动开展。日本林业厅的日常职责之一是推动森林环境教育活动的开展，主要涉及以下几个方面内容：一是推进体验活动，包括儿童森林创作论坛、学校森林儿童峰会等；二是进行人才培养，包括培训林业指导员和支持绿色少年团活动；三是为学校和其他组织利用国有森林开展体验式学习活动提供场地，或者与教育机构合作开展森林实践和森林课程；四是针对高中生开展活动等。日本林业厅指出，绿色少年团"以学校或社区为单位成立，旨在通过森林学习和志愿者活动培养下一代青少年，专注于志愿者活动、绿色募捐及植树和修剪等学习活动"[1]。另外，绿色少年团在每年举行的全国植树节、全国育树节、绿色感恩节等活动中也发挥着重要作用。绿色少年团是林业厅支持森林环境教育活动并进行人才培养中的重要组成部分，林业厅也因此成为绿色少年团开展活动的重要服务者和支持者之一。

此外，文部科学省作为日本最高教育行政机构，基于儿童与学生发展需要，也会根据具体情况与林业厅等部门展开合作，特别是通过联合发布一些政策来支持绿色少年团活动的开展。比如，由国土绿化推进机构主办，文部科学省、农林水产省和日本放送协会等联合发布的《全日本学校绿化竞赛指南》认为，以学校为中心的绿化活动对于提高青少年绿化意识及推进全国绿化活动都非常重要。为了进一步推动青少年绿化活动和学校绿化教育，举办与学校相关的绿化比赛并表彰那些在学校相关绿化方面合作的人，一般会在每年 9 月的最后一天截止相关材料的提交，在第二年春天举行的全国植树节上进行表彰。[2]

---

[1] 林野庁.森林環境教育の取組[EB/OL].[2024-08-09]. https://www.rinya.maff.go.jp/j/sanson/kan_kyouiku/main3.html.

[2] 公益社団法人国土緑化推進機構.全日本学校関係緑化コンクール実施要領[EB/OL].[2024-08-09]. https://www.green.or.jp/media-download/967/651c4e4df880b775/PDF/.

（二）学校教师、社区工作人员及相关志愿者

绿色少年团虽然受国土绿化推进机构及都道府县绿化推进委员会的领导与管理，但对儿童而言主要是通过学校和社区加入进来并开展活动。也就是说，绿色少年团的基层实践机构主要依靠学校和社区等社会单位，如福冈县所公布的县内绿色少年团就有地岛小学绿色少年团、东小田小学绿色少年团、大任中学绿色少年团、合岩中学绿色少年团、四王寺县民之森绿色少年团，以及饭冢市绿色少年团等47个少年团，分布在30多所小学、3所中学、3所幼儿园及一些社区场所等。❶基于这种组织结构，绿色少年团所在学校的教师和社区人员及招募的志愿者，成为绿色少年团开展实践活动的重要服务提供者。

三、教育服务的内容："绿色"主线下的森林学习与实践活动

绿色少年团所提供的日常教育服务活动主要分为"学习活动、社区贡献活动和文娱活动"三类。❷这些活动对儿童成长非常重要，可以增强体力、培养团结协作精神等。在日本全国以学校为单位的组织中，中小学将这些活动加入了课程计划，但在一些县（如滋贺县等）只有小学进行这些活动。此外，绿色少年团还开展全国性活动，如全国绿色少年团活动发布大会及国际交流等活动。

（一）开展日常教育服务活动

日常教育服务活动主要包括以下三大类：一是组织开展学习活动，主要是森林学习活动，包括森林体验活动、生物调查、巢箱安装等环境学习活动，也包括木器、竹器制作等手工艺活动。二是组织开展社区贡献活动，包括绿色募

---

❶ 公益财团法人福冈县水源の森基金.福冈县绿の少年团连盟[EB/OL].[2024-08-12]. https://www.f-suigen.or.jp/06/01.html#0601.

❷ 公益社团法人青森县绿化推进委员会.绿の少年团 あらまし[EB/OL].[2024-08-15]. https://www.green.or.jp/green-youth-club/history/.

捐、维护花坛、清理街头绿化带、打扫、巡逻森林和绿地、设置和更换公告牌等义务劳动，也包括参加全国植树节和全国育树节等绿化活动。此外，结合国土绿化推进机构的"绿化月"和"绿化日"活动，绿色少年团还发起和组织开展"绿色感恩节"活动。绿色感恩节始于1990年，是绿色少年团发起的"绿化日"纪念活动之一，全国各地方公共团体及有关团体参加、协助，每年在东京举行一次纪念大会并对绿化有功者进行表彰，颁发"绿化文化奖"，还赠送苗木、花卉、树苗和花种，展出林业样品和木质工艺品等。❶三是组织开展娱乐活动，主要以森林为领域进行，包括自然游戏、爬树、野外露营和登山体验等。有研究统计，绿色少年团的活动内容具体可达27种，除了上述活动外，还有河里玩耍、定向越野、观星、夜行、蘑菇种植、食材采集、户外烹饪、大自然中的用餐体验、建造树屋、制作肥料等活动。各地绿色少年团可以根据自身情况选择并开展活动。比如，日本滋贺县森林研究所对各市町绿色少年团的教育活动内容进行分类后发现，开展的活动中以"亲近和熟悉大自然的散步"最多，其次是"生物观察与学习"，然后是"手工艺品""植树""亲近大自然的游戏"等。❷绿色少年团在这类活动中十分注意将"学"与"玩"有机结合，学中有玩、玩中有学，既锻炼儿童身体、开发智力和培养情操，又有助于养成健康的心理品质和形成应有的社会品质。

（二）参与全国性与区域性交流活动

日本每年都要举办全国植树节、全国育树节及绿色感恩节等活动。全国植树节是国土绿化运动的核心活动，自1950年起每年春天在皇室人员见证下举行，参与者来自全国各地。皇室人员与参与者一起参加种植活动，此外也进行有关植树与环境绿化优秀者的表彰活动。全国育树节始于1977年，主要是在每年

---

❶ 胡馨芝.日本绿化运动面面观[J].森林与人类，1994，(1)：26.
❷ 中川 宏治.绿の少年团活动の现状と课题——滋贺县湖东地域の绿の少年团を中心に[J].环境教育，2015，24(3)：147.

秋天举行，由国土绿化推进机构与举办过全国植树节的都道府县中的主办县联合举办，皇室人员也会出席，旨在提高人们对持续保护和培育森林重要性的认识，并将这一理念传给下一代。❶在这些全国性活动中，绿色少年团都会参与其中并发挥重要作用，包括举各地旗子入场、献上树苗并为皇室亲手种植做护理辅助等。在这些活动中，表现突出的绿色少年团还有机会在颁奖典礼上代表全国绿色少年团介绍经验。

除了参加这些带有典礼性质的全国性活动，绿色少年团还根据情况参与在全国范围内举办的各种区域交流会。区域交流会主要包括都道府县各地自己的绿色少年团交流会、由北海道举办的绿色少年团交流大会，以及由东海地区的爱知、岐阜、三重轮流举办的东海地区绿色少年团（队）夏令营等。❷比如，2023 年，北海道绿化推进委员会与国土绿化推进机构及其他组织合作，举办了"北海道绿色少年团交流会"，在参加的五个绿色少年团中，有三个是东北地区的团体，另外两个则为其他团体。❸再比如，东海三县的绿色少年团交流会从 1976 年开始每年举办，将团员们聚集在一起，在自然中通过野外活动学习绿色的重要性，以培养纪律、协同、服务之心，使之能够成长为热爱社会的、心灵丰富的少男少女。

（三）举办全国绿色少年团活动发布大会

全国绿色少年团活动发布大会是绿色少年团自身的重要活动，每年举行一次。在大会之前，组织者会根据少年团活动状况与成果、对地域社会的贡献度及未来愿景等指标，对各地绿色少年团进行综合评价。被评选出来的优秀少年

---

❶ Fukui2024 第 47 回全国育樹祭.全国育樹祭とは[EB/OL].[2024-08-20]. https://ikujusai2024.pref.fukui.lg.jp/outline/ikujyusai/.
❷ 公益社団法人国土绿化推進機構.绿の少年団[EB/OL].[2024-08-20]. http://www.green.or.jp/educational/youth/.
❸ 公益社団法人北海道森と绿の会.事業報告[EB/OL].[2024-08-25]. https://www.h-green.or.jp/wp-content/uploads/2024/06/5d851fb89960fc69c627dcafae56ff93.pdf.

团，可以在大会上代表全国绿色少年团发表演讲并分享活动的优秀经验。全国绿色少年团活动发布大会往往与全国育树节一起举行。比如，2019年全国第42次育树节与全国绿色少年团活动发布大会同时举办，会津若松市立大户小学绿色少年团、多摩市立爱和小学绿色少年团、长岛小学绿色少年团、北谷小学绿色少年团及太田市立池田小学绿色少年团做了经验介绍。❶

此外，为了促进绿色少年团的相互学习并加强后续活动的开展，大会还会对优秀团体进行表彰。表彰奖励主要分为两类：其一是绿色少年团奖励奖，评选和表彰在绿色少年团活动与成果方面表现特别优秀的五个团体，还会对在活动中表现突出并有望在未来获得更大发展和提升的五个团体进行评选和表彰。评选办法一般是在各都道府县绿化推进委员会推荐上来的团体中，经由专家等组成的审查会进行审查与选拔。其二是绿色少年团培养功劳奖，主要是表彰在地区对绿色少年团的培养和发展取得显著成果并成为他人模范的团体（地区培养会等），以及对绿色少年团的培养作出显著贡献的个人。这一表彰对象的选拔办法是，从各都道府县知事推荐的团体与个人中，由专家组成评审会审查与选拔获奖者。❷

（四）参与国际交流项目

当前的国际交流项目在日本和俄罗斯轮流举行，绿色少年团团员及指导者都会参加这一活动，旨在"加深相互了解与合作，培养热爱自然的精神，保护和培育绿色植物，并通过交流活动和在丰富的自然环境中的合作生活，扩大彼此之间的友好关系"。❸此外，日本绿色少年团也与中国绿化组织开展民间交

---

❶ 公益社団法人国土緑化推進機構.緑の少年団誌[EB/OL].[2024-08-20].https://www.green.or.jp/library/youth-club-magazine/entry-1467.html.

❷ 公益社団法人国土緑化推進機構.緑の少年団表彰（みどりの奨励賞等）[EB/OL].[2024-08-23].https://www.green.or.jp/greening-events/aword/aword-youth/.

❸ 公益社団法人国土緑化推進機構.緑の少年団交流大会[EB/OL].[2024-08-23].https://www.green.or.jp/green-youth-club/exchange-conference/.

流活动。在 2019 年中日青少年交流促进年，全国性公益公募基金会、独立社会团体法人——中国生物多样性保护与绿色发展基金会，组织"绿少小使者"赴日本游学并与当地小学生开展环保交流活动。❶

四、教育服务的途径与方式方法

日本绿色少年团响应"全民参与森林建设"的号召，以培养后备人才为核心，注重凝聚社会多种力量和采用多种途径与方式方法服务少年儿童。绿色少年团既注重国家政府、公益团体、学校和社区等中的成年人示范与引导，也注重彼此之间的合作，还注重利用网络信息等数字化媒介助力教育服务的开展。

（一）成年人示范和实践活动指导

在全球每个国家的少年儿童组织教育服务提供过程中，成年人都是一支重要的辅助与支持力量。在日本绿色少年团的各种绿色实践活动中，成年人主要通过引领示范、开展多样化实践活动和体验及组织国内外绿色学习交流活动等来服务少年儿童。其一，成年人角色示范。儿童发展的过程本质上是一个社会化过程，是儿童个体逐渐能够自觉履行一定社会角色的过程，因此成年人的角色示范具有代际传承作用。在绿色少年团每年要参与的日本全国植树节活动中，国土绿化推进机构自 1950 年第一次举行全国植树节始，就规定每个都道府县要轮流举行一次植树节活动，且每次植树节都有一个主题内容，这使绿色少年团团员在潜移默化中习得国土绿化责任的均担意识。其二，指导儿童进行活动体验与专业学习。绿色少年团的活动不仅是围绕森林开展的一种体力劳动，更是作为一种有目的和有意识的教育活动来开展的，所以绿色少年团的每一种活动都带有明确的教育目的性和素质养成的统整性特点。比如，在 2020 年长沼小学绿色少年团进行的一次森林植树活动中，所植的幼苗是由团员自己采种培

---

❶ 中国绿发会.绿少赴日：研学、表演、参观垃圾处理厂｜做中日友好交流民间小使者[EB/OL]. (2019-01-31)[2024-08-23]. http://www.sohu.com/a/292666807_100001695.

育出来的，在现场团员们还尝试了不同树种的生态混播和混种，之后在幼苗周围覆盖上席子以防止杂草繁殖。团员还会到社区公园的森林里采集树种，带回学校去除果肉后再撒播到苗圃里，"期待着明年发芽"[1]。儿童在这些活动中不仅学到了种植树木的知识和技术，也学习到了社会的生态观及合作意识与能力。其三，组织与指导国内或国际绿色交流学习活动。如前所述，绿色少年团交流活动主要有两种：都道府县的区域性交流集会和国际交流活动。这些多层次多样态的交流活动可以加强团员们的组织意识，也可以宣传自身或学习到他人好的经验，并能帮助团员开阔视野、理解人类社会不同文化，从而更好地理解自身在社会中的责任。

（二）学校与社区联携

绿色少年团由国土绿化推进机构发起，但也是在日本各地以学校、市町村等为单位结成的少年儿童活动团体，其存在形态"超过一半是学校团体"[2]。根据绿色少年团目标宗旨和团员年龄特点，绿色活动主要在家乡及其附近开展，因此在国土绿化推进机构和各都道府县绿化委员会指导下，学校与社区之间形成了密切的共育关系，共同助力绿色少年团活动。这种共育关系主要体现在以下两个方面：其一，学校落实日本区域教育思想，联合社会力量服务教育，在社区内选拔具有相应素质和能力的志愿者参加绿色少年团活动，为学校和少年团发展贡献力量，进而促进绿色少年团成员或学生在公共道德、社会认知或人际交流等方面的发展。其二，社区除了愿意提供志愿者，不同部门更多为绿色少年团的各种绿色活动提供适宜的环境场所或环境支持。比如，团员可以在社区街道、工作现场、商店门口等进行绿色募捐活动或花坛整理与绿化，可以在

---

[1] 公益社団法人北海道森と緑の会.小鳥のさえずりが聞こえる河畔林植樹会（ながぬま緑の少年団）[EB/OL].(2020-09-20)[2024-08-20]. https://www.h-green.or.jp/2020/09/20/小鳥のさえずりが聞こえる河畔林植樹会ながぬ/.

[2] 中川 宏治.緑の少年団活動の現状と課題——滋賀県湖東地域の緑の少年団を中心に[J].環境教育，2015，24(3)：145-152.

社区公园植树与采集树种，可以在区域森林开展伐木、攀爬或木艺等活动。日本自20世纪80年代以来就开始强调"学社融合"，不仅早在1985年的中央青少年团体联络协议会上提出"青少年团体要加强与学校教育的联合"，而且在1987年临时教育审议会出台的振兴社区终身学习体系中，也强调了家校社的相互结合。1995年，终身学习审议会正式提出"学社融合"概念后，这一理念及实践迅速扩展到日本各地。❶正是在这种大背景及共育理念下，依托国家和地方相关教育政策和制度的要求，绿色少年团以学校和社区为媒介实现了对儿童家乡意识和社会意识及其相应能力的培养。

（三）网络展示与宣传普及

目前，网络已经成为一种虚拟但重要的新型实践情境。网络展示和宣传普及不仅可以传递组织理念和价值观念，也是激励成员感受社会价值并愿意持续进步的一种操作便捷且影响力广泛的形式。在日本国土绿化推进机构及其各都道府县的官网上，可以看到关于绿色少年团的宗旨介绍、各种统计数据，以及简短但很鲜活的团员大会、募捐、植树节等各种活动报道，还有定期发布的森林维护项目大纲、教材和一些活动参与记录表格或项目申请等，以指导少年儿童的绿色活动行为。比如，埼玉县绿化推进委员会阐述了森林和人类及儿童之间的密切性，"把重要的森林与未来联系起来；茂密的森林就像一所教书的学校；森林被美丽的水和空气所包围，是一个提供精彩体验的地方；把这样重要的森林带入下一个时代，给未来的孩子们。我们的职责是连接'令人兴奋的森林'"❷。这些都在无形中强化了绿色少年团团员的组织归属意识，也让他们感受到组织与个人之间的密切联系，并激起自己作为绿色少年团一员在国家建

---

❶ 吴金芳.学校教育与社区教育的融合路径——日本"学社融合"的经验与启示[J].教育文化论坛，2022，(5)：76-78.

❷ 公益社团法人埼玉県緑化推進委員会.緑の募金にご協力お願いします[EB/OL].[2024-08-20]. https://www.saitama-ryokusui.or.jp.

设中的价值感。此外，网络宣传和推广不仅便于组织的系统管理和内部成员之间的学习，也便于组织之外的对此感兴趣的社会团体、家庭或个人了解情况及适时参与相关活动。比如，北海道森林绿色协会与林业局和森林环境局等合作，于 2021 年 4 月出版了适合少年儿童阅读的介绍第 44 届全国育树节的漫画。该协会还系统推荐适合少年儿童的绿色教材，如《森林教室》根据森林所有权分为民有林版和国有林版，但都使用彩色插图轻松介绍和解释与生活密切相关的森林和林业，不仅是各地在举办森林课程和林业体验班时的合适教材，也能提高包括小学生在内的各种学历人群对森林和林业的兴趣。[1]这样的宣传、普及和展示可以很便捷和迅速地把绿色少年团组织和广阔的社会及其各类团体和人群联系起来，打造一条增强组织与社会之间、儿童与社会之间密切联系的通道。

五、教育服务的效果：从森林知识与技能到社会品质的培育

从组织教育视角来看，日本绿色少年团的意义不仅在于绿色行动与绿色贡献本身，更在于如何培养少年儿童成为合格的社会公民和具有自主意识与自觉行动能力且热爱家乡和国家的人。绿色少年团为日本儿童提供了一种具有专门性且系统化的森林体验活动。通过这些活动，儿童们不仅增进了对家乡的了解，也在自己的社会化成长中得到许多助力，并在全国性与国际化交流活动中丰富了对国家和世界的认知。

（一）提高儿童学习森林知识和生存技能

绿色少年团成长于国土绿化运动，是与森林建设紧密联系在一起的少年儿童组织。通过森林里的各种游戏、学习和体验活动，儿童能够学习到很多森林

---

[1] 公益社団法人北海道森と緑の会. パンフレット（小学生向け）[EB/OL]. [2024-08-20]. https://www.h-green.or.jp/category/books/パンフレット（小学生向け）/.

知识和实用技能。比如，儿童能够了解树木种类与生物分布、观察叶片、观摩林业机械操作、学习森林防火知识、观察森林里的河流等；学会收集种子与播种、保育树苗、设置蜂箱、捕捉昆虫、制作肥料或木竹工艺品、种植蘑菇、体验钓鱼与户外烹饪、建造树屋和处理森林里的废弃物等。此外，每年的绿色募捐活动，也持续增强了儿童的社会交往能力。有的儿童在参加募捐活动时由于得到成年人的鼓励而变得更自信。北海道伊势市一处被称作"水源森林"的牧场遗址，由于是多雪区域而面临森林修复的挑战，但该地区下定决心持续予以保护，因此吸引了包括绿色少年团在内的很多孩子来这里植树、体验木质笔架的制作等。若赶上风雨天气，孩子们也不退缩而坚持在风雨中选树苗并种下小树。[1]在岩手县不同年份的绿色少年团交流大会上，有团员表示"能知道红松和柞树等树叶的特征真是太好了"[2]；也有团员在观看了高性能林业机械作业演示后表示，"我第一次参观林业的工作，觉得非常厉害和神奇"；还有团员表示，"虽然很辛苦，但是我很喜欢种树"[3]。这些活动使儿童学习了知识与技能，也理解了环境保护的意义并唤起了他们的责任感和行动力，是令儿童终生难忘的教育活动。

（二）加强儿童体质锻炼和艺术熏陶教育

对日本绿色少年团而言，组织儿童参与森林建设活动不仅是开展游戏和进行有意思的事项体验，森林作为一个"无尽的宝藏"，还是培养健康社会成员的重要场所。绿色少年团组织儿童们进行的森林散步、背包徒步、定向越野、爬山爬树、夜行学会应对森林里可能的运动伤害等活动，都可以使儿童的身体

---

[1] 園児たちと「水源の森」づくり~雨にも風にも負けず[EB/OL].（2022-07-04）[2024-09-07]. https://www.h-green.or.jp/2022/07/04/園児たちと「水源の森」づくり~雨にも風にも負/.

[2] 公益社団法人岩手県緑化推進委員会.第54回岩手県緑の少年団大会が開催されました[EB/OL].（2023-07-31）[2024-08-26]. https://iwateryokuka.jp/archives/118.

[3] 公益社団法人岩手県緑化推進委員会.第55回岩手県緑の少年団大会が開催されました[EB/OL].（2024-07-31）[2024-08-26]. https://iwateryokuka.jp/archives/2725.

在大自然中得到锻炼并使体质得到增强。除了注重体质锻炼，绿色少年团还将森林艺术教育紧密融进绿色活动，开展专门的木育文化熏陶，也就是在绿色活动接近尾声时，设置一个利用当地的木头或竹子等制作笔架、钥匙圈、储蓄罐、风筝、鸟巢等工艺品的活动环节。有团员表示"用木头做的钥匙圈很有意思"❶，"能把储蓄罐做好，我很高兴"❷。通过这些创造美的绿色艺术活动，一方面能让儿童感受到"树木对人的温暖"，体验到树木对人类的意义，建立树木与人之间的联系感；另一方面也能增强儿童的审美能力与创造美的能力。

（三）增强儿童对家乡的理解与热爱

日本绿色少年团的森林活动能让人们关注少年儿童作为社会成员的社会化发展，"成长为热爱家乡和能爱人的有爱心的人"的组织目标彰显了对社会成员角色发展的重视和对高级社会情感的培养。绿色少年团注重围绕少年儿童家乡或身边的森林、社区、村社、学校绿地或街头等场所，开展系列面向各种真实体验或问题解决的"绿色活动"。这种注重围绕家乡森林事物开展、在家乡森林里体验、为家乡植树、为家乡绿色募捐等活动，培养了儿童关注家乡、热爱家乡的情感，以及作为家乡地区一员与社会公民所应承担的责任意识和能力。

（四）提升儿童的地区/国家意识与社会责任感

从历史传统来看，日本高度注重社会本位价值导向，非常重视对少年儿童为人处世、集体主义、对他人的责任感等社会化能力的培养。绿色少年团承继了日本社会主流价值观，注重通过组织活动培养儿童的国家意识及责任感与履

---

❶ 公益社団法人岩手県緑化推進委員会.第55回岩手県緑の少年団大会が開催されました[EB/OL].(2024-07-31)[2024-08-26].https://iwateryokuka.jp/archives/2725.

❷ 公益社団法人岩手県緑化推進委員会.第54回岩手県緑の少年団大会が開催されました[EB/OL].(2023-07-31)[2024-08-26].https://iwateryokuka.jp/archives/118.

行能力，成为健康的社会公民。绿色少年团除了组织儿童们充分利用身边的家乡森林资源开展活动，还注重组织儿童参加都道府县绿色交流活动及全国绿色交流大会等，并在大会上展示自己的活动风采与成果，同时也积极向他人学习。此外，绿色募捐活动不仅得到捐资，更重要的是"部分募捐基金会专门回拨给绿色少年团，为少年团提供自然观察活动经费、帮助团员开展森林伐木体验学习及社区公共绿化等其他社会服务活动，这有助于团员理解募捐行为的社会意义，认知个人行为与社会发展之间的联系，起到了非常好的作用"❶。正是在参与这些地区联盟及全国性绿色活动中，绿色少年团儿童形成了对组织作用的深刻认知，强化了自己作为组织成员的意义，认识到自己及其组织在地区、国家及社会发展中的作用，并学会把个人利益与地区利益、国家利益逐渐结合在一起，培育和深化地区意识、国家意识和社会责任感。

---

❶ 薛国凤.儿童社会化视域下日本绿色少年团社会实践活动及启示[J].日本问题研究，2023, 37(1): 65.

第三节 日本绿色少年团教育服务的经验

有研究显示,近年来,日本绿色少年团在发展中也存在着"致力于森林活动的少年团和活动减少、贯穿全年的活动频率较低且活动内容基本固定、专业性指导者不足"等问题。❶另外,由于学校合并和儿童人数减少,绿色少年团团数与总人数在不同时期有所起伏,但绿色少年团自成立以来清晰确定的教育理念、聚焦的教育行动主线和多样化的教育活动,仍使这一少年儿童组织的教育服务继续保持着旺盛的生命力和影响力。

一、提供开放的且全方位支持的绿色森林教育服务

社会实践活动的实施必然要与社会环境建立密切的关系并相互作用。在这一过程中,只有坚守组织自身目标和行动主线并保持开放性,才能取得全面和深入的效果。日本绿色少年团作为公益社团法人主管下的少年儿童团体,在纵向层级设置与管理上表现出线性特征,但在上下层级协作、横向职能发挥、沟通多方资源、国内外交流等方面表现出更加开放与制度化的特征。在制度化方面,在国土绿化推进机构和各都道府县绿化推进委员会绿色少年团的官网页面,能看到对组织目标、组织历史、组织活动高度一致性的宣传,也能看到各都道府县各有特色的活动报道,它们均呈现出全国绿色少年团一体化与地方化相融

---

❶ 中川 宏治.绿の少年団活動の現状と課題——滋賀県湖東地域の緑の少年団を中心に[J]. 環境教育, 2015, 24(3): 147.

合的组织建设与发展状态。绿色少年团根本的目标在于人才培养，同时以组织和鼓励儿童参与森林建设和开展森林活动为导向，在持续开展核心行动过程中吸引和凝聚社会各种资源的主动参与与积极投入。这种开放的、全方位和制度化的教育服务，推动着组织目标的实现和日本儿童的社会化成长。

二、教育服务实施要注重地域性并围绕儿童身边生活来进行

儿童对世界与社会的了解和理解是从身边社区和家乡开始的。绿色少年团的各种森林活动主要是紧密围绕儿童日常生活范围来进行的，这种"接地气"设计由于符合儿童身心特征且有安全保障，因此不仅受到儿童的喜欢，也深得家长、学校、社区和相关企业等的拥护。各地绿色少年团针对幼儿、小学生、初中生和高中生的不同年龄特点开展活动，各地能根据当地情况的不同而开展各具地域色彩的活动。另外，由于每年持续性开展而形成传统经典活动，如各地绿色少年团交流大会、全国绿色少年团交流大会、绿色募捐活动和参加全国植树节和育树节活动等。全国性交流是在地域日常行动基础上展开的，对绿色少年团团体、个人、地方委员会或相关协助单位的表彰，也是经过专家委员会的严格审核与推荐的。能在全国交流大会上获得表彰或作为代表团发言交流，是各地方绿色少年团的一种组织荣耀。

三、教育服务过程注重儿童问题解决能力训练与社会情感培养

人的成长过程本质上是社会化的过程。以培养人才、培养儿童为目标的绿色少年团，在推进日本儿童社会化方面具有突出表现。例如，避免说教式教育或理想式渲染教育，而将儿童置于包括森林、社区、学校、街头等各种与绿色、绿化相关的真实场景中，使儿童面临真实的社会场景问题并作出回应。日本绿色少年团借助各种森林绿色活动，在观摩、体验、实践、交往和合作中，观察成年人的言行，体会和领悟个人作为社会角色在行事中的规范要求，了解社会对角色的期待，解决面前情境中的任务或问题，进而实践自身角色并一步步完成每一阶段的社会化。通过这些社会实践角色教育与训练，绿色少年团成员对社会角色有了必要的了解，不仅在面对真实问题的解决中完成组织角色或社会

角色的新认知与转化，同时也逐步培养理解、热爱、关心等道德品质，以及义务感、责任感、理智感与美感等社会性情感。

四、注重以社会化方式特别是与学校联携来共同服务儿童

绿色少年团通过日本社会各种纵横力量连携与合作来顺利持续开展活动。绿色少年团的培养与支持单位有以下四类：一是育成会，由团员们的父母及地区和学校的支持者构成，在物质和心理方面支援绿色少年团的培养及活动；二是合作机构，包括都道府县绿化推进委员会、市町村、中小学校、家长教师联合会、森林组织、森林管理局等；三是安全会，在国土绿化推进机构内设置有"绿色少年团安全会"，作为活动中发生不幸事故时的补偿制度；四是补助机构，主要指的是全国绿色少年团联盟，以地区为单位的绿色少年团作为主要对象，以经费补助方式充实学习活动，强化地区联合，每个团体的最高补助金额为30万日元。[1]由此来看，绿色少年团组织的社会化程度比较高。此外，由于绿色少年团的形态主要是学校团体，所以国土绿化推进机构与各都道府县绿化委员会特别重视与学校的合作。这样不仅可以确保活动开展的次数，也可以辅助学校教育中难以展开的包含冒险因素的活动，有利于实现绿色少年团与学校双赢的局面。从实际情况来看，绿色少年团开展以学校为中心的儿童森林建设参与及相关绿化活动，不仅对于培养少年儿童自身的绿化观念具有重要性和便利性，而且对于推动全国绿化运动也显得极为重要。因为今天的儿童就是明日社会的主力，加强少年儿童的绿化意识、绿化观念、绿化参与和执行能力，就是保证了未来社会的可持续发展。

---

[1] 全国绿の少年团連盟，公益社团法人国土緑化推進機構.緑の少年団[EB/OL].[2024-08-26]. https://www.aomoriken-ryokusui.jp/wp/wp-content/uploads/2024/06/61f36cb60da551567319f75e.pdf.

第十一章

捷克社会主义青年联盟先锋组织的教育服务

捷克共和国（以下简称"捷克"）的前身为1918年建国的捷克斯洛伐克共和国。建国之初的捷克政局并不稳定，其首要问题就是国家真正的统一。[1]1945年，以共产党为主要领导者的捷克斯洛伐克民族阵线联合政府成立，同年5月布拉格民众起义并在苏联红军帮助下解放全境。在此后几年中，捷克斯洛伐克共产党成立了捷克斯洛伐克青年联盟先锋组织。1993年，捷克成为独立的主权国家。捷克国家政体虽然发生了变化，但因其特殊的国家发展历程，捷克社会主义青年联盟先锋组织仍延续至今并对青少年发展起着独特的作用。

---

[1] 孔寒冰.百年捷克[M].杭州：浙江大学出版社，2018：21.

第一节 曲折中的发展：
捷克社会主义青年联盟先锋组织概述

捷克社会主义青年联盟先锋组织（原捷克斯洛伐克青年联盟先锋组织，以下简称"捷克先锋组织"）是主要面向捷克青少年，专注于在业余时间开展活动的非正式教育组织。作为以儿童和年轻人为主的协会，它还欢迎成年人成为会员，同时有来自世界各地不同国家不同年龄的成员加入。目前，捷克先锋组织在更加开放和强调多样性的状态中，组织和带领成员探索知识、努力发展，用积极的方式改变成员们的生活。尽管从历史角度来看，捷克先锋组织的发展一波三折，但当前仍保留着历史传统和独特的运行方式。

一、"社会变革的一个缩影"：捷克先锋组织的成立背景

捷克先锋组织对自身的发展历程有着客观的认识，认为先锋组织的发展"与整个社会的变革有关，并在某种程度上复制了整个社会的转变"❶，这也体现在组织名称随着时间的推移而不断发生变化。1921年5月，捷克斯洛伐克共产党成立。第二次世界大战结束后，受苏维埃社会主义模式的影响，捷克斯洛伐克共产党人朱纳克于1949年建立了捷克斯洛伐克青年联盟先锋组织。❷东欧剧变之前，受捷克斯洛伐克政体影响，捷克斯洛伐克青年联盟先锋组织属于

---

❶ Pionýr. Historie[EB/OL]. [2024-08-31]. https://pionyr.cz/o-pionyru/historie/.
❷ 同❶.

国家性质组织，在全国具有较大影响力；东欧剧变之后，其中的捷克共和国于1993年政体发生改变，并在2006年被世界银行列入发达国家行列。[1]捷克先锋组织的发展深受捷克国家政体及社会环境巨大改变的影响，组织形式上也发生了变化，由国家性质组织转变成民间社会组织。目前，捷克先锋组织是包括基督教儿童和青年协会、青年旅游单位协会、捷克运动联盟、捷克共和国民俗协会、童子军和女童子军联盟等在内的捷克八个民间协会之一。

二、政体变动下的选择：捷克先锋组织的基本发展历程

从整个历史发展角度看，捷克先锋组织的前身创立于1949年，至目前先后经历了组织初创、组织转型和组织新发展三个时期。

（一）组织初创时期：捷克斯洛伐克共和国政党领导下的儿童组织

这一时期是指1949—1989年。捷克斯洛伐克共和国时期，朱纳克于1949年成立了捷克斯洛伐克青年联盟先锋组织。作为一个面向青少年开展活动的组织，捷克先锋组织承担着捷克青少年课外活动的开展、生存技能的培养及情感的熏陶等任务。20世纪60年代，《华沙条约》的签订结束了为不同需求的青少年提供教育服务的想法，捷克斯洛伐克青年联盟先锋组织分裂成若干个独立的协会。1970年，捷克斯洛伐克青年联盟先锋组织结束了所有活动，但在共同基础上再次成立了另外一个统一性组织，即捷克斯洛伐克社会主义共和国先锋组织，也就是后来的捷克共和国社会主义青年联盟组织。1971年，这一先锋组织成员人数已达到511 000人。1989年，"天鹅绒革命"使捷克斯洛伐克共和国政体发生改变，此后的捷克先锋组织在社会地位和教育活动组织方面也发生了巨大变化。

---

[1] 百度百科.捷克[EB/OL].[2024-08-31].https://baike.baidu.com/item/捷克/191121?fr=ge_ala.

（二）组织转型时期：从政治性质组织转变成民间性质组织

这一时期是指 1990—2000 年。1990 年 1 月，捷克斯洛伐克共和国先锋组织停止活动，组织中的一部分人员带着财产转移到了其他一些组织或新兴协会。与此同时，一次特别的全国先锋组织会议在布尔诺（Brno）举行，会议决定充分利用先锋部门和团体的工作成果重建一个新的独立先锋组织。因此，即便在 1990 年这个特殊的年份，就像捷克先锋组织自己在历史描述中所言"我们并没有在 1990 年停止存在"❶。1992 年，布尔诺会议后的这个新的独立先锋组织，已经成为儿童和青少年在民乐和乡村音乐方面比赛的基础组织。1993 年，捷克共和国独立后，先锋组织恢复名称为"捷克社会主义青年联盟先锋组织"，从此开始了捷克先锋运动历史上"最长的不间断篇章"❷。1996 年，捷克先锋组织开展了一项新的活动，即举行先锋队会议，旨在将捷克共和国各地的先锋队伍集结起来，以旅行的形式为大家提供一个有趣的地方，在整个活动期间充满各种比赛及知识竞答，重点在于集会本身及与朋友们相处的过程。1998 年，捷克先锋组织开展儿童音乐会活动，目的在于帮助摩拉维亚地区及捷克东部露营地与儿童俱乐部中的儿童，现成为每年在布拉格举行活动的传统，音乐会欢迎捷克音乐界的不同人物参加。自 1998 年以来，捷克先锋组织一直有系统地为少年儿童开展活动，包括各种开放的儿童和青年俱乐部活动。1999 年年底，联合国就《儿童权利公约》举行了一次会议，捷克共和国及斯洛伐克、匈牙利或葡萄牙的代表、青年教官和部门领导人等众多重要人物出席，目的是确认《儿童权利公约》不仅是一份理论性文件，更需要各国付诸实践。这次会议之后，捷克先锋组织参与了关于《儿童权利公约》的读物出版工作，为 21 世纪的教育服务开启了新的篇章。

---

❶ Pionýr. Ano/Ne[EB/OL]. [2024-08-31]. https://pionyr.cz/o-pionyru/ano-ne/.
❷ 同❶.

（三）组织新发展时期：维护儿童权利与拓展国际交流

进入 21 世纪，捷克先锋组织首先出版了《你好，公约》，用儿童权利公约中的思想指导更多活动的开展。2001 年捷克先锋组织首次开展"冰上的布拉格"活动，来自全国各地的儿童均有机会免费参观布拉格纪念碑、布拉格城堡、犹太博物馆、军事历史研究所等众多场所，增强儿童和青少年对布拉格文化古迹的了解；2003 年捷克先锋组织举办以讲习班、研讨会为主要形式的活动，以非正式教育的途径帮助创业工人的成长，在活动中可以和不同地区的领导人会面，还有棋盘游戏等各种配套活动；2004 年，捷克先锋组织的第一次国际夏令营在奥斯特罗什尼亚举行，来自捷克共和国六个先锋团体和来自芬兰、奥地利、英国、法国和波兰的五个外国代表团的 183 名儿童及其领导人参加了夏令营，活动在捷克国家青年署资助的参与教育项目下进行。[1]2004 年，捷克先锋组织成为社会主义教育国际协会国际鹰社（International Falcon Movement, Socialist Educational International, IFM-SEI）的正式成员，这是一个覆盖欧洲、亚洲、非洲和南美洲 53 个国家儿童和青年的国际教育组织，秉持"教育是实现社会变革的最有力工具"信念，通过开展研讨会、国际夏令营等方式，致力于"通过非正规教育，为儿童和年轻人创造一个空间，帮助他们培养批判意识，并赋予他们挑战世界上不平等的能力"。[2]捷克先锋组织与这一国际组织合作，带领先锋队员参加社会性活动，为先锋组织举办活动注入新的活力。2005 年，捷克先锋组织举办了一个名为"参与"（Participace）的项目，目的是让先锋队员们尽可能多地参与到生活中来，教会他们作出决定并承担适当的责任，提供广泛的活动和反思主题，形成相应的出版物等。同年，"真善营"宣传活动拉开序幕，提供如何选择一个合适的夏令营，如何评估夏令营的质量及要协调哪

---

[1] Pionýr. Tiskové zprávy[EB/OL].[2024-08-31]. https://pionyr.cz/media/tiskove-zpravy/.
[2] IFM·SEI. Our Aims and Principles[EB/OL].[2024-08-31]. https://ifm-sei.org/our-aims-and-principles-2023/.

些方面等相关信息。2007年，捷克先锋组织结合20世纪末联合国儿童权利公约大会精神，出版了《儿童权利公约：教师、领导人和教育工作者、儿童及其父母的谈话和想法》一书，将会议思想体现在书中；同年还与癌症联盟合作，由两位先锋志愿者出售橘子花，出售的收入用于联盟的抗癌活动；2008年，捷克先锋组织参与了一个包括德国、挪威、奥地利和英国等国家的组织共同参与的国际综合项目，积极邀请在社会、国家、文化和医学上处于不利地位的儿童和青年参加项目活动。❶进入21世纪的捷克先锋组织，活动类型日益增多，活动交往范围日益扩大，社会影响力也逐渐得到恢复与增强，捷克儿童及其相关者的服务意识和服务能力整体日益增强，"多次获得国家认可的儿童和青少年工作组织称号"❷。

三、捷克先锋组织的主要组织特征

捷克先锋组织重视联合国《儿童权利公约》及捷克《基本权利和自由宪章》等文件和政策精神，希望能通过先锋组织的力量对儿童发展有所帮助并采取行动消除犯罪行为和其他社会病态特征，为社会作出贡献。在组织建设方面，捷克先锋组织致力于成为国家、学校和其他为儿童和青年人的利益而工作的实体正式伙伴，努力与类似的协会和机构建立关系和实现互利。

（一）组织文化彰显爱国、民主、进步与创造

捷克先锋组织是一个民间性质的且独立运行的青少年组织，在组织建设方面具有较大自主权。捷克先锋组织的标识是由基本的圆形、菩提叶和燕子等构成。其中，基本的圆形风格描绘的是地球，表达了先锋成员平等权利和义务的民主原则；菩提叶和燕子象征着幸福和春天及新生活的开始，而燕子向上飞行意味着努力实现先锋者的理想、进步和知识；白色、红色和蓝色是国家三色，

---

❶ Pionýr. Tiskové zprávy[EB/OL].[2024-08-31].https://pionyr.cz/media/tiskove-zpravy/.
❷ Pionýr. Ano/Ne[EB/OL].[2024-08-31].https://pionyr.cz/o-pionyru/ano-ne/.

第十一章　捷克社会主义青年联盟先锋组织的教育服务

意在强调爱国主义和公民意识，占主导地位的白色也象征着真理、和平和希望。❶ 整个标识让人想起鸟的飞行、嬉戏和人类的技能和创造力，强调开拓者的创造力、聪明与勇敢。基于组织文化的强化与承继，折纸燕子就成为捷克先锋组织的一种传统游戏和比赛。捷克先锋组织还专门为儿童设计了吉祥物，是一只穿着民族服装和戴着围巾的"先锋犬"。犬象征着友谊，是孩子们忠实的向导和保护者。吉祥物既可以出现在为儿童设计的印刷材料上，也可以通过毛绒玩具、吊坠等文创形式让儿童们为拥有它而感到开心。❷

（二）组织教育要注重儿童兴趣与社会需要的结合

捷克先锋组织重视将先锋队员的自然兴趣，比如结交好朋友、体验乐趣和冒险、了解未知事物、玩耍和竞争等与倡导正向教育和积极的公民意识等社会需要结合起来，培养队员的认知、情感和行为多维能力及同伴间的互助与合作精神等，引导先锋队员树立起积极的价值观。在捷克先锋组织看来，强调将儿童兴趣与作为社会成员的发展结合起来并不是一种随机行为，"所有的活动都是为了实现先锋的理想，从而培养出积极的人"，并使先锋队员"与儿童生活中固有的乐趣和幸福感保持平衡"❸。

（三）组织活动注重儿童闲暇时间教育

捷克先锋组织是一个"致力于在儿童和青少年空闲时间开展教育工作的协会"❹。捷克先锋组织的部门和俱乐部在全国有 600 多个，为捷克女孩和男孩提供许多全年的定期活动，如远足、露营、文化、运动、自然科学和技术等方

---

❶ Pionýr. Znak, maskot a logo Pionýra[EB/OL]. [2024-08-31]. https://pionyr.cz/media/jednotici-prvky/.
❷ 同❶.
❸ Pionýr. Činnost kostce[EB/OL]. [2024-08-31]. http://pionyr.cz/o-pionyru/cinnost-v-kostce/.
❹ Pionýr. Kdo jsme[EB/OL]. [2024-08-31]. https://pionyr.cz/o-pionyru/.

面的活动，且大部分活动对公众开放。在开展活动过程中，捷克先锋组织十分尊重儿童的意愿与创造性，并注重通过举办公共服务活动、制定教育方案、开展休闲活动等，保护和满足先锋队员发展的各种需要。

第二节　捷克社会主义青年联盟
先锋组织的教育服务状况

捷克先锋组织在开展教育服务过程中，致力于帮助每一位加入组织的儿童（包括残障儿童）找到他们所喜欢与擅长的事情，帮助他们去发现一个充满友谊、乐趣、知识和冒险的世界。在其组织与开展的各种活动中，如前所述，先锋者们致力于发现和发展儿童的自然兴趣，并努力将其与社会的需要结合起来，从而实现对儿童才能的全面培养。

一、服务理念：注重个人教育并使儿童成长为积极、优雅和自由的人

在捷克先锋组织中，"先锋"一词的意思是非常重要的，它表达着"对知识的追求、对现代性和开拓性的渴望"，也意味着对作为"新道路、新方向的发现者和进步思想的宣告者"的追求❶。捷克先锋组织基于"先锋"理念，致力于服务儿童的发展与成长，开展的所有活动都旨在个人的教育，即帮助先锋队员"从一个孩子成长为一个积极、优雅和自由的人，在社会中找到自己的位置并成为合法的公民"❷。在这个过程中，主要是通过游戏和实践活动传递价值观，发展知识和技能，以使每名先锋队员都成长为一个具有多种良好品质的

---

❶ Pionýr. Stanovy Pionýra a Program[EB/OL]. [2024-08-31]. https://pionyr.cz/o-pionyru/dokumenty/stanovy-a-program/.

❷ 同❶.

人。例如，友好、宽容、愿意合作；务实且能够处理危急情况；具有好奇心和创造力，运用批判性思维；发展文化感知，身体健康；对自己负责，乐于助人；了解自己的权利和义务；不以牺牲他人为代价来维护自己的利益；尊重不同的价值观；尊重规则，分享共同价值观；作为社会、团队和家庭的有效成员；准备好成为亲人的支持者；试图理解过去和今天的世界；对自然敏感，追求可持续发展；积极主动，对自己居住的地方、家乡乃至整个地球负责等。为此，捷克先锋组织以服务儿童为中心，提出了包括成年人和儿童在内的先锋成员的共同理想是"记忆、帮助、知识、真理、友谊、克服和自然"❶，这也成为捷克先锋组织服务少年儿童发展的基本理念。在具体实施方面，捷克先锋组织更注重对队员身体健康、爱国情感及独立性与合作精神的培养。

（一）促进先锋队员身体健康成长

促进先锋队员健康成长是捷克先锋组织的基本服务宗旨。❷捷克教育家夸美纽斯于17世纪提出人的身体与灵魂均需要以健康的状态和谐相处，希望人们能够积极地参加体育锻炼。捷克先锋组织秉持本国教育家夸美纽斯的"身体与灵魂均要健康成长"的观点，不仅注重营地自然活动，也注重体育比赛、与抗癌组织等联合举行活动，把少年儿童的身体锻炼及其健康意识培养作为重要的服务理念。

（二）自觉培养先锋队员的爱国情感

爱国是一个人最深切的社会感情，世界各国都非常注重对青少年的爱国情感培养。捷克国家发展过程比较曲折，因此捷克人对自己国家的保护有一份"沉重"的责任感，认为国家中的每一位公民只有对国家充满热爱，才能有担当地

---

❶ Pionýr. Stanovy Pionýra a Program[EB/OL]. [2024-08-31]. https://pionyr.cz/o-pionyru/dokumenty/stanovy-a-program/.

❷ 杨江丁. 一切为了孩子的健康成长——捷克少先队与匈牙利童军见闻[J]. 少先队研究，2012, (5): 57.

第十一章 捷克社会主义青年联盟先锋组织的教育服务

去保卫国家并为国家作贡献。因此，区别于家庭教育和学校教育，但自觉对少年儿童的教育生活担负起责任感与使命感，是捷克先锋组织逐渐发展出来的重要服务理念之一。捷克先锋组织开展有"共和国活动"，包括带领先锋队员实地了解捷克城市的景点及其历史，开展先锋组织的全国会议来相互交流经验，以及开展专注于军事行动体验与交流的俱乐部全国会议等，通过这些促进捷克各地儿童彼此之间的交流，增强对国家及其所担负责任的理解。

（三）注重先锋队员独立性与合作精神的培养

捷克先锋组织致力于培养自由、独立、公平、积极和有同情心的人，鼓励任何一位儿童"都可以尝试成为先锋……这主要意味着结识朋友，发现和了解新世界，实际上是相当普通的事情"❶。作为先锋组织成员，最重要的理念是"发展目标"。实现这一目标需要先锋队员具有愿望和意志，以及自我发展和团队精神。

二、教育服务者构成：组织内外的机构与人员相结合

捷克先锋组织的运行离不开服务者的支持，其服务者分为三大类：先锋组织领导者及行政人员、来自家庭与社会的志愿者和致力于儿童教育并能提供经费保障的社会机构及人员。

（一）先锋组织领导者及行政人员

捷克先锋组织的核心领导者包括先锋主席、第一副主席和第二副主席。此外，该组织设有先锋理事会执行委员会（一般包括5名成员），先锋审计委员会（一般由包括中央主席、中央副主席和中央委员在内的8名成员组成），先锋仲裁委员会（一般由包括主席、副主席、委员和主教在内的5名成员组成）❷。

---

❶ Pionýr. Kdo jsme[EB/OL]. [2024-08-31]. https://pionyr.cz/o-pionyru/.

❷ Pionýr. Současní představitelé[EB/OL]. [2024-08-31]. https://pionyr.cz/o-pionyru/lide/soucasni/.

2022年，捷克先锋组织在年会后迎来了自1990年以来的首位女性先锋主席。❶先锋组织领导者作为"主心骨"，负责先锋组织的活动筹划、任务下达、资金管理、项目调查、心理咨询和志愿者培训等工作，因此对领导者有着更高的要求。他们必须获得由捷克教育、青年和体育部颁发的认证证书和经过所认证课程培训所获得的资格证书，接受先锋组织领导力、管理能力课程的专业培训，且自身需要对捷克先锋组织的内部运作系统非常熟悉。在先锋组织的领导者中，有的是来自教育心理学委员会的心理学家，能对患有各种心理疾病或者有生活困难的儿童提供帮助；有的毕生致力于特殊教育学领域，在小学校担任管理和教学任务，在先锋组织中则是中央先锋培训中心担保人，负责志愿者的培训工作，旨在帮助有特殊教育需要的先锋队员拟定教育方案；还有的在教育咨询部门担任心理学家，在先锋组织中参与心理咨询，帮助有学习困难、行为障碍和天赋异禀的先锋队员。总的来看，在捷克先锋组织中担任行政领导者，需要具有教育学或心理学等专业背景。领导者们还非常关注先锋组织的特殊教育，在活动中为弱势队员提供心理咨询、心理疏导等帮助。此外，领导者们不仅在先锋组织内部提供教育服务，他们还在当地的中小学校、教育行政机构、心理咨询机构、特殊教育学校等担任职务。他们的工作圈子并未局限在先锋组织内部，而是与广泛的社会联系起来，能协同更多力量为先锋组织和先锋队员提供资源或相关的帮助。

（二）来自家庭与社会的志愿者

捷克先锋组织"在成千上万的志愿者帮助下得以延续。他们领导'部队'，帮助农场，照顾营地儿童的健康，开会……他们在业余时间做这一切且没有任何经济报酬"❷。志愿者构成了捷克先锋组织开展教育活动的中坚力量，是先

---

❶ Pionýr. PIONÝRY POPRVÉ V HISTORII POVEDE ŽENA[EB/OL]. [2024-08-31]. https://drive.google.com/drive/folders/1NfQY_ik5RwJFznPq9LpVmDD9SjnFCMVS.

❷ Pionýr. Dobrovolníci[EB/OL]. [2024-08-31]. https://pionyr.cz/o-pionyru/lide/dobrovolnici/.

锋自身活动的驱动力。具体来看，志愿者主要有两类：一类为先锋队员家长。捷克先锋组织的志愿者多为先锋队员的父辈或祖辈，因为这些父辈或者祖辈在年幼时都参加过先锋组织，对先锋组织有着深厚的感情，愿意让自己的孩子成为先锋队员，在与孩子共同参加活动过程中自己以志愿者身份为先锋组织贡献力量。另一类是学生。学生担任先锋组织志愿者的比例相对来说没有家长志愿者的比例高，但仍然包括来自高校的一些学生，他们热爱公共教育服务，关心儿童课外活动，在业余时间帮助先锋组织安排事项或组织活动。当前捷克先锋组织中的志愿者已超过 2 000 名，其中大部分是 15~18 岁的年轻人，每年的志愿者工作时间超过 150 万个小时。捷克先锋组织的志愿者们主要负责定期会议、活动、营地教育、周末活动等具体工作的开展，以及参加手册或教材的编写等，所承担的工作量与工作强度较大，所承担的责任也较大。不过，这并未影响志愿者们的身心投入，他们满怀热情为先锋组织不断注入新的发展能量，他们在奉献自己业余时间的同时，获得了"丰富的经验、出色工作的乐趣、友谊和突破界限的机会"❶。

（三）致力于儿童教育并能提供经费保障的社会机构及人员

捷克先锋组织与国内外其他一些热爱儿童教育的社会组织保持着密切联系，并经常与这些机构或组织合作，共同举办活动或组织营地教育。比如，它与英国"森林知识团"❷"德国社会主义青年猎鹰队"❸"法国人"❹等组织

---

❶ Pionýr. Dobrovolníci[EB/OL]. [2024-08-31]. https: //pionyr.cz/o-pionyru/lide/dobrovolnici/.

❷ "森林知识团"组织于 1924 年由英国人莱斯利·保罗（Leslie Paul）在英国成立，是儿童和年轻人的合作组织，坚信平等与合作，旨在通过组织接触自然的活动培养儿童自信心，增进对社会的认识并发展他们的想法、自信和技能。资料来源：Woodcraft Folk[EB/OL].[2024-08-31].https: //woodcraft.org.uk/history.

❸ "德国社会主义青年猎鹰队"组织由德国的年轻人组织起来，旨在向儿童和年轻人传递自由平等的理念，进行社会主义教育。资料来源：Sozialistische Jugend Deutschlands-Die Falken[EB/OL].[2024-08-31].https: //www.wir-falken.de/ueber_uns/index.html.

❹ "法国人"组织为法国儿童和青少年提供各种教育活动，旨在促进儿童发展，获得合法权利。资料来源：Les Francas[EB/OL].[2024-08-31]. https: //www.francas.asso.fr.

都有联系。虽然这些致力于儿童发展与儿童教育的机构或组织的理念并不完全相同，但每一个机构的工作人员都在为营造一个自由、尊重、平等、健康的儿童生存环境而努力。举办联合活动所需的资金由双方共同承担，一方面可以减轻捷克先锋组织的经费压力，另一方面也能促进社会组织之间的深度交流，在高效地开展先锋活动的同时，使捷克儿童获得更丰富的成长体验并锻炼相关能力。

三、教育服务的内容：从永恒价值观到生活常识与技能

捷克先锋组织的服务内容全面而丰富，目的性非常强，以儿童的生长特点和发展阶段为出发点，培养先锋队员掌握各领域必需知识和技能，发展个性兴趣，引导认识本国、欧洲和世界文明。在教育服务内容框架中，捷克先锋组织的服务内容侧重理论与实践相结合及知识与能力的同步发展。

（一）宣传永恒的价值观

捷克先锋组织崇尚先锋理想，认为先锋理想是一扇敞开的大门，也是一种挑战，是教育工作的基石。先锋理想可能向先锋队员表达了一些抽象的价值观，但这些价值观是"永恒的"[1]，不会受到当前社会舆论或者潮流的影响。此外，先锋组织在将这些价值观整合到儿童个性发展的过程中时，并不是采取粗暴干涉或灌输的方式，而是通过儿童可以理解的方式（如游戏、个人榜样等）逐步传递给儿童，引导先锋队员向着成为积极而优雅的人的方向发展。

（二）开展国家历史教育

作为捷克公民，每名儿童都需要了解国家发展的历史。当前的捷克先锋组织不突出专门的政治教育，但在服务内容中体现着对国家的情感教育和历史教

---

[1] Pionýr. Ideály Pionýra[EB/OL]. [2024-08-31]. https://pionyr.cz/o-pionyru/idealy/.

育,相关内容渗透到日常开展的各种活动中,以着重培养先锋队员的历史使命感和国家责任感。在先锋组织中,先锋队员不仅要深刻地铭记国家的历史,还要了解全世界的历史并尊重各个国家的传统。

(三)开展品格教育

从人格层面来看,捷克先锋组织旨在培养具有履行诺言、公平竞争等品质的拥护真理和公正无私的正直之人。从具体生存层面来看,捷克先锋组织重视培养先锋队员克服困难与恐惧的品格,特别是在户外活动中,经常会有一些探险类体验,这就要求先锋队员必须拥有克服困难的勇气。比如,穿越树林的夜间旅行就是一个锻炼先锋队员勇气的品格教育活动。❶

(四)注重培养良好的同伴关系

同伴交往是儿童社会化发展的重要途径,同伴关系也是儿童社会化发展程度的指标之一。联合国教科文组织1996年提出终身学习的四大支柱——学会认知、学会交往、学会生存和学会做事。这为各国青少年发展提供了指引。捷克先锋组织重视先锋队员之间良好同伴关系的培养,强调对待同伴关系应是友好的,能与同伴进行有效的合作,善于听取他人的意见,以及无私帮助需要帮助的同伴。先锋组织的生活是多样的,每一个孩子总能在这里找到适合自己需求的活动。更重要的是,通过这些来帮助孩子们"以非传统的方式看待和共同创造世界与人际关系的能力"❷。

(五)引领生活知识和技能的学习

在捷克先锋组织的活动中,必不可少的就是先锋队员亲身体验周围的世界。

---

❶ Pionýr. Činnost v kostce[EB/OL]. [2024-08-31]. https://pionyr.cz/o-pionyru/cinnost-v-kostce/.

❷ 同❶.

捷克先锋组织认为经验很重要,"你能在野外定位自己吗?你能应对事故或受伤的情况吗?你知道如何去一个有趣的地方旅行吗?你会砍柴生火吗?"❶捷克先锋组织通过开展系列户外活动,吸引队员积极参加,并在保证队员人身安全的情况下,引领和帮助队员提高认识环境的能力,获得生存知识与技能。

(六)进行自然教育

捷克先锋组织注重先锋队员自然情感培养。在日常各项活动中,如组织先锋队员清理会馆、踏青等,除了传授基本的知识和传递永恒的价值观,还特别注重让每一位先锋队员探索到自然之美,激发他们的自然感知能力,提升保护环境及与自然和谐相处的能力。尤其是各地会组织先锋队员探索家乡的自然风光,领略家乡各处的"雄伟的山脉、狂野的河流、神秘的洞穴、岩石迷宫、古老的城堡、广阔的森林"❷等,激发队员对自然的热爱之情,以及增强由此带来的对家乡、国家的情感。

四、教育服务途径与方式方法:以活动为主

捷克先锋组织是一个由儿童、青年和成年人组成的民主、自愿和独立的协会,主要开展公益活动,其所提供的教育服务区别于正规学校教育的服务途径与方法。也就是说,捷克先锋组织秉持着自愿、平等、公正的原则,主要通过举办类型多样的室外活动及游戏竞赛活动等吸引众多捷克儿童参与其中。

(一)周末旅行或探险活动

周末探险主要指在周末开展的活动,包括欣赏和了解自然美景,也包括进行冒险游戏或探险活动,目的是让先锋队员们认识捷克的自然美景,丰富他们

---

❶ Pionýr. Činnost v kostce[EB/OL]. [2024-08-31]. https://pionyr.cz/o-pionyru/cinnost-v-kostce/.

❷ 同❶.

的课余生活并满足其探索的要求。每次周末探险活动都会有一个有趣的目标，有时还会利用会议或假日来延长那些没有足够时间的活动。

（二）传统的营地活动

营地活动是捷克先锋组织的一项传统活动，许多俱乐部也会在较短的秋季或春季假期组织营地活动。"营地是一个几乎充满无限可能性的时代"❶，如果儿童们愿意，可以"穿越到远古时代淘金"或"征服北极"，营地为队员们提供了额外的时间和无限的可能性。特别是举办一些深受欢迎的夏令营活动，能够为先锋队员提供体验冒险的机会，在较短的假期里挖掘自身无限的可能性，激发每位儿童身上的潜能。先锋组织还为每个营地配备专业的儿科医生和合格的保健人员，以便在户外活动时若发生受伤情况可以获得及时救治，有效保障先锋队员的人身安全。

（三）开展丰富多彩的俱乐部活动

俱乐部是捷克先锋组织活动的主要载体之一，是"为那些没有足够时间或勇气进行常规活动的人利用空闲时间的另一种方式"❷。捷克先锋组织有很多类型的俱乐部且活动广泛，通常是举办定期会议和进行团体探险，从事远足、露营、文化、运动、自然科学和技术等活动。具体活动种类繁多，根据男女儿童的兴趣，设置包括体育、艺术、手工艺、棋类游戏等在内的各种活动主题。每位捷克儿童可以加入多个俱乐部，参加俱乐部举办的任何一项活动。俱乐部有时还会印发一系列有关活动的指导用书，这使俱乐部的活动开展得更具有目的性与计划性。此外，俱乐部不仅对先锋队员开放，任何想要加入进来的非会员也可以参加。特别考虑到想加入进来的成人的时间紧张，俱乐部更多把活动放在节假日进行。捷克先锋组织在100多个地方设有开放式休闲俱乐部。

---

❶ Pionýr. Co dě láme [EB/OL]. [2024-08-31]. https://pionyr.cz/cinnost/.
❷ 同❶.

（四）开展比赛活动

捷克先锋组织支持健康和自然的竞争，可以为那些不从事顶级活动但只是为了"好玩"的团队和个人提供各种各样的比赛活动机会。目前，捷克先锋组织举办的比赛活动如下❶：先锋七色花是集文化艺术活动于一身的比赛；金玫瑰挑战杯，面向7岁及以上儿童和青少年的打结比赛；体育比赛，是传统和非传统运动中最普遍的活动形式，全国各地都有举办；拓荒者之路，是一项专注于各种技能和知识的全面发展的比赛；舞台游戏比赛，适合想要分享对营地和全年活动的想法和建议的人；技术技能比赛，专为喜欢使用默克鲁或其他技术套件进行拼搭或者喜欢拼搭纸质或木制模型的儿童而设计。这些各种"好玩"的比赛活动增强了捷克先锋组织的吸引力，让参赛者在轻松愉快的氛围中提升自己的竞争力，也有助于个人成长。

（五）鼓励儿童参加国际活动

捷克先锋组织有着跨国影响力，在国际活动方面也拥有丰富的经验。因此，捷克先锋队员不仅可以在国内体验不同的营地活动，还可以参加世界各地的许多合作活动。国际活动有多种形式，通常有营地活动、公开国际交流、学习访问、志愿服务、国际项目、会议、研讨会和讲习班等。❷在国际夏令营中，捷克儿童还可以与其他国家的任何一位儿童交往。每个人都有结交新朋友的机会，还有机会参加研讨会，甚至在欧洲志愿服务机构做志愿者也是被允许的。

（六）开展独具特色的项目

在捷克先锋组织为先锋队员们提供的教育服务途径中，开展独具特色的项目是一大亮点。这些项目主要由捷克先锋组织与其他社会机构团体共同策划、

---

❶ Pionýr. Soutěže[EB/OL].[2024-09-01]. https://pionyr.cz/cinnost/souteze/.
❷ Pionýr.Zahraniční činnost[EB/OL].[2024-09-01].https://pionyr.cz/cinnost/zahranici/.

第十一章 捷克社会主义青年联盟先锋组织的教育服务

举办,鼓励感兴趣的捷克儿童积极参与。项目种类繁多且具有较强的主题性,如以开拓性竞争或竞赛为主题,呼吁自然而健康的竞争等。此外,这些项目对输赢结果并不过多强调,主要目的是丰富儿童在项目过程中的体验,以下是一些代表性项目。

克拉契尼项目❶,由欧洲社会基金会(European Social Foundation)在"竞争力教育"业务计划内资助,致力于为有特殊教育需要的儿童(如社会弱势家庭儿童、因过早离开教育而面临困境的儿童及天才儿童等)制定教育方案。❷项目为四个年龄段儿童量身定制教育方案,尝试建立一个全面的、认可度高的教育系统。这四个阶段的教育方案包括"儿童和动物""与狗狗一起散步""旧宝箱的秘密"和"第八颗行星"主题。❸具体来说,第一阶段是1~2年级儿童,以动物主题居多,儿童可以在游戏中寻找自己的朋友,熟悉团队,通过"让孩子放开妈妈的裙子"这一宣传语鼓励儿童离开家庭,适应团体生活;第二阶段为3~5年级儿童,由于这一阶段的儿童活力十足且喜欢有力量的有趣活动,所以通过"与狗狗一起散步"主题活动,儿童可以与小狗在草地上散步,与大自然亲近接触;第三阶段为6~8年级儿童,"旧宝箱的秘密"主题活动为这一阶段的每位儿童提供探险机会,在项目过程中允许儿童发表自己的见解与观点,更重要的是促使儿童明白一个道理,即在社会生活中需要对自己作出的决定承担责任;第四阶段为9年级及以上儿童,"第八颗行星"主题活动为儿童提供了一个很大的讨论空间,在这里可以激烈探讨任何知识。克拉契尼项目的四个阶段教育方案和活动看似是毫无关联的四个主题,实际上是环环相扣并逐渐推进的教育计划。从一开始引导儿童摆脱对父母的依赖进入团体,到后来的团队合作、亲近自然、培养勇气、掌握知识等,是一个连续而有效的综合项目。

---

❶ Pionýr. Pionýrské projekty[EB/OL].[2024-09-01]. https://pionyr.cz/cinnost/projekty/.
❷ Klíčení. Základní informace[EB/OL].[2024-09-01]. https://www.kliceni.cz//index.php?loc=002.
❸ Klíčení [EB/OL].[2024-09-01]. https://www.kliceni.cz/final/.

第一，花儿日项目。这是捷克先锋组织自 2007 年以来作为抗癌联盟合作伙伴而参与的一项服务项目。[1]在花儿日期间，队员们两三人结组，用别针和黄色的绸带手工制作成橘黄色的花，穿统一的黄色衬衫，在大街上向行人售卖，所获利润最后全部捐献给抗癌联盟。同时，队员还会向任何买花的人发放一张清单，上面是关于抗癌联盟的信息和抗癌相关知识。捷克先锋组织通过和社会机构合作，鼓励先锋队员们用自己的劳动换取捐款，为癌症患者的救治奉献一份力量。这个项目至今仍在进行中，但所售卖的物品会根据儿童手工制作情况而有所不同。比如，2022 年 5 月花儿日举办了第 11 次募捐活动，先锋队员在街头向 15 岁以上的行人推销蜡烛，收入全部用于支持抗癌联盟患者治疗。

第二，躲避球项目。躲避球是一项风靡于英美和澳大利亚等国家的体育竞技类项目，吸引众多青少年参与。捷克先锋组织与捷克躲避球协会合作开展这一项目。作为团体运动，报名参加竞赛的先锋队员将会接受至少 3 次的躲避球训练。[2]在每次训练中，有专业的躲避球人员为参赛者进行基础训练，讲解如何避免出现危险的情况。在真正的比赛中，会有两支队伍进行对抗。场地被分为两个半场，每支队伍有 6 名球员，各自占据己方半场。在规定时间内，两队球员在躲避或接住对方投球的同时投球并击中对方，击中对方次数多者为获胜方。躲避球项目的意义在于强身健体、通力合作，规则较容易被少年儿童理解，儿童的团结合作意识与体育竞技精神在这里也能得到充分体现。

第三，先锋七色花项目。这是面向团体和个人的文化艺术比赛活动，七色花象征着音乐、舞蹈、电影、摄影、戏剧、美术和手工七个文化领域。包括非捷克先锋组织成员在内的所有年龄段的个人，都可以在不同地区参加公开比赛，

---

[1] Pionýr. Aktuální informace[EB/OL].[2024-09-01].https://pionyr.cz/cinnost/projekty/cesky-den-proti-rakovine/aktualni-informace/.

[2] Pionýr. Dodgeball pro oddíly[EB/OL].[2024-09-01].https://pionyr.cz/cinnost/souteze/sporty/dodgeball/dodgeball-pro-oddily/.

第十一章　捷克社会主义青年联盟先锋组织的教育服务

被选中的参赛者将获得在儿童音乐会上的表演机会。比如，摄影领域的活动主要面向18岁以下儿童，摄影竞赛主题大多侧重儿童休闲活动，但中老年人也可以参与进来，展示自己的摄影作品，比赛的组织者和播音员都来自捷克先锋组织。❶在戏剧领域，除了古典戏剧形式，还为魔术表演、朗诵和综艺表演等提供空间，各种各样有趣的表演形式在这里都不会被约束。儿童在这里既能感受训练、排练的紧张和压力，也能享受到克服心理障碍、解决情绪焦虑等问题后的成功，以及表达自我的喜悦。❷以文化艺术为主的先锋七色花项目，一直以来都很受捷克先锋组织成员的青睐，在轻松、欢乐的氛围下任何艺术活动都能为队员们带来特殊的体验。

第四，拓荒者之路项目。这是捷克先锋组织的一个古老的传统，相当于一个全国性竞赛，对所有想参加的人开放。这一项目注重旅行、露营、体育、自然、科学、文化和工程等各领域知识和能力的提升。在这一项目中，队员按年龄分组，2~3人一组，合作解决各种分区的户外任务，过程中涉及的知识也非常具体。比如，在旅游露营区，需要学习有关方向、打结、火堆和壁炉、时刻表、行进标志等知识；在运动区，需要学习有关向目标投掷气枪、射箭、吹管或弹弓等知识；在自然科学区，需要学习有关急救、动物足迹跟踪、植物学考察和自然保护等知识；在文化艺术区，涉及文化古迹、传说和历史、视觉艺术、戏剧电影、地理、音乐等知识；在技术区，需要学习有关缝制纽扣、拼图、制作交通标志、规划十字路口、锤钉子等知识。❸在完成户外任务时，有一名部门负责人与教员负责该地区竞赛，以保证参赛儿童的人身安全。拓荒者之路竞赛在捷克各地区开展，是一个过程性竞赛，经过层层比赛最后晋级到国家

---

❶ Pionýr. Clona[EB/OL]. [2024-09-01]. https://pionyr.cz/cinnost/souteze/sedmikvitek/clona.
❷ Pionýr. Divadlo – republikové finále 2023/2024[EB/OL]. [2024-09-01]. https://pionyr.cz/cinnost/souteze/sedmikvitek/divadlo/predchozirocniky/divadlo-republikove-finale-2023-2024/.
❸ Pionýr. Pionýrská stezka[EB/OL]. [2024-09-01]. https://www.pionyr.cz/cinnost/souteze/pionyrskastezka/.

赛区进行决赛。虽然这属于竞赛类项目，但捷克先锋组织始终以提升儿童兴趣、增长儿童能力为核心，弱化竞争主题，强调营造和平、友爱、互帮互助的环境。

整体来看，捷克先锋组织的教育服务途径与方式多种多样，虽然没有一个固定的形式，却能有序地组织和开展。捷克少年儿童也喜欢参加这些有趣的项目，在这里释放天性和结交朋友，并获得属于自己的平等与自由。

五、教育服务的效果："玩"中的全面成长

捷克先锋组织强调通过游戏来教育儿童，注重以开放性、多样性和独立性开展活动，崇尚男女平等的观念。捷克先锋组织是一个带领少年儿童"玩"并"玩得有趣"的组织，孩子们在愉快的氛围下参加竞赛与活动，获得与正规教育中不一样的成长体验。

（一）儿童社会理解和交往能力得到发展

通过参加先锋组织的各种活动，先锋队员们在发展社交能力方面有了很大进步。他们学会了倾听和尊重他人，在小组合作中敢于主动发表自己的见解，且共同的冒险经历还使他们学会了发展与维护友谊。❶更重要的是，先锋队员们不仅在本地区参与活动，还经常会在与其他一些国内外组织及机构的合作中结交全球各地的伙伴。文化差异下的交流使队员们的社会理解能力增强，从而进一步提高社会交往能力。

（二）在自然教育中儿童生活知识和技能得到加强

学习到实用的生活常识与技能是先锋组织队员的一大收获，而"自然主题"

---

❶ Pionýr. Přátelství[EB/OL]. [2024-09-01]. https://www.pionyr.cz/o-pionyru/idealy/pratelstvi/.

是实现这一目标的全年重要活动主题之一。捷克先锋组织认为大自然是完美的"研究基地",儿童可以在大自然里感知美并学习多样性。为此,捷克先锋组织号召先锋队员"保护地球上的生命,发现大自然的美丽并学会与之和谐相处"。❶比如,捷克先锋组织向儿童介绍生态思维时,经常会把垃圾分类作为一个基本常识开展宣传活动。这样的活动更加贴合儿童的日常生活,能使他们将自然与生活联系在一起,懂得保护自然的重要性。另外,在进行野外探险活动时,培养队员们创造性和实用性的智慧与技巧,包括如何清洁森林和溪流、在哪里安全地住宿、如何获得食物或取暖及简单的止血包扎技巧等,先锋队员在参与活动中能够逐渐学会如何保护自己。

(三)儿童平等意识与团队领导力得到提升

捷克先锋组织是一个包容性与开放性的组织,积极促进社会各个阶层的交流。一个人的社会背景、信仰或肤色差异等,都不会成为一个人加入先锋组织活动的障碍。比如,捷克先锋组织 2023 年度报告中显示,这一年约有 16 000 名儿童参与了捷克先锋组织的各种活动。其中,有 2 500 名儿童在社会阶层、健康状况、学校成绩等方面处于社会不利群体地位。❷捷克先锋组织更多关注这些社会弱势地位儿童,在活动中创建朋友式集体,帮助这些儿童获得了平等的社会体验与生存技能,也不断地在社会上强化儿童发展的平等意识。再比如,起源于 1995 年的"绿洲"项目专门为儿童而准备,并向那些来自儿童之家或身体有残障等没有条件成为常规儿童团体一员的儿童开放。项目的目标在于改善社会群体内部的沟通,在群体中创造幸福感,并建立一个对儿童来说拥有积极关系、愉快氛围和美好体验的安全环境。该项目还致力于推进接纳弱势儿童并

---

❶ Pionýr.Příroda[EB/OL]. [2024-09-01]. https://www.pionyr.cz/o-pionyru/idealy/priroda/.
❷ Pionýr.Výroční zpráva Pionýr 2023[EB/OL]. [2024-09-02]. https://pionyr.cz/vyr_zpravy/vz_pionyr_23.pdf.

促进儿童参与团体管理和价值体系创造，提供对外交流及其机会。❶先锋队员在捷克先锋组织开展的项目或活动中能充分体会到平等，每个人都有发展自己领导力的机会。

---

❶ Pionýr. Oáza[EB/OL]. [2024-09-01]. https://pionyr.cz/cinnost/nabidkove-programy/oaza/.

第三节　捷克社会主义青年联盟
先锋组织教育服务的经验

捷克先锋组织为捷克少年儿童创造了一个充满机会与不断探索自我的环境，儿童可以根据自己的喜好自由选择参加活动。各种有趣活动的开展均以儿童为中心，充分挖掘儿童最大潜能，促进儿童身心健康发展。捷克先锋组织就像一条纽带，连接着捷克儿童与社会和自然，成为捷克儿童在课余时间放松自我、提升能力、扩展社交的良好平台。捷克先锋组织的历史发展虽然起起伏伏，但在时代的洗礼中并未退出历史舞台，至今依然活跃，发挥着特有的作用。

一、为加入组织的所有儿童提供专业性教育服务

捷克先锋组织主要为儿童组织各种户外活动，在活动中不仅注重与儿童一同玩耍，满足儿童兴趣和身心发展需求，更注重循序渐进地对儿童进行培育，禁止生硬地灌输知识和技能。先锋者会通过引导儿童与同伴进行交往，使其在交往活动中获得亲身体验，促使儿童将所感受到的内容内化为自己的知识并获得在活动中所需的技能。在先锋组织中，负责活动开展的一部分志愿者由心理学、教育学、特殊教育学等专家来担任，利用专业领域的知识对儿童进行指导与培养。捷克先锋组织对于加入的队员不仅没有明确的年龄限制，也没有其他条件限制，因此会有一些特殊儿童加入。对于加入组织的特殊儿童，捷克先锋组织会给予充分的重视。比如，捷克先锋组织与欧洲社会基金会 2010 年年初合作开创了一个教育方案，试图为有特殊教育需求的儿童（如患有轻度脑功能

障碍的儿童、来自社会弱势家庭的儿童等）提供服务❶，还专门聘请了一些特殊教育领域专家担任干事，在开展活动过程中通过特殊教育专业理论知识对特殊儿童进行悉心呵护与指导。

二、提供跨越年龄与自由选择性强的开放性教育服务

捷克先锋组织所提供的教育服务具有开放性。一方面，它是指对服务人群的开放，捷克先锋组织的服务对象既包括小学、初中阶段的少年儿童，也包括一些需要帮助的成年人。虽然成年人占少数，但这样的人员结构使先锋组织更有活力，不同年龄的队员各有独特的闪光点，活动也因此更加多元化。另一方面，它是指所开展的活动一般没有硬性要求，任何有需求的人或者热爱活动的人均可以参加。比如，包括夏令营在内的营地活动，一般不设较高的门槛，先锋队员可以根据个人兴趣和需求来选择自己想要参加的活动，通过与同伴的交往及亲身体验获得个人发展所需的任何技能与经验。

三、注重以主题项目形式开展教育服务活动

捷克先锋组织主要是通过活动来实现对捷克儿童的教育，其中经常开展一些主题形式的项目。主题项目大多与国家近期大力宣传的活动相关，尝试以一种更加独特与新颖的方式吸引捷克儿童的注意，以此增强儿童参与社会的意识并促进儿童社会能力的发展。这些主题项目通常是捷克先锋组织与捷克国内甚至整个欧洲的某个组织联合开展，以获取部分组织经费、场地的使用权、人员的调动权等。因此，相对于捷克先锋组织内部的大部分活动而言，以主题项目开展的活动规模要更大，资金更加充足，影响力也更大。这些项目的实施，可以提升捷克先锋组织的国家影响力和社会知名度，也能吸引更多的捷克儿童来参加先锋组织的活动。

---

❶ Pionýr. Historie [EB/OL]. [2024-09-02]. https://www.pionyr.cz/o-pionyru/historie/.

四、注重教育服务活动中男女儿童的共同参与

捷克先锋组织在各种活动中注重培养捷克儿童良好的同伴关系,其中包括同性与异性之间的同伴关系。在捷克先锋组织中,男童与女童要共同参与和合作完成一项任务;在活动中也不会将男女童分开,而是积极鼓励任何一位儿童在同伴群体中去尝试新事物,体验新感觉。这对于培养异性间正常和良好的同伴关系有积极作用。捷克儿童能够在与异性同伴的相处中学习因性别不同而带来的交往中的注意事项,对于性别平等问题的认知也产生一定的影响。捷克儿童在活动中能够体会到无论男女都是同样需要被尊重的个体,在日后与异性的交往中能够避免产生性别歧视问题。

五、提供儿童参与实务活动的锻炼机会

捷克先锋组织的活动主要是实务活动,即更加贴近社会生活并与实际生活相关的系列活动。实务活动的开展一般不占用学校教育时间,而是利用儿童放学后或假期等课余时间进行,由先锋组织中专门人员带领开展。捷克先锋组织鼓励队员们积极参加实务活动以增长见识和提高能力。先锋组织也为队员们提供更多参加实务活动的机会。比如,在2008年捷克先锋组织与抗癌联盟合作中,孩子们通过义卖将所赚取的费用全部捐献给抗癌联盟。[1]这种实务参与的活动,不仅加强了捷克先锋组织与社会之间的紧密联系,避免因机构的独立性而与社会脱轨,也为队员们提供了一个零距离地与社会进行交流的机会。队员们在义卖中不仅锻炼了自己的社会交际能力,提升了个人自信心,而且通过自己的努力帮助了别人,能够增强先锋队员的个人胜任力、自豪感与社会责任感。在参与活动过程中,捷克先锋组织特别注意保障每一位队员的安全。在开展活动前,管理人员会按照儿童活动的安全原则与卫生规则,对活动环境进行仔细勘查,排除危及儿童健康的因素,并对儿童进行简要的安全教育;在活动进程中,安

---

[1] Pionýr. Historie [EB/OL]. [2024-09-02]. https://www.pionyr.cz/o-pionyru/historie/.

排专业的医护人员随行,以便儿童有任何身体突发状况都能得到即时救护。不过,如果儿童自身有任何已知的健康问题,需要向先锋组织报备,先锋组织将会为其配备特别监护者。每个儿童需要提交个人的健康证明,以确保在活动中尽量避免可能出现的危险情况。此外,在开展探险类活动前,捷克先锋组织会为每位参加活动的队员购买意外保险。活动保险由捷克儿童和青年理事会的保险公司提供,且保险保护的不仅是儿童,其他参加成员包括活动随行人员(组织者、部门经理、志愿者)等也将拥有一份意外保险。由此可见,捷克先锋组织十分注重安全问题,并为儿童安全参加活动提供保障。

六、在坚守独立性中寻求社会合作服务

当前的捷克先锋组织主要以闲暇教育方式为捷克儿童提供满足身心发展需求的系列实践活动。在组织活动时,先锋组织独立完成计划拟定、人员安排、有效运行等工作,并在有限资源中实现活动最优化。捷克先锋组织的运行及其治理有自己独特的方式,具有相对的独立性。不过,这种独立性并不是与教育部或社会其他组织机构相隔离。在一些特定的活动中,捷克先锋组织仍会与教育部或其他社会组织机构积极合作,在相互支持中促进捷克儿童的课外生活教育。此外,捷克先锋组织还非常注重与家庭的沟通,定期安排相关负责人与儿童家长联系,为家长提供近期活动的资料信息、健康报告、活动通知等。这种与队员家长的沟通,一方面可以向家长传达其子女在活动中的表现情况,以方便父母能够了解活动过程的具体事项;另一方面可以了解家长对于先锋组织的厚望与建议,如希望先锋组织能够为他们的孩子带来些什么,还需要改进些什么等。这些建议和反馈能够督促先锋组织不断改进并提供更优质的教育服务。

第十二章

古巴何塞·马蒂先锋组织的教育服务

古巴少年先锋组织的正式名称是"何塞·马蒂先锋组织",是古巴共产党创立和领导的少年儿童群众组织。1961年该组织正式成立后,无数古巴少年儿童自愿加入。1977年起,该组织以古巴民族英雄何塞·马蒂命名,更名为"何塞·马蒂先锋组织",成为古巴最具影响力的少年儿童组织。古巴何塞·马蒂先锋组织为古巴少年儿童提供形式多样的户外活动项目,以锻炼他们的强健体魄、生存技能、公民素养和领导能力等,在增长知识、发展能力的同时,也为古巴社会培养了未来的建设者和接班人。

第一节 "一所伟大的儿童学校"：
古巴何塞·马蒂先锋组织概述

何塞·马蒂先锋组织是在古巴共产党领导下的最大的少年儿童群众组织，由 5~15 岁的古巴儿童组成。在近百年的发展过程中，何塞·马蒂先锋组织建设及其教育形成了符合自身特点的理念、方法、内容和途径，积累了大量特色鲜明、成效卓著的经验。

一、古巴何塞·马蒂先锋组织的成立背景

自 1928 年少年儿童开始组织活动至今，古巴的少年儿童组织已有近百年的历史。古巴指导思想、经济政治及教育水平的调整与发展，也影响着何塞·马蒂先锋组织建设与组织教育工作。

（一）以马克思列宁主义与何塞·马蒂思想为坚实的思想理论基础

马克思列宁主义是古巴共产党思想理论的核心，1976 年 2 月 15 日通过的古巴共和国宪法明确指出"古巴共产党是马克思列宁主义的工人阶级的先锋队组织"。❶菲德尔·卡斯特罗也提到"马列主义是工人阶级的意识形态，是最完备的政治学说，是对社会和历史问题最全面的解释"。❷同时，古巴共产党也注

---

❶ 卡斯特罗 F.菲德尔·卡斯特罗在古巴共产党第一、二、三次全国代表大会上的中心报告[M].王玫等，译.北京：人民出版社，1990：155.
❷ 萨尔法蒂 S S.卡斯特罗语录[M].宋晓平等，译.北京：社会科学文献出版社，2010：151.

第十二章　古巴何塞·马蒂先锋组织的教育服务

重对民众的马克思主义理论教育，引导人们在理解古巴历史发展脉络的基础上坚信古巴社会主义道路的历史合法性。何塞·马蒂是古巴独立运动的卓越领袖和民族英雄，在其短暂的生命历程中为争取民族的独立和自由奔走呼号，深深影响着古巴的党和人民。古巴最大的少年儿童群众组织也以其命名，不仅是对民族英雄领袖的纪念，更是古巴共产党对先锋队员要以何塞·马蒂为光辉榜样的殷切期许。

（二）为自由而战：古巴社会主义政治经济改革的发展

古巴社会主义生存的内外环境比较特殊，何塞·马蒂先锋组织就是在特定的国内背景和国际环境下发展起来的。古巴革命胜利后进行土地改革，建立社会主义公有制，旧制度、旧意识形态被打破，国民经济也获得了一定的增长，大大提升了古巴民众对社会主义的信心。自古巴共产党执政后，古巴国内经济水平虽在部分年份有所下滑，但整体在稳步提升中。2016 年美国加强了对古巴的封锁和制裁❶，古巴的经济水平有较为明显的下降。但无论古巴的经济状况有何种变化，古巴共产党都一直实行全面免费的教育，且十分重视对少年儿童的马列主义和爱国主义思想教育。古巴 1961 年开始建立社会主义政治体制，1976 年规定古巴国体是工人阶级领导的、以工农和其他劳动者联盟为基础的社会主义国家，政体为人民政权代表大会制度。古巴国体和政体的确立和完善为何塞·马蒂先锋组织的发展提供了政治前提，增强先锋队员的主人翁意识，将个人前途命运与国家发展紧密联系起来。

（三）古巴对国民教育一如既往地重视和支持

古巴在发展教育和维护教育公平六十余年实践中，形成了政府运作的覆盖全民、满足多层次教育需求的免费公共教育系统，古巴共产党前中央第一书记

---

❶ 徐世澄. 从一大到八大：古巴共产党的发展[J]. 拉丁美洲研究，2021，43(4)：1-23.

劳尔·卡斯特罗指出,应当为所有的人提供一种"真正的和绝对的机会公平"❶,使其在体力和智力方面获得充分的发展,而不应受到任何性别、类别、种族、经济地位的歧视。"学习与劳动相结合"是古巴教育的突出成就之一,学生参加劳动的目的是从小培养他们从事创造性劳动的习惯,以及用他们的"劳动成果来为支付教育经费贡献力量"❷。何塞·马蒂先锋组织的"先锋探索运动"重视先锋队员的自然教育正是继承了古巴的劳动教育理念。古巴除了为当地儿童创造了良好的教育条件,还十分注重儿童权利的保护和儿童校外实践,如以社区为单位打造的"儿童研讨会",科学兴趣圈"古巴水族馆""红树林生活"等活动项目。

二、百年间的探索:古巴何塞·马蒂先锋组织的基本发展历程

古巴是西半球唯一的社会主义国家。古巴在坚持长达百余年的"为自由而战"后,终于以自己特有的方式走上了社会主义道路,其最大的少年儿童群众组织也在战争中应运而生。根据古巴何塞·马蒂先锋组织自身的发展历程,可以将其划分为以下四个阶段。

(一)古巴先锋联盟萌芽夭折阶段:儿童组织呈"半非法"性质

自1928年起,古巴共产主义青年团就与古巴儿童一起开展秘密活动,少年儿童组织初见萌芽。然而,因古巴总统实行亲美的独裁统治,这些少年儿童组织也几近消失。1931年,古巴共产党在共青团第一届全体会议上宣布正式成立古巴先锋联盟,该联盟将10~15岁的少年儿童组织起来参与罢工和传递消息等活动,组织目标是培养少年儿童对祖国的热爱并抵抗一切形式的剥削。这一

---

❶ 李锦华.古巴共产党是如何继承和发扬何塞·马蒂思想进行治国理政的[J].当代世界,2008,(5):51-53.

❷ 毛相麟.古巴教育是如何成为世界第一的——古巴教育发展模式的形成和特点[J].拉丁美洲研究,2004(5):41-49+64.

时期，古巴共青团明确提出要对少年儿童进行共产主义教育，指出"必须重视先锋联盟及其内部部队的组织发展。先锋联盟的主要目的是对少年儿童进行共产主义教育……先锋联盟的中心任务是培养干部和先锋领导者"[1]。

然而，古巴先锋联盟不久就因其"半非法"的性质受到了政府的强烈指责，逐渐消失。此后近二十年，也没有长期存在过其他组织创立的少年儿童组织。这一时期的古巴先锋联盟由于活动多为秘密性质的，在组织发展的过程中阻碍其纳入更多的先锋队员。不过值得肯定的是，它吸引了许多少年儿童加入革命斗争，表现出强烈的爱国主义性质。

（二）反叛先锋联盟复苏期：确认儿童组织的合法地位

1959年，菲德尔·卡斯特罗领导古巴社会主义革命，古巴国民革命党成立了青年巡逻队，其组织目标是通过野营、航海等户外活动，辅之以开展生产性活动、职业培训和革命培训活动，激发队员的爱国情绪，同时培养其诚实的品质和健康的生活习惯。1961年，随着古巴社会主义革命的胜利，反叛青年组织正式成立，并宣布成立反叛先锋联盟这一官方少年儿童组织。其宗旨是忠于社会主义革命，始终将劳动人民的利益置于个人利益之上。这一时期的反叛先锋联盟主要通过游戏和体育来掩盖所开展的政治活动，与古巴先锋联盟相比，其组织活动都考虑到了儿童的年龄特征，并比以往任何时候都更加鼓励先锋队员热爱学习和工作，重视健康生活和职业培训。

（三）古巴先锋联盟发展期：古巴儿童大规模入队

1962年，古巴青年反叛协会第一届全国代表大会召开，反叛先锋联盟正式更名为古巴先锋联盟。在这一时期，古巴先锋联盟的主要活动是以远足和露营等形式为主的户外活动，以培养先锋队员热爱自然、热爱祖国大地的品质。

---

[1] Fernández Fernández F, Guzmán Leyva T. La organización de pioneros "José Martí" antecedentes y evolución[J]. EduSol, 2005, 5(13): 19-37.

1965年，古巴学校大规模招生，所有适龄儿童均可入学，先锋队员数量大幅度提升。古巴第一届全国人民政权代表大会于1976年举行，古巴先锋联盟被定义为"一所伟大的学校"。先锋队员在这所学校中系统、有组织地生活，接受共产主义道德的崇高原则和价值观培养，为成为未来古巴青年团的接班人而做准备。在这一阶段，先锋队员的数量急剧提升，古巴先锋联盟也更加关注儿童权利及其年龄阶段特征，根据不同年龄阶段的先锋队员设定相对应的组织目标，并鼓励队员主动参与组织活动进行自我教育。

（四）古巴何塞·马蒂先锋组织进入成熟期：正式更名并逐步完善组织建设

1977年，古巴共青团第三次代表大会决定将古巴先锋联盟命名为"何塞·马蒂先锋组织"，并正式确立了组织结构。其组织目标各不相同，但都蕴含着先锋队员要对革命的忠诚、对祖国的忠诚、对履行职责的忠诚、对学习的忠诚，以及对争取属于我们自己的东西的忠诚，并以革命英雄为榜样。从此，何塞·马蒂先锋组织在组织阵地、组织活动、组织会议等方面逐步完善，组织建设与组织教育趋于成熟。1979年，首个中央级别的组织阵地建成，命名为"埃内斯托·切·格瓦拉"先锋宫殿，同时也作为古巴教育部职业培训和专业指导工作的管理中心。[1]1991年，以"我们在这里很快乐"为主题的古巴第一届先锋大会在首都哈瓦那举行。至此，五年一次的古巴先锋大会都会如期举行。1998年，《先锋探索运动简编》作为先锋队员教材出版，目的是完善何塞·马蒂先锋组织工作，除为先锋队员参与先锋探索运动提供具体指导外，还着重培养先锋队员的爱国主义和国际主义精神。值得注意的是，古巴儿童在正式成为先锋队员时都会得到一本《先锋手册》，与《先锋探索运动简编》配合使用，以鼓励先锋队员独立开展先锋探索运动，先锋导师则作为

---

[1] ECURED.Palacio Central de Pioneros Ernesto Che Guevara[EB/OL].[2024-08-31].https://www.ecured.cu/Palacio_Central_de_Pioneros_Ernesto_Che_Guevara.

同伴与其共同完成任务。由此可见，先锋探索运动强调培养先锋队员的自主学习能力和主动性。

三、尊重与自主：古巴何塞·马蒂先锋组织的主要特征

何塞·马蒂先锋组织的使命是通过开展的多项活动，将先锋队员塑造为未来的公民以继续革命工作，同时发展体育、文化和娱乐活动，弘扬荣誉感、谦虚、勇气和博爱等道德品质。它一直引领着古巴少年儿童学习生存本领，培养其对社会主义祖国的热爱，在组织发展的过程中形成了适应本国国情的组织特征。

（一）组织目标清晰明确：三个层面培养全面发展的未来栋梁

在国家层面，何塞·马蒂先锋组织的首要任务是培养古巴社会主义反帝爱国的先锋。其爱国主义教育十分注重榜样的作用，以革命英雄为榜样培养组织成员对社会主义祖国的热爱。此外，美国对古巴的经济封锁和隐藏的意识形态敌意依然存在❶，因此其组织目标也注重引导先锋队员增强反帝国主义的意识。

在组织层面上，何塞·马蒂先锋组织要求先锋队员"通过了解组织规定的义务和权利及未来的责任，培养先锋队员对组织的热爱和自我指导的能力"❷，为同辈队员起到榜样作用。先锋队员在组织中拥有六项基本权利：选举权与被选举权、参与权、表达权、设施使用权、受教育权、获得荣誉或奖励权。与此同时，先锋队员还需要履行基本义务：勤奋好学，服从决定，保持良好的工作态度和纪律，正确使用先锋组织标识，为支队作贡献，了解、热爱、尊重并捍卫民族历史、民族象征、英雄烈士，对其他国家的事情感兴趣，爱护环境，发挥创造力和勤奋精神。

---

❶ 魏红霞.霸权与主权的对峙：美古恩怨二百年——评《美国和古巴关系史纲》[J].拉丁美洲研究，2022，44(2)：141-153.

❷ ECURED. Organización de Pioneros José Martí[EB/OL]. [2024-08-31]. https://www.ecured.cu/Organización_de_Pioneros_José_Martí Fuentes.

在个人层面上，要将先锋队员培养为全面发展的未来栋梁。先锋组织最注重的就是培养先锋队员的自我指导能力，鼓励先锋队员自觉参与并在活动中进行自我指导，是先锋组织尊重先锋队员主体性的表现。同时，何塞·马蒂先锋组织引导队员体验古巴经济社会发展需要的专业或领域，旨在使其成为真正的社会生产者，将个人利益与社会利益适当结合起来。除此之外，将先锋队员培养为有文化的人，使其能够欣赏社会和自然的文化和艺术价值，也是组织的目标之一。

（二）组织成员管理层级分明："两段三级"促进先锋队员政治社会化

由于古巴何塞·马蒂先锋组织涵盖队员的年龄范围广泛，一至九年级有明显的年龄特征和个体差异性，因此分为"两段三级"❶。"两段三级"的活动目标、内容和形式不尽相同并有不同的勋章标识，以促进队员在政治社会化中形成"自我"。何塞·马蒂先锋组织的第一阶段被称为"蒙卡蒂斯塔"，由一至三年级先锋队员组成。❷这一阶段是先锋队员成长的基础，其主要目标是通过参与简单的活动，学习何塞·马蒂先锋组织知识，以及下一阶段探索运动所必备的自然知识，为成为未来的探险家作准备。除了有特殊的名称，先锋队员还佩戴蓝色领巾和三角徽章，主要以支队为单位开展户外活动。

第二阶段称为"何塞·马蒂"，由四至九年级队员组成，另又分为两级，即四至六年级队员为"何塞·马蒂"第一级，七至九年级为第二级，均佩戴红色领巾与矩形徽章。第二阶段与总目标一致，培养先锋队员热爱大自然、热爱社会主义家园，为田野生活做好准备，循序渐进、持续深入地开展活动。第一级先锋队员活动主要以"部队"为单位进行战争演练；第二级则以"旅"为单位，鼓励队员自己组织和开展更高级别的战争演练。在这一阶段，队员可以根据不同的角色与其他队员进行互动和配合。这不仅形成了真正意义上的社会化交往，

---

❶ ECURED. Organización de Pioneros José Martí [EB/OL]. [2024-08-31]. https://www.ecured.cu/Organización_de_Pioneros_José_Martí Fuentes.

❷ 薛国凤，裴昕玥. 符号互动理论视域下古巴少先队"先锋探索运动"社会化教育及启示 [J]. 少先队研究，2023，(4)：33-39.

还将组织的共同目标纳入个体思维中并作出行动。在这种社会化互动中，先锋队员们逐渐形成成熟的自我人格。

（三）组织文化丰富多样：关注先锋队员对文化符号的理解与再解释

组织标识是组织文化特有的物化的载体，也从侧面体现出组织的丰富的文化内涵。❶何塞·马蒂先锋组织除了有其统一的标识，根据先锋队员层级还有不同的领巾与徽章样式。这不仅可以有效增强先锋队员的组织归属感，还可以通过角色的转变激励先锋队员参与组织活动。

同样，组织文化具有导向、凝聚、激励等功能，但在一定程度上"削弱了个体的创造性"❷。为了避免这种情况，何塞·马蒂先锋组织遵循加强儿童"自我指导"的基本任务，鼓励队员与先锋导师在理解已有组织标识元素象征意义的基础上进行"二次创作"，共同设计专属徽章，增强导师对先锋组织集体和学校的归属感，同时激励先锋队员进步。例如，为学校的先锋组织负责人设计的圆形徽章。圆形象征着先锋队员的团结，白星象征着切·格瓦拉的贝雷帽，三条蓝色横线象征着何塞·马蒂先锋组织的三个级别。❸还有为担任先锋队长的队员设计的徽章，先锋队长负责领导该学校的先锋队员开展活动，负责监督先锋队员参与活动的情况。这个徽章是基于先锋组织负责人的徽章所设计的，唯一的区别是下半圆的横线仅有一条。

总的来说，何塞·马蒂先锋组织允许组织成员自行设计徽章，激发了组织成员的组织责任感和集体主义精神：一方面，增强了组织负责人和先锋导师对其职位和职能的认同及归属感；另一方面，增强了先锋队员的主人翁精神，同时在设计徽章的过程中更明确了组织标识的含义，从而加深了对祖国英雄和烈士的崇敬之心。

---

❶ 张杏云.少先队标志是形象化的少先队文化[J].少先队活动，2012，(4)：40.

❷ 刘广珠，陈文莉，王美丽.组织行为学[M].北京：清华大学出版社，2014：244.

❸ Columbié-Sánchez E, Espinosa-Caboverde I.Pictogramas: propuesta para los colectivos de la Organización de Pioneros José Martí[J].EduSol, 2013, (13): 31-39.

第二节 在"战争"中学会生存：
古巴何塞·马蒂先锋组织的教育服务状况

古巴何塞·马蒂先锋组织经过近百年的探索，形成了符合本国少年儿童情况的教育服务与管理体系。因古巴时常处于被封锁与压制的国际环境中，先锋队员也多以角色扮演在"战争"中学习，通过形式多样的户外活动项目，锻炼他们的爱国意识、强健体魄、生存技能、公民素养和领导能力等。

一、教育服务理念：在户外探索中学会生存和自我指导

何塞·马蒂先锋组织的组织活动多为户外探索，其教育服务理念也突出引导先锋队员在角色扮演中学会生存与自我指导。学会生存是人类的首要任务，国际教育发展委员会提出"学会学习、学会做事、学会生活、学会生存"四个目标，其中核心是学会生存。何塞·马蒂先锋组织高度重视通过"学会生存"的理念提供满足青少年紧迫需求的教育。掌握生存知识不能仅凭灌输理论知识，先锋组织将生存技能和生活技能结合在大自然环境中，并通过体验式教学达成最终目标，让先锋队员亲身感受和领悟生存的乐趣、重要性和危险性，通过野外活动的实践，以理论知识为基础进行指导，实现先锋队员的身心全面发展。何塞·马蒂先锋组织始终重视先锋队员的自我指导。同时，先锋组织还要求先锋导师必须认识到，他们的工作本质上是支持先锋队员，并提供建议或给出合理的指导。因此，先锋队员可以加入先锋组织建设的相关活动中，并尊重先锋导师的意见。

二、教育服务者：强调先锋导师的陪伴与指导

何塞·马蒂先锋组织中先锋导师是先锋队员组织教育工作者，也是先锋队员的朋友和指导者。先锋导师有三类人群，分别对应着三种准入方式，与先锋队员共同开展不同内容和方式的组织活动。

（一）先锋队员的"大朋友"：队员在学校教师中自主选择

遵循自我指导原则，先锋队员有权自主选择先锋导师。何塞·马蒂先锋组织强调先锋队员的组织参与，先锋队员可以从校园中的文化课教师和体育教师群体中选择自己喜爱的教师为先锋导师。文化课教师担任的先锋导师与先锋队员最熟悉，因其组织和管理能力较强主要进行先锋探索运动的组织工作。体育教师则主要负责远足、短途旅行、运动等体能活动。更重要的是，他们要保障队员的安全。先锋探索运动作为先锋组织最常见的组织教育途径，主要在户外开展，包括远足、射击、识别野外动植物等活动，具有一定的危险性，这支导师队伍也特别注意对先锋队员安全开展培训工作。

（二）"高级探险家"：有能力的高年级先锋队员

获得"高级探险家"称号的九年级先锋队员，也可以作为一个好榜样加入先锋导师的队伍。何塞·马蒂先锋组织重视队员之间的合作和交流，九年级的先锋队员已经完成了先锋探索运动中的全部任务，在生存技能、组织知识方面积累了一定的经验，可以作为低年级先锋队员的导师进行活动，对先锋队员起到榜样引领的作用。

（三）校外志愿导师：贡献自己的职业技能

聘请校外志愿导师贡献自身才能，参与引导何塞·马蒂先锋组织的活动中。志愿服务的概念就是为何塞·马蒂先锋组织、为满足青少年成长发展需要贡献自己的才能，而不需要任何报酬。这类群体种类较为丰富，家长、活动赞助者、有一定技能的校外人员，均可以以志愿的形式参与到先锋组织的工作中。这类

先锋导师通常具有一定的优势和专长，可以在职业体验活动、生存技能教育中发挥作用。同时，家长作为先锋导师可以连接学校、家庭和组织，在参与活动的同时，了解先锋探索运动等先锋组织的活动，从而更好地配合组织工作。

三、教育服务内容：为野外生活做好准备

教育内容是指为实现教育目标，经选择而纳入教育活动过程的知识、技能、行为规范、价值观念、世界观等文化总体。❶古巴经过两次革命战争最终确立了社会主义制度，面对帝国主义的侵略，何塞·马蒂先锋组织也希望古巴公民从小就为野外生活做好准备，不仅是为了锻炼身体，更是为了在体验野外生活的过程中对古巴革命战争英雄产生更加强烈的崇敬感。

（一）组织知识教育：阶梯式培养先锋队员的组织认同感

何塞·马蒂先锋组织知识是组织教育的基础内容，包括先锋队员的权利与义务、组织标识、组织歌曲等。先锋组织不会在队员一年级时就教给他们全部的组织知识，其教学方式是循序渐进的，贯穿队员的一年级至三年级。先锋队员一年级的目标主要是对其权利与义务、组织标识进行初步的认识和了解，到二、三年级的才会学习组织标识的含义；而在《先锋队员进行曲》的学习中，先锋组织要求会唱会写，一年级的1月、4月，二年级的11月分别学习《先锋队员进行曲》的一、二、三、四节，到二年级的2月开始学习书写该歌曲，三四年级也会定时对先锋歌曲进行复习。

（二）野外生存教育：锻炼队员野外生存技能

野外生存教育是教育服务的核心内容，包含识别技能、辅助技能和生活技能。

---

❶ 顾明远.教育大辞典[M].上海：上海教育出版社，1998：765.

第十二章 古巴何塞·马蒂先锋组织的教育服务

其一，识别技能主要包括识别植物、动物及方位和时间等。首先，认知野外植物是野外生存的重要技能，先锋队员在认识普通、药用、观赏、木本和有害植物，以及了解其用途的前提下，在户外活动中可以尝试将其用来充饥、治疗、隐蔽和观赏。其次，先锋队员在农村活动时要认识家养动物，在野外活动时要认识野生动物，识别它们的脚印以进行捕捉、跟踪及规避危险等。最后，先锋队员主要依靠风向标、日晷和罗盘三样工具在野外判定方位与时间，他们需要学习如何制作和使用这些工具，并参加技能考核。

其二，辅助技能主要包括绳结和急救能力。先锋队员需要学习平结、渔夫结、消防员椅结等17种基本绳结方法，这些方法可以帮助他们解决修复、救援等突发状况。急救无论是在野外生存还是在战争中都是重要的技能，为了保证先锋队员在组织活动中的安全而设立的先锋红十字小队，对队员们进行急救知识培训。

其三，生活技能主要包括生火、做饭及制作日常用品能力。首先，先锋队员在户外活动中需要学会使用11种不同类型的火，如照明、取暖、做饭及用作开展活动的篝火等。在学习如何使用火的过程当中，先锋导师也会教队员如何灭火，以及一旦发生森林火灾后的应对措施。学会生火后，先锋队员要独立做饭以保证在野外生存的基本需求。烹饪工具的缺失则是野外生活中最大的困难，"用半个橙子皮煎鸡蛋""用蜗牛壳当锅""用棕榈叶煮米饭"这些看似"不着边际"的工具，都是先锋队员在野外实践中探索出来的，不仅能够解决野外生存的诸多不便，也能锻炼先锋队员的动手能力和创新能力。

（三）战争生存教育：学习基本战争技能，以时刻为战争做准备

战争生存教育是组织教育的关键内容，主要包含通信技术和追踪技术两类。

其一，通信技术是战争中的一项基础性的技能，因在实战中可能会遇到许多应急状况，如若无法完全信任当前环境则需要采用特殊有声信号，隐藏声音的手语指示，以及因同伴距离太远而需要用到明显指示物提示等。先锋队员需要学习的应战通信技术包括识别呼叫信号、手臂信号和旗帜信号三方面内容。

呼叫信号用哨声表示，哨声采用摩斯密码的形式，可以在部队内部自行商议，具有保密性。通用的哨声信号用"—"和"·"表示哨声长短，有发出指令类的"注意 —"；有"呼救———"。❶另外，手臂信号也可与哨声搭配，用途更加广泛，有发出指示、描述物品特征及位置等。例如，描述物品很高时，需要举起手超过头顶，手掌朝向头部。除此之外，旗帜信号则使用两块约45厘米的方形旗帜，沿对角线分为红白两个三角形，红色部分的三角形边附在长度约为65厘米的小旗杆上，往往用来在高处或视野空旷的平地远处作出指示。除了这三种通信技术，先锋队员还会自行商议本部队的特殊信号，给队员以极大的自主性。几项通信技术的结合，以及思考如何更加有效地练习和传递信息，能锻炼先锋队员的逻辑思维和创新能力。

其二，追踪技术是先锋队员进行应战技术教育的重要内容。实战过程当中如何给其他队友留下路线提示，以及如何隐藏自己留下的痕迹，这些都是学习追踪技术的目标。其中，人为留下的线索是先锋队员学习的重点，主要用箭头和图形来表示。在学习过程中采用理论与实践相结合的方式，将一个支队先锋队员分为两组。一组在野外地面通过模仿画出指示线索，另一组根据线索找到目的地，两组轮换练习。下一阶段将拓宽活动范围，专门组织短途旅行进行练习。先锋队员先以集体为单位合作练习，再逐渐转为个人独立追踪。

（四）自然教育：通过自然体验感受人与自然的连接

自然教育是何塞·马蒂先锋组织的重要教育内容，是以自然环境为基础，以推动人与自然和谐为核心，以参与体验为主要方式，引导人们认知和欣赏自然、理解和认同自然、尊重并保护自然，最终达到实现人的自我发展、人与自然和谐共生目的的教育。❷

---

❶ ECURED.Acampada pioneril[EB/OL].[2024-08-31]. https://www.ecured.cu/Acampada_pioneril#Llamadas_y_formaciones.

❷ 林昆仑，雍怡.自然教育的起源、概念与实践[J].世界林业研究，2022，35(2)：8-14.

一方面，自然教育注重自然体验，并不是单纯的"课堂搬家"，而是强调先锋队员要走出户外、走进自然、亲身体验、亲身感受。先锋队员会参与以体验自然为主题的短途旅行，在深入接触自然环境的同时了解古巴名胜古迹的历史。另一方面，自然教育旨在改善目前人与自然之间的关系，激发先锋队员尊重自然并保护自然的价值理念和行为方式。每年3月，一年级的先锋队员会统一参与植树造林的活动，在加入先锋组织之初就深埋了保护自然的种子；同样，二年级的队员的教育目标是通过郊游明确保护大自然的必要性。

大自然为先锋组织队员提供了组织教育的场地，从三年级开始会举办先锋队员的组织学习情况验收，如果通过即可获得相应级别，验收日就定在每年的6月5日世界环境日。这也证明何塞·马蒂先锋组织重视培养先锋队员保护自然环境的意识，做合格的世界公民。

四、教育服务途径与方法：注重学生在户外实践中的亲身体验

作为教育服务对象的少年儿童，其学习、生活、娱乐、休息的自然和社会环境，构成了教育所能涉及的空间。这些空间与环境的状况和发展变化是教育过程的重要影响因素，也在一定程度上影响着思想意识教育的主要途径和方法。何塞·马蒂先锋组织依托各种组织阵地开展组织教育，并针对不同的教育内容采取不同的组织教育方法。

（一）先锋宫殿兴趣圈：通过角色扮演深度体验社会职业类型

先锋宫殿是何塞·马蒂先锋组织的主阵地，其主要特色就是建立职业兴趣圈，开展以角色扮演为主要方式的职业体验活动。因此，先锋宫殿组建了一支专业的教师队伍，包括专职教师的系统指导及职业从事者的直接交流，以鼓励先锋队员在亲身实践的基础上找到自身的职业兴趣与目标。

先锋宫殿提供的职业类型十分丰富，包括教育学、法学、犯罪学、医务护理、农业、艺术等百余种职业选择。活动重视先锋队员的自我指导，活动形式主要有以下三种：第一，开展职业课程。先锋队员自主选择感兴趣的几种职业课程进行学习，课程结束后可专注一种或多种进行深度体验。第二，组建兴趣圈。

先锋队员可以根据自己的情况组建职业兴趣圈。小组成员商议后可随时到固定教室进行职业体验与练习，通过角色扮演的方式强化职业技能，体验职业情感。第三，知识节展示。先锋宫殿根据自身情况举办"知识节"，邀请所有感兴趣的人参与职业技能展示。

（二）先锋探索运动：以实践体验学习生存技能

实践体验是指少年儿童通过实践来认识事物的活动。何塞·马蒂先锋组织主要以先锋探索运动为载体对先锋队员进行生存教育。先锋探索运动是古巴何塞·马蒂先锋组织的特色实践活动项目，包含大自然探索、露营、徒步旅行、阵地隐藏、游行观察、收集潜在敌人的数据和情报等活动，使先锋队员沉浸式体验革命先辈如何在战争中生存，同时激发其热爱社会主义祖国和反帝情绪。实践体验活动的具体形式有任职、分配一定或临时的组织角色、兼职、实地参观、走访、模拟等。[1]一方面，每个单位的先锋队员都会承担战争中的某个职务，以进行战争时各个部队之间的合作演练。另一方面，在户外开展生存教育是先锋探索运动中的一大特征，为了提高队员对自然界的了解，同时也提升对战争的沉浸式体验，先锋探索运动以对自然的认识为基础，进行徒步旅行、战争生存演习等活动，在培养坚持不懈精神和生存能力中，促进队员更好地适应野外生活。

（三）创造性游戏：通过多种游戏类型强化先锋组织知识

先锋探索运动中的标记和符号需要加深记忆，先锋队员在组织知识的学习中并不是死记硬背，而是通过创造性游戏来强化学习。少年儿童组织运用的游戏类型可以分为结构游戏、活动性游戏和智力游戏三类。[2]何塞·马蒂先锋组织经常使用的游戏形式如下。其一，结构游戏是指利用积木、拼图及其他玩具，

---

[1] 檀传宝.少年儿童组织与思想意识教育基本理论[M].北京：教育科学出版社，2014：144.
[2] 同[1].

通过想象、设计和组合来创造展现自然和社会中人和事物的游戏。在课堂中，先锋队员则是运用学习到的组织标识中各部分的含义来设计本支队的徽章，也可以根据支队的名称进行设计。其二，活动性游戏以体育游戏、娱乐游戏及棋盘类游戏为主。先锋队员以"复习追踪符号"为主题进行跳棋游戏，到达固定点位后快速反应符号含义，在练习追踪技术的同时也锻炼先锋队员的应变能力。其三，智力游戏一般以锻炼注意力、观察力、想象力、思维力和记忆力五种能力为目的。卡片连线类游戏经常被用来练习先锋队员对自身的权利和义务、组织标识、国家历史、野外动植物名称，以及追踪符号等内容的了解程度。这种游戏简单易施行，还能够活跃课堂氛围。

（四）多样的激励式评价：以多种激励途径激发先锋队员潜能

何塞·马蒂先锋组织主要采用激励性评价方式，目的不在于单纯地对教育结果进行评价，而是激发先锋队员潜能，使其各方面能力得到提升。

其一，"探险家"阶梯式晋级。激励作用的发挥只有长期且循序渐进地推进，才能有效激发学生的内在动机，使激励对人的影响具有持久性和深远性。❶先锋组织在组织教育中依据组织建设中的"两段三级"设立晋级制度，在参与先锋探索运动的过程中，蒙卡蒂斯塔队员获得"小小探险家"称号及徽章，何塞·马蒂队员获得"陆地探险家"称号及徽章。获得称号的每一名先锋队员也被要求对组织负责，同时完成相应阶段的教育目标，有利于先锋队员能够真切体会到自己在先锋组织中的成长。

其二，先锋模范评选。这项评选是过程性评价，通过每月在先锋探索运动中的表现进行等级评估，旨在让先锋队员"及时意识到自身的优势和不足，改错纠偏"❷。评估分为"优秀""达标"和"不达标"三个等级。其中，

---

❶ 陈露.基于激励理论视角的少先队员评价研究[D].武汉：华中师范大学教育学院，2022：52.
❷ 高凌飚.过程性评价的理念和功能[J].华南师范大学学报（社会科学版），2004，(6)：102.

获得"优秀"等级的先锋队员被评为"先锋队员模范"。同时,在学期中有3个月获得"优秀"等级的队员,可在学期末的支队大会中被授予"学年先锋模范"荣誉称号。

其三,三色星章的考核授予。星章激励是何塞·马蒂先锋组织评价的重要载体,其主要作用是强化先锋探索运动学习的重要生存技能。通过展示自己在本学期学习的生存技能,考核通过即可获得相对应的称号和星章。星章的评价方式存在于先锋队员的三至五年级,曼比探险家获白星章,反叛探险家获蓝星章,胜利探险家获红星章。值得注意的是,并非所有先锋队员都可以获得星章,若考核未通过则可能会失去当年获得星章的机会。

其四,举办全国先锋竞赛。何塞·马蒂先锋组织通过组织竞赛活动,吸引古巴全国的先锋队员积极参与,展示自己在先锋探索运动中学习到的技能以获得名次。何塞·马蒂先锋组织开展两项全国范围竞赛活动,分别是全国先锋运动会和全国先锋探索运动竞赛。两种竞赛均以省为单位,选出15名左右的先锋队员参与,比赛项目包括绳索制作、追踪调查、组织知识和古巴历史知识竞答、急救等21个项目,涵盖先锋探索运动的所有课程内容。值得关注的是,自2019年起,全国先锋探索运动竞赛专门为古巴特殊儿童开设了比赛项目,与普通学校的先锋队员共同组队进行比赛。古巴先锋组织的竞赛评价方式既是一种评比机制,又是一种奖励,只有在全省中生存技能掌握最为扎实的队员才有机会参与全国性质的比赛。但也不难发现,除了评选出优胜奖,先锋组织对特殊先锋队员的关注及激发队员之间的团结与友谊,才是竞赛的深刻内涵。

五、教育服务效果:提高先锋队员的各方面能力

组织教育是借助特定的教育主体和手段,将特定社会观念、价值观和道德凝聚为少年儿童个体的意识和品德,实现价值观在社会中的传承和传播。何塞·马蒂先锋组织通过丰富多样的教育形式和内容,以及灵活的教育途径与方法,锻炼了先锋队员各方面能力,达到了一定的育人成效。

（一）野外实践促进了古巴儿童的生存能力

生存教育是培养生存意识、生存知识、生存技能、生存价值和生存观念等的教育活动。先锋探索运动的根本目标是培养先锋队员坚持不懈的精神和生存能力，以使他们能够更好地适应野外生活并为战争做准备。一方面，在基本生存和战争技能的学习中，队员将这些技能进行理解和加工后外化成自身行为，并与他人进行交流互动。另一方面，队员在"支队""部队""旅"不同单位下进行战争演习的技能学习有所差异，循序渐进地提升野外生存能力和组织知识的掌握程度。在这些活动中，队员对技能符号的运用更加熟练，在组织中的交互与配合也得到训练和锻炼，社会化发展程度加深。

（二）职业体验培养了古巴儿童的责任心

体验学习是人类最原始也是最基本的学习方式，在人们认识与改造自然中，大多都在使用体验这种方式进行学习。[1]在职业体验中，何塞·马蒂先锋组织以体验学习为核心，这也是一种与未来职业生涯密切相关的活动形式。首先，先锋组织职业体验旨在通过参与模拟情景或亲身体验不同职业角色，引导队员获得多元职业认知，并提升对应的职业情感。其次，先锋队员可以选择自己感兴趣的职业体验并在兴趣圈开展活动。先锋队员在选择过程中能够提升自我指导能力，在自己喜欢的岗位上承担职责。最后，先锋宫殿邀请志愿者参与先锋队员的职业体验课程，以寓教于乐的形式让队员在体验各种职业角色时建立对应的职业认知，提高职业责任感。体验过程和职业知识讲解都需要具备专业性，通过体验活动来达到教育目的。

---

[1] 杨燕燕.综合实践活动课程之"职业体验"：内涵、价值与实施[J].基础教育课程，2017,(23): 26-30.

(三)协同环境下锻炼了古巴儿童的社会互动能力

个体与环境是双向决定的关系。❶环境不仅是影响个体社会互动的重要因素,在一定程度上也影响互动的效果。古巴先锋探索运动中的环境既包括直接影响活动开展的自然环境,也包括间接推动活动开展的人文环境。第一,在自然环境中重视培养队员热爱大自然的情感。古巴少先队先锋探索运动的所有活动都在校外阵地中展开,"两段三级"的队员们建设自己的露营地,进行大自然探索和露营等活动。蒙卡蒂斯塔队员主要通过远足和绘画来初步认识自然界;何塞·马蒂第一级队员活动目标明确要培养队员对生活和大自然的热爱,队员们可以用自然界生物名、地理位置等命名自己的"部队",加深对自然界的热爱;何塞·马蒂第二级队员和第三级队员对自然界的探索更加深入,重点拓展体育和生态旅游、生存活动、徒步旅行、探索和获取专业领域方面的知识。第二,在人文环境中先锋探索运动的开展得到多方支持,形成校内外协同的共育共进局面。一是注重成人辅导者的培训。先锋组织成人辅导者都需要通过四小时理论与实践课学习,以便在先锋探索运动中有效地培训队员;二是先锋组织咨询委员会和协调小组负责开展先锋探索运动,并负责制定目标和任务、活动内容及形式;三是校外指导团队是先锋探索运动的重要保证之一,不仅在户外活动阵地上提供支持,也在部分先锋探索运动活动中提供指导;四是家长等也会参与到先锋探索运动的活动中,形成多方合力和较为成熟的社会化协同育人体系。

(四)四种评价方式增强了古巴儿童的综合素质

何塞·马蒂先锋组织教育激励机制健全,以晋级、荣誉、星章、竞赛四项内容为主。在进行组织教育活动时,何塞·马蒂先锋组织采用的这四种评价

---

❶ 米德 G H. 心灵、自我和社会 [M]. 霍桂桓, 译. 南京: 译林出版社, 2014: 26.

第十二章　古巴何塞·马蒂先锋组织的教育服务

机制，极大地满足了少年儿童渴望探知、挑战和冒险的需求。同时，需要明确的是，先锋组织的评价不仅是检查结果，而且是指引儿童达成先锋探索运动教育目标的重要工具。获得荣誉称号或星章的队员需要积极发挥其领导能力和服务能力，为部分先锋探索活动负责，避免队员只是一味注重争取荣誉而忽视"自我"发展的现象，旨在提升队员在野外生存方面的技能并提高其综合素质。

第三节　培养全面发展的未来探险家：
古巴何塞·马蒂先锋组织教育服务的经验

古巴何塞·马蒂先锋组织注重儿童个性发展、兴趣培养、生存教育、民主意识、合作意识的培养，使其组织建设与教育活动更贴近生活，符合国家发展的需求。先锋组织在成立之初就得到了古巴政府的高度重视，是古巴最大的少年儿童群众组织，通过半个世纪的发展在组织管理、目标、活动等方面形成了自己的特色。

一、教育服务注重为先锋队员提供自我指导的空间

儿童组织自下而上的自我管理，可以称为"自动化"❶，是他们发挥主人翁精神、实践民主的重要途径。在何塞·马蒂先锋组织建设中，培养队员的自我指导能力和领导力是组织的主要任务之一。队员参与制订活动计划并自主开展活动，成人辅导者发挥辅助和指导作用。

一方面，先锋队员有参与活动整体规划的权利。古巴何塞·马蒂先锋组织中的"两段三级"活动都会设置由专门辅导者、教练等组成的咨询委员会和协调小组。活动总目标由其指定并确保高质量的活动实施，不过队员们也会对此发表意见并参与到活动的组织和目标制定中来。加强队员的主体性参与，有助于队员在参与先锋探索运动中更好地展现自己的个性，以及主动承担起协调个

---

❶ 赵国强，林频.国际视野下童军组织比较研究[M].上海：上海人民出版社，2015：161.

人利益与集体利益的责任。

另一方面，先锋队员进行创造性的自我指导。领导力培育的深层意义对于教育者而言，是个体社会化过程的积极取向。[1]2016年，古巴共产主义青年联盟再次强调，务必在管理组织工作中贯彻落实自我指导原则。目标指向培养队员的领导能力，如在先锋探索运动中，成为小小探险家后的先锋队员要全程负责创建简单的户外远足和露营活动并做好组织工作，在此过程中锻炼出来的组织能力和领导力，有助于促进个体社会化。同时，活动中有很多自我指导的机会，如在小小探险家阶段就会进行岗位轮换，使自我指导原则真正普及全体队员。

二、重视先锋队员管理的衔接性与教育服务的分层实施

何塞·马蒂先锋组织在先锋队员管理上，尊重队员自我指导性，同时又兼顾先锋队员的不同年龄阶段和身心发展特征。古巴何塞·马蒂先锋组织涵盖了古巴5~15岁的少年儿童，跨一至九年级。各个年龄阶段都具有不同的生理、心理特征，所以组织教育活动的形式和内容也不同。因此，何塞·马蒂先锋组织将三个连续年级划分为一级，由蒙卡蒂斯塔队员、何塞·马蒂队员两段主体层次构成，又细化为何塞·马蒂一级和二级不同阶段，在先锋组织总体目标下设置不同的组织目标。

户外探索活动是古巴何塞·马蒂先锋组织教育的主要方式，也是组织育人的主要依托，这就要求先锋导师在设计具体户外活动项目时必须充分考虑各个年龄阶段先锋队员的特点，有针对性地做好课程设计，引导先锋队员在了解自身的基础上与导师共同完成教育活动，从而有效地实现组织教育目标。先锋组织根据不同年龄段制定可参与的先锋探索活动的具体规则，目标难度会逐渐加大。何塞·马蒂先锋组织充分考虑儿童的年龄特点，依据身心发展水平制定具体目标，以确保每名队员在户外探索活动中的成长和自我实现。

---

[1] 李秀娟.思想政治教育视域下大学生领导力培育研究[D].上海：华东师范大学马克思主义学院，2017：17.

三、提供功能多样且丰富的先锋组织活动阵地

组织阵地是何塞·马蒂先锋组织对少年儿童进行组织教育和思想教育的阵地，在何塞·马蒂先锋组织工作中占据重要的地位。

第一，先锋组织阵地要保证能够辐射到全国各地的先锋队员。从地理环境上看，古巴岛形状狭长，15个省份横向依次分布，另有青年岛这一岛屿特区。何塞·马蒂先锋组织从地理位置上保证所有地区的古巴少年儿童都能参加在先锋宫殿活动。先锋探索中心、营地等户外活动场所，则更加密集地分布在学校附近的树林、空地等位置，在城市之外的乡村基地也为乡村儿童提供了组织生活的便利。从使用时间上看，何塞·马蒂先锋组织阵地使用时间分配合理，利用率高。先锋宫殿作为主阵地能够满足古巴少年儿童在课余时间自主进行职业体验的需求。先锋探索中心是先锋队员集中开展先锋探索运动的阵地，营地在假期中供少年儿童自行组织露营活动。这种时间分配既能保证先锋队员在任何时间参与组织生活，又有时间维护先锋阵地的设施。

第二，先锋阵地建设过程能够充分挖掘整合各种社会资源、自然资源、人文资源。从社会资源利用上看，在11个先锋宫殿中，几乎一半都是由古巴战争中的联络站旧址、旧校舍及贵族房屋等设施改造建成，在节省人力和物力的同时，更有利于向队员传授与宫殿相关的古巴历史知识。从自然资源上看，先锋探索中心、营地及乡村基地都建于大自然中，有助于先锋队员更加直观地进行自然动植物的认知与生存技能练习。另外，先锋宫殿的选址还体现了人文资源的利用。中央先锋宫殿建于古巴首都哈瓦那的列宁公园中，公园中建有列宁雕像等历史文化设施；"献给卡米洛的花"先锋宫殿还展示有苏联赠与古巴的战斗机。❶这些文化资源配合先锋组织教育为先锋队员理解古巴历史与组织历史起到重要作用。

---

❶ ECURED.Palacio Central de Pioneros Ernesto Che Guevara[EB/OL]. [2024-08-31]. https://www.ecured.cu/Palacio_Central_de_Pioneros_Ernesto_Che_Guevara.

第三，何塞·马蒂先锋组织阵地全方位地为先锋队员营造一个有益于身心发展的、健康的、优质的外部环境，满足何塞·马蒂先锋组织规定中"可根据自身需要使用先锋设施"这一队员权利。每个组织阵地的教育内容都有侧重，如先锋宫殿开展职业教育，先锋探索中心和营地开展生存教育，乡村基地则更多用来学习农事。而在阵地活动中，先锋队员人人都有岗位并承担相应的职责。这些活动不仅培养了队员热爱祖国、热爱组织的思想意识，还培养了他们丰富的创造力和主人翁精神，促进了每个队员综合素质的提升和健全人格的塑造。

四、注重先锋组织标识的观念导向与创新运用

组织观念是组织成员热爱组织的思想意识，同时也是组织成员对组织应有的正确认识和行为表现。❶少年儿童正处于以具体形象思维为主、集体意识逐渐形成的阶段❷，对于形象的标识有强烈的感性认知，对引导其组织观念形成有强大功效。

首先，以古巴历史象征符号激发爱国情绪。例如，象征着国家主权的孤星、象征着革命先辈的黑色贝雷帽、象征着祖国天空的蓝色，从维护国家主权、热爱社会主义国家和保护祖国自然环境三方面，让先锋队员了解祖国历史激发其爱国情绪。其次，以组织象征符号培养组织荣誉感。最具象征意义的就是先锋组织标志上的三道火焰，使先锋队员认识自己在政治生活中的发展方向，培养革命理想。组织对先锋队员责任心的要求还体现在组织标识上，双色领巾的三个顶点分别代表了先锋队员"学习、工作、为社会主义事业奋斗"的三项责任，白色元素象征着组织成员之间的团结。最后，引导先锋队员创新组织标识。先锋组织十分重视队员对组织标识内涵的学习，同时也鼓励队员根据象征元素进行二次创作，形成属于自己组织的徽章等标识。

---

❶ 张先翱. 少先队工作方法论 [M]. 北京：中国少年儿童出版社, 1992：91.
❷ 和平. 论组织观念 [J]. 理论导刊, 1989, (1)：31-34+49.

第十三章

越南胡志明少先队的教育服务

越南胡志明少先队的全称为"越南胡志明少年先锋队",是越南最主要的儿童组织之一。越南共产党自成立就高度关注少年儿童的力量,将他们视为革命事业的未来希望。早期,越南共产党积极探索适合儿童的组织形式,1931年决定由越南胡志明共产主义青年团负责儿童事务。1941年5月15日,在越南高平省纳马村,第一个儿童救世队诞生,它迅速成为越南革命的一支重要力量,参与抗法战争。❶此后,随着不同历史时期的革命需求,组织历经多次更名,不断调整和完善自身的使命与任务。

1941年成立至今,胡志明少先队逐渐壮大成为儿童运动的核心力量,始终致力于对越南少年儿童的教育和引领,在培育越南社会主义新人方面发挥着不可替代的作用。八十多年来,其组织活动与社会主义建设事业紧密结合,秉持自愿、自主管理的原则,开展契合少年儿童年龄的教育活动,激励少年儿童勇敢地克服困难,努力学习、勤加锻炼,争当新公民,为建设富饶美丽的越南贡献自身的力量。鉴于越南胡志明少先队在越南历史上的重要地位和积极影响,本章将深入探讨胡志明少先队及其在教育服务方面的贡献,进一步挖掘其在培养越南新一代建设者中的独特价值。

---

❶ HỘI ĐỒNG ĐỘI TRUNG ƯƠNG. ĐỀ CƯƠNG TUYÊN TRUYỀN Kỷ niệm 80 năm ngày thành lập Đội TNTP Hồ Chí Minh (15/5/1941-15/5/2021) [EB/OL]. (2021-04-19) [2024-06-23]. https: // thieunhivietnam.vn/de-cuong-tuyen-truyen-ky-niem-80-nam-ngay-thanh-lap-doi-tntp-ho-chi-minh-15-5-1941-15-5-2021.html.

第一节 "儿童运动的核心力量"：
越南胡志明少先队组织概述

越南胡志明少先队组织具有独立的章程，符合章程规定的 9~15 岁少年儿童将被考虑加入胡志明少先队，帮助儿童学习与行使联合国《儿童权利公约》《儿童保护、照顾和教育法》（*Law on Child Protection, Care and Education*）规定的权利和义务。❶胡志明少先队在越南社会主义事业中发挥着重要的作用，为促进社会主义教育和革命传统的传承作出了积极的贡献。

一、胡志明：越南胡志明少先队的创始人

胡志明在领导越南革命与建设的过程中十分注重培养少年儿童，他常常根据越南革命斗争的形势和各个阶段的任务，利用国内和国际上提供的有利条件，引导少年儿童参加实际斗争，使之迅速成长起来，成为服务于越南革命和建设的人才。❷1941 年，胡志明领导越南人民抗法，深知少年儿童是国家未来，在越南高平省纳马村，第一支儿童救世队（现胡志明少先队）诞生。胡志明为其制定章程纲领，鼓励少年儿童学习革命理论，培养爱国精神，还教授实用技能，引导少年儿童为国家独立和民族解放而奋斗。

---

❶ HỘI ĐỒNG ĐỘI TRUNG ƯƠNG. Điều lệ Đội TNTP Hồ Chí Minh [EB/OL]. (2018-10-23) [2024-06-29]. https://thieunhivietnam.vn/dieu-le-doi-tntp-ho-chi-minh.html.

❷ 黄铮. 胡志明培养青少年人才的思想与实践——中国南宁、桂林育才学校史事述要 [J]. 东南亚纵横, 2010, (5): 3-7.

胡志明 1890 年出生于越南中部一个爱国知识分子家庭。他的父亲是农民出身的爱国人士，母亲也是农民。他的兄姐均参加了抗法战争且被捕入狱。在那个风云变幻的时代，越南正遭受着法国殖民统治的残酷压迫，国家和人民处于水深火热之中。胡志明自幼便展现出对国家命运的深切关怀和对民族独立的强烈渴望。在探索国家独立的道路上，胡志明游历世界各国，接受传统教育，同时接触西方先进的思想和文化。这种多元的教育背景，使他既承袭了越南传统文化中的爱国情怀、坚韧不拔等品质，又对外部世界的发展有着敏锐的洞察力。

1920 年，胡志明在法国加入共产党，成为越南第一个共产党人。他坚信，只有共产党才能领导越南人民实现国家独立和民族解放。1941 年，胡志明回到越南，领导越南人民进行抗法斗争。在这个过程中，他深刻认识到少年儿童是国家的未来和希望，他们的成长和发展对于国家的独立和民族的解放至关重要。于是，他决定成立一个专门针对少年儿童的组织，培养他们的爱国精神、革命意识和各种技能，为国家的独立事业储备力量。❶

1941 年 5 月 15 日，在高平省哈广区长哈乡纳马村，儿童救世队诞生。这个组织的成立标志着越南少年儿童有了革命组织，胡志明亲自为救世儿童队制定了章程和纲领，明确了组织的宗旨和任务。❷他鼓励少年儿童学习革命理论，了解国家的历史和现状。同时，他还教导少年儿童掌握各种实用技能，如军事训练、农业生产、手工艺制作等，使他们能够在革命斗争中发挥自己的作用。在胡志明的关怀和指导下，儿童救世队迅速发展壮大。少年儿童积极参与各种革命活动，为抗法斗争作出了重要贡献。

胡志明作为越南胡志明少先队的创始人，为越南少年儿童的成长和发展指

---

❶ 中国共产党新闻网.中共老一代领导与胡志明的友谊[EB/OL].(2016-03-22)[2024-06-16].http://dangshi.people.com.cn/n1/2016/0322/c85037-28217633.html.

❷ SOCIALIST REPUBLIC OF VIET NAM Government News.Biography of President Ho Chi Minh[EB/OL].(2019-02-04)[2024-07-10].https://cn.baochinhphu.vn/%E8%83%A1%E5%BF%97%E6%98%8E%E4%B8%BB%E5%B8%AD%E7%AE%80%E5%8E%86-1166675.html.

明了方向，培养了一支对于国家独立和民族解放事业至关重要的力量。他的爱国精神、革命意志、坚韧不拔的品质和无私奉献的精神，深深地影响了一代又一代的越南少年儿童。

二、越南胡志明少先队的创办与发展历程

越南胡志明少先队自诞生之日起，便怀揣着为儿童提供完善多方教育服务的美好愿景，努力前行。随着组织的发展和壮大，胡志明少先队在不同发展时期有所调整和改变，表现出不同的特点和重点，依据组织的影响力、在儿童培养方面的深度和教育服务的丰富程度等，可划分为以下三个时期。

（一）初创期：推动越南独立及儿童参与救国

20世纪30年代至50年代，越南儿童力量主要是参加革命组织的活动，继承越南共产党的事业。20世纪30年代，越南共产党成立，标志着越南胡志明主席的思想开始对越南少年儿童产生影响。自越南共产党建立之日起，胡志明就一直关注少年儿童的力量，把他们带入革命组织，继承越南共产党的光荣事业。❶在越南抗法战争和抗美援越战争期间，越南正处于革命斗争的关键时期。越南致力于团结儿童，使他们意识到自己是革命事业的一部分，鼓励其为社会主义建设作贡献，从而培养了一代代革命接班人。

1945年，越南颁布独立宣言，成功推翻殖民统治，建立了越南民主共和国，胡志明少先队在这一历史时刻发挥了重要作用。少年儿童在战场上担任通信员、救护员等角色，为前线的战士们提供了有力的支持。在后方，少年儿童积极参与农业生产和物资筹集，为革命事业提供了物质保障。胡志明少先队通过组织

---

❶ HỘI ĐỒNG ĐỘI TRUNG ƯƠNG. Giới thiệu một số nét cơ bản về tổ chức Đội Thiếu niên tiền phong Hồ Chí Minh[EB/OL]. (2020-09-17) [2024-06-21]. https://thieunhivietnam.vn/gioi-thieu-mot-so-net-co-ban-ve-to-chuc-doi-thieu-nien-tien-phong-ho-chi-minh.html.

少年儿童参加革命，加强少年儿童之间的团结，培养集体意识和组织纪律观念，成为培养革命接班人和爱国者的重要平台。

（二）拓展期：寻求发展与注重儿童多元社会服务

20世纪50年代至70年代，进入越南社会主义建设时期。此时越南主要目标是建设社会主义社会。胡志明少先队继续发展壮大，教育服务也从多方面拓展，除了继续强调革命精神和社会主义理想，还注重培养少年儿童的社会生存技能和参与多元社会服务的能力。胡志明思想开始在胡志明少先队中推广，组织形式逐渐规范化，教育服务内容开始多样化。胡志明少先队积极响应越南共产党的号召，组织大量的社会实践活动、义工服务和文化教育活动。1963年3月24日，胡志明少先队开启"千善行"运动，旨在鼓励儿童做好事、做善事，养成良好习惯。活动内容以儿童社会志愿服务为主。❶

20世纪70年代至80年代是越南战后重建和经济改革时期。胡志明少先队继续积极响应越南共产党的号召，加强了对儿童的思想教育和社会实践锻炼，适应新的形势和要求，调整了组织结构和活动内容，培养了无数忠诚的共产主义接班人。胡志明少先队倡导儿童积极参与社会事务，培养儿童的民主意识和公民责任感。胡志明少先队通过组织讨论会、民主决策和社会参与活动，激发儿童的社会参与热情，促使儿童成为社会的积极分子和改革者。

（三）成熟期：强调传承与创新以满足现代社会需求

20世纪80年代至今，越南市场经济改革时期，随着经济的快速发展和社会变革，胡志明少先队继续积极响应越南共产党的号召，胡志明少先队的教育服务也强调传承革命传统、创新发展的理念。1981年1月19日，国际电联越

---

❶ HỘI ĐỒNG ĐỘI TRUNG ƯƠNG. Tuyên dương 1.000 "dũng sĩ Nghìn việc tốt" nhân kỷ niệm 60 năm phong trào "Nghìn việc tốt"[EB/OL]. (2023-03-01) [2024-05-17]. https: //thieunhivietnam. vn/tuyen-duong-1-000-dung-si-nghin-viec-tot-nhan-ky-niem-60-nam-phong-trao-nghin-viec-tot. html.

南中央秘书处提出成立越南胡志明少先队和越南胡志明儿童第一队委员会（现为胡志明少先队中央管理委员会），为胡志明少先队提供更加有效的管理、领导与保障。❶在传承革命传统的同时，胡志明少先队也鼓励少年儿童突破传统的束缚，提倡积极的思维方式，勇于创新和探索，拓展自己的视野和能力。胡志明少先队注重培养儿童的创新精神、团队合作和社会责任感，并且积极开展国际交流与合作，加强与世界各国儿童组织的联系，促进国际交流与合作，拓展儿童的国际视野，成为培养社会革命接班人、教育少年儿童爱国主义和社会主义思想的重要平台。

多年来，胡志明少先队一直在不断发展，开展丰富的项目和活动，始终与社会主义建设事业联系在一起，为越南革命事业作出贡献。

三、传承与创新：越南胡志明少先队的主要组织特征

胡志明少先队诞生于越南争取独立时期，一直强调传承越南革命历史与爱国情怀，鼓舞儿童为国家奋斗。同时，该组织又注重创新，在教育服务内容和活动形式上结合现代需求，面向所有儿童开放，积极与国际组织交流合作。

（一）组织文化严肃：政治引领鲜明且注重传承

越南胡志明少先队的组织文化严肃且具有独特魅力，始终以鲜明的政治引领为核心，同时高度注重传承。在政治引领方面，胡志明少先队自成立起就坚定地秉持着为国家、为民族的崇高理念。队旗为少年儿童在队旗下宣誓"为了社会主义祖国，为了胡伯伯的理想，准备着"，承诺为了祖国的繁荣富强、为

---

❶ HỘI ĐỒNG ĐỘI TRUNG ƯƠNG. ĐỀ CƯƠNG TUYÊN TRUYỀN Kỷ niệm 80 năm ngày thành lập Đội TNTP Hồ Chí Minh [EB/OL]. (2022-03-16) [2024-05-17]. https://thieunhivietnam.vn/de-cuong-tuyen-truyen-ky-niem-80-nam-ngay-thanh-lap-doi-tntp-ho-chi-minh-15-5-1941-15-5-2021.html.

了人民的幸福生活而努力奋斗。❶这一宣誓如同嘹亮的号角，激励着一代又一代少年儿童胸怀大志，将个人的成长与国家的命运紧密相连。在日常的活动中，胡志明少先队通过各种形式的政治教育，如深刻了解越南的历史、革命传统和国家当前的发展任务，培养爱国主义情怀和社会责任感。

注重传承是胡志明少先队组织文化的又一重要特征。组织的历史是一部波澜壮阔的奋斗史，承载着无数先辈的热血与梦想。胡志明少先队的队徽呈圆形，绘有嫩笋，红旗底黄星，底部有"准备好"的字样。年龄较大成员（14~15岁）上学、参加团队活动时可佩戴队徽代替红领巾，队徽佩戴在左胸。红领巾用红布制成，等腰三角形，高线为底边的1/4，象征着越南国旗的一角，14岁以下成员在上学及团队所有活动中佩戴。队徽、红领巾等象征着少先队的光荣传统，时刻提醒着队员们不忘历史，传承革命精神。队歌《我们一起长大》，激昂的旋律激励着队员们勇往直前，为实现国家的宏伟目标而拼搏。胡志明少先队常常组织少年儿童参观革命纪念馆、历史遗迹等，使其亲身感受先辈们的英勇事迹，激发对国家和民族的自豪感。

（二）组织目标可行：成为越南新公民并"学习做好胡伯伯教过的五件事"

越南胡志明少先队组织的总体目标是始终坚持为越南共产党培养新一代社会主义公民。❷《越南胡志明少年先锋队章程》提出"越南胡志明少先队努力培养队员，将队员培养成合格的社会主义接班人"❸。胡志明少先队始终坚持

---

❶ HỘI ĐỒNG ĐỘI TRUNG ƯƠNG. Hướng dẫn thực hiện Điều lệ Đội Thiếu niên Tiền phong Hồ Chí Minh [EB/OL]. (2018-10-24) [2024-05-25]. https: //thieunhivietnam.vn/huong-dan-thuc-hien-dieu-le-doi-thieu-nien-tien-phong-ho-chi-minh.html.

❷ HỘI ĐỒNG ĐỘI TRUNG ƯƠNG. Giới thiệu một số nét cơ bản về tổ chức Đội Thiếu niên tiền phong Hồ Chí Minh. [EB/OL]. (2018-08-21) [2024-06-21]. https: //thieunhivietnam.vn/gioi-thieu-mot-so-net-co-ban-ve-to-chuc-doi-thieu-nien-tien-phong-ho-chi-minh.html.

❸ HỘI ĐỒNG ĐỘI TRUNG ƯƠNG. Điều lệ Đội TNTP Hồ Chí Minh [EB/OL]. (2018-10-23) [2024-06-21]. https: //thieunhivietnam.vn/dieu-le-doi-tntp-ho-chi-minh.html.

第十三章　越南胡志明少先队的教育服务

越南共产党的培养社会主义新人的目标，具有社会主义政治方向，同时又是实用的，具备现实性与社会性。

越南胡志明少先队努力为儿童创造良好的学习和实践环境，帮助他们形成正确的价值观和社会主义新公民所需的良好品质。《越南胡志明少先队章程》提出以"学习并做好胡伯伯教过的五件事"为具体目标：①爱祖国，爱同胞；②学习好，劳动好；③团结一致，纪律严明；④保持良好的卫生习惯；⑤谦虚，诚实，勇敢。❶每个子目标下都有相应的主题活动。第一，围绕"爱祖国，爱同胞"组织的感恩、爱国活动，如开展"我爱越南历史"活动、"关注越南报纸"活动以及"寻找红色地址"活动等❷，以培养少年儿童爱国精神和民族认同感为导向，旨在培养少年儿童政治意识和爱国情感。第二，围绕"学习好，劳动好"目标开展的"我爱科学"社会信息科技竞赛、社会实践技能培训活动、预防暴力与虐待等自救技能活动，旨在通过团队合作形式学习知识技能，以培养儿童综合技能。❸第三，围绕"团结一致，纪律严明"开展的国际交流活动、"美好行为"论坛活动等教育服务❹，旨在通过团队合作形式学习知识技能。这一过程通过社会交往、文化传承和教育活动，将知识内化并外显于行动。第四，围绕"保持良好的卫生"开展的塑料废物防治、冬季志愿服务活动与"绿色生活"计划等与社会文化环境相关的活动，培养儿童社会

---

❶ HỘI ĐỒNG ĐỘI TRUNG ƯƠNG. ĐỀ CƯƠNG TUYÊN TRUYỀN Kỷ niệm 80 năm ngày thành lập Đội TNTP Hồ Chí Minh（15/5/1941-15/5/2021）[EB/OL]. (2021-04-19) [2024-06-21].https://thieunhivietnam.vn/de-cuong-tuyen-truyen-ky-niem-80-nam-ngay-thanh-lap-doi-tntp-ho-chi-minh-15-5-1941-15-5-2021.html.

❷ HỘI ĐỒNG ĐỘI TRUNG ƯƠNG. Báo cáo tổng kết công tác Đội và phong trào thiếu nhi năm học 2016-2017 [EB/OL]. (2017-08-24) [2024-06-21]. https://thieunhivietnam.vn/bao-cao-tong-ket-cong-tac-doi-va-phong-trao-thieu-nhi-nam-hoc-2016-2017.html.

❸ HỘI ĐỒNG ĐỘI TRUNG ƯƠNG. Báo cáo tổng kết Nhà Thiếu nhi năm 2017[EB/OL]. (2018-01-25) [2024-06-21]. https://thieunhivietnam.vn/bao-cao-tong-ket-nha-thieu-nhi-nam-2017.html.

❹ HỘI ĐỒNG ĐỘI TRUNG ƯƠNG. Đoàn kết tốt, kỷ luật tốt [EB/OL]. (2021-08-12) [2024-06-21]. https://thieunhivietnam.vn/doan-ket-tot-ky-luat-tot/p-2.html.

责任感❶，在成长过程中逐渐学会并内化社会角色、行为规范和文化价值观。第五，围绕"谦虚、诚实、勇敢"开展的礼仪比赛等活动，旨在培养儿童美好品质。

这五个子目标各有侧重点，同时也存在一定的融合和交叉部分。胡志明少先队全面考虑并促进这"五件事"的协同作用，这对儿童全面发展至关重要。

（三）组织制度新颖：队前教育制度、教师发展制度及奖励与纪律制度

其一，队前教育制度，胡志明少先队格外重视对未入队儿童的保护和照顾。胡志明少先队组织引导未入队儿童，帮助其参加教育活动，直至未入队儿童达到9岁并有资格加入越南胡志明少先队。胡志明少先队专门针对6~8岁儿童建立"儿童之星"组织，组织内的儿童被称为"星星"。因为6~8岁的儿童没有足够的自我管理能力，所以需要聚集在一起定期进行适合这一阶段儿童的活动。每个"儿童之星"小组至少有五名未加入组织的儿童，并指定其中一名儿童担任领袖。每名未入队儿童至少有一名已入队儿童提供帮助和引导。每周儿童之星组织都会引导"星星"们至少进行一次集体活动。每个月或者节假日，同班或者同住地的"星星"们都需要和队员或者儿童之星的同伴一起参与活动。

"儿童之星"每年会组织"儿童行动月"活动，通常会举办包括宣传、教育、筹款和志愿服务等活动，推动相关政策的制定和执行，并鼓励社会各界为儿童的福祉作贡献，以提高社会对儿童权益的关注，确保每个儿童都能享有健康、安全、快乐和充实的生活。

其二，教师发展制度——"教师团队训练计划"。为了给少年儿童提供更加贴近生活、符合社会时代特征和儿童发展的高质量教育，胡志明少先队制订专门的"教师团队训练计划"。这一计划由负责团队指导教师培训的组织——越南胡志明少先队中央训练委员会（以下简称"中央训练委员会"）制订。中

---

❶ HỘI ĐỒNG ĐỘI TRUNG ƯƠNG. Giữ gìn vệ sinh thật tốt [EB/OL]. (2022-06-09) [2024-06-21]. https://thieunhivietnam.vn/giu-gin-ve-sinh-that-tot.html.

央训练委员会负责就团队合作技巧和儿童活动等，指导教师团队工作技能和专业性培训、竞赛、研讨会、模型等研究，服务全国胡志明少先队活动和儿童运动。在"教师团队训练计划"这一制度的指引下，教师培训方式新颖、细致入微。中央训练委员会将教师分为两个培训小组类别：一是一般活动小组，负责策划、编写活动操作技巧和儿童运动文件；指导练习技能，具体有学习团队礼仪、儿童活动举办技巧、急救求生技巧等。二是专业活动小组，负责设计示范活动，编制和指导儿童活动的内容和形式；对团队主要活动的实施提供指导和建议。2018年，越南胡志明少先队组织开展金东训练营培训活动。金东训练营是"教师团队训练计划"专门为胡志明少先队指导教师所设立的培训基地，培训内容包括团队工作技能、团队礼仪、组织活动技能、举办室外营地活动方式四项。❶具体培训内容如下：①户外生活技能（摩斯密码、密信、路标、快速搭帐篷等）；②发展计划落实的方式；③学习2016年《越南儿童法案》的实施方法；④学习儿童活动的开展技巧；⑤儿童保护工作的注意事项；⑥为少年儿童、学校和社区提供道德教育和讲解生活常识；⑦指导儿童掌握自我保护技能、儿童伤害预防技能；⑧注意竞赛指导方式和学习科学评价的方法；⑨学会在社交网站上写新闻、文章等。培训结束后，中央训练委员会对培训工作进行检查和评估。胡志明少先队组织的团队训练计划加强了指导老师和内部工作人员的综合能力，不断更新和创新教师培训内容，以适应社会变化。

其三，奖励与纪律制度。越南胡志明少先队高度重视树立好人好事的榜样，以发扬优点、弥补不足。在每个竞赛期、学期或学年之后，胡志明少先队会集体选拔并推荐表现突出的团队负责人、成员等。同时，对于在保护、关爱、教育少年儿童事业和胡志明少先队建设中作出卓越贡献的集体和个人，也会适时

---

❶ HỘI ĐỒNG ĐỘI TRUNG ƯƠNG. KHAI MẠC TRẠI HUẤN LUYỆN KIM ĐỒNG NĂM [EB/OL]. (2018-10-24) [2024-07-10]. https://thieunhivietnam.vn/thong-bao-ve-viec-to-chuc-trai-huan-luyen-kim-dong-toan-quoc-nam-2018.html.

给予奖励。表彰形式完备，有"胡伯伯好孙子"证书、"创意青春"徽章、"勇敢青春"徽章、"千行英雄"称号、金东奖，以及针对指导教师设立的"粉红燕子翼"奖等；集体的奖励形式包括称号、奖状、竞赛旗等。对于表现特别突出的个人和团体，可建议国家给予奖励。❶而在纪律方面，如果少年儿童有违规行为，胡志明少先队将考虑并建议采取纪律处分。惩戒方式主要有批评、训斥等。若有严重违规行为，其姓名将从成员名单中删除。胡志明少先队组织中的表彰和纪律处分，必须以公开和民主的方式进行。任何形式的针对集体或个人的纪律惩戒，只有在半数以上的成员投票赞成时才适用。这种民主的方式确保了纪律的公正性和合理性，使每一个成员都能感受到组织的公平对待。

---

❶ HỘI ĐỒNG ĐỘI TRUNG ƯƠNG. Hướng dẫn thực hiện Điều lệ Đội Thiếu niên Tiền phong Hồ Chí Minh [EB/OL]. (2018-10-24) [2024-07-08]. https://thieunhivietnam.vn/huong-dan-thuc-hien-dieu-le-doi-thieu-nien-tien-phong-ho-chi-minh.html.

第二节 从爱国精神塑造到实践能力培育：
越南胡志明少先队的教育服务状况

越南胡志明少先队历经岁月洗礼，在教育服务方面逐步构建起特色体系。作为越南最为核心的儿童运动组织，胡志明少先队活动涵盖多个领域，形式丰富，范围广泛。胡志明少先队致力于让少年儿童深入了解国家历史与革命传统，激发爱国情怀，树立为国家富强而奋斗的信念，同时也强调在实践中锻炼少年儿童现代生活技能，提升团队协作能力，成为越南少年儿童成长道路上的重要引领者。

一、教育服务的理念：成人引导下的儿童自愿自治

胡志明少先队是越南校内外儿童教育的重要组织，也是胡志明共青团的预备队。❶从其运作方式来看，胡志明少先队教育服务坚持两个关键理念。

其一为自愿理念，充分体现了组织的民主性。在加入组织前，儿童基于自愿积极参与胡志明少先队的各项活动。这种自愿性赋予了儿童建设组织的责任，促使其以更加主动的姿态投入其中。同时，为了更好地贯彻自愿理念，胡志明少先队积极拓展活动形式，力求满足不同儿童的需求，使少年儿童在丰富多样的活动中感受到组织的魅力和价值。

---

❶ 孙文桂.越南胡志明共青团与我国共青团交流情况研究[J].广西青年干部学院学报,2017,(1):70-73.

其二是成人引导下的儿童自治理念。这意味着在指导教师的引领下实现儿童的自我管理。儿童自治在组织的活动过程中得以突出体现，少年儿童在活动中学会自我约束、自我决策、自我发展。这一理念是组织作为教育力量最基本的特征，以自愿自治理念为指导，不断探索创新教育服务形式。

二、教育服务者的构成：差异化与互补性

在越南胡志明少先队培养社会主义新人的过程中，教育服务者起着关键作用。教育服务者凭借差异化的角色定位与互补性的功能发挥，为少年儿童的成长搭建起坚实的平台。

（一）管理委员会

越南胡志明少先队政策对儿童的保障和支持起到了重要作用。越南胡志明共青团直接领导胡志明少先队，负责协调组织儿童运作，组织革命运动，发挥少年儿童在国家建设和国防中的先锋作用、志愿精神等。❶越南胡志明共青团中央决定于1981年1月19日成立越南胡志明少先队中央管理委员会，具体分为中央、省、区、公社四级。❷各级管理委员会按照越南中央常务委员会颁布的《越南胡志明少先队管理委员会组织和运作条例》进行运作。同时，相关政府组织颁布的政策也为胡志明少先队管理委员会指明了发展方向。这些政策涵盖教育、医疗、福利等多个领域，包括对儿童教育的投资、提供医疗保健服务、加强儿童权益保护等方面，旨在确保儿童获得良好的成长环境和必要的资源支

---

❶ Dinh Van Chi.The Work of Ho Chi Minh Communist Youth Union at the Grassroots Level[J]. Science Publishing Group, 2021, (2): 13-18.

❷ HỘI ĐỒNG ĐỘI TRUNG ƯƠNG. ĐỀ CƯƠNG TUYÊN TRUYỀN Kỷ niệm 80 năm ngày thành lập Đội TNTP Hồ Chí Minh (15/5/1941-15/5/2021) [EB/OL].(2021-04-19) [2024-06-15]. https://thieunhivietnam.vn/de-cuong-tuyen-truyen-ky-niem-80-nam-ngay-thanh-lap-doi-tntp-ho-chi-minh-15-5-1941-15-5-2021.html.

持。2014年,《越南儿童法草案》《2021—2030年越南儿童行动计划》为胡志明少先队教育服务提供了法律和政策保障。胡志明少先队积极落实《2016—2020年越南促进儿童参与权和儿童问题方案》。[1]通过这些政策的实施,越南社会各界为少年儿童提供更多的支持和关爱,有助于提升服务质量,营造一个更有利于儿童多元发展的环境。

（二）指导教师

越南胡志明少先队的指导教师经过系统的专业化培训,在少年儿童的成长中发挥着不可替代的作用。专业的指导教师整体上给予越南胡志明少先队儿童教育服务的师资质量保证,旨在给儿童提供更加贴近生活、符合社会时代特征和儿童发展的高质量教育。具体来说,指导教师的培训涉及以下三方面:一是为胡志明少先队的主管力量组建训练营、培训班、开设培训课程、培养团队工作的技能和专业精神;二是为中央团管理委员会编制培训文件、针对辅助工具和设备等提供使用指南;三是提高教育理念,根据操作规程对相关活动整体过程进行把控,为少年儿童的学习和发展提供指导方针和解决方案。[2]

胡志明少先队指导教师在校内和校外同时开展活动。从组织体系上看,越南胡志明少先队作为全国统一的组织,基层组织设立在学校和居民区,确保了覆盖面的广泛性。因此,社区、部门工会指定专职教师负责儿童工作,为少年儿童提供专业的指导和关怀。

---

[1] HỘI ĐỒNG ĐỘI TRUNG ƯƠNG. Lễ ra mắt Hội đồng Trẻ em tỉnh Quảng Trị giai đoạn 2021–2025 [EB/OL]. (2021-12-26) [2024-06-15]. https://thieunhivietnam.vn/le-ra-mat-hoi-dong-tre-em-tinh-quang-tri-giai-doan-2021-2025.html.

[2] HỘI ĐỒNG ĐỘI TRUNG ƯƠNG. Giới thiệu Hội đồng Huấn luyện Trung ương [EB/OL]. (2020-07-19) [2024-06-15]. https://thieunhivietnam.vn/gioi-thieu-hoi-dong-huan-luyen-trung-uong.html.

（三）社会组织机构

社会组织机构的支持是胡志明少先队活动正常开展的必要保障，也是少年儿童发展的基本条件。越南胡志明共青团中央已委托的代表团包括劳动、残疾人和社会事务部，教育和培训部、文化体育部、旅游部、司法部、儿童权利保护协会。这些代表团积极投身于胡志明少先队组织建设，是儿童社会参与的坚实后盾。比如，越南安沛省人大常委会与越南胡志明少先队举行2018年工作会议，多个组织部门（如劳动、残疾人和社会事务部，文化体育旅游厅、交通厅、自然资源和环境部、规划和投资部、司法部、信息通信部、省妇联）都参与了会议，高效回答了越南安沛省儿童代表成员在相关领域的问题。❶保护和照顾儿童是一个综合性的任务，在越南政府、社会机构、家庭等的共同努力下，胡志明少先队开展活动的安全性得到提升，教育服务内容更加注重儿童的身心健康，同时加强了对儿童权益的保护。

（四）志愿者

越南胡志明少先队会根据不同的活动主题、内容及形式精心选拔志愿者。志愿者们来源广泛，包括企业、社会组织、学校等各行各业，他们有不同的背景和专业知识。这些志愿者知识丰富、技能精湛，为少年儿童开启了一扇扇通往广阔世界的大门。如在环保主题活动中，来自越南环保俱乐部的志愿者向孩子们传授环保知识，参与垃圾分类、植树造林等活动，传授环保知识，讲解环境保护的重要性，以及如何从身边小事做起，为保护地球家园贡献自己的力量；来自三得利集团的志愿者则带领少年儿童参观水工厂，详细讲解水资源循环利用的原理，让他们目睹污水如何经过一系列复杂的处理过程变成可再利用的清

---

❶ HỘI ĐỒNG ĐỘI TRUNG ƯƠNG. Thường trực HĐND tỉnh làm việc với Hội đồng trẻ em tỉnh Yên Bái năm 2018 [EB/OL]. (2018-08-11) [2024-07-02]. https://thieunhivietnam.vn/thuong-truc-hdnd-tinh-lam-viec-voi-hoi-dong-tre-em-tinh-yen-bai-nam-2018.html.

洁水，深刻认识到水资源的珍贵。这种实地学习方式，使少年儿童对科学知识有了更直观的感受，能够激发他们对科学探索的兴趣。❶

可见，志愿者的参与诠释着奉献、友爱、互助、进步的精神，极大地增强了越南少年儿童的社会责任感。志愿者的榜样作用也激励着少年儿童积极向上，努力成为有爱心、有担当的人，鼓舞少年儿童为社会作出贡献。

总之，越南胡志明少先队的教育服务者构成具有差异化与互补性。管理委员会、指导教师、社会组织机构和志愿者们共同努力，为少年儿童提供了丰富多样的教育资源和成长机会。

三、教育服务的内容：多元类别促发展

越南胡志明少先队教育服务内容既有传承革命精神的传统活动，也有紧跟时代的新活动，涵盖爱国主义教育、生活教育、国际交流等多个方面。越南胡志明少先队针对不同少年儿童的身心特点提供多样化活动，使少年儿童在实践中成长，培养爱国情怀、团队协作能力和创新精神，为成为优秀的社会主义建设者和接班人奠定基础。

（一）道德教育

从道德教育上看，胡志明少先队发挥着至关重要的作用，旨在帮助儿童提高对越南共产党、胡志明共青团和胡志明少先队革命传统的深入了解。在这个过程中，少年儿童通过学习先辈们的英勇事迹和崇高精神，深刻领悟到国家独立、民族解放来之不易，从而在心中种下热爱祖国的种子。同时，胡志明少先队注重帮助少年儿童练习沟通技巧、规范行为举止并提高纪律意识；鼓励少年儿童学会倾听他人，与他人有效地沟通交流；懂得遵守社会公德，尊重他人，关爱弱者，做一个有文明、有素养的人。

---

❶ Mizuiku I love clean water. Lịch trình triển khai [EB/OL]. (2024-03-01)[2024-05-06]. https://mizuiku-emyeunuocsach.vn/lich-trinh.

胡志明少先队引导儿童将"文明生活方式"与当代社会的道德标准相结合，通过开展各种活动，如"说好话，做好事"运动，要求少年儿童对长辈有礼貌，对朋友要温柔等。这类活动不仅有助于塑造少年儿童的性格，还有助于在实践中学会如何关心他人、帮助他人，培养爱心和责任感。同时，通过参与这些活动，少年儿童能够灵活地应对和处理生活中的各种情况，提高适应能力和解决问题的能力。在这个过程中，少年儿童逐渐形成正确的价值观。

（二）学习文化与生活教育

学习文化旨在帮助儿童明白学习的目的、动机并树立正确的学习态度，激发学习兴趣和热情，懂得团结互助。学习文化还包括娱乐，被认为是最快、最容易吸收和最有效的教育儿童的手段，旨在平衡儿童紧张的心理和精神状态，有助于培养儿童组织意识和纪律意识，增强责任感和友爱意识。❶

生活教育是指将儿童的日常生活与学习内容相结合，通过实际生活中的经验和情境来进行教育和学习。这种活动旨在使儿童从日常生活中获得知识、技能和经验，提高实际动手能力、解决问题能力和生活适应能力。具体来说，胡志明少先队的生活教育活动主要包括生活技能、自我保护、职业定位和职业经历，如学习如何对抗自然灾害、急救方法、利用可回收物制作手工、饲养家禽、培育植物等一系列活动，旨在引导儿童"学以致用"，利用所学知识参与生活，激发儿童的创造力、想象力和创新思维，通过提供自由和开放的环境，鼓励儿童探索新思路、尝试新方法，并将其想法和概念付诸实践。

---

❶ HỘI ĐỒNG ĐỘI TRUNG ƯƠNG. ĐỀ CƯƠNG TUYÊN TRUYỀN Kỷ niệm 80 năm ngày thành lập Đội TNTP Hồ Chí Minh (15/5/1941 – 15/5/2021) [EB/OL].(2021-04-19) [2024-07-02]. https://thieunhivietnam.vn/de-cuong-tuyen-truyen-ky-niem-80-nam-ngay-thanh-lap-doi-tntp-ho-chi-minh-15-5-1941-15-5-2021.html.

第十三章 越南胡志明少先队的教育服务

（三）国际交流

国际交流是本着国际团结和友谊的精神开展的一系列活动，胡志明少先队一些常见的国际交流活动有国际文化交流活动、语言学习交流、国际学术研讨会、交流访问项目、环境保护交流项目等，还主动与国外少年儿童组织结成联盟，完善组织的国际交流体系。胡志明少先队积极组织与来访国家的交流活动，如 2022 年成功举办越南、老挝与柬埔寨三国儿童节，共有 185 名儿童和 34 名负责人参加。❶胡志明少先队国际活动帮助儿童结识朋友、了解世界，培养责任感与利他美德，促进合作，鼓励儿童为社会作贡献。

四、教育服务的途径与方式方法

越南胡志明少先队重视实践体验在儿童成长中的作用，强调儿童亲身参与各种活动、项目或实地考察，从中获取社会知识、技能和经验，通过不同路径，培养少年儿童作为未来接班人的基本品质与能力。

（一）线上线下双管齐下

在世界范围内，数字化生产方式对儿童教育与发展的影响也越来越显著，因此不能只强调传统的教育活动。越南共产党的第十三次代表大会强调国家数字化转型是一项非常重要的任务，越南教育领域的数字化转型是必然趋势，是社会经济发展进程的客观要求，同时也符合越南胡志明少先队求知、灵活、创新的特质❷。为此胡志明少先队举办了信息化培训、多媒体技术应用及编程等

---

❶ HỘI ĐỒNG ĐỘI TRUNG ƯƠNG. Báo cáo tổng kết hoạt động hệ thống Nhà Thiếu nhi toàn quốc năm 2022 [EB/OL]. (2023-01-04)[2024-07-02]. https://thieunhivietnam.vn/bao-cao-tong-ket-hoat-dong-he-thong-nha-thieu-nhi-toan-quoc-nam-2022.html.

❷ BÁO ĐIỆN TỬ ĐẢNG CỘNG SẢN VIỆT NAM. Chuyển đổi số với ứng dụng công nghệ thực tế ảo trong giáo dục môi trường[EB/OL].(2022-09-18)[2024-07-12]. https://dangcongsan.vn/kinh-te/chuyen-doi-so-voi-ung-dung-cong-nghe-thuc-te-ao-trong-giao-duc-moi-truong-619588.html.

线上虚拟活动。比如，在越南少年儿童信息学竞赛中，小学组和初中组儿童进行编程技能竞赛，按要求绘制图形；高中组进行编程技能测试，解决高中课程中的数学问题。❶线上活动还可以是一种数字艺术创作，包括数字绘画、动画制作、数字音乐创作等，利用数字化工具和软件进行艺术创作，激发儿童创意和想象力。2022年，在中国—东盟教育部部长圆桌会议上，越南教育部部长阮金山说道：“我们正在塑造我们使用的技术，但这些技术也塑造了我们在数字环境中的生活方式。因此，需要定期检查和评估新信息技术以限制其负面影响。"❷

  线下创意活动是指通过儿童发挥创造性思维和创新能力，通过实践的方式探索、创造或应用新的想法、方法或技术，来达到特定目标或解决特定问题的活动，可以涵盖艺术、科学、技术等各个领域。胡志明少先队的线下创意活动涵盖了多种实践形式，如自然体验、工厂参观和利用可回收废弃物制作创意手工等，提倡一种有益的教育和娱乐方式，让儿童在社会与自然环境中发挥创造力、探索世界、培养技能。线下活动包括以下内容：①户外探索活动。儿童可以参加户外探索活动，发现自然环境中的各种生物和地理特征。观察动植物，了解它们的生态习性和生存方式。②自然艺术手工活动。利用废弃或可回收材料进行艺术创作和手工制作活动。③户外游戏和团队建设。通过组织野餐、扎帐篷、搭建积木等活动，促进儿童之间的沟通合作，培养团队精神。④自然科学实验和观察。进行天文观察、植物生长实验、地质探索等活动，通过各种自然科学实验和观察活动，探索社会的奥秘和规律。

  同时开展线上和线下活动有助于儿童全面发展，提升儿童创造力、观察力、

---

  ❶ HỘI ĐỒNG ĐỘI TRUNG ƯƠNG. Hải Dương-Tổ chức Hội thi Tin học trẻ lần thứ XXVIII, năm 2022[EB/OL].(2022-06-18)[2024-08-14]. https: //thieunhivietnam.vn/hai-duong-to-chuc-hoi-thi-tin-hoc-tre-lan-thu-xxviii-nam-2022.html.

  ❷ BÁO ĐIỆN TỬ ĐẢNG CỘNG SẢN VIỆT NAM. Đại dịch thúc đẩy chuyển đổi số giáo dục cả bề rộng và chiều sâu [EB/OL]. (2022-08-23) [2024-08-23]. https: //dangcongsan.vn/giao-duc/dai-dich-thuc-day-chuyen-doi-so-giao-duc-ca-be-rong-va-chieu-sau-617988.html.

解决问题的能力和社会交往能力。儿童发展是综合性过程，胡志明少先队还通过将线上虚拟实践和线下创意实践相结合的形式，发挥两者的优势，提高儿童参与度，满足不同参与者的需求，推动活动顺利开展和持续发展。例如，在线下活动正式开展前，通过线上培训和相关准备工作，能够帮助儿童了解相关内容，掌握必要的社会知识，更高效地参与线下活动。

（二）学校与社会建立长期稳固的协同合作关系

越南胡志明少先队致力于创新多样化服务形式，尤其注重社会实践和儿童体验，强调将校外社会力量联合起来，为儿童成长创造条件，如胡志明少先队格外重视与社会联合起来共同培养儿童环保意识。2004年，由胡志明少先队中央管理委员会、三得利集团发起"Mizuiku"计划正式启动。❶在这一计划的实施下，胡志明少先队与社会组织联合起来，在资源与环境保护特别是水资源保护学习方面组织了一系列丰富的活动。表13-1是2024年3月上旬的"Mizuiku——我爱干净的水"活动计划。这一计划旨在提高儿童对水资源作用与节约用水的认识，为保护水资源和周围环境作出贡献。

表13-1　2024年3月上旬"Mizuiku——我爱干净的水"活动计划

时间	活动	内容
3月3日	启动计划	"Mizuiku-我爱干净的水"开幕仪式
3月4日	小学教师培训方案	在计划框架内，教育合作伙伴的指导下，为3~4年级的小学教师组织了游戏与各种形式的水实验等相关培训
3月5日	儿童水资源保护班	以儿童为中心，以创造性、高度互动的教学方法教授儿童水知识。儿童将收到水日记练习册、水漫画作为礼物，帮助他们在日常生活中综合应用所学知识

---

❶ chương trình "Mizuiku-Em yêu nước sạch". Giới thiệu chương trình [EB/OL]. （2020-02-22）[2024-07-20]. https://mizuiku-emyeunuocsach.vn/.

时间	活动	内容
3月6日	在小学和社区建设和完善洁水设施	在越南严重缺水地区的学校和公共场所建设水过滤系统和卫生设施
3月7日	水井大使培训项目	针对参与计划的志愿者开展延伸的活动。水井志愿者将为儿童开展以水为主题的环境教育和课外活动
3月8日	水井大使课外活动	志愿者团队或水井大使灵活运用水资源知识技能在越南各地开设环保讲座
3月9日	清洁水骑士日	"清洁水骑士日"趣味性极强,儿童将所学知识运用到有趣的小组游戏中,举办循环时装秀、"我是水"演讲比赛等
3月10日-11日	越南三得利百事可乐工厂参观	在工厂中,儿童进行水试验,如用石蕊试纸检查水的pH值、观察过滤后水质的变化等;儿童还观察饮料产品的生产技术,了解更多关于节水技术和废水处理知识
3月12日	节目会演	回顾一年的活动,总结经验,宣布明年开展项目的计划

数据来源:根据"Mizuiku——我爱干净水"项目官网信息总结而成。具体参见:https://mizuiku-emyeunuocsach.vn/lich-trinh.

在胡志明少先队与社会长期稳固的协同合作中,出现了多样化的协作方式,其中较为有代表性的是社区环境的生活和学习中心。早在2009年1月15日,越南科学技术协会联盟就批准成立了社区环境的生活和学习中心。这是一个非营利性的非政府组织,目标是提高少年儿童对可持续环境的认识和行动力。社区环境的生活和学习中心专门为教师、学校、社区和其他目标群体,建立和实施有关环境教育的项目和计划。在社区环境的生活和学习中心的指导下,学校与社区之间形成了密切的共育关系,促进儿童形成对社会环境的正确态度、价值观和行动。2016年,社区环境的生活和学习中心,成为唯一因少年儿童项目而获得国际明星影响力奖的越南组织。❶

---

❶ chương trình "Mizuiku-Em yêu nước sạch".Trung tâm sống và học tập vì môi trường và cộng đồng (Live & Learn) [EB/OL]. (2020-02-22) [2024-06-26]. https://mizuiku-emyeunuocsach.vn/gioi-thieu/trung-tam-song-va-hoc-tap-vi-moi-truong-va-cong-dong-live-learn?ref_id=9.

正是越南社会组织与胡志明少先队的协同合作，依托国家和地方教育政策的支持，胡志明少先队将学校和社会紧密联系起来，帮助儿童树立正确的社会观念，培养积极向上的社会意识及社会适应能力，使儿童在社会生活中更加自信、自主，为未来的成长和发展打下坚实的基础。

（三）综合能力训练

儿童掌握社交、生存等技能可以更好地适应社会，并为未来的学习和社会生活奠定基础。儿童综合技能掌握情况影响社会实践的参与度，因此在活动实施之前胡志明少先队都会对儿童进行综合能力训练，让儿童在具备能力的基础上参与活动。

综合能力训练主要涉及儿童学习如何对抗自然灾害、急救与自我保护、学习数字化信息技能、养家禽、培育植物等一系列教育服务。例如，在举行相关主题活动前对少年儿童进行培训，帮助他们学习如何防止虐待、溺水和意外伤害、阻止校园暴力的做法，如何提高自我保护能力，如何应对紧急情况等。越南岘港市少年宫副馆长清贤说道："儿童综合技能教育形式的多样化，旨在使儿童掌握适合年龄、心理、生理和认知特点的基础知识和技能，增加实用性，帮助儿童形成积极的人生观，为儿童行使权利和义务创造有利机会。"[1]胡志明少先队还为少年儿童提供多样化的未来职业定位和职业体验，引导少年儿童选择适合自己的特长和能力的职业或学校。同时，胡志明少先队在学校、儿童之家和住宅区设立文化艺术俱乐部、体育爱好俱乐部、周末游乐场等，为儿童创造一个健康成长的空间。

越南胡志明少先队的综合能力训练，真正从儿童自身发展和社会需要出发，从儿童视角并以儿童乐于接受的方式呈现活动，保护儿童的同时又培养儿童社会适应能力。

---

[1] HỘI ĐỒNG ĐỘI TRUNG ƯƠNG. Kế hoạch hành động của Đội TNTP HCM thực hiện NQ ĐH Đoàn toàn quốc lần thứ XI [EB/OL]. (2018-08-21) [2024-06-26]. https://thieunhivietnam.vn/ke-hoach-hanh-dong-cua-doi-tntp-hcm-thuc-hien-nq-dh-doan-toan-quoc-lan-thu-xi.html.

（四）团队交往互助

胡志明少先队的团体交往互动是指少年儿童在活动过程中进行的交流、合作、分享等互动行为。少年儿童了解自己的情绪和情感状态，以及学习识别、理解和表达意见是儿童成长中必不可缺的部分。儿童的发展具有阶段性，不同年龄阶段的儿童理性认知能力和情感发育程度有所不同。❶因此，越南胡志明少先队结合儿童具体发展阶段，选择契合儿童需要的方式，建立儿童专业化交流活动场，促进儿童自主交往互动，发展儿童情感表达能力及参与能力。

建立儿童理事会模式，倡导积极的沟通和反馈方式。越南胡志明少先队建立专门的儿童社会参与活动场和交流体系——儿童理事会模式，鼓励儿童在活动中进行积极的交流反馈，儿童能够学会倾听他人意见、表达自己的想法。自2015年起，越南总理批准促进儿童参与相关事务的权利计划，决定将"儿童理事会"模式交给胡志明少先队代表越南共青团中央试点建设。❷胡志明少先队运行"儿童理事会"模式，能与儿童理事会共享资源，更利于从儿童视角维护儿童参与各项问题的权益。为了促进儿童参与相关问题的权利，胡志明少先队举办了多种权利维护活动，类似的儿童参与社会治理和维权活动（如定期举办"掌管好明星"大赛等）促进儿童参与权的活动；还开办少儿维权社、小记者社、竹宣队等维权组织，提高少年儿童社会参与的意识与能力，通过儿童参与活动项目的设计和规划过程，提升其积极参与实践活动的意愿。❸

近年来，为了更好地促进胡志明少先队儿童理事会的发展，越南团中央、胡志明少先队中央团队委员会积极配合儿童领域各部门，研究、制定了《2017—

---

❶ 戴子涵.关照儿童情感社会化的家庭情感表达：问题及应对[J].少年儿童研究，2022，(8)：5-15.

❷ HỘI ĐỒNG ĐỘI TRUNG ƯƠNG.Tập huấn giảng viên nguồn về hướng dẫn xây dựng và vận hành mô hình "Hội đồng trẻ em"[EB/OL].(2020-08-06)[2024-06-26]. https://thieunhivietnam.vn/1tap-huan-giang-vien-nguon-ve-huong-dan-xay-dung-va-van-hanh-mo-hinh-hoi-dong-tre-em html.

❸ 张会平.儿童友好型城市建设：发展中国家经验及其启示[J].社会建设，2021，(2)：64-74+45.

2020年越南"儿童理事会"模式建设指南》。❶从该文件中不难看出,这是儿童自己直接经营的一种新型儿童活动组织形式,旨在促进儿童自主交往互动,提高儿童依法参与有关问题的能力,是儿童专门化发声平台,为每个儿童创造平等参与机会,营造儿童提出意见、想法与愿望的良好氛围。儿童理事会也是帮助各领域机构了解儿童的想法与全面发展情况的重要桥梁,有助于提高儿童和全社会对2014年《越南〈儿童法〉草案》《联合国儿童权利公约》的认知。❷吕光一说:"为了给少年儿童提供发声与维权平台。各级机关、组织和地方政府应切实采取适当措施征求儿童意见、想法和愿望。"❸

胡志明少先队儿童理事会成员构成并非全是儿童,为更好突出儿童主体性,正确引导儿童的思想意识,也会有党政机关人员参与其中。成员结构如下:省或市人民委员会主席担任的名誉主席;省或市委书记担任的理事会主席;一般选择1~2名儿童担任理事会副主席;委员由30~50名儿童代表各区、县、市、省儿童,在性别、民族、年龄和年级结构上具有合理的结构。委员包括儿童维权俱乐部成员;有特殊处境的儿童、少数民族儿童、移民儿童、开放家庭儿童;在学习、行使儿童权利、小组活动和社会工作方面起到示范作用的儿童;在文化艺术领域有天赋,在当地有积极影响的儿童等。❹由此可见,在领导、专家

---

❶ HỘI ĐỒNG ĐỘI TRUNG ƯƠNG. Hướng dẫn xây dựng thí điểm mô hình Hội đồng trẻ em[EB/OL]. (2017-03-09) [2024-7-16]. https: //thieunhivietnam.vn/huong-dan-xay-dung-thi-diem-mo-hinh-hoi-dong-tre-em.html.

❷ HỘI ĐỒNG ĐỘI TRUNG ƯƠNG. Quảng Ninh: Ra mắt Hội đồng Trẻ em giai đoạn 2018-2020 [EB/OL]. (2018-01-29) [2024-07-16]. https: //thieunhivietnam.vn/quang-ninh-ra-mat-hoi-dong-tre-em-giai-doan-2018-2020.html.

❸ HỘI ĐỒNG ĐỘI TRUNG ƯƠNG. Bình Thuận Diễn đàn trẻ em online năm 2021: Chung tay bảo vệ trẻ em trong thiên tai, dịch bệnh[EB/OL]. (2021-01-11) [2023-07-16]. https: //thieunhivietnam.vn/binh-thuan-dien-dan-tre-em-online-nam-2021-chung-tay-bao-ve-tre-em-trong-thien-tai-dich-benh.html.

❹ HỘI ĐỒNG ĐỘI TRUNG ƯƠNG. Hướng dẫn xâydựng thí điểm mô hình Hội đồng trẻ em[EB/OL]. (2017-03-09) [2024-07-16]. https: //thieunhivietnam.vn/huong-dan-xay-dung-thi-diem-mo-hinh-hoi-dong-tre-em.html.

参与的活动会议中，依然将儿童置于主体地位，及时解决儿童的困惑，这有利于培养儿童的主体意识和对组织的认同感，促进儿童形成正确的思想观念。

（五）社会公益实践

越南胡志明少先队的社会公益实践强调与学校主体教育区分开来，注重儿童在社会中所扮演的角色和承担的责任；突出儿童参与的行动本身；要求成人只动员、鼓励、引导儿童，创造公益实践环境，儿童以适合自己的形式参与运动；强调必须以儿童积极主动的行为为主，对积极参与公益实践的儿童给予表扬鼓励，不能以贡献多少来褒奖。社会公益实践的组织必须保证绝对安全，不追求成绩，而是注重教育意义。

胡志明少先队的社会公益实践是系统的、完备的，历史悠久且注重传承，如1958年开始的提倡环保和节俭的"小计划"运动，其目的是培养儿童节约、环保、团结、分享和互助的意识，提高少年儿童集体活动的自主性与社会责任感。❶"小计划"运动在越南受到广泛宣传和部署，有四种活动组织方式：①通过儿童的捐赠获取创造资金。组织团队成员和小朋友捐赠可回收废品，如废纸、水瓶等（捐赠的物品必须具有可重复使用的价值，物品储存时不破坏环境）。将捐赠物品根据使用的性质和目的分为几类并投放到指定区域投放点。挑选部分物品捐赠给弱势儿童，可回收物将由组织售卖，得到的资金作为"小计划"运动的创造资金。②通过儿童的劳动获取创造资金。首先，学校根据实际情况组织成人和儿童劳作，如种菜、校舍清洁等获取资金。其次，组织义卖集市，让儿童对收集的废品进行再创造，将其制作成手工艺品，开展义卖活动，展示和销售儿童制作的手工艺品。最后，向学校管理委员会报告，儿童每做一次清洁劳动都会获得一份创造资金并纳入"小计划"运动中。③其他儿童的救助行动。"小计划"运动

---

❶ Báo Bạc Liêu Online. Kế hoạch triển khai phong trào "Kế hoạch nhỏ" giai đoạn 2020-2023[EB/OL].(2020-02-14)[2024-08-01]. https://www.baobaclieu.vn/thanh-thieu-nien/trien-khai-phong-trao-ke-hoach-nho-giai-doan-2020-2023-63522html.

团队积极实施其他模式的儿童互助活动,如养存钱罐帮你上学、一罐爱心米饭等,要求符合实际情况,保证运动的目的和原则,对教育儿童具有重要意义即可进行。❶

同时,环境保护也是儿童社会公益实践的重要主题之一。这是根据越南本土的自然条件而来的。越南是位于东南亚的一个多山地势和沿海地区的国家,经常受到洪水和暴雨、台风和风暴潮等自然灾害的影响。因此,在儿童教育方面,胡志明少先队开展多元化环境保护活动,如旨在让儿童自己打造环保、干净、美丽环境的"友好厕所"与"绿色教室"等活动;利用可回收物制作手工艺品换取想要物品的"垃圾换礼"活动;由儿童自己培育和照顾的"红领巾菜摊"活动;旨在提高儿童环境保护认知的环保绘画竞赛和环保论坛活动等。同时,胡志明少先队也让越南社会看到了儿童在环境保护上的建设力量,如在2018年至2023年,胡志明少先队动员儿童参与环境保护活动,共收集824.7万吨废纸,价值数百亿越南盾。❷胡志明少先队通过这些环境保护活动培养儿童的环保意识和责任感,增强儿童的社会参与意识,使其感受到自己是社会的一分子,有责任为社会和环境作出贡献,培养儿童积极向上的社会价值观和行为习惯。

胡志明少先队的社会公益实践注重培养少年儿童的自主参与意识,涉及儿童对社会行为的学习、适应和内化,从而形成符合社会规范和期望的行为习惯和模式。时任越南国家主席武文赏提出:"社会公益实践不仅有助于塑造儿童社会主义公民的良好素质,而且包含社会价值观,是形成和传播善行的基础。"❸

---

❶ Công văn nhắc nhở việc triển khai phong trào Kế hoạch nhỏ[EB/OL].(2017-02-21)[2024-08-01]. https://thieunhivietnam.vn/cong-van-nhac-nho-viec-trien-khai-phong-trao-ke-hoach-nho.html.

❷ HỘI ĐỒNG ĐỘI TRUNG ƯƠNG. Chương trình Kỷ niệm 65 năm phong trào Kế hoạch nhỏ(02/12/1958-02/12/2023)[EB/OL].(2023-12-02)[2024-08-09]. https://thieunhivietnam.vn/chuong-trinh-ky-niem-65-nam-phong-trao-ke-hoach-nho-02-12-1958-02-12-2023.html.

❸ HỘI ĐỒNG ĐỘI TRUNG ƯƠNG.Phong trào "Nghìn việc tốt" góp phần xây dựng, phát huy nét đẹp văn hoá con người Việt Nam[EB/OL].(2023-03-25)[2024-08-09]. https://thieunhivietnam.vn/phong-trao-nghin-viec-tot-gop-phan-xay-dung-phat-huy-net-dep-van-hoa-con-nguoi-viet-nam.html.

胡志明少先队的社会公益实践自组织成立以来就受到重视，通过为自己的社区、周边街区等提供力所能及的服务，少年儿童在一定程度上融入了真实社会中，在公益服务中提升少年儿童的服务意识和能力，在劳动中帮助儿童逐步成为合格的社会成员，并与社会环境相互适应和交流。

五、教育服务的效果

通过参与不同类型的活动，儿童可发展身体、社交等各个方面的社会能力，实现自我价值的不断提升。胡志明少先队通过实践体验户外探索、社区服务、艺术创作、科学实验等多样化活动，鼓励儿童积极参与、亲身实践，获得成就感和满足感，培养儿童的创造力、团队合作精神和社会责任感。

（一）构筑了良好的教育服务环境，为儿童发展提供有力支持与坚实保障

胡志明少先队营造了积极的社会环境，激发儿童的学习兴趣和参与热情。近年来，组织针对成人开展的"教师团队训练计划"，给予儿童公平、优质和全面的教育，同时也不断更新培训内容，使其符合社会发展。

在保护和照顾儿童保障上，越南相关组织和胡志明少先队重点落实"资助150万困难儿童"和"各社、区、乡新建设至少1个儿童活动和娱乐场所"这两个目标。经过四年实施，越南新建儿童游乐点7 436个，以多种形式支持了超过280万名困难儿童。❶其中，很多学校等相关组织都提出了创造性的、行之有效的方法，如利用再生材料为儿童设计游乐场等。胡志明少先队从安全保障、教育和发展、心理健康和社会支持、权利和参与、保护儿童使其免受虐待等多个方面，对儿童教育服务进行保障。无论种族、性别、宗教、残疾状况、社会经济地位还是其他背景，胡志明少先队均促进所有儿童的社会融入，搭建

---

❶ ĐỀ CƯƠNG TUYÊN TRUYỀN Kỷ niệm 80 năm ngày thành lập Đội TNTP Hồ Chí Minh（15/5/1941-15/5/2021）[EB/OL].（2021-04-19）[2024-08-15]. https://thieunhivietnam.vn/de-cuong-tuyen-truyen-ky-niem-80-nam-ngay-thanh-lap-doi-tntp-ho-chi-minh-15-5-1941-15-5-2021.html.

安全有温度的活动平台，为越南儿童发展提供全方位的支持与保障。

除了胡志明少先队组织本身为儿童参与社会实践提供保障，越南社会组织机构也投身进来，共同营造了儿童实践环境。如2011年8月，越南三得利百事可乐公司启动的"伸出援助之手"计划，是一个由学校和社会组成的紧密联系的平台，致力于为学校和社会的可持续发展作贡献，促进少年儿童的成长。到2019年，越南三得利百事可乐公司已经成立了10个相关组织，启动了103个项目，超过3 086名志愿者参与，贡献了约17 650个工作小时，为山区提供两栋房屋和三个图书馆。❶越南胡志明少先队对儿童的保障在于塑造其健康成长所需的行为模式、价值观和社会技能，从而使其能够适应社会生活并作出积极贡献。

（二）提倡持续更新教育服务内容，儿童适应社会水平有所提升

在不同历史时期和社会环境下，胡志明少先队不断完善、调整和更新教育服务内容，这对儿童的认知能力、社会适应能力和人际交往能力的发展具有深远影响。如《越南胡志明少先队指导教师技能说明》定期更新，灵活调整活动形式与内容，提升指导教师素养，在指导教师的引导下儿童更好地与当下社会新事物联结。培训文件的内容包含了关于社会新事务的基本知识、儿童活动设计技巧、自救技巧、预防虐待儿童技巧等。❷针对越南自然环境面临的挑战，胡志明少先队围绕着《越南儿童计划》持续开展了"建设绿色学校屋顶""为祖国添绿色""志愿者星期六""绿色星期天"等有意义的社会公益

---

❶ CHƯƠNG TRÌNH "MIZUIKU-EM YÊU NƯỚC SẠCH". Chương trình tập huấn cho các Đại sứ Mizuiku [EB/OL]. (2019-07-22) [2024-08-15]. https://mizuiku-emyeunuocsach.vn/lich-trinh/chuong-trinh-tap-huan-cho-cac-dai-su-mizuiku?ref_id=9.

❷ HỘI ĐỒNG ĐỘI TRUNG ƯƠNG. Báo cáo tổng kết công tác Đội và phong trào thiếu nhi năm học 2020-2021 [EB/OL]. (2021-08-02) [2024-08-15]. https://thieunhivietnam.vn/bao-cao-tong-ket-cong-tac-doi-va-phong-trao-thieu-nhi-nam-hoc-2020-2021.html.

实践活动，主要活动内容包括学习净水知识、保持健康以及废物利用等。❶可见，胡志明少先队致力于打造符合国家实际国情的环境保护教育，符合当下社会实际需要，相信少年儿童在社会发展中所发挥的力量，鼓励少年儿童自主自愿参与环保活动，培养主动防治自然灾害的责任感，提高社会适应能力和人际交往能力，塑造积极向上的价值观。

2022年，胡志明少先队一共组织了23 378个项目和活动，包含开展民间游戏、数字信息技术大赛、参观水工厂和设计环保游乐场等创意活动，举办了多场涉及儿童议题的论坛活动，还建立维护生活和娱乐场所以及民俗文化俱乐部等，吸引了12 442 899名儿童参与❷，鼓励儿童弘扬越南民族传统艺术，培养儿童创造力，并使他们的社会技能得到提高，以积极融入社会。

（三）优化了教育服务中的儿童交往架构，增强了儿童自主自治能力

社会交往体系涉及儿童在社会环境中与其他非家庭成员的交往，如邻里关系、社会团体活动、社区服务等。胡志明少先队儿童理事会模式下的一系列活动完善了儿童社会交往互助体系。到2021年4月，越南已建成14个省级、17个市级、17个区级胡志明少先队儿童理事会。越南各省市完善了这一模式，同时也注重提高在胡志明少先队、居民区和少年宫、儿童之家、青少年活动中心等系统中的35 118个儿童维权俱乐部的运行效能。❸经过多年实施，越南胡志

---

❶ HỘI ĐỒNG ĐỘI TRUNG ƯƠNG. Chương trình Thiếu nhi Việt Nam "Học tập tốt-Rèn luyện chăm" –Cùng Kun làm việc tốt mỗi ngày[EB/OL]. (2022-06-16)[2024-08-19]. https://thieunhivietnam.vn/chuong-trinh-thieu-nhi-viet-nam-hoc-tap-tot-ren-luyen-cham-cung-kun-lam-viec-tot-moi-ngay.html.

❷ HỘI ĐỒNG ĐỘI TRUNG ƯƠNG. Công văn hướng dẫn tổng kết năm học 2018-2019[EB/OL]. (2019-05-22)[2024-08-19]. https://thieunhivietnam.vn/cong-van-huong-dan-tong-ket-nam-hoc-2018-2019.html.

❸ HỘI ĐỒNG ĐỘI TRUNG ƯƠNG. ĐỀ CƯƠNG TUYÊN TRUYỀN Kỷ niệm 80 năm ngày thành lập Đội TNTP Hồ Chí Minh (15/5/1941-15/5/2021)[EB/OL]. (2021-04-19)[2024-08-19]. https://thieunhivietnam.vn/de-cuong-tuyen-truyen-ky-niem-80-nam-ngay-thanh-lap-doi-tntp-ho-chi-minh-15-5-1941-15-5-2021.html.

明少先队"儿童理事会"模式已初步确认了促进儿童自主参与社会建设的有效性，举办了主题为"为儿童打造绿色、清洁和安全的越南""促进儿童理事会成员在落实参与权方面的作用"等主题活动。胡志明少先队重视并落实涉及儿童的文件、方案和计划，注重儿童交流分享、表达意见、抒发情感，充分尊重儿童的主体地位，培养他们良好的情绪管理能力、社交技能，帮助儿童建立积极的人际关系。

虽然胡志明少先队在教育服务开展过程中会遇到地区间质量差异及对部分活动缺乏深入、专业的测试和评估等问题，但总体而言有助于培养儿童的社会责任感、团队合作精神、文化认同感等，为儿童的全面发展提供了有效的支持。

第三节 越南胡志明少先队教育服务的经验

在越南社会发展中,胡志明少先队对少年儿童的培养起着重要的作用。秉持"少年儿童是越南未来"的理念,胡志明少先队通过多元化的途径与方式不断丰富教育服务内容,既注重文化的传承又积极推动时代创新,致力于让少年儿童在爱国主义的浸润下树立远大理想,勇敢迎接挑战,踊跃参与社会实践,持续提升社会责任感与公民意识。

一、创设包含未入队儿童在内的系统化教育服务保障机制

儿童全面且持续的教育服务保障需要多方共同努力,包括政府、教育机构、社会组织、家庭和个人等,共同关注儿童的成长与发展,提供丰富多彩、安全健康的活动环境和机会。

在保障的全面性上,首先,"儿童之星"组织的运营与"儿童行动月"活动的开展,提供儿童参与各种活动所需的资源支持,包括场地设施、教具材料、专业人员等,确保活动的顺利开展和有效实施。其次,加强校内外活动基地建设,提供安全保障。胡志明少先队特别强调儿童自救与生存技能的培训,还与专门的社会组织合作,提供安全的社会实践场所,并确保监督和指导的有效性,以防止意外事件发生。最后,在师资保障方面,胡志明少先队针对成人组织的团队训练计划在很大程度上提高了活动质量,通过在思想上引导与帮助儿童,促进儿童社会参与。

在持续性保障上,一方面,胡志明少先队会定期举行指导教师研讨会,督促指导教师和相关工作者不断反馈和反思,查漏补缺。如越南广治省外事

第十三章 越南胡志明少先队的教育服务

厅副厅长阮德光在研讨会中就提出："为增加儿童参与机会，应通过互联网进一步拓展儿童意见征集渠道；同时提出儿童自己推选代表参加儿童理事会，成人不应代替儿童选择。"❶强大的指导教师团队是儿童高质量参与活动的前提保障，也是胡志明少先队儿童理事会发展的基石。另一方面，与社会机构的合作是长期稳定的。如2017年至今胡志明少先队与Vietlott电脑彩票公司签署合作计划，支持贫困儿童；与文化体育观光部体育总局、邦灵体育娱乐股份公司签署合作计划，促进儿童健康发展。❷长期稳定的社会合作既扩展了儿童活动的社会空间，也保障了儿童参与环境的安全性，使儿童能够快速适应并融入社会环境。

二、设置结合国际前沿与本土特色的教育服务内容

胡志明少先队将教育服务融入社会环境和社会实践中，使其具有影响力，引导少年儿童在活动过程中获得知识、技能和经验的同时，也更好地融入社会大环境。与学校主体教育不同，胡志明少先队在推动儿童参与活动的过程中，给予儿童生活化技能指导，通过定期培训营活动、团队合作等，支持并信任儿童，发展儿童软技能和社会实践技能。具体来说，胡志明少先队儿童教育服务的内容包括沟通技巧的培训、新媒体技能培训、儿童自我保护培训、儿童权利与儿童法培训、图像工具技能培训、网络空间儿童安全培训等。胡志明少先队还注重将国际文化元素融入活动中，通过体验和了解不同国家文化，促进文化交流和互动。胡志明少先队在国际交流项目或活动中，结合越南和国际社会问题，

---

❶ HỘI ĐỒNG ĐỘI TRUNG ƯƠNG. Mô hình "Hội đồng trẻ em": Giải pháp thiết thực trong công tác thúc đẩy quyền tham gia của trẻ em [EB/OL]. (2016-12-24) [2024-08-25]. https://thieunhivietnam.vn/mo-hinh-hoi-dong-tre-em-giai-phap-thiet-thuc-trong-cong-tac-thuc-day-quyen-tham-gia-cua-tre-em.html.

❷ HỘI ĐỒNG ĐỘI TRUNG ƯƠNG. Báo cáo tổng kết công tác Đội và phong trào thiếu nhi năm học [EB/OL]. (2017-08-24) [2024-08-25]. https://thieunhivietnam.vn/bao-cao-tong-ket-cong-tac-doi-va-phong-trao-thieu-nhi-nam-hoc-2016-2017.html.

拓展越南儿童的视野和国际交往能力，给儿童提供丰富多样的活动体验。

胡志明少先队注重由内到外、由身体到心灵全方位增强少年儿童的社会适应能力，同时也会注重少年儿童未来包括职业在内的发展。越南劳动、荣军和社会事务部儿童司司长邓华南建议："增加年轻人的生活技能，尤其是生存技能，如适应自然灾害、流行病、事故和伤害……此外，必须帮助少年儿童成为自信和独立的未来公民，融入国际社会。"❶这些内容旨在使活动既具有国际视野和前沿性，又能与本土国情相契合，为儿童提供更丰富、更全面的成长体验。

三、采用具有时代特色和创新性的教育服务方式

胡志明少先队注重结合现代科技开展活动，创新实践形式，迎合时代发展，培养儿童的综合素养。胡志明少先队的指导教师组织活动提倡简单、易懂、贴近生活，在日常生活中非常实用，尤其是能激发少年儿童对所学知识的兴趣，更好地内化知识，最终促进少年儿童综合成长。比如，越南加强岘港市儿童社会实践技能的培养，组织了主题为"加强少年儿童社会实践生活技能教育"的活动。活动围绕着两个主题进行：一是学会控制情绪，培养积极情绪，为儿童提供心理支持；二是学习自卫和防御技能。❷越南胡志明少先队中央管理委员会原主席范芳涛在2022年发表讲话时表示："今后组织的活动方式不能只按部就班。理想的儿童活动内容必须是专门设计的，更易于理解的。生活技能教育质量没有提上去，组织活动质量也难提高，如何让儿童体验更多的活动，是值

---

❶ HỘI ĐỒNG ĐỘI TRUNG ƯƠNG. Đổi mới chương trình, hoạt động của Đội phù hợp với lớp đội viên mới [EB/OL]. (2022-03-28) [2024-08-25]. https://thieunhivietnam.vn/doi-moi-chuong-trinh-hoat-dong-cua-doi-phu-hop-voi-lop-doi-vien-moi.html.

❷ HỘI ĐỒNG ĐỘI TRUNG ƯƠNG. Tăng cường bồi dưỡng giáo dục kĩ năng thực hành xã hội cho học sinh Đà Nẵng [EB/OL]. (2022-04-19) [2024-08-27]. https://thieunhivietnam.vn/tang-cuong-boi-duong-giao-duc-ki-nang-thuc-hanh-xa-hoi-cho-hoc-sinh-da-nang.html.

得思考的问题。"❶遵循这一理念，胡志明少先队创造性地在互联网与现实世界、校园内外举办了形式多样、内容充实的活动。

胡志明少先队儿童理事会模式的建立和儿童咨询委员会的发展，使组织内部更民主和透明，提升了胡志明少先队的社会影响力和形象。比如，胡志明少先队开展的儿童论坛是提高儿童参与自治性的重要平台，通过论坛，儿童代表可就社会热点与关注点发表意见和建议。这充分发挥了越南儿童的主体性、增强了认同感，形成了积极的自我认知。

儿童在活动中良好的交往互动更能够促进儿童的自我认知、自主学习和个性发展。胡志明少先队给予儿童充分的自主交流和选择的机会，通过儿童咨询委员会儿童能根据自己的兴趣、需求和能力，自主决定参与哪些活动、以何种方式参与，这种自主选择的过程可以增强儿童的自信心和自主性。越南劳动社会部负责儿童发展和参与的副主任范水说道："在越南，儿童占人口的1/3，因此他们的声音很重要。目前，传统观念'大人说，小孩听'已完全不合适了，父母与儿童、教师和儿童之间要平等互动。越南胡志明少先队教育活动将是儿童参与、征求儿童意见的重要渠道。"❷由此可见，胡志明少先队的团队交往互动这一活动方式是越南儿童发声的重要窗口，是促进越南儿童社会参与的突破口，也将开辟越南儿童参与社会实践的新方向、新途径。

四、教育服务过程中对儿童意见的落实有严格监管

成人是否愿意倾听并且落实儿童的想法是高质量交往互动的重要条件。为了

---

❶ HỘI ĐỒNG ĐỘI TRUNG ƯƠNG. Đổi mới chương trình, hoạt động của Đội phù hợp với lớp đội viên mới[EB/OL]. (2022-03-28) [2024-08-27]. https://thieunhivietnam.vn/doi-moi-chuong-trinh-hoat-dong-cua-doi-phu-hop-voi-lop-doi-vien-moi.html.

❷ HỘI ĐỒNG ĐỘI TRUNG ƯƠNG. Mô hình "Hội đồng trẻ em": Giải pháp thiết thực trong công tác thúc đẩy quyền tham gia của trẻ em[EB/OL]. (2016-12-24) [2024-08-28]. https://thieunhivietnam.vn/mo-hinh-hoi-dong-tre-em-giai-phap-thiet-thuc-trong-cong-tac-thuc-day-quyen-tham-gia-cua-tre-em.html.

保障儿童交往互动的有效性，胡志明少先队建立专门的儿童声音落实机构——儿童咨询委员会，以更好地听取、收集和反馈儿童意见，确保今后各项儿童参与交流活动的实效性。越南儿童沟通和参与权专家阮兰明说："我们对儿童的认识和与儿童有关的问题正不断改进，朝着更好的方向发展。越南有一个非常好的面向儿童的政治制度，因此更要严格地去实行这些制度。"❶ 由此可见，倾听儿童意见只是第一步，还需要社会各领域持续重视和帮助儿童。胡志明少先队儿童理事会每年定期组织、协调或参加地方机构的儿童权利落实活动，还会组织儿童意见落实情况监督会，以确保儿童意见的征集、监督、落实机制的高质量运行。越南胡志明少先队尊重和关注儿童的意见和想法，鼓励儿童自主探索和实践，促进儿童之间的合作与交流，提供反思和评价的机会。越南国际计划组织主任沙龙·凯恩女士提到，"越南致力于维护儿童权利，在促进儿童参与权上是领先国家。我们需要创造一个环境，为儿童提供发言条件，胡志明少先队儿童理事会就是一个很好的平台，能增加儿童参与机会，使儿童更充分地表达观点和想法，儿童充分交往互动的同时成人也更加了解儿童需求"。❷ 胡志明少先队建立儿童理事会模式、开展儿童论坛、建立儿童咨询委员会等做法，能够促进儿童情感认知、意见表达，培养积极的人际关系，推动团队合作并增进儿童对组织的信任。

---

❶ HỘI ĐỒNG ĐỘI TRUNG ƯƠNG. Mô hình "Hội đồng trẻ em"：Giải pháp thiết thực trong công tác thúc đẩy quyền tham gia của trẻem [EB/OL]. (2016-12-24) [2024-08-28]. https://thieunhivietnam.vn/mo-hinh-hoi-dong-tre-em-giai-phap-thiet-thuc-trong-cong-tac-thuc-day-quyen-tham-gia-cua-tre-em.html.

❷ HỘI ĐỒNG ĐỘI TRUNG ƯƠNG. Hội thảo kinh nghiệm triển khai mô hình Hội đồng trẻ em [EB/OL]. (2019-07-03) [2024-08-28] https://thieunhivietnam.vn/hoi-thao-kinh-nghiem-trien-khai-mo-hinh-hoi-dong-tre-em.html.

第十四章

老挝十二月少年团的教育服务

老挝十二月少年团自 1955 年 12 月 2 日诞生至今，其功能从战时服务的单一功能逐渐演变为团结少年、维护少年儿童权利及权益、发展少年儿童实践技能、提高少年儿童艺术素养等多项功能，已经成为一个全面服务于少年儿童发展的组织。此外，老挝人民革命党一直关心老挝各族儿童的命运，把少年儿童工作作为一项战略任务，结合党的政治职责开展这项工作。在国家富强壮大的进程中，老挝人民革命党寻找一切机会，抓住每一个时刻，创造一切条件，团结老挝各族少年儿童参加组织活动、接受组织教育，重视他们的学业学习及良好品质的培养，确保其在各方面的生活与安全。

第一节 "少年集结号"：
老挝十二月少年团组织概述

十二月少年团，是指由老挝人民革命党创立的、由老挝人民革命青年团直接领导的少年儿童组织，凝聚了老挝全国各民族 6~14 岁少年儿童。自 1955 年成立以来，老挝十二月少年团不断发展，2015 年在团的少年儿童有 397 008 名，是老挝最大的少年儿童组织。❶ 在青年团的领导下，老挝十二月少年团通过创立十二月少年营会、开展实践活动、体育运动、艺术等教育内容对十二月少年团进行服务，以培养十二月少年正确的价值观，并增强其实践能力、提升其艺术素养等。

一、苏发努冯亲王：老挝十二月少年团的信仰奠基人

苏发努冯亲王是老挝 1975 年建国后的第一届国家主席，深受老挝人民爱戴。他出生于王室，曾前往法国接受高等教育，回国后成为老挝国内首位工程师，参与了老挝多座桥梁的修建工作。高等教育及工程师的经历让他深切感受到不独立、不统一的国家和人民是难以拥有幸福生活的。为改变老挝人民受战争影响带来的水深火热的生活，他积极投身政治，为国家独立与祖国统一不断努力。20 世纪 50 年代，苏发努冯亲王接触到共产主义，并秘密加入共产党，多次前

---

❶ ທຳສະໜຸດກິມເຍົາວະຊົນສູນກາງ ຊາວໜຸ່ມ.ພິນງານ ແລະ ການເຄື່ອນໄຫວ ອງການເຍົາວະຊົນ ຄົບຮອບ 65 ປີ[EB/OL]. [2024-06-20]. http://online.pubhtml5.com/mjon/slqu/index.html.

往越南与胡志明等越南共产主义运动领袖交流。❶20世纪50年代后期，巴特寮（老挝人民军的前称）在现老挝东北部华潘省附近建立革命根据地，并成立了老挝干部子弟学校。1960年，苏发努冯多次视察干部子弟学校，并对广大少年儿童提出了"团结、互助、好学"的要求。❷

1977年6月1日，老挝人民革命青年中心与教育体育部共同庆祝儿童节，邀请苏发努冯主席出席并进行了演讲，给予了老挝少年儿童们9项教诲，即老挝十二月少年团的精神信仰——"六爱三憎"。其内容是教育青少年要促进民族的团结、热爱祖国、热爱社会主义、痛恨国家的敌人等，并对年轻一代提出新的希望。苏发努冯主席提出的"六爱三憎"是培育老挝新的一代接班人的重要指示，旨在培育拥有革命道德、政治思想、技能知识、文化知识及健康知识的十二月少年。"六爱三憎"是用少年儿童易于理解和记忆的短句写成，内容涵盖各个领域，是十二月少年树立远大理想的基础，阐明了党和国家对十二月少年的期望，也展现了老挝新的一代年轻人的态度。

"六爱三憎"奠定了老挝十二月少年团的精神基调，简明扼要地说明了老挝十二月少年团的育人要求。至今，"六爱三憎"仍然作为少年团建队发展的最高要求指导着十二月少年们的日常活动和学习。

二、老挝十二月少年团的名称演变及发展历程

老挝十二月少年团自1955年12月2日成立以来，经历了多次名称更迭，每次的名称更迭都反映了不同的时代背景及含义。根据名称的演变及组织在各时期教育服务的发展，将其划分为以下四个时期。

---

❶ ຄະນະກຳມະການວິທະຍາສາດສັງຄົມ ແຫ່ງ ສປປ ລາວ. ເຈົ້າສຸພານຸວົງຜູ້ນຳປະຕິວັດ[M].ວຽງຈັນ Phannoudej Cham. 1989: 34-51.

❷ ທໍສະໜຸດພິມເຍັ້າອະຊົນສູນກາງ ຊາວໜຸ່ມ. ຄຳສອບຈາກຜູ້ຫ່ວງໃຍ[EB/OL]. [2024-08-31]. http://online.pubhtml5.com/mjon/rfwl/index.html.

（一）诞生时期：从"48 小军"到十月十二日少年团

1713 年，统一的澜沧王国❶分裂为万象王国、琅勃拉邦王国和占巴塞王国。三个王国之间互相争斗，都试图吞并另外两个王国。澜沧内部的分化给周边王国的入侵提供了便利。18 世纪末，暹罗从澜沧南部起吞食澜沧领土并一路北上，最终在 1828 年暹罗彻底成为澜沧的宗主国。在暹罗不断增强其在中南半岛实力和提高地位的同时，以法国为主的西方资本主义国家也开始侵略中南半岛。1893 年 3 月，法国对暹罗开战。同年 10 月，两国签署《曼谷条约》，标志着老挝由暹罗属国沦为法国的殖民地。

法属时期，老挝大地上爆发了一场又一场的反法运动。邻国越南的胡志明率先成立越南共产党，一部分老挝青年加入其中，并在党中央的指导下来到老挝开展秘密活动，鼓励和号召老挝人民加入反抗法国殖民统治、争取老挝独立的斗争。1946 年，法国军队在老挝中部甘蒙省的他曲县发动大规模屠杀，造成老挝数千名平民死亡。河滩遍布尸体，湄公河水一片血红。❷法国的大屠杀激起了老挝人民的愤恨，纷纷反击法国军队。与此同时，越南共产党老挝支部也积极动员老挝人民加入反抗法国殖民军队的队伍。其中，老挝南部的阿速坡省有 48 名儿童积极响应号召，成为反法小军人。因该小队由 48 名年龄在 12~14 岁的儿童组成，所以越南共产党将这一支小队命名为"48 小军"，由桐莱·贡玛希任队长。

"48 小军"接受越南共产党老挝支部的管理与教育。为促进老挝革命事业的发展，越南共产党老挝支部注重对"48 小军"的教育与培训，采用"学战结合"的教育方针，即"在休战期间提笔学习，作战期间扛枪作战"，不断提高小队成员"爱国、爱家、仇敌、好学"的品质和精神。在党组织的关怀下，进入青年阶段的小队成员部分选择继续留在军队，还有一部分加入警察和干部行列。

---

❶ 老挝古国名称，由法昂王建立于 1357 年，定都琅勃拉邦，1560 年赛色他提拉国王迁都万象。
❷ 申旭.老挝史[M].昆明：云南大学出版社，2011：220.

为促进小队的发展,1955年12月2日,老挝人民党❶决定根据1945年的"十月十二日独立运动"❷将"48小军"的名称更名为"十月十二日少年团",接受老挝人民党的直接领导与管理,由教育办公室组建少年团组织机构,少年团组织根据地位于老挝东北部的华潘省万赛县。1957年,老挝人民党将"两省根据地"的干部、警察和军队的子女与后辈儿童吸收入"十月十二日少年团",将其培养成为党的事业的继承者。

(二)成长时期:老挝爱国先进少年团

到了20世纪60年代,老挝政局愈发严峻,联合政府破产,老挝右派公然"撕毁"《日内瓦公约》,联合美国等外部势力进攻巴特寮,并逮捕苏发努冯等老挝爱国阵线❸领导人,老挝革命事业面临严重危机❹。为满足革命事业和党的政治任务需要,1960年,老挝人民党领导老挝青年团联合教育办公室召开首届正式少年团大会,并更名"十月十二日少年团"为"老挝爱国先进少年团",首届少年团员30人。首届少年团成员均为位于老挝东北部华潘省万赛县(老挝解放区根据地)的老挝干部子弟的学生。当时少年团要求每月进行一次集体活动,活动期间要求佩戴红领巾,但没有统一的系戴要求。时任老挝少年团组织负责人的苏发努冯亲王对少年团工作作出指示,并对少年团员给予嘱咐,要求"少年团员们要成为榜样模范,英勇无畏、敬爱互助"❺。

---

❶ 老挝人民革命党旧称,成立于1955年,凯山·丰威汉担任第一任总书记,1972年更名为老挝人民革命党。

❷ 十月十二日独立运动,又称十月独立运动,发生于1945年10月,是老挝全国人民宣布独立、建立新政府、统一老挝的重要历史事件。

❸ 老挝爱国阵线,系当时老挝人民党领导机构,其前身为"老挝伊沙拉阵线",成立于1950年,由苏发努冯、凯山·丰威汉等人组建,在1956年正式更名为"老挝爱国阵线",1975年更名为"老挝建国阵线"。

❹ 申旭.老挝史[M].昆明:云南大学出版社,2011:220.

❺ ຫຼັກສູດການຽາວຊົນສູນກາງ ລາວຫນຸ່ມ.ຕິນງານ ແລະ ການເຄື່ອນໄຫວ ອົງການຽາວຊົນ ຄົບຮອບ 65 ປີ[EB/OL].[2024-06-20]. http://online.pubhtml5.com/mjon/slqu/index.html.

此后，老挝少先队员数量不断增长，1975 年增长至 70 000 人。同时，老挝少年团组织积极与中国和越南开展合作，先后派遣学生前往中国和越南学习，1968 年，老挝少年团组织在中国广西南宁的 67 所学校❶成立老挝爱国先进少年团队支委，共有少年团员 1 017 人。

（三）完善时期：十二月二日少年团

20 世纪 80 年代起，老挝少年工作逐步走向机制化和制度化。老挝人民革命党青年团中央委员会在 1983 年召开第一届全国代表大会，指导成立少年部，主管少年团工作，并将"老挝爱国先进少年团"更名为"十二月二日少年团"。大会每五年召开一次，少年部主要负责推动儿童团和少年团发展，开展团内教育和关爱儿童工作。贯彻落实时任国家主席苏发努冯在 1979 年国际儿童节提出的"六爱三憎"精神，即"爱祖国、爱领导者、爱学习、爱劳动、爱团结、爱清洁""憎不爱卫生和污染环境的人、憎不创造建设和不劳而获及不听组织或长辈教导的人、憎引起社会动荡和想要毁灭国家的人"，提高团队成员教育培训能力及队干部能力。由青年团组织指导各类活动，包括开展烈士、因公致残军人家庭儿童帮扶工作，植树活动，养殖活动，卫生清洁活动，体教艺术活动等。

1988 年，老挝团中央根据少年团发展情况对少年团组织作出进一步调整，完善少年团组织，将少年团组织分为大队、中队和小队，并提出新的少年团指导精神——"三好四知道"，即"良好的学习、良好的团结、良好的卫生""知道爱国和爱领袖、知道爱父母和爱老师、知道爱自然和爱劳动、知道分清国家的敌人"。1994 年，老挝团中央推进"两大"精神——"三好四知道"竞赛运动和贯彻"六爱三憎"精神，并强调家、校和社会合力，共同推动十二月少年团教育工作。大会还通过了新版少先队队徽，由老挝国旗、火炬、标有

---

❶ 67 学校是 1967 年，中方无偿在南宁建设的一所老挝中央干部子弟学校，由老挝政府派出教师，负责教学组织和管理，中方提供办校经费和后勤保障，满足了老挝内战时期保护和培养优秀人才的需要。

队名的红旗组成。2000年,"四大"精神则是继续强调"两大"精神,并加强少年团工作中的党领导作用,增强少年团的县际、省级、央地交流工作,促进少年团出版物印制工作。

(四)成熟时期:十二月少年团

2006年,"十二月二日少年团"更名为"十二月少年团",这一阶段的十二月少年团步入了成熟时期。

首先是队徽等标志的改变。队徽由原本一簇火炬变为三簇,标有队名的红彩带变为标有队名的金边红旗❶,并成立以杰出国家领导人等名字命名的少年大队,这一标志一直沿用至今。其次是制度上的完善,对已经发行的儿童团－少年团相关法律文件开展审查工作,制订十二月少年团工作领导计划、编制少年团领导干部培训课程等,并且在全国召开儿童团和少年团经验交流工作会。这一时期,"三好四知道"运动竞赛在全国范围内推广。最后,是社会服务的加入。这一时期的十二月少年团积极参与社会服务,以多种形式宣传反人口拐卖,并进一步加强建队作风精神建设,提出"三素养",即"爱、学、知道""爱国、爱领导人、爱父母、爱僧侣和老师、爱朋友";"学知识经验、学品德、学作风";"知道劳动、知道传统习俗、知道团结互助、知道纪律"❷。积极组织儿童团和少年团参与竞赛活动和社会活动,促进少年儿童全面发展进步,国际交流活动进一步扩大。

三、团结与奋斗:老挝十二月少年团的组织特征

老挝人民革命青年团受老挝人民革命党领导,团结老挝各族少年儿童,服

---

❶ 此版少年团队徽与建国前的队徽一致。资料来源:Pubhtm15. ທີ່ສະໜຸດກົມເຍົາວະຊົນສູນກາງຂາວຫນຸ່ມ.ຜົນງານ ແລະ ການເຄື່ອນໄຫວ ອງກການເຍົາວະຊົນ ຄົບຮອບ 65 ປີ[EB/OL].[2024-06-20].http://online.pubhtm15.com/mjon/slqu/index.html.

❷ ທີ່ສະໜຸດກົມເຍົາວະຊົນສູນກາງ ຂາວຫນຸ່ມ.ບົດແນະນຳ ການຈັດຕັ້ງປະຕິບັດ ຂໍ້ແຂ່ງຂັນ 3 ດີ 4 ຮູ້ ຂອງເຍົາວະຊົນ[EB/OL].[2024-05-24].http://online.pubhtm15.com/mjon/jnwg/index.html.

务于十二月少年,通过贯彻建队精神、开展运动竞赛等方式提高团员对身份与组织的认同,使其为成为优秀的接班人而奋斗。基于此,老挝十二月少年团形成了团结和奋斗的组织特征。

（一）组织目标明确：团结各族少年使其成为国家的有生力量

2023 年,老挝国会通过的《少年团法》在第二章中明确了老挝少年的重要性,认为"老挝少年是战略性人力资源、宝贵的杰出财富和国家的优良未来,也是未来维护和发展国家的重要接班人"。❶老挝人民革命党历来重视广大青少年儿童的发展,深刻认识到儿童发展关乎国家未来。不论在战争时期还是和平年代,将少年儿童培养成为国家事业接班人始终是老挝人民革命党的重要目标。老挝人民革命党认为,儿童如同洁白的白纸和含苞待放的花朵,后期的教育和引导会影响"白纸"与"花朵"的最终形态。因此,老挝人民革命党领导老挝青年团结老挝各族儿童,呼吁全国各族适龄儿童积极加入十二月少年团。为此,老挝人民革命青年团中央在 2021 年 7 月修订《十二月少年团组织章程》,将"十二月少年"定义由"9~14 岁的老挝公民"更改为"9~14 岁的老挝各民族儿童",进一步强调了少年团的全民属性和团结性。以学校为主的基层团组织积极开展"六爱三憎"主题活动,贯彻落实"为了国家的使命,少年已准备好"的少年团口号。❷同时,少年团通过组织加强对少年儿童教育,培养其爱国、守法、保护国家传统的精神,教育其积极向团组织、党组织靠拢,以国家领导人为榜样,学习其作风与道德,形成正确的劳动观、价值观,传承和弘扬各民族优秀传统文化,提高广大少年儿童自我成长的能力,培养其成为老挝人民革命青年团的优秀继承人。

---

❶ ຫໍສະໝຸດກົມເຍົາວະຊົນສູນກາງ ຊາວໜຸ່ມ.ກົດໝາຍວ່າດ້ວຍເຍົາວະຊົນ(2023)[EB/OL].[2024-09-28]. http://online.pubhtm15.com/mjon/rcjz/index.html.

❷ ຫໍສະໝຸດກົມເຍົາວະຊົນສູນກາງ ຊາວໜຸ່ມ.ກົດລະບຽບ ການຈັດຕັ້ງເຍົາວະຊົນທັນວາ(2021)[EB/OL].[2024-08-29]. http://online.pubhtm15.com/mjon/rsip/index.html.

（二）组织制度规范：入团标准、活动开展及奖惩规定

尽管老挝人民革命青年团中央多次提出要进一步扩大少年团员人数，但并未为实现这一目标而降低入团标准。2021年新版《少年团组织规章》，进一步延续了此前设置的入队条件，但在措辞上增加了"标准"字样，突出入团标准的严格特征。❶少年团入团标准分为硬性标准和软性标准两部分。硬性标准可通过证件证明的年龄和国籍标准，年满9岁、不超过14岁的老挝各民族儿童均可申请加入少年团；软性标准为考察标准，即需要经学校、班主任和少年团辅导员等考察认可的有关要求，包括爱国、品行优良、尊师敬长、学业优秀、团结互助、遵规守纪，有组织认同、参加组织活动积极性强等。先进群众❷入团流程分为学习、申请、审查、批准四步。少年团辅导员联合少年团大队委向先进群众开展少年团规章学习培训，先进群众经过学习后可自愿填写少年团申请表并提交至少年团大队委，由大队委向学校少年团辅导员提交审核。少年团辅导员审核后再征求校领导班子意见，最后由青年团县委批准入团。

少年团活动主要分为集会活动和教育活动两类。少年团委员会三级队组织根据规章要求需举行定期集会活动，大队要求实行季度集会，中队和小队实行月度集会，集会主要内容为开展经验交流和审议通过活动规划，参会成员包括队委和队员。大队季度集会审议通过月度、季度和年度活动方案，中队月度集会审议通过季度活动方案，小队月度集会审议通过月度活动方案。教育活动是由青年团领导、十二月少年团指挥部指挥开展的系列生活活动，包括围绕建队精神、作风的各类竞赛、运动等。其目的是利用活动加强对团员的教育引导，

---

❶ ທຳສະໝຸດກົມເຍົາວະຊົນສູນກາງ ຂາວໜຸ່ມ.ກົດລະບຽບ ການຈັດຕັ້ງເຍົາວະຊົນທັນວາ（2021）[EB/OL].[2024-08-29]. http://online.pubhtml5.com/mjon/rsip/index.html.

❷ 根据老挝人民革命青年团规定，十二月儿童团是十二月少年团的预备组织，加入老挝十二月少年团前应加入过十二月儿童团。儿童团成员年龄范围为六至九岁，少年团成员为九岁至十五岁，虽然年龄段连续，但在实际过程中，中间依然存在时间空差，因此由于年龄超过规定而自动退出儿童团并且未能及时加入少年团的少年儿童则称为先进群众。

培养优良的品格与提高道德水平，促进少年儿童的全面发展。除此之外，还有十二月少年营活动。1975年老挝建国后，这一活动成为少年团的常态化活动，用于加强宣传教育引导。其形式上分为永久营地及流动营地，主题分为竞赛营和训练营。竞赛营以开展竞赛评选性质活动为主，示范营则主要开展知识传播、宣传教育等活动。营会结束后会举行闭营仪式，并对优秀营员予以表彰。

为增强队员的积极性和认同感，青年团领导少年团大队委对积极践行和遵守"六爱三憎""爱、学习、知道"素养及"三好四知道"竞赛活动的少年团员予以表彰。表彰级别与团组织级别相同，即校级、县级、市级、省级/直辖市级和中央级。为更好地规范少年团员的行为，督促少年团员不断积极向上，青年团也制定了对不良少年儿童的惩戒措施。惩戒措施依据违纪次数分为公开批评、教育并登记入档、自我检讨和开除队籍。

（三）组织文化鲜活：民族文化、组织文化同成员自身文化的有机结合

作为老挝最大的少年儿童组织，老挝十二月少年团的组织文化一方面来源于战时文化、党团历史文化等，另一方面也深受其民族文化的影响。老挝十二月少年团面向老挝6~14岁的少年儿童，其组织文化的建设与发展均围绕着"少年儿童"进行，其民族文化、组织文化和成员自身的儿童性相互交错，形成了鲜活的组织文化。

首先，是民族文化同十二月少年团组织文化的结合。老挝作为一个传统的多民族国家，在历史长河的浸润下形成了独特的民族文化，既有以佛教为主的宗教文化，也有自己民族特色的本土文化。例如，老挝的传统社会价值观中强调的"顺从父母、长辈""善恶因果观念"。[1]在十二月少年团推行的"六爱三憎""三好四知道"价值观建设中有着"爱父母、爱老师""憎恨敌人"等；以及在佛教文化的影响下，也有着"爱僧侣"的口号。将独特的民族文化、宗教文化纳入十二月少年团组织的文化建设中，是其组织文化鲜活性的体现之一。

---

[1] 高金. 老挝民族伦理文化保护与传承研究[D]. 哈尔滨：黑龙江大学哲学学院，2019：37.

其次，是十二月少年团组织文化同成员自身儿童性特征的有机结合。老挝人民革命青年团领导各族少年儿童，根据年龄特征设立十二月儿童团、十二月少年团。6~8岁少年儿童进入十二月儿童团；9~14岁少年儿童进入十二月少年团。且行为规范有所不同。十二月儿童需佩戴蓝领巾，十二月少年则是红领巾；且参与的活动有所区别，十二月少年的身心发展较为成熟，往往参与较为复杂的活动，十二月儿童则是参与较为简单的活动。除此之外，十二月少年团组织的活动方式也体现了"儿童性"这一特征，均是以"游戏""竞赛"等趣味性、有吸引力的活动为主。例如，户外营地活动包括搭建小屋、体育比赛、讲故事、辩论、手工、篝火游戏、农耕以及家务等。❶这种以儿童为服务主体的组织文化建设，使老挝十二月少年团的组织文化呈现出了鲜活的生命力。

---

❶ ທໍສະໜຸດກົມເຍົາວະຊົນສູນກາງ ຊາວໜຸ່ມ.ພິນງານ ແລະ ການເຄື່ອນໄຫວ ອົງການເຍົາວະຊົນ ຄົບຮອບ 65 ປີ[EB/OL].[2024-06-20].http://online.pubhtml5.com/mjon/slqu/index.html.

第二节　老挝十二月少年团的教育服务状况

作为老挝最大的少年儿童组织，老挝十二月少年团一直致力于通过为少年儿童提供丰富的项目活动及营会实践等，来培养十二月少年的生活技能，增强十二月少年的责任意识；力求通过集体的力量，打造一支强劲有力的队伍，促使十二月少年的健康成长。

一、教育服务的理念：在集体中培养国家未来的建设者与接班人

老挝人民革命党认为，少年儿童是国家的希望和未来。党领导下的十二月少年团重视集体的力量，其目标是凝聚老挝全体少年儿童，成为一支强大的老挝儿童群众组织，使少年儿童在集体活动中学习必备的知识技能，成长为国家未来的建设者和优秀接班人。十二月少年的口号是"为了国家的使命，少年已准备好"。❶另外，自1975年12月2日老挝人民民主共和国成立后，为保证少年儿童的集体活动及教育服务，1994年第三次全国青年代表大会提出设立十二月少年营，❷通过链接各班级、各学校及各省市的十二月青年，创设包含生活技能、趣味运动、演讲活动、社交训练、手工制作等多方面内容的集体活动及服务项目，对十二月少年提高自信心、创造力、领导力、动手操作能力、

---

❶ ຫໍສະໝຸດກາງເຍົາວະຊົນສູນກາງ ຂາວໜຸ່ມ.ກົດລະບຽບ ການຈັດຕັ້ງເຍົາວະຊົນທັນວາ（2021）[EB/OL].[2024-08-29]. http://online.pubhtml5.com/mjon/rsip/index.html.

❷ ຫໍສະໝຸດກາງເຍົາວະຊົນສູນກາງ ຂາວໜຸ່ມ.ຜົນງານ ແລະ ການເຄື່ອນໄຫວ ອງກ໌ານເຍົາວະຊົນ ຄົບຮອບ 65 ປີ[EB/OL].[2024-06-20]. http://online.pubhtml5.com/mjon/slqu/index.html.

合作能力和敏捷度等进行训练。十二月少年团要求成员在各项集体活动中团结合作，完成任务，在活动中成长为一个有集体主人翁意识的建设者。

二、教育服务者的组织机构及人员要求

（一）十二月少年团委员会

十二月少年团委员会是接受老挝人民革命青年团直接、全面领导的老挝各民族少年儿童的群众组织，是积极、杰出和经过实践锻炼的老挝各民族少年的组织。十二月少年团委员会作为老挝少年团、儿童团领导机构，是保障老挝各民族少年儿童正当权益的代表，是老挝人民革命青年团团结和培养有革命道德、有知识和有能力的少年组织。

（二）十二月少年团教育服务者的级别构成

十二月少年团委员会以大队为最高组织，实行大队管理制，大队主要以学校为单位，大队名称主要来源于民族祖先、先烈姓名和学校名称。大队下有中队和小队，每个大队有40~120名队员，配备大队长、副大队长各1名及若干名大队委，下设3~4个中队；每个中队一般有14~30名队员，配备中队长、副中队长和中队委各1名，下设2~3个小队；每个小队一般有7~10名队员，配备小队长、副小队长和小队委各1名。

少年团的管理分为行政管理和队内管理两种，行政管理由大队所隶属基层组织的少年团辅导员负责管理；队内管理是大队、中队和小队的内部自我管理，实行上下级管理，大队直接对少年团辅导员负责，中队和小队则对上一级队组织负责。

（三）十二月少年团教育服务者的要求

由于十二月少年团成员均为初中以下少年儿童，心智等各方面不成熟，容易受到外部影响，迫切需要教育服务者对团成员予以指导与教育。老挝人民革命团中央重视对团成员的教育，对教育服务者提出了明确的要求，但由于十二

月少年团成员均为各个学校的学生，学校教师是向其开展教育的主要服务者，因此学校教师多兼任学科教育和团组织相关教育服务者的双重身份。此外，教师又接受学校和上级团组织的管理，这种管理也会影响教育服务者开展对团成员的教育。因此，团中央制定的相关规定分为针对教育服务者管理者和直接教育服务者两类。

对于各级团组织，团中央强调团组织在宏观政策层面的引导与管理，要求各级团组织积极开展符合儿童团、少年团成员心智的活动。在开展活动的同时，将国家法律法规、政策及党的决议等宏观政策融入活动中。团中央规定，各级团组织开展相关教育应当将"把学生培养成学业优良、品德良好、团结友爱、兼具才能的学生"❶。团中央允许各级团组织在制定教育活动方案时因地制宜地设置有关内容。对于直接教育服务者，团中央制定的要求更为具体和全面，要求教育服务者应当有坚定的政治立场，懂得融会贯通地将理论融入实际教育；应当有道德、有纪律、有耐心、有时间观念、有集体意识，开朗、乐观；应当为人积极、有创新意识，灵活变通、敬业、关心儿童；应当诚实公正、有良好品行、志趣高尚；应当具备艺体才能。❷

三、教育服务的内容

老挝十二月少年团的教育服务内容多样，且随着时代的发展，教育服务的范畴也在逐渐扩大。它既保留了战时文化所要求的青少年生存实践技能的训练，也逐渐拓展了世界儿童组织所提倡的儿童权利的保护及德智体美劳的全面发展。老挝十二月少年团积极寻找机会、创造条件，在团结老挝各族少年儿童参加组织、接受教育服务的过程中帮助他们树立正确的价值观、保护其合法权利及利益，并在户外实践活动中提升其生活技能及艺术情操等良好品质。

---

❶ ຫຼັກສະໝຸດກິມເຍົາວະຊົນສູນກາງ ລາວທຸ່ມ.ປື້ມຄູ່ມື ນຳພາອົງການເຍົາວະຊົນ-ອະນຸຊົນ ກິມເຍົາວະຊົນ ສຸດປລ[EB/OL]. [2024-07-31]. http://online.pubhtm15.com/mjon/pwzg/index.html.

❷ ກິມເຍົາວະຊົນ.ປື້ມຄູ່ມືນຳພາອົງການເຍົາວະຊົນ-ອະນຸຊົນ [M]. ວຽງຈັນ. 2021: 12-14.

（一）对十二月少年的价值观培育

老挝人民革命党认为，儿童犹如一张"白纸"，后天的教育是塑造其性格的重要途径。故此，对十二月少年的价值观培育是其教育服务的首要任务，其主要涉及劳动观、文化观、人生观及世界观的培育。

其一，树立劳动意识，培养十二月少年讲卫生、爱劳动的价值观。十二月少年团开展的劳动活动内容丰富且具有特色。其中，既有根据节日时令开展的"植树活动"❶，也有根据"六爱三憎"教义中的"爱劳动""爱清洁"开展相应劳动活动。例如，让团员参与学校、村庄、地方的集体劳动，以期在多样的劳动过程中，使他们认识到劳动的价值。老挝传统价值观中憎恨"懒惰""肮脏"，厌恶"浪费"，故"所有从劳动中获得的材料都必须得到有效使用""提高生产力"的劳动观念在十二月少年的培养中随处可见。❷

其二，培养十二月少年的责任意识，保护和发扬国家与各民族优良文化。老挝是一个历史悠久的多民族的宗教国家，以佛教为国教。老挝人民革命党十分重视文化的传承和保护，既重视以佛教文化为首的国内文化遗产的保护，也积极鼓励群众找寻传统文化同现代文明的契合点。例如，针对佛教文化，将优秀十二月少年的称号设置为"'三素养'少年"，"三素养"中"爱"的素养就明确规定了"爱僧侣"。此外，"维护和发扬民族的美好文化"也被纳入了十二月少年团的组织条例中。❸

其三，十二月少年人生观和世界观的培育主要是围绕爱国思想而展开的。以老挝人民革命党的理想为终身学习思想，学习党和国家领导人的优良作风和

---

❶ ທຳສະພຸດກົມເຍົາວະຊົນສູນກາງ ຊາວຫນຸ່ມ.ຜົນງານ ແລະ ການເຄື່ອນໄຫວ ອຽກການເຍົາວະຊົນ ຄົບຮອບ 65 ປີ[EB/OL]. [2024-06-20]. http://online.pubhtm15.com/mjon/slqu/index.html.

❷ ທຳສະພຸດກົມເຍົາວະຊົນສູນກາງ ຊາວຫນຸ່ມ.ກົດລະບຽບ ການຈັດຕັ້ງເຍົາວະຊົນຫັນວາ（2021）[EB/OL]. [2024-08-29]. http://online.pubhtm15.com/mjon/rsip/index.html.

❸ 同❶.

品质，成为一个有革命道德、有组织纪律、团结群众、乐于助人的人。❶这也是十二月少年团的加入仪式中十二月少年的自愿承诺。

（二）对青少年权利的维护及权益的保护

老挝人民革命党领导的老挝人民革命青年团通过十二月少年团加强对少年儿童教育，培养他们爱国、守法、保护国家传统的精神。此外，青年团也强调少年团组织对儿童权益的保障和对少年儿童成长的关怀，通过开展各类公益活动、宣讲活动保障少年儿童的正当权益。老挝2021年出台的《领导少年工作》及《十二月少年团组织章程（2021）》等文件均明确规定：保障十二月少年使用《儿童权利公约》（Convention on the Rights of the Child）的四项权利以及"保护未成年人的合法权益"❷。例如，研究、提议成立青年理事会，根据《儿童权利公约》，以广告形式，通过媒体传播，加强发挥作用、增强保护老挝儿童权益的力量；安排相关部门汇总十二月少年儿童人数，保障全体十二月少年的权利。

除此之外，青年团还重视组织少年工作人员培训，并且积极与国内师范院校就教与学进行协调，研究利用现代电子媒体对国内少年儿童进行教育服务的途径模式；通过提升少年工作人员的技能及探究新的教育服务方式，更好地维护青少年儿童的权利及利益。在完善少年儿童权利法律保护的基础上，青年团还进一步研究为少年儿童工作服务的各项法律法规，从而保障少年儿童的权利。

（三）对十二月少年实践技能的训练

十二月少年团对十二月少年儿童实践技能的训练主要是依托十二月营会进

---

❶ ທຳສະຫຼຸດຮີມເຍົາວະຊົນສູນກາງ ຊາວໜຸ່ມ.ກົດລະບຽບ ການຈັດຕັ້ງເຍົາວະຊົນທັມວາ（2021）[EB/OL]. [2024-08-29]. http://online.pubhtml5.com/mjon/rsip/index.html.

❷ 同❶.

行。十二月营会是起源于老挝人民民主共和国武装部队的军事活动，目的是让"十二月少年"学习生活技能，以及培养团结互助、遵守纪律的好习惯。一般是十二月少年之间以小队、中队、大队的形式在学校、县区、省市之间开展交流经验的会议。会议既包括研讨会、培训、演讲等，也容纳体育、艺术等活动。其实践技能的训练范畴可从生活技能、体育运动两方面阐述。

据《少年工作手册》中记录的营会活动，其关于生活技能的训练包括搭建小屋、模型制作、辩论、演讲、电器发明、手工、农耕等方式多达几十余种，且不断更新。十二月少年的各项生活实践技能全面开花，且活动形式也以比赛、积分制、游戏制的方式进行。❶丰富多样、各具特色的活动内容及形式，能够充分调动十二月少年的积极性，使其在活动中提升生活技能。

十二月少年团的体育运动和比赛主要分为两类。一类是国际上普遍认可和进行的运动，如足球、排球、网球、乒乓球、羽毛球及长短跑等；另一类是少年儿童喜闻乐见的民族传统体育，如三足跑、吃蛇尾巴、兔子搬笼、老虎追猪等。进行体育运动时需辅导员在旁做好准备工作且进行引导、指挥。参加各种体育运动和游戏有助于十二月少年增强体魄，具备良好的身体素质。

（四）对十二月少年艺术素养的培育

除了实践技能的训练，老挝十二月少年团还重视少年们艺术素养的培养及爱好的发展。这一部分内容主要体现在课程补充活动上。课程补充活动是老挝十二月少年团及学校等组织为促进儿童获得更多终身受用的知识，并能够发展成为自己的爱好、天赋及适应性能力的活动，是学校课程及十二月营会的补充。❷其主要实施途径有推广阅读、文学艺术、游学、社区服务和戏剧等，集中于十二月少年文化理解、音乐素养及艺术表现等方面。

---

❶ ທຳສະໝຸດກິນເຍົາວະຊົນສູນກາງ ຂາວໜຸ່ມ.ກິດລະບຽບ ການຈັດຕັ້ງເຍົາວະຊົນທັນວາ（2021）[EB/OL].[2024-08-29]. http://online.pubhtml5.com/mjon/rsip/index.html.

❷ 同❶.

其一，文化理解的培育侧重十二月少年对特定文化情景中艺术作品人文内涵的感悟、领会、阐释能力的培养。例如，推广阅读中分为讲故事环节，就要求十二月少年首先要做到读懂细节，理解课文中的内容，区分每个人物的词语和特点，并利用声音、姿势等手段来帮助表达故事。积累一定经验后，可以根据社会实际事件或想象创作文本、撰写故事来表达自己的观点和感悟。

其二，对十二月少年音乐素养的培育，除了课外补充活动中的学唱歌曲、创作填词等方式，十二月少年团鼓号队的建设也是一种方式。老挝人民领导者认为，文艺作品的存在能够填补人民的精神空白，可以满足欢乐、缓解压力、照亮人民的生活方式。[1]老挝各民族在岁月流逝中形成包括歌曲、圣歌在内的传统音乐，这些传统音乐构成了十二月少年的主要的音乐学习内容。十二月少年团也有独属的乐曲，如《邀光》《自由之地》《建营日颂歌》等。除此之外，十二月少年还要接受基础乐器的学习。例如，十二月少年团鼓号队、管弦乐队中要运用的鼓、小号等，均是十二月少年应学会的内容。

其三，艺术表现是指在艺术活动中创造艺术形象，表达思想感情，展现艺术美感的实践能力。[2]在十二月少年艺术素养的培育中，通常运用角色扮演、戏剧演出、木偶戏等方式。艺术表现的环节往往可以促使十二月少年锻炼胆量、思维力、想象力等，且鼓励十二月少年积极创设剧本，演绎相关故事。

四、教育服务的途径与方式方法

老挝十二月少年团教育服务的途径多种多样，时间上从加入前贯穿到加入后，空间上打通校园内外，还注重过程中仪式感及艺术熏陶，为十二月少年提供全方位的教育服务。

---

[1] ທຳສະໝຸດກົມເຍົາວະຊົນສູນກາງ. ຊາວໜຸ່ມ.ກົດລະບຽບ ການຈັດຕັ້ງເຍົາວະຊົນທັນວາ (2021) [EB/OL]. [2024-08-29]. http://online.pubhtml5.com/mjon/rsip/index.html.

[2] 中华人民共和国教育部. 义务教育艺术课程标准[M]. 北京：北京师范大学出版社，2022：4.

（一）入团前的组织培训服务

与其他社会主义国家不同的是，老挝十二月少年团根据年龄将入团的少年儿童分成了两个阶段：6~8 岁为十二月儿童，9~14 岁为十二月少年。十二月儿童是十二月少年团的后备组织，是加入十二月少年团的起点和准备。❶老挝的少年儿童只有在成为十二月儿童后，才能加入十二月少年团，真正成为一名十二月少年。因此，老挝十二月少年团入团前的组织培训服务主要分为两个部分：一部分是成为十二月儿童的成员，日常可参加部分十二月少年团的训练及活动，通过培训初步熟悉组织的要求和计划；另一部分是针对即将入团的十二月儿童，将在学校集中开设一个星期的课程，由来自团中央或者指定的一些团干部对少年儿童进行授课，授课内容是关于十二月少年团的历史、活动、规章制度等内容。此外，日常学习活动中，十二月少年对十二月儿童有着帮助、督促及辅助活动的责任，以促进十二月儿童顺利晋级十二月少年团。整体来看，十二月少年团入团前的组织培训服务时间周期较长、内容较为全面，且注重长幼衔接。

（二）入团后的竞赛教育服务

老挝的少年儿童在加入十二月少年团之后，会参加十二月少年团的各项活动。为更好地服务十二月少年的成长，帮助他们树立正确的价值观，将 1982 年形成的"三好四知道"发展成为比赛的形式，并在之后的全国青年代表大会上不断完善，对内容、形式、实施流程、竞赛评分标准、反馈方式、评价方式、报告总结方式等进行规定，使其更易于实施，更符合实际。❷自此，"三好四

---

❶ ທີ່ສະໝຸດກົມເຍົາວະຊົນສູນກາງ ຊາວໜຸ່ມ.ກົດລະບຽບ ການຈັດຕັ້ງເຍົາວະຊົນທັນວາ（2021）[EB/OL]. [2024-08-29]. http://online.pubhtml5.com/mjon/rsip/index.html.

❷ ທີ່ສະໝຸດກົມເຍົາວະຊົນສູນກາງ ຊາວໜຸ່ມ.ບົດແນະນຳ ການຈັດຕັ້ງປະຕິບັດ ຂໍ້ແຂ່ງຂັນ 3 ດີ 4 ຮູ້ ຂອງເຍົາວະຊົນ [EB/OL]. [2024-05-24]. http://online.pubhtml5.com/mjon/jnwg/index.html.

知道"竞赛成为十二月少年竞赛服务的最主要形式。实施方法主要是通过明确每个主题的分级，每个主题中增加各种活动作为竞赛标准，以百分制计分，最后汇总得分，各项均在 6.5 分以上的可获得"'三好四知道'少年"称号，一个少年团中"三好四知道"少年达到 65% 以上即可获评"'三好四知道'少年团"。例如，某个地区"三好四知道"少年达到该区十二月少年总数的 65% 以上即可获评"'三好四知道'地区"。以竞赛教育的服务及荣誉称号，能够激励更多的十二月少年践行"三好四知道"，成为"'三好四知道'少年"。

（三）细致规范的仪式教育服务

与老挝十二月少年团活动教育并行的还有仪式教育。十二月少年团的仪式教育尤为丰富，不仅在各种活动前后都设计了细致规范的仪式，而且在各种领导人的接待会议上，都有十二月少年的身影。最典型的有入队仪式、退队仪式，以及献花、开营等仪式。在《领导少年工作》一书中，这些仪式的每个程序及要点都写得很清楚，能够为各级十二月少年团开展仪式时提供参考。"向领导人献花仪式"的具体步骤如下。❶

第一，十二月少年列竖队，清点人数是否与主席团人数一致，左手持花，并将花束朝向左侧，献花信号响起，全体站上主席台，立于主席团成员左侧或右侧，并全体向右或左转，面向主席团成员。

第二，十二月少年单手敬礼，将花束朝向右侧，左腿向前迈一步，右腿回缩，半蹲向主席团成员献花，同时目视主席团成员。

第三，献花后，左腿后退一步，右腿迅速回缩后立正，全体敬礼，再全体右转或左转离开主席台。

---

❶ ຄຳສະຫຼຸດກົນເຍົາວະຊົນສູນກາງ ຊາວຫນຸ່ມ.ປຶ້ມຄູ່ມື ນຳພາອງການເຍົາວະຊົນ-ອະນຸຊົນ ກົນເຍົາວະຊົນ ສປປລ [EB/OL]. [2024-07-31]. http://online.pubhtml5.com/mjon/pwzg/index.html.

细致规范的仪式教育不仅体现了仪式的庄重性,增强了十二月少年的光荣感和使命感,还为各级举办活动时提供了具体参照案例,使十二月少年团仪式的落实具有可操作性,让十二月少年感受到独属于组织的特殊性并增强对组织的认同感。

(四)以营地为主的校外实践服务

十二月少年营会是十二月少年参与实践活动的最主要途径。十二月少年团的实践活动多是依托十二月少年营会,在校外选择营地,从而开展十二月营会。营地建设时空上具有灵活性,首先是时间上的灵活,营会时间较短,可能是半天、一天或者两天;其次是阵地设置的灵活性,营地建设有两种类型,分别是永久营地及流动营地,是各个队组织间加强交流的平台。❶参营少年儿童多以县、省等青年团地方组织或学校等组织为单位参加。参营儿童需具备某项天赋和实操能力,经学校和家长或监护人同意后方可入营。少年营活动主题明确,紧紧围绕国家历史传统、文化和经济社会发展等主题,通过各类健体和益智类游戏开展。营会结束后,会举行闭营仪式,并对优秀营员予以表彰,增强营员荣誉感和认同感。选择校外、营地式的实践活动具有以下作用:其一,有助于社会各界人士积极加入十二月少年团的教育服务当中,有助于资源的统筹;其二,加强十二月少年与社会的链接,助力培育十二月少年的社会责任感;其三,团结不同班级、不同学校、不同地区的十二月少年,促进他们之间进行交流。

(五)特色化的艺术教育服务

老挝十二月少年团的艺术教育主要是培育十二月少年对文化的理解、音乐素养的熏陶及对艺术的感悟和表现能力,并在进行艺术教育服务的过程中注重突出特色。其一,突出国家特色。关于十二月少年团的歌曲数不胜数,很多歌

---

❶ ຫໍສະໝຸດກົມເຍົາວະຊົນສູນກາງ ລາວທຸ່ມ.ປຶ້ມຄູ່ມື ນຳພາວຽກງານເຍົາວະຊົນ-ອະນຸຊົນ ກົມເຍົາວະຊົນ ສຂປລ [EB/OL]. [2024-07-31]. http://online.pubhtml5.com/mjon/pwzg/index.html.

曲都是与国家的传统文化相关，包括老挝的民间歌曲、圣歌和传统舞蹈风格的音乐。其二，突出儿童特色。十二月少年团要求教育服务者引导少年们积极创作歌曲，根据儿童体会世界的方式提出"触摸原则"。例如，感受月亮时，可以写"月亮美丽又明亮""月亮呈现出的色调带来天空的美丽"等；提出每个年龄阶段要掌握的目标歌曲。❶其三，突出音调特色。强调关于十二月少年团的歌曲选择适当的节奏，不要太高或者太低，将内容、节奏、韵律简单组合在一起，不可杂糅较难的音调。

五、教育服务的效果

随着不断地完善和发展，十二月少年团已经成为老挝最大的少年儿童组织，也得到了少年儿童的认可，人数不断增加。加入十二月少年团的成员们通过参加各种各样的活动，接纳组织所提倡的价值观，实践技能及艺术素养不断提升的同时，对组织的认同感也在日益增强。

（一）十二月少年人数的逐步增加

老挝十二月少年团受老挝人民革命青年团领导，每次全国青年代表大会都会统计已入团的团员人数。根据《65周年的工作成果》的数据显示，老挝十二月少年团的人数从最初创建的48人增长为2015年的397 008人。历次数据显示，十二月少年团的人数是呈增加趋势。❷

十二月少年团的入队标准之一是要求征得监护人的同意，人数的逐步增加反映出老挝人民对十二月少年团教育服务的认可，也反映出少年儿童对十二月少年团的支持与喜爱。

---

❶ ຫໍສະໝຸດກາງເຍົາວະຊົນສູນກາງ ຊາວໜຸ່ມ.ປຶ້ມຄູ່ມື ນຳພາວຽກງານເຍົາວະຊົນ-ອະນຸຊົນ ກິມເຍົາວະຊົນ ສຊປລ[EB/OL]. [2024-07-31]. http://online.pubhtml5.com/mjon/pwzg/index.html.

❷ ຫໍສະໝຸດກາງເຍົາວະຊົນສູນກາງ ຊາວໜຸ່ມ.ຜົນງານ ແລະ ການເຄື່ອນໄຫວ ວຽກງານເຍົາວະຊົນ ຄົບຮອບ 65 ປີ [EB/OL]. [2024-06-20]. http://online.pubhtml5.com/mjon/slqu/index.html.

第十四章　老挝十二月少年团的教育服务

（二）十二月少年的组织认同感日益增强

十二月少年团人数的不断增加，一定程度上也反映出十二月少年的组织认同感在不断增强。老挝第七次全国青年代表大会的工作会议指出：78%的十二月少年已获取"三好四知道"的活动证书，以及2019年总结十二月少年团"三好四知道"全国竞赛过程组织实施情况，"三好四知道"少年团有2 439个，占全国十二月青年团总数的61%，完成决议目标。❶十二月少年们大都认为加入十二月少年团是一件非常光荣的事，并随着时间的积累、参与活动的增多，认同感也都在逐渐增加。2020年9月23日，老挝少年部通过了一项决议，决议指出采用少年的属性，即三素养——爱、学习、知道，作为"三好四知道"少年的表彰称号。这些成果的呈现表现出十二月少年对组织的认同度。

（三）十二月少年的实践技能愈加增强

十二月少年营会的设置为十二月少年提供了诸多实践的机会及方式，成效也愈加显著。一方面，十二月少年的实践能力得以提升。老挝第七届全国青年代表大会的会议报告显示：在六一儿童节、植树节、建队日、建党日等节日节点带领十二月少年举办各式活动，如最佳主持人大赛活动、十二月少年营——体育运动、青少年远离人口贩卖宣传会等，十二月少年在这些活动中得以锻炼社会实践能力。❷另一方面，为了扩大十二月少年同其他国家的交流，十二月少年团为十二月少年创造与其他国家的青少年分享知识的机会，带领十二月少年到一些国家进行学习旅行，如带领十二月少年参加第33届朝鲜的国际青少年营、2019年度的俄罗斯文化交流活动，以及越南、日本、新加坡等国海洋中

---

❶ ທີ່ສະຫຸດກອງເຍົາວະຊົນສູນກາງ ລາວທຸ່ມ.ປຶ້ມຄູ່ມື ນຳພາວຽກງານເຍົາວະຊົນ-ອະນຸຊົນ ກິນເຍົາວະຊົນ ສຍປລ[EB/OL].[2024-07-31]. http://online.pubhtml5.com/mjon/pwzg/index.html.

❷ ທີ່ສະຫຸດກອງເຍົາວະຊົນສູນກາງ ລາວທຸ່ມ.ຜົນງານ ແລະ ການເຄື່ອນໄຫວ ວຽກງານເຍົາວະຊົນ ຄົບຮອບ 65 ປີ[EB/OL].[2024-06-20]. http://online.pubhtml5.com/mjon/slqu/index.html.

心的文化交流项目等。❶十二月少年们在这些对外交往中开阔眼界、增长见识、提升实践能力。

（四）十二月少年艺术素养逐渐提升

老挝十二月少年团组织十分注重艺术对少年们的熏陶和感化。在2011—2014年，为表彰"三好四知道"竞赛中表现突出的省份，十二月少年团共印刷了10 000份少年歌曲进行分发。2014年，共举办四次与广播节目相关的培训；每次重大会议前，都会有十二月少年参与鼓号队的培训，并在会议开场进行鼓号队的表演。除此之外，老挝的少年宫以及少年基金会已经建成交付使用，老挝十二月少年团老挝人民革命青年中心与老挝国家音乐学院共同创建了十二月少年合唱团。基础设施的完善、政策的支持、多种多样的音乐活动的开展，共同提升了十二月少年的艺术素养。

---

❶ ທໍສະໝຸດກົມເຍົາວະຊົນສູນກາງ ຊາວໜຸ່ມ.ປຶ້ມຄູ່ມື ນຳພາວຽກງານເຍົາວະຊົນ-ອະນຸຊົນ ກົມເຍົາວະຊົນ ສຢປລ[EB/OL]. [2024-07-31]. http://online.pubhtm15.com/mjon/pwzg/index.html.

第三节　老挝十二月少年团教育服务的经验

老挝十二月少年团根据少年儿童的发展规律和组织特性，通过创设十二月少年营会等途径开展丰富多样、涉及面广的教育服务，培养十二月少年正确的价值观、团结意识、领导力和创造力，以及锻炼其实践能力、提升其艺术素养等。

一、贯彻以儿童为中心的教育服务理念

老挝十二月少年团是一个带有政治色彩的少年儿童组织，但其教育服务遵循的原则之一是"必须按照成长的规律为十二月少年进行科学的教育指导，使其健康成长"。❶十二月少年团的教育服务方式及内容严格贯彻以儿童为中心的教育服务理念。在制定少年儿童的工作纲领时，要根据少年儿童的成长体系及时代进程，与时俱进；在开展少年儿童的竞赛及活动时，强调要采取少年儿童喜闻乐见的方式途径，如"三足跑"等趣味体育的开展；在和少年儿童进行对话时，要讲求说话的艺术。既要注意孩子的身心发展规律，用其能够听得懂的语言进行讲解说明，也要顾及其身心健康，不可使用过激的语言，成年人更应该信守承诺。在文件《领导少年工作》中还标明了"少年工作是具有艺术性"。❷除此之外，十二月少年团针对加入组织的6~8岁的"十二月儿童"，

---

❶ ທໍສະໜຸດກົມເຍົາວະຊົນສູນກາງ ຊາວໜຸ່ມ.ປົ້ມຄູ່ມື ນໍາພາວຽກງານເຍົາວະຊົນ-ອະນຸຊົນ ກົມເຍົາວະຊົນ ສຂປລ [EB/OL]. [2024-07-31]. http://online.pubhtml5.com/mjon/pwzg/index.html.

❷ 同❶.

专门开设符合其年龄段特征的知识课程，开展符合其年龄段特征的活动，使其为真正成为一名十二月少年做足准备。

通过贯彻以儿童为中心的教育服务理念，十二月少年在进行十二月少年营会等组织活动的过程中，真正感受到自己是活动的主人，可尽情发挥所长，健康成长。这也是十二月少年营会设立且大范围推广落实的原因所在。

二、开展以爱国为底色的文化教育服务

老挝十二月少年团能够在近七十年的时间里不断发展壮大，很大程度上是源于其深厚的传统文化的支持。老挝是一个多民族的宗教国家，有着源远流长的文化底蕴。十二月少年团也十分注重文化育人，开展相应的文化教育服务。且其文化教育服务的最大特点就是以爱国为底色。其一，十二月少年的价值观与老挝传统文化价值观相一致。老挝传统文化价值观要求人民"向善""感恩父母"等❶，十二月少年需遵循的教诲是"六爱三憎""三好四知道""三素养"中均提及了"爱国家""爱领袖""爱父母""爱老师"、树立优良作风等，二者不谋而合。其二，将十二月少年服饰同国家含义相结合。老挝教育与体育部发布了十二月少年服饰，由红领巾、帽子、布贴三部分组成。红领巾象征着祖先、领袖、为人民牺牲生命的革命战士。帽子的蓝颜色象征着国家的财富；形状为不规则三角形，前角高于后角，意味着集体利益高于个人利益且所有十二月少年都要给予维护；佩戴时帽子的顶角要在两眉之间，表示自己、家人、朋友和民族的圣洁与正直。❷另外，"保护和发扬国家与各民族优良文化"也是十二月少年的职责之一。❸

---

❶ 高金.老挝民族伦理文化保护与传承研究[D].哈尔滨：黑龙江大学哲学学院，2019：37.
❷ ທຶສະຫຍຸດກົມເຍົາວະຊົນສູນກາງ ຂາວຫຸ່ມ.ກົດລະບຽບ ການຈັດຕັ້ງເຍົາວະຊົນທັນວາ（2021）[EB/OL].[2024-08-29]. http://online.pubhtml5.com/mjon/rsip/index.html.
❸ 同❷.

三、注重户外实践与艺术教育服务

十二月少年团的教育服务尤为注重对十二月少年的户外实践及艺术教育。自老挝十二月少年营会的设立以来，逐渐成为十二月少年团进行户外实践最主要的途径。营会活动的内容及方式多样，包括搭建小屋、体育比赛、讲故事、辩论、手工、篝火游戏、农耕及家务等，涉及农业、体育、科技、社会服务等多个领域。户外实践与艺术教育旨在户外实践的过程中为十二月少年提供教育、训练、品德培养、自我提升和全面发展的服务。艺术教育服务作为课程的补充，主要是通过音乐、文学创作和角色表演等方式进行。创办十二月少年合唱团、十二月管弦乐团、鼓号队及创作少年歌曲、儿童剧本、绘画作品等，一方面能增强十二月少年的光荣感和认同感，另一方面能够培养十二月少年发现美、感受美、创造美的能力。

四、集中社会多方面力量开展教育服务

十二月少年团除了注重每个十二月少年自身的发展，还强调要以"社会的""集体的"力量加入十二月少年团的教育服务当中。一方面，老挝人民革命党一直寻求向世界看齐，认为少年工作是一项具有国际性的工作，且多次组织老挝各省的十二月少年代表团前往中国、越南、俄罗斯交流学习；另一方面，受制于国民经济，老挝政府一直强调十二月少年团的教育服务是一项集体的工作，既需要家庭教育、学校教育和社会教育密切配合，也要呼吁各界人才加入十二月少年团的服务工作，提供资源和帮助。例如，2020年老挝举办"纪念十二月少年成立65周年"的少先队大会，就是由社会人士提供的场地、园所等物质支持。❶除此之外，为加强各区的交流与联系，十二月少年团还多次开展区与区、校与校、省与省之间的活动，促进各地区的十二月少年共同成长。集中社会多方面力量开展教育服务，为十二月少年团提供了更多的资源选择范围，从而为十二月少年提供更为优质的教育服务。

---

❶ ຄຳສະຫຼຸບກິນເຍົາອະຊົນສູນກາງ ຂາວຫນຸ່ມ.ຜົນງານ ແລະ ການເຄື່ອນໄຫວ ອງການເຍົາອະຊົນ ຄົບຮອບ 65 ປີ[EB/OL]. [2024-06-20]. http://online.pubhtml5.com/mjon/slqu/index.html.

第十五章

国际视野下少年儿童组织教育服务的共性经验

儿童是成年人献给未来的最好礼物，也是保持人类社会可持续发展的基础。在不同文化背景下产生与发展着的世界各国多类型多目标指向的少年儿童组织，作为学校教育之外的重要儿童教育组织或机构，在影响各国儿童发展方面发挥着不可忽视的作用，也产生着重要的影响。从国际视角探求这些少年儿童组织所提供的教育服务共性经验，可为全面思考少年儿童组织育人规律提供助益。

第十五章　国际视野下少年儿童组织教育服务的共性经验

一、以每一位儿童发展为本，注重组织教育服务的全纳性

人是教育的"第一问"，儿童是少年儿童组织教育的"第一问"。少年儿童组织教育需要做到以儿童为本，以关怀加入组织中的每一位儿童发展为本。世界各国的少年儿童组织，基本遵循联合国《儿童权利公约》中提出的非歧视、儿童利益最大化、生存与发展权、教育权及健康、休闲和文化活动权等保障的基本精神并努力践行，把儿童权利和福祉的推进放在重要位置，把服务少年儿童自身成长作为少年儿童组织存在并保持旺盛生命力的立足点。例如，各国童子军以直接培养儿童和青少年人的生存技能、个人品质、社会情感、创新思维、开放视野与自我实现等为目标，古巴的何塞·马蒂先锋组织把儿童和青少年作为"高度优先的人口群体"并一直致力于"新人"的形成；老挝十二月少年团着眼于少年儿童作为国家的潜在人才的定位，致力于党与青年团的质量传承，把少年儿童及发展放在组织的首要位置。各国少年儿童组织尽管所依据的社会文化背景和教育理念不尽相同，但在开展少年儿童教育服务活动中表现出以下明显的共性经验：其一，对少年儿童安全的充分保障。例如，捷克先锋组织在开展各种活动前，会对儿童进行系列简要的安全教育与示范，在活动过程中会安排专业医护人员随行。如果儿童自身具有已知健康问题则需要向先锋组织提前报备，以便妥善安排活动避免出现危险局面；在活动准备和过程中，也会按照安全原则和卫生规则仔细勘查活动周围环境，排除危及儿童健康的任何因素，全力保障活动的安全性。另外，在开展活动时，各国少年儿童组织普遍会为参加活动的每一位儿童及其组织活动的成年人购买活动意外保险，以加强安全保障。其二，充分信任儿童。对儿童的信任是接纳儿童的基本表现，也是使儿童增强活动信心并敢于挑战自我的动力来源。例如，芬兰童子军就将"信任"贯穿到教育体系中，相信每一个儿童都有自己的优点和爱好，都可以学好做好与获得成长，因此给童子军成员更多的包容与自由空间，放权给儿童，让儿童轮流去尝试领导小队，增强儿童对自己、他人、社会和自然等的责任能力。其三，重视为特殊儿童等弱势群体儿童提供教育服务。例如，捷克先锋组织对于加入组织的特殊儿童（患有轻度脑功能障碍的儿童、来自社会弱势家庭的

儿童等）会给与相当的重视，不仅主动与欧洲社会基金会合作开创新的教育方案服务这些有特殊教育需求的儿童，还会聘请一些特殊教育领域专家担任干事以对特殊儿童进行专业指导与呵护。古巴对特殊儿童也有明显的关爱性支持，2019年举办了首次特殊教育先锋成员全国比赛。其四，提供基于男女孩性别差异的教育服务。比如，童子军最初主要是面向男孩提供教育服务，当女孩加入进来后除了开展共同活动，也有专门为女孩开设的项目；古巴先锋组织注重男孩和女孩不同角色的养成，注重对未来社会的男人与女人品质生成的引领等。

二、重视人的全面成长，服务儿童个性与社会性的同步发展

人是社会中的人，少年儿童的成长过程是一个从自然人成长为社会人的过程，也是人的个性化与社会化同步发展的过程。各国少年儿童组织在促进儿童个性与社会性同步发展的经验如下。

其一，提供知识与能力并重的教育服务。各国少年儿童组织主要是校外教育性质，虽然很多组织和学校有着千丝万缕的联系，但主要开展区别于学校教育的活动或提供不同于学校教育的服务。比如，南非童子军中有90%的儿童来自农村和贫困地区，所接受的学校正规教育质量较差甚至缺少必要和连贯的学校教育。童子军组织作为非正规教育帮助儿童树立正确的价值观，创造和同龄伙伴一起参与健康和充满乐趣的活动的机会，把知识教育、价值观教育和能力训练结合在一起，帮助南非儿童获得一定的正常发展。

其二，注重为儿童提供学会生存的教育服务。学会生存对于各国儿童而言都是最为基本的能力，童子军组织主要通过做中学的方式让童子军成员掌握各种基本的生存技能，包括在野外煮饭、包扎伤口、方向识别等。此外，澳大利亚童子军通过回收易拉罐、美国女童子军通过义卖饼干等，使男女儿童认识到个人与组织的关系，并在提升个人理财能力、信息判断能力与社会交往能力等中实现个人的社会化发展。

其三，注重为儿童提供增强合作、保持毅力等社会品质的教育服务。比如，童子军所提供的户外探险、野外求生等活动使儿童获得磨炼并成长的机会。女童子军的义卖饼干之路也不是一帆风顺的，需要个人或小队去主动开发客户或

说服客户购买饼干。活动中各种条件的不完善正是锻炼儿童的机会，需要童子军成员有强大的意志和不放弃的信念，调整自己的认知，坚定自己的目标并通过不断学习与反思形成优秀的社会品质。绿色少年团在活动时遇到风雨时，也会坚持让孩子们穿着雨衣植树，帮助儿童形成必要的社会化品质。

三、尊重儿童阶段性身心特征，推进分级教育服务的精细化开展

各国少年儿童组织都是由不同年龄段的儿童成员组成，如何促进与实现儿童成员阶梯性成长成为必须考虑的一件事情。总的来看，各国少年儿童组织往往依据不同年龄段儿童特征和加入组织的要求与发展目标划分了儿童在组织中的不同发展级别。例如，各国童子军组织按年龄一般把儿童成员主要分为五级，即稚龄童子军、幼童子军、童子军、探险童子军和漫游者童子军，不过各级别名称在不同国家会有一些差异。古巴何塞·马蒂先锋组织分为"两阶段三级别"，第一阶段称为"蒙卡蒂斯塔"，由一至三年级队员组成；第二阶段称为"何塞·马蒂"，分为两级，第一级由四至六年级队员组成，第二级由七至九年级队员组成。在这种分阶段分级别的教育服务中，各国少年儿童组织重视两对教育服务关系的营造。

一是加入组织前与加入组织后的教育服务。例如，新西兰的最低级别"鹦鹉童子军"在加入鹦鹉童子军俱乐部之前，会组织进行两周的俱乐部培训，通过者被授予一枚徽章光荣地成为一名鹦鹉童子军，通过加入组织前教育服务的吸引力提高少年儿童对组织的了解和思想认知，从而奠定组织认同的认知基础和情感基础。

二是加入组织后的分级教育服务。各国少年儿童组织普遍的做法就是依据不同儿童年龄特征，设计开展不同形式和性质及不同参与程度的活动。儿童年龄越大，活动的自主性和创造性越强。比如，在南非的幼童子军娱乐日，家长和幼童子军一起会在安排的摊位制作苹果派和爆米花并叫卖出售，吸引不少街坊邻居参与活动，但在针对大龄一些的"童子军修复贫困社区房屋"项目中，参与活动的童子军就要表现出更多的社会责任感、团队合作能力、更强的施工技能与实践能力等，儿童的自主性和独立性也越来越强。

四、以真实生活为基础，开展多主题与体系化的户外实践教育服务

从儿童身心成长规律来看，儿童的社会化发展需要从身边可触摸的"环境理解"逐步向凭借想象就可以认知的"世界理解"发展，特别是早期的生存性经验理解并不能完全在真空中进行，而是需要在真实的情境化环境中才能构建起必要的知识联系与情感联结或者形成稳定的价值观。各国少年儿童组织教育区别于一般的学校教育，其所提供的教育服务更加注重以生活体验与真实情境为载体来进行。无论是日本绿色少年团、捷克先锋组织的募捐，还是美国女童子军的义卖饼干，抑或是童子军的户外露营活动等，都是在保证儿童安全情况下注重在真实情境中发展儿童基本生存能力、社会理解能力和交往能力等，并促进各种知识连接、儿童道德和品质发展的服务活动或方式。因此，世界范围内的少年儿童组织教育服务更注重生存教育而不仅是认知教育或思想意识教育。无论是童子军还是绿色少年团抑或是先锋组织，其所设计和开展的丛林露营、攀岩、急救、种树、与小狗一起散步、为病人募捐、气候监测等活动，都是围绕儿童长大之后也要用到的"本领"来进行的，重在培养儿童基于生活的思维能力、动手能力、适应社会能力和创造能力等。其中，开展营地教育是一种非常普遍的教育服务方式。营地在各国少年儿童组织建设中都是重要的内容，也是属于少年儿童组织及其成员的专有活动场所，有利于便捷而专业地提升儿童的综合能力，是深受儿童喜欢的一种服务提供方式。各国童子军的营地内一般都有草地、森林、河流或湖泊，方便开展活动；捷克先锋组织的营地也多在户外草地、山脚、湖泊等自然环境之中。在营地中开展活动时，儿童可以搭帐篷、造小车、制作木筏、烹饪野餐、认识花草树木，还可以进行游戏、开展夜行或各种比赛等。与大自然的亲密接触能够激发儿童对自然的热爱与敬畏之情、探究之心，能在活动中锻炼体能和动手能力，增强体质、意志力和挑战困难的勇气并获得许多生活知识与技能。

五、以全面制度化建设来保障教育服务有序化和体系化进行

少年儿童组织教育服务的有效提供有赖于组织的全面制度化建设与保障。

第十五章　国际视野下少年儿童组织教育服务的共性经验

其一，章程的制度化建设。组织章程是按照法定、特定或规范程序制定的关于组织规程和办事规则的规范性文书，其不仅作为一种组织的根本性规章制度规范组织建设与成员基本行为，也在保障组织教育服务的有效提供方面起着重要保障和指导作用。比如，老挝十二月少年团章程有11章41条，包括总则、组织机构、儿童和少年及其职责、组织会议、组织管理、组织标志、属性与口号和比赛、基金、组织章程变更和效力等方面内容；越南胡志明少先队章程包括7章19条及其若干条款和附加说明；童子军组织章程具有较大程度的统一性，但会因地区不同而有所差异，一般都涉及成员资格、组织结构、活动安排、徽章制度、誓言与准则及领导与辅导等内容。

其二，服务体系的制度化。一个服务者类别确定、人员职责明晰且协作路径畅通的服务体系有利于提升组织教育的质量。各国少年儿童组织在服务者构成方面都比较清晰有序，无论是纵向的层级式管理人员职责，还是横向的志愿者、家长、学校教师等之间的关系，都清晰有序。招募条件与培训安排等也很明了，一般在官方网站上都能查阅到不同群体或角色在组织中的参加条件与可能参加的活动方式。拿新西兰童子军来说，主要服务者包括新西兰童子军工作委员会人员、童子军领袖和社会公益人士和社会组织等志愿者，这些服务者构成"一个团队"协力为海陆空三类新西兰童子军提供服务。

其三，徽章和奖章等奖励制度的建设。无论是童子军还是其他少年儿童组织，都建设有徽章制度与奖章等奖励制度。徽章或奖章主要作为过程性和进阶性标志，用于对组织内儿童成员进步与发展的激励，涉及生活技能、特定技能或功绩功能方面的徽章不设数量限，也不鼓励横向竞争，而是根据时代发展要求及儿童自身的发展兴趣和发展目标，鼓励儿童个人在组织中的不同层级努力去获得相应徽章。徽章的获得都有明确的标准，也有严格的考核机制，不过儿童在有选择地参加组织活动过程中就能获得组织或成年人领队在这方面的引领或教育训练。奖章往往作为一种荣誉奖项颁发给有突出表现或贡献的成员。比如，童子军组织设立星光奖等金质、银质和铜质奖章，也会设置和平使者奖章。

其四，成年领袖或辅导者的培训与奖励制度。数量充足且高素质的成年人队伍，可以为少年儿童组织教育顺利实施及取得良好的教育效果提供基础性保障。在童子军组织中，往往对童子军领袖和志愿者提供线下或线上和线下相结合的定期培训，包括童子军规则、安全问题、课程训练等内容。加拿大童子军对成年人的培训就形成了方向定位、形式训练、程序工具、组织支持、反馈认可的"五维并举"和依次递进的培训支持模块框架体系来保证培训实效。此外，童子军领袖往往需要更加严格且正式的训练才能获得领袖资格，童子军领袖的培训有初级和高级之分。接受高级培训的童子军领袖，往往在服务童子军组织的意愿和能力方面都随之增强。表现出色或长期服务童子军组织的成年人指导者或志愿者，往往也会通过奖章或晋升等形式予以奖励与鼓励，如新西兰为童子军志愿者设立了"特殊服务奖""杰出服务奖"等表彰奖励。

六、借助家、校、社、政、企协同促进教育服务的社会化运行

少年儿童组织作为社会中的组织，从来不是封闭的而是具有开放性；少年儿童组织教育服务不仅发生在组织内部的成年人与儿童之间，也与组织之外的社会各种力量有着千丝万缕的联系。因此，促进或架构起组织与家、校、社、政、企等社会多种力量之间的协同，是少年儿童组织能提供多样化教育服务以及保障教育服务质量的重要条件。就各国实践经验来看，这种协同主要表现在以下三个方面。

其一，在善用各种社会实践活动中促进社会协同。各国少年儿童组织注重为儿童设计并安排不同社会实践活动以满足其成长需求。比如，捷克先锋组织联合抗癌联盟开展"花儿日"等宣传抗癌知识和为患者募捐的助人利他活动；日本绿色少年团通过与林业厅、文部省等的合作开展多种森林活动、绿色募捐活动等塑造日本儿童对建设家乡美丽责任的承担意识与能力；加拿大社区住户则大力支持童子军义卖爆米花，通过主动购买爆米花来帮助童子军筹集善款。

其二，主动调动多方主体力量形成教育服务合力。比如，英国童子军注重"内部自身"和"外部社会"双向发展，主动与30多家企业展开合作，主动听取对方发出的倡议或无条件获取物质资源、科学技术指导等支持。这不仅使童子军组织能提供更加多样的、有针对性的教育服务，也能使童子军组织在与时俱进中更好地服务少年儿童。

其三，借助与家庭的沟通与合作开展活动。家庭及其家长是各国少年儿童组织在提供教育服务中积极吸引的一支力量。无论是在童子军组织，还是绿色少年团或先锋组织中，都可以看到家长作为领队或志愿者的身影。有的组织还邀请家长作为成员一起参加一些开放性活动。捷克先锋组织会定期安排相关负责人与儿童家长联系，为家长提供近期活动的资料信息、健康报告、活动通知等。这样做一方面向家长传达子女在活动中的表现，另一方面通过与家长沟通，从家长角度了解对于先锋组织的厚望与建议以改进工作。少年儿童组织教育的社会化有助于扩大教育服务范围，使儿童在广泛接触社会中增长见识、建立友谊、锻炼心性、增进社会理解、确立价值观、提升社会服务意识与能力等，也有助于更多社会部门或人员更好地了解少年儿童组织并支持其教育服务。

七、建立专门机构开展组织发展数据统计与教育服务效果跟踪

从整体来看，各个国家少年儿童组织都有较长的发展历史。伴随着全球化进程的推进，国际交流与交往的频繁，科学技术的飞速发展特别是现代信息技术的日新月异，各国少年儿童组织也获得了充分的发展机遇，无论是在教育手段还是在教育内容方面都更加丰富和多元，组织的成员数量在增多，开展的活动能以海量计，包括家长在内的社会志愿者或相关人员与少年儿童组织建立起更加密切的联系。此外，组织成员因到达年龄而离开组织后仍保持密切的联系并对组织中的后辈成员产生积极的影响。如何及时把握组织发展的整体情况并指导其进一步发展，这就需要对各种发展数据进行统计。绝大多数国家在这方面给予了充分重视。比如，英国童子军、美国女童子军、日本绿色少年团等，都非常注重发展数据的年度统计、教育服务效果的跟踪与发布。英国童子军每年出版《童子军协会年度报告》（*Scouts Annual Report*），涉及对上阶段战略目标实现程度、下阶段战略计划措施、财政、童子军成员数量变化与分布等内容的全面总结。此外，从2017年起每年进行对青少年影响的研究并发布《童子军体验调查》（*Scout Experience Survey*）报告，通过研究报告体现教育服务效果与社会影响，增加公众对童子军教育服务的了解，从而更有效参与和支持童子军组织教育的开展；美国女童子军每年都会以不同出版物形式发布女童子

军发展情况，涉及组织内女童人数的统计、各种项目的成效、校友情况反馈及女童子军影响研究等；日本绿色少年团每年都统计各都道府县的团数及其成员数并按期发布；越南按每学年度总结团队工作和儿童运动情况；捷克每年都会发布《先锋》(*Pioneer*)年报等。一国少年儿童组织为儿童提供好的教育服务，不仅需要必要的理论指导和积极的实践作为，也需要基于事实的科学调查和数据反馈，这样才能保持少年儿童组织发展与教育服务有效提供的可持续性。年度发展报告既是对当下的总结，也是对面向未来的数据跟踪。其不仅有助于组织内部清楚了解组织发展状况，也有利于通过数据来总结经验与发现问题，为进一步发展决策提供事实依据。

总之，从世界范围来看，各国少年儿童都承载着各个国家的未来和希望，在很大程度上也承载着人类发展的命运。各国少年儿童组织建立在不同的历史与现实文化基础之上，其所提供的教育服务在体现时代性的同时，也被打上深刻的本土文化烙印，既有共同经验也有差异化发展范式。比较研究的使命之一在于对他国有益经验的反思与借鉴，理智地探求不同文化下同类事物得以产生与发展的各种条件，努力寻找同类事物发展的一般规律。在我国，伴随着新中国七十多年的发展历史，我国少年儿童组织在服务我国儿童发展中起到了不可替代的重要作用。面对新时代的挑战以及教育高质量建设要求，我国少年儿童组织也必将进一步紧密结合国情与民族文化发展，在放眼世界中积极建构新时代需要的少年儿童教育服务新模式，扎实推进教育服务供给侧结构性改革，努力构建系统化教育服务，以更加创新且具有中国特色的时代方式推进少年儿童组织教育服务的实施，稳健提升少年儿童组织的教育服务水平和育人效果。

参考文献

中文类：

[1] 贝登堡. 童子军教育原理[M]. 赵邦嵘, 译. 南京: 正中出版社, 1937.

[2] 柏铁山, 邱程. 生存教育: 国外理论与实践思考[J]. 连云港师范高等专科学校学报, 2017(1).

[3] 蔡连玉, 苏鑫. 南非基础教育质量提升的路径[J]. 比较教育研究, 2014, 36(12).

[4] 陈广嗣, 姜琍. 列国志: 捷克[M]. 北京: 社会科学文献出版社, 2005.

[5] 陈海光. 童子军教育概论[M]. 台北: 正中书局, 1970.

[6] 陈如愿, 陈明昆. 南非2030国家发展规划中的职业教育发展愿景[J]. 世界教育信息, 2019, 32(17).

[7] 陈晓. 美国的男女童军[J]. 少年儿童研究, 2013(1).

[8] 戴元智. 美国女童军领导力培养研究[D]. 上海: 华东师范大学教育学部, 2017.

[9] 邓晓萌. 澳大利亚童子军户外教育活动见闻[J]. 福建教育, 2021(9).

[10] 段镇, 沈功玲. 童子军的经验值得借鉴[J]. 外国中小学教育, 1994(6).

[11] 方蓉. 女性主义视角下的美国女童军教育研究[D]. 上海: 华东师范大学教育学部, 2016.

[12] 冯增俊, 李志厚. 泰国基础教育[M]. 广州: 广东教育出版社, 2004.

[13] 弗雷德·鲁森斯. 组织行为学[M]. 王垒, 姚翔, 童佳谨等, 译校. 北京: 人民邮电出版社, 2009.

[14] 傅丽纯. 美国童子军的课程与教学[D]. 上海：华东师范大学教育学部，2016.

[15] 高金. 老挝民族伦理文化保护与传承研究[D]. 哈尔滨：黑龙江大学哲学学院，2019.

[16] 高凌飚. 过程性评价的理念和功能[J]. 华南师范大学学报（社会科学版），2004(6).

[17] 龚国钦. 英国童子军组织管理与课程体系述评[J]. 世界教育信息，2017(24).

[18] 顾明远. 教育大辞典[M]. 上海：上海教育出版社，1998.

[19] 郭学行，张晓宇. 当前英国童子军发展战略及对我国少年儿童组织建设的启示[J]. 青少年学刊，2017(4).

[20] 郭学行. 1966年-1970年英国童子军改革及对我国少先队建设的启示[J]. 内蒙古师范大学学报（哲学社会科学版），2017(4).

[21] 郭元君. 中小学校教育服务研究[D]. 天津：天津师范大学教育科学学院，2006.

[22] 和平. 论组织观念[J]. 理论导刊，1989(1).

[23] 贺圣达. "泰体西用"：近代泰国思想发展的特点[J]. 东南亚，1996(1).

[24] 洪邦辉，冯强. "童子军"训练模式对中国青少年心理成长的启示研究[J]. 山东体育科技，2018(1).

[25] 胡馨芝. 日本绿化运动面面观[J]. 森林与人类，1994(1).

[26] 胡义详. 泰国童子军教育及启示[J]. 东南亚纵横，2015(11).

[27] 甲秀. 世界"童子军"[J]. 国际展望，1995(16).

[28] 姜立刚. 略论泰国佛教教育与世俗教育关系的演变[J]. 临沧师范高等专科学校学报，2013(1).

[29] 靳希斌. 论教育服务及其价值[J]. 教育研究，2003(1).

[30] 卡斯特罗 F. 菲德尔·卡斯特罗在古巴共产党第一、二、三次全国代表大会上的中心报告[M]. 王玫等，译. 北京：人民出版社，1990.

[31] 孔寒冰. 百年捷克[M]. 杭州：浙江大学出版社，2018.

[32] 蓝仁，廖七一，刘文哲等．加拿大百科全书[M]．成都：四川辞书出版社，1998．

[33] 李燕．世界两大青少年组织特点与启示[J]．山东省青年管理干部学院学报，2001(6)．

[34] 李燕，方巍．童子军：遍及世界各地的青少年组织[J]．当代青年研究，2000(1)．

[35] 廖晓英．中学还能这样上——加拿大教育的精神与细节[M]．宁波：宁波出版社，2015．

[36] 李锦华．古巴共产党是如何继承和发扬何塞·马蒂思想进行治国理政的[J]．当代世界，2008(5)．

[37] 林昆仑，雍怡．自然教育的起源、概念与实践[J]．世界林业研究，2022，35(2)．

[38] 刘秉栋．从隔离走向融合：新南非教育体系转型探考[J]．外语学界，2020，6(00)．

[39] 刘海芳．白人民族主义与南非种族统治[J]．西亚非洲，2004(6)．

[40] 刘军．加拿大[M]．北京：社会科学文献出版社，2005．

[41] 刘广珠，陈文莉，王美丽．组织行为学[M]．北京：清华大学出版社，2014．

[42] 刘玉兰．"生活的准备教育"——世界童军运动教育理念对当前青少年教育的启示[J]．青少年研究（山东省团校学报），2013(2)．

[43] 刘玉兰．贝登堡"补漏洞"教育的启示[J]．广东青年职业学院学报，2018(2)．

[44] 刘玉兰．贝登堡"生活的准备教育"思想与童子军的建立和发展[D]．济南：山东师范大学历史文化学院，2007．

[45] 毛相麟．古巴教育是如何成为世界第一的——古巴教育发展模式的形成和特点[J]．拉丁美洲研究，2004(5)．

[46] 米德 G H．心灵、自我和社会[M]．霍桂桓，译．南京：译林出版社，2014．

[47] 前田勇. 服务学 [M]. 杨守廉, 译. 北京：工人出版社, 1986.

[48] 钱文丹. 芬兰：生活教育也是必修课 [J]. 人民教育, 2018(17).

[49] R. 爱德华·弗里曼. 战略管理的利益相关者方法 [M]. 上海：上海译文出版社, 2006.

[50] 萨尔法蒂 S S. 卡斯特罗语录 [M]. 宋晓平等, 译. 北京：社会科学文献出版社, 2010.

[51] 申旭. 老挝史 [M]. 昆明：云南大学出版社, 2011.

[52] 宋岩, 刘晋宇. 新西兰童子军2015年战略的述评及对我国少先队改革的启示 [J]. 少年儿童研究, 2019(2).

[53] 宋玉梅, 田慧. 芬兰青少年体育活动政策现状及启示 [J]. 青少年体育, 2018(2).

[54] 孙丽芳, 丁晓纲等. 国外森林认证体系发展——以英国、芬兰和德国为例 [J]. 林业与环境科学, 2018(01).

[55] 孙茜, 印义, 叶颖琪, 等. 南非儿童青少年心理健康服务研究 [J]. 基础教育参考, 2024(3).

[56] 孙文桂. 越南胡志明共青团与我国共青团交流情况研究 [J]. 广西青年干部学院学报, 2017(1).

[57] 檀传宝. 少年儿童组织与思想意识教育基本理论 [M]. 北京：教育科学出版社, 2014.

[58] 唐永鹏. 美国童子军户外教育活动特征及其启示 [D]. 呼和浩特：内蒙古师范大学教育学院, 2019.

[59] TIMOTHY K S, DWIGHT E G, Jr., NADINNE L C. 服务学习：先驱们对起源、实践与未来的反思 [M]. 童小军等, 译. 北京：知识产权出版社, 2013.

[60] 王小栋, 王璐. 南非教育改革的探索与发展——"2019行动计划：面向2030学校教育"解析 [J]. 世界教育信息, 2017, 30(4).

[61] 魏红霞. 霸权与主权的对峙：美古恩怨二百年——评《美国和古巴关系史纲》[J]. 拉丁美洲研究, 2022, 44(2).

[62] 吴慧珠, 蒋晓. 课外校外活动 [M]. 北京：人民教育出版社, 1991.

[63] 吴小玮. 童子军运动及探索启示 [J]. 外国教育研究, 2015(6).

[64] 谢一凡. 泰国童子军发展概况及其对我国少先队建设的启示 [J]. 少年儿童研究, 2018(6).

[65] 徐娜, 肖甦. 21世纪俄罗斯青少年国防教育的新发展 [J]. 比较教育研究, 2017(2).

[66] 徐世澄. 从一大到八大: 古巴共产党的发展 [J]. 拉丁美洲研究, 2021, 43(4).

[67] 徐宇清. 美国女童子军述评: 价值观, 领导能力和多样性 [J]. 外国中小学教育, 2001(6).

[68] 薛国凤. 儿童社会化视域下日本绿色少年团社会实践活动及启示 [J]. 日本问题研究, 2023, 37(1).

[69] 薛国凤, 郭铭鹤. 童子军成人指导者"五维并举"培训框架及其对我国少先队辅导员培训的启示——基于加拿大童子军的经验 [J]. 青少年研究与实践, 2023(3).

[70] 薛国凤, 裴昕玥. 符号互动理论视域下古巴少先队"先锋探索运动"社会化教育及启示 [J]. 少先队研究, 2023(4).

[71] 薛国凤, 王明. 少年儿童组织光荣感的社会化培养——基于捷克社会主义青年联盟先锋组织社会实践活动的启示 [J]. 少年儿童研究, 2022(12).

[72] 杨江丁. 一切为了孩子的健康成长——捷克少先队与匈牙利童军见闻 [J]. 少先队研究, 2012(5).

[73] 原栋梁. 作为一种自然教育的夏令营——兼论荒野在儿童成长中的意义 [D]. 北京: 首都师范大学教育学院, 2013.

[74] 张利娟. 捷克基础教育课程框架(历史课程)评介 [J]. 教学与管理, 2017(15).

[75] 张杰. 论教育服务组织的培育与发展 [J]. 教育探索, 2012(1).

[76] 赵国强, 林频. 国际视野下童军组织比较研究 [M]. 上海: 上海人民出版社, 2015.

[77] 赵洪伟. 俄罗斯国家形象传播研究——以纪念反法西斯战争胜利70周年红

场阅兵为例 [D]. 哈尔滨：哈尔滨师范大学斯拉夫语学院，2017.

[78] 张会平. 儿童友好型城市建设：发展中国家经验及其启示 [J]. 社会建设，2021(2).

[79] 张晓东. 泰国中小学道德教育的解析 [J]. 亚太教育，2016(23).

[80] 张晓宇，郭学行. 当前英国童子军发展的 SWOT 分析及展望 [J]. 内蒙古师范大学学报（哲学社会科学版），2017(5).

[81] 张瑜珠. 童子军的徽章制与我国少先队雏鹰争章的比较研究 [J]. 现代中小学教育，2017(3).

[82] 中华人民共和国教育部. 义务教育艺术课程标准 [M]. 北京：北京师范大学出版社，2022.

[83] 周会莉. The Boy Scouts in a Trapper's Camp 翻译实践报告 [D]. 西安：陕西师范大学外国语学院，2012.

[84] 朱逸. 在愿景与现实之间——南非价值观教育与种族平等团结的促进 [J]. 比较教育研究，2021(11).

外文类：

[85] Alice J. Hausman. 1982. The Biocultural Evolution of Khoisan Populations of Southern Africa[J]. American Journal of Physical Anthropology, 1982(2).

[86] ARENA S K, BULLINER E, PETERSON E. Description and Comparison of Health Behaviors to Fitness Measures Among Boy Scouts[J]. Cureus, 2019, 11(11).

[87] BADEN P R. Scouting for Boys[M]. C. Arthur Pearson, 1915.

[88] Báo Bạc Liêu Online.Kế hoạch triển khai phong trào "Kế hoạch nhỏ" giai đoạn2020-2023[EB/OL]. (2020-02-14)[2024-08-01]. https: //www. baobaclieu. vn/thanh-thieu-nien/trien-khai-phong-trao-ke-

hoach-nho-giai-doan-2020-2023-63522html.

[89] BÁO ĐIỆN TỬ ĐẢNG CỘNG SẢN VIỆT NAM. Chuyển đổi số với ứng dụng công nghệ thực tế ảo trong giáo dục môi trường[EB/OL]. (2022-09-18)[2024-04-12]. https://dangcongsan.vn/kinh-te/chuyen-doi-so-voi-ung-dung-cong-nghe-thuc-te-ao-trong-giao-duc-moi-truong-619588.html.

[90] Chương trình "Mizuiku-Em yêu nước sạch". Giới thiệu chương trình[EB/OL]. (2020-02-22)[2024-07-20]. https://mizuiku-emyeunuocsach.vn/.

[91] COHEN S. The Scouts [M]. Shire Publications, 2012.

[92] Columbié-Sánchez E, Espinosa-Caboverde I. Pictogramas: propuesta para los colectivos de la Organización de Pioneros José Martí[J]. EduSol, 2013(13): 31-39.

[93] COREDEY S A. Juliette Gordon Low: The Remarkable Founder of The Girl Scouts[M]. New York: Viking, 2012.

[94] DEBBE T, TOM B, JANICE B, KAREN C, RUSSELL J, KATHY W, YAN L. Boy Scout 5-a-Day Badge: Outcome results of a troop and Internet intervention[J]. Preventive Medicine, 2009, 49(6).

[95] Dinh Van Chi. The Work of Ho Chi Minh Communist Youth Union at the Grassroots Level[J]. Science Publishing Group, 2021(2).

[96] FERN G B. Daisy and the Girl Scouts: The Story of Juliette Gordon Low[M]. Ames: Albert Whitman & Co., 1996.

[97] Fernández Fernández F, Guzmán Leyva T. La organización de pioneros "José Martí" antecedentes y evolución[J]. EduSol, 2005, 5(13): 19-37.

[98] GREGORY M P, CLAIR J N. The Influence of Role Models on Negotiation Ethics of College Students[J]. Journal of Business Ethics, 2005, 62(1).

[99] JEAL T. Baden-Powell[M]. London: Hutchinson, 1989.

[100] Jim Riordan. The Russian Boy Scouts[EB/OL]. [2024-08-17]. https://www.historytoday.com/archive/russian-boy-scouts.

[101] JOSEPHINE D B. Scouting for Grils, Offical Handbook of the Grils Scouts[M].New York: Gril Scout, Inc. National Headquarters, 1925.

[102] К чему готовят современных скаутов в России?[EB/OL]. [2024-08-02]. https://medaboutme.ru/mat-i-ditya/publikacii/stati/deti/bud_gotov_skauting_v_rossii_i_mire/.

[103] LOUISE S B. Education Work of the Girl Scouts[M]. Hardpress Publishing, 2009.

[104] Mislia M, Mahmud A, Manda D. The Implementation of Character Education through Scout Activities[J]. International Education Studies, 2016, 9(6).

[105] Mizuiku I love clean water. Lịch trình triển khai[EB/OL]. (2024-03-01)[2024-05-06]. https://mizuiku-emyeunuocsach.vn/lich-trinh.

[106] Mrs. Supaporn Jaturapat. Strategy for the development of Thai scouting to enhance good citizenship[M]. Bangkok: Chulalongkorn University, 2013.

[107] Nguyễn Văn Hoa. PHương PHÁp Tổ Chức Công TÁc Đội Thiếu Niên Tiền Phong Hồ Chí minh[M]. Thành phố Hà Nội: PHòng ScĐt-Nxbgd TẠi Tp. Hồ Chí Minh, 2006.

[108] Pattaraporn Krutraruk. Problems Of Developing Boy Scout-Girl Scout Activities Of School Under Secondary Education Service Area Office 32[D]. Buri Ram: Buriram Rajabhat University, 2016.

[109] Paul Gilbert. Nicholas II and the Boy Scout Movement in Russia.[EB/OL]. (2019-03-18)[2024-07-15]. https://tsarnicholas.org/2019/03/18/nicholas-ii-and-the-boy-scout-movement-in-russia/.

[110] Pawaris Mina. The Procedure of Nationalism in King Rama VI's Play:

A Case Study of Hua Jai Nak Rob[C]. The European Conference on Literature & Librarianship 2015 Official Conference Proceedings, 2015.

[111] REBEKAH E R. American Girlhood in the Early Twentieth Century: The Ideology Girl Scout Literature, 1913-1930[J]. USA: The Library Quarterly (The University Chicago Press), 1998, 68(3).

[112] ROYSE D. Scouting and Girl Scout Curriculum as Interventions: Effects on Adolescents' Self-Esteem[J]. Adolescence, 1998, 33(129).

[113] RUSSKIY MIR FOUNDATION. Scouts in Australia: Preserving Russian Spirit[EB/OL]. [2024-08-17]. https://russkiymir.ru/en/publications/313990/

[114] Scoutdocs. Canadian Scouting Camps Directory[EB/OL]. [2024-08-22]. https://scoutdocs.ca/Camps/.

[115] SIMS A H, Keena K K. Juliette Low's gift: Girl Scouting in Svannah, 1912-1927 [J]. Georgia Historical Quarterly, 2010, 94(3).

[116] SOCIALIST REPUBLIC OF VIET NAM Government News. Biography of President Ho Chi Minh[EB/OL]. (2019-02-04)[2024-07-10]. https://cn.baochinhphu.vn/%E8%83%A1%E5%BF%97%E6%98%8E%E4%B8%BB%E5%B8%AD%E7%AE%80%E5%8E%86-1166675.html.

[117] Sohu. Cadets VS Scouts[EB/OL]. [2024-08-22]. https://www.sohu.com/a/193426868_741853.html.

[118] Scouting and Guiding in Russia. [EB/OL]. (2015-11-07)[2024-07-12]. https://en.scoutwiki.org/Scouting_and_Guiding_in_Russia.

[119] Scout Wiki. National Organization of Russian Scouts[EB/OL]. [2024-07-01]. https://en.scoutwiki.org/National_Organization_of_Russian_Scouts

[120] Supatra Rithibutr. Problems of teaching boy scouts in elementary

school bangkok metropolis[D]. Bangkok: Chulalongkorn University, 1982.

[121] Timothy Parsons. Een-Gonyama Gonyama: Zulu Origins of the Boy Scout Movement and the Africanisation of Imperial Britain[J]. Parliamentary History Yearbook Trust, 2008(3).

[122] Wikipedia. Robert Baden-Powell, 1st Baron Baden-Powell[EB/OL]. https: //en. wikipedia. org/ wiki/Robert Baden-Powel.

[123] Wikipedia. The Scout Association[EB/OL]. https: //en. wikipedia.org/ wiki/The_Scout_Assoc iation.

[124] World Scouting. Scouts for SDGs [EB/OL]. [2024-08-22]. https: //sdgs. scout. org/.

[125] บวรวิทย เลิศไกร. Developing Scout Leader Training Program for Scout Patrol Leader Training[J]. Journal of Education. 2009. 10-2020. 1, 21(1).

[126] 中川 宏治, 緑の少年団活動の現状と課題——滋賀県湖東地域の緑の少年団を中心に [J]. 環境教育, 2015, 24(3).

[127] ກິມເຍົາອະຊິນ. ປຶ້ມຄູ່ມືນຳພາວຽກງານເຍົາອະຊິນ-ອະນຸຊິນ[M]. ວຽງຈັນ. 2021.

[128] ຄະນະກຳມະການອົມທະຍາສາດສັງຄົມ ແຫ່ງ ສປປ ລາວ. ເຈົ້າສຸພານຸວົງຜູ້ນຳປະຕິວັດ [M]. ວຽງຈັນ Phannoudej Cham, 1989.

[129] ຫໍສະໝຸດກິມເຍົາອະຊິນສູນກາງ ຂາວຫນຸ່ມ. ກິດລະບຽບ ການຈັດຕັ້ງເຍົາອະຊິນທັນວາ (2021) [EB/OL]. [2024-08-29]. http: //online. pubhtm15. com/mjon/ rsip/index. html.

[130] ຫໍສະໝຸດກິມເຍົາອະຊິນສູນກາງ ຂາວຫນຸ່ມ. ກິດໝາຍວ່າດ້ວຍເຍົາອະຊິນ (2023) [EB/OL]. [2024-09-28]. http: //online. pubhtm15. com/mjon/rcjz/index. html.

[131] ຫໍສະໝຸດກິມເຍົາອະຊິນສູນກາງ ຂາວຫນຸ່ມ. ຄຳສອນຈາກຜູ້ທ່ວງໃຫຍ່[EB/OL]. [2024-08-31]. http: //online. pubhtm15. com/mjon/rfwl/index. html.

[132] ຫໍສະໝຸດກິມເຍົາອະຊິນສູນກາງ ຂາວຫນຸ່ມ. ບົດແນະນຳ ການຈັດຕັ້ງປະຕິບັດ

[132] ຂໍ້ແຂ່ງຂັນ 3 ຕິ 4 ຮູ້ ຂອງເຍົາວະຊົນ[EB/OL]. [2024-05-24]. http: //online. pubhtml5. com/mjon/jnwg/index. html.

[133] ຳສະໝຸດກິມເຍົາວະຊົນສູນກາງ ຂາວໜຸ່ມ. ປຶ້ມຄູ່ມື ນຳພາວຽກງານເຍົາວະຊົນ-ອະນຸຊົນ ກິມເຍົາວະຊົນ ສະປປ[EB/OL]. [2024-07-31]. http: //online. pubhtml5. com/mjon/pwzg/index. html.

[134] ຳສະໝຸດກິມເຍົາວະຊົນສູນກາງ ຂາວໜຸ່ມ. ຜົນງານ ແລະ ການເຄື່ອນໄຫວ ວຽກງານເຍົາວະຊົນ ຄົບຮອບ 65 ປີ[EB/OL]. [2024-06-20]. http: //online. pubhtml5. com/mjon/slqu/index. html.

官方网站类：

[135] ECURED. https://www. ecured. cu. （古巴何塞·马蒂先锋组织官网）

[136] Girl Scouts of the USA. https: //www. girlscouts. org. （美国女童子军官网）

[137] 公益社団法人国土緑化推進機構. https: //www. green. or. jp. （日本国土绿化推进机构官网）

[138] HỘI ĐỒNG ĐỘI TRUNG ƯƠNG. https://thieunhivietnam. vn/. （越南胡志明少先队官网）

[139] 林野庁. https: //www. rinya. maff. go. jp/j/sanson/kan_kyouiku/main3. html. （日本林业厅官网）

[140] ОРЮР Организация РоссийскихЮных Разведчиков. https: //orur. ru. （俄罗斯青年情报官组织官网）

[141] Partio Scout. https: //www. partio. fi. （芬兰童子军官网）

[142] Pionýr. https: //pionyr. cz. （捷克共和国社会主义青年联盟先锋组织官网）

[143] Scouting in Canada. https: //www. scoutscan. com/scoutscan. html. （加拿大童子军活动官网）

[144] SCOUTS Aotearoa. https://scouts.nz.（新西兰童子军官网）

[145] Scouts Australia. https://scouts.com.au/.（澳大利亚童子军官网）

[146] Scouts Canada. https://www.scouts.ca/.（加拿大童子军官网）

[147] SCOUTS South Africa. https://www.scouts.org.（南非童子军官网）

[148] The Scout Association. https://www.scouts.org.uk/.（英国童子军协会官网）

[149] สำนักงานลูกเสือแห่งชาติ. https://www.scoutthailand.org.（泰国童子军官网）

[150] ຫໍສະໝຸດພິມເຍົາອະຊົນສູນກາງຊາວໜຸ່ມ. https://pubhtml5.com/bookcase/ldds/.（老挝团中央少年部资料库官网）

后记

　　写一本关于少年儿童组织教育的国别研究之书，是我和学科团队由来已久的一个心愿。六七年前，我们这个由河北大学少年儿童组织与思想意识教育专业和比较教育专业构成的团队师生就开始思考并慢慢着手。仍记得多年前星光灿烂的晚上，当时团队的十几个人在研究室忙碌的场景，人数不少但似乎只能听见翻阅文本或手指敲击键盘的声音，以致回忆起来团队成员很怀念地说"好喜欢当时的那种氛围！"是对少年儿童组织与教育事业的热爱以及想做好这样一项研究的共同信念把我们联结在一起。一晃几年过去了，团队成员中多数都已经毕业，又有新的师生成员加入进来。在这一次重新组建团队时，有的原有成员由于学习或工作原因而不能继续跟进，但最初的部分文献搜集与整理贡献被记录在各章作者名单中；大部分原有成员继续加入进来，和新加入成员一起带着饱满的热情在工作之余主笔完成研究。这是一个"战线"很长的研究，感谢前前后后所有团队成员的共同努力与不懈付出！

　　本著作由我主持策划并牵头组织具体的撰写工作，最终统稿和统校工作由我和单耀军教授共同完成。具体各章节作者分工及现工作单位如下：

绪　论：薛国凤（河北大学教育学院）
第一章：郭铭鉴（上海市嘉定区普通小学白银路分校）
第二章：薛国凤（河北大学教育学院）
　　　　白天韵（河北大学生命科学学院）
第三章：郭铭鹤（河北大学教育学院在读博士生）
第四章：田瑞兰（河北大学法学院）

武英凤（山东省沂水县教育和体育局）

第五章：李璐瑶（保定中学）

张　宁（河北大学教育学院在读博士生）

第六章：单耀军（河北工程大学；河北大学文化传承创新研究中心）

王　贺（河北省邢台市医疗保障局）

邓晓萌（武汉城市职业学院）

第七章：梁明伟（河北大学教育学院）

张萌萌（邯郸市人和中学）

第八章：刘婧雯（河北元氏南因镇人民政府）

第九章：贾　静（酒泉市肃州区教育局）

陈蜜娜（洛阳东方理工实验学校）

单耀军（河北工程大学；河北大学文化传承创新研究中心）

第十章：薛国凤（河北大学教育学院）

第十一章：薛国凤（河北大学教育学院）

王　明（福建师范大学教育学院在读博士生）

第十二章：裴昕玥（雄安白塔幼儿园）

第十三章：齐　珍（重庆高正创新教育科技集团有限公司）

第十四章：樊青青（衢州市实验学校教育集团）

欧阳诚（广西壮族自治区外事办公室翻译室）

结　语：薛国凤（河北大学教育学院）

本书是2022年度全国少先队研究课题重点课题"少年儿童组织国际比较研究"（课题批准号：2022ZH01）的研究成果。此外，本书还是河北大学"少年儿童组织与思想意识教育"学科建设成果，也是河北省少年儿童组织与教育研究中心、河北大学少年儿童组织与教育研究中心及河北省高等学校人文社科重点研究基地——河北大学文化传承创新研究中心的研究成果，由河北大学教育学院及河北大学文化传承创新研究中心资助出版。

本著作的出版得到了许多领导、专家和朋友的支持。在此，衷心感谢全国

后 记

少工委办公室、中国少年先锋队工作学会领导和专家的信任,让我们有机会承担重点课题并能借此不遗余力深耕这一方向,促进本研究的系统化;衷心感谢全力支持学科建设和研究成果出版的教育学院及河北大学文化传承创新研究中心各位领导,正是这些倾力支持使得本书能够顺利出版;衷心感谢北京师范大学教育学部檀传宝教授的鼓励与关怀,作为中国少先队工作学会副会长、全国德育学术委员会荣誉理事长以及高校少年儿童组织与思想意识教育学科建设专业委员会主任,檀老师一直热情鼓励我们做好学科建设和团队专业发展,无论是在全国的学科年会还是在我们学科研究中心成立论证会上,檀老师都给予了温暖的激励和建设方向指导,在著作即将出版之际又慨然赐序,这更让我们这个团队充满了前进的信心和力量;衷心感谢中国少先队工作学会副会长、上海市少先队总辅导员赵国强老师的指导,他一直关心和支持我们学科建设,并在繁忙工作之余接受团队成员的访谈,提供所出访国家的少年儿童组织见闻并帮助厘清认知,在著作即将付梓之际又接受邀请欣然作序,鼓舞了年轻的学科团队;衷心感谢河北大学外国语学院毕业的任士越先生和薛国丽女士,在研究有所需要时不遗余力地给予文献搜阅与翻译助力;衷心感谢上海世纪出版集团楼岚岚编审在出版过程中的鼎力相助,给了我和团队温暖的友谊与支持;衷心感谢知识产权出版社于晓菲编辑和刘晓庆编辑的热情对接与专业指导,她们给予的耐心、鼓励以及严谨的指正使著作更加完善并以更好的面貌呈现在读者面前;衷心感谢研究中所引用注释和所参考文献的每一位作者!

"服务有它自己的生命和价值,值得我们尊重。它是一个特定的价值体现,是对这个世界生活方式及定位的一种见证",我深信这是对服务最"哲学"也最"实在"的一种阐释。在社会中,我们需要彼此提供更好的服务才能更好地生活;在国民教育领域中,教育者需要为年轻一代提供更好的服务才能保证国家的可持续发展;在少年儿童组织中,成年人需要为儿童提供更好的服务才能使儿童健康成长并助益发展更好的社会文化与文明。

从六七年前窗外红的黄的绿的叶子轻轻舞动的晚秋到今天落下这一笔触,窗外已然又要铺展一幅绚烂的晚秋之景,这是一个蕴满成熟味道的季节,也是为下一个繁茂积攒力量的季节。感恩工作与生活中所有经意与不经意的美好相遇，感谢所有帮助过和支持过我和我的团队的每一位热情而友爱的朋友！

薛国凤

2024年10月于河北大学悦学楼